Claus Kleber (Hg.)

Nachrichten, die Geschichte machten
Von der Antike bis heute

cbt

Der Herausgeber

© Matthias Jung

Claus Kleber ist seit Anfang 2003 Leiter und Moderator des ZDF-»heute journals«. Davor berichtete er fünfzehn Jahre lang als Korrespondent und Chef des ARD-Studios in Washington aus den USA. Seine »Sporen« als Journalist verdiente er parallel zu seinem Jura-Studium in Tübingen als freier Reporter und Moderator beim damaligen Südwestfunk. 1989 und 1990, in der Zeit dramatischer Umstürze in Europa, unternahm er als Chefredakteur des RIAS Berlin zahlreiche Reisen durch den zerfallenden Ostblock. Das ZDF sendete 2003 seine beiden hoch gelobten Dokumentationen »Allmacht Amerika« und »Menschen im Morgenland«. Seine journalistische Arbeit wurde mit dem Hildegard-von-Bingen-Preis, dem Quandt-Medien-Preis, dem Deutschen Fernsehpreis und mehrfach mit dem RIAS-Fernsehpreis ausgezeichnet. Im August 2004 sendete das ZDF unter dem Titel »Amerikas Kreuzzüge« einen viel beachteten Zweiteiler von Claus Kleber und Angela Andersen über das Vorgehen der Weltmacht in Afghanistan. Sein gleichnamiges Buch »Amerikas Kreuzzüge – Was die Weltmacht treibt« wurde 2005 mit dem Literaturpreis »Corine Internationaler Buchpreis« als bestes Sachbuch ausgezeichnet.

Nachrichten, die Geschichte machten
Von der Antike bis heute

Herausgegeben von
Claus Kleber

Mit Illustrationen von
Annabelle von Sperber

cbt – C. Bertelsmann Taschenbuch
Der Taschenbuchverlag für Jugendliche
in der Verlagsgruppe Random House

Gedruckt auf PEFC-zertifiziertem
Papier *Tauro Offset* von M-real

1. Auflage
Erstmals als cbt Taschenbuch April 2009
Gesetzt nach den Regeln der Rechtschreibreform
© 2006 cbj, München
Alle Rechte vorbehalten
Redaktionelle Beiträge: Tanja Bohnhorst, Uwe Eichler, Dr. Bernd Flessner, Michael
Grafenburg, Esther Kose, Ulrich Kriest, Claudia Lange, Dr. Brigitta Neumeister-Taroni,
Petra-Marion Niethammer, Andreas Rode, Dr. Eva Schlotheuber, Maximilian Schuh,
Friedel Taube, Maja Ueberle-Pfaff, Thomas Volkmann, Dr. Marc-Denis Weitze
Bearbeitung: Dr. Bernd Flessner, Andreas Rode,
Redaktionelles Konzept: Claudia Lange, folio
Lektorat: Ralf Schweikert
Redaktion: Martina Patzer
Innenillustrationen: Annabelle von Sperber
Umschlaggestaltung: init. büro für gestaltung, Bielefeld
Umschlagfotos: Bildagentur Corbis, Düsseldorf; Foto Claus Kleber: © Thomas Morice
im · Herstellung: ReD
Satz: Buch-Werkstatt GmbH, Bad Aibling
Druck: Těšínska tiskárna a.s., Český Těšín
ISBN: 978-3-570-30626-0
Printed in the Czech Republic
www. cbt-jugendbuch. de

Inhalt

Antike

Kyros befreit die Juden (539 v. Chr.) · Buddhas Erleuchtung (525 v. Chr.) · Athen
erhält Verfassung (508 v. Chr.) · Platon eröffnet Philosophenschule (387 v. Chr.) ·
Alexander der Große (330 v. Chr.) · Der Koloss von Rhodos (285 v. Chr.) · Hannibal
überquert die Alpen (218 v. Chr.) · Cäsars Ermordung (44 v. Chr.) · Marcus Antonius
heiratet Kleopatra (41 v. Chr.) · In Rom bricht ein neues Zeitalter an: Pax romana
(17 v. Chr.) · Ovids Verbannung (8 n. Chr.) · Der Tod des Arztes Claudius Galenus
(199) · Ende der Christenverfolgung (313) · Die Germanen in Rom (476) · Kaiser
Justinian reformiert die Rechtsprechung (534)

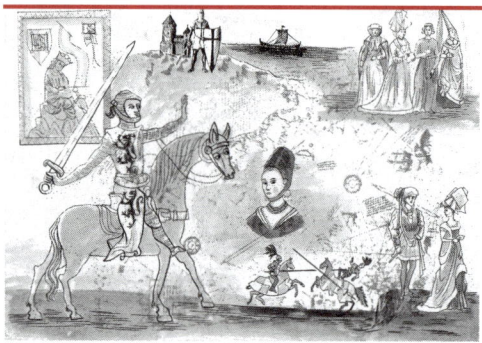

Mittelalter

Mohammeds Flucht (622) · Zerstörung Karthagos (698) · Wikinger fallen in England
ein (793) · Karl der Große wird zum Kaiser gekrönt (800) · Otto I. siegt über die
Ungarn (955) · Erik der Rote entdeckt Grönland (982) · Gang nach Canossa (1077) ·
Kreuzritter erobern Jerusalem (1099) · Walther von der Vogelweide (1198) · Dschingis
Khan schlägt die russischen Truppen (1223) · Der »Hundertjährige Krieg« zwischen
England und Frankreich (1259) · Die erste Leichensektion (1286) · Marco Polos
Reisebericht (1298) · Thomas von Aquin wird heilig gesprochen (1323) · Ausbruch
der Pest in Italien (1347) · Einweihung des Genter Altars (1432) · Ende des
byzantinischen Reiches (1453) · Spanische Inquisition (1478)

Renaissance

Kolumbus erkundet den Seeweg nach Indien (1492) · Mona Lisa ist vollendet (1506) ·
Cortés erobert das Aztekenreich (1521) · Luthers Heirat (1525) · Medici erhalten Herzogtum (1532) · Gründung der anglikanischen Kirche (1534) · Nikolaus Kopernikus'
These (1543) · Iwan der Schreckliche (1547) · Kaiser Karl V. dankt ab (1556) · Bartholomäusnacht (1572) · Maria Stuarts Hinrichtung (1587) · Rebellion in Irland (1592)

17. Jahrhundert

William Shakespeare gestorben (1616) · »Mayflower« landet in Amerika (1620) ·
Berninis David-Skulptur vollendet (1623) · Schweden greift in den Dreißigjährigen
Krieg ein (1630) · Fürst Wallensteins Ermordung (1634) · Erste Oper der Welt in
Venedig eröffnet (1637) · Niederlande werden unabhängig (1648) · England wird eine
Republik (1649) · Ludwig XIV. lässt Versailles bauen (1661) · Englands König erhält
Bombay als Mitgift (1662) · Grimmelshausens »Simplicissimus« erscheint (1669) ·
Entdeckung der Blutkörperchen (1673) · Halley'scher Komet erscheint (1682) ·
Die Türken vor Wien (1683)

18. Jahrhundert

Petersburg gegründet (1703) · Fahrenheit erfindet Thermometer (1714) · Isaac Newton
gestorben (1727) · Erfindung des mechanischen Webstuhls (1733) · Russland wechselt
im Siebenjährigen Krieg die Seiten (1759) · Donkosakenaufstand (1773) · Amerika
wird unabhängig (1776) · Uraufführung der »Räuber« (1782) · Engländer gründen
Kolonie in Australien (1788) · Wolfgang Amadeus Mozart gestorben (1791) · Ludwig
XVI. wird hingerichtet (1793) · Polens Teilung (1795) · Erforschung Afrikas (1796)

19. Jahrhundert

Erste Konservenfabrik nimmt Produktion auf (1812) · Völkerschlacht bei Leipzig (1813) · »Freischütz« uraufgeführt (1821) · Mexiko wird unabhängig (1821) · Erste deutsche Eisenbahnstrecke eingeweiht (1835) · Kommunistisches Manifest veröffentlicht (1848) · Deutsche Märzrevolution (1848) · Handelsabkommen mit Japan geschlossen (1853) · Hochzeit von Kaiser Franz Joseph und Elisabeth (1854) · Darwin veröffentlicht »Entstehung der Arten« (1859) · Italiens Staatsgründung (1861) · Gründung des Roten Kreuzes (1863) · Ermordung Abraham Lincolns (1865) · Gründung des Deutschen Kaiserreiches (1871) · Erste Impressionistenausstellung eröffnet (1874) · Eröffnung des Wagner-Festspielhauses in Bayreuth (1876) · Schlacht am Little Big Horn (1876) · Krönung Königin Viktorias (1877) · Erster Wolkenkratzer in Chicago eingeweiht (1885) · Uraufführung der »Weber« (1894) · Erste Fernfahrt eines Automobils (1894) · Entdeckung des Röntgengerätes (1895)

20. Jahrhundert

Begründung der Psychoanalyse (1900) · Erste Expressionistenausstellung (1905) · Beginn der Auto-Fließbandproduktion (1913) · Beginn des Ersten Weltkriegs (1914) ·

Russische Revolution (1917) · Wahlrecht für Frauen in Deutschland (1918) ·
Weimarer Republik (1918) · Lindberghs Atlantikflug (1927) · Börsenkrach (1929) ·
Bücherverbrennung in Deutschland (1933) · Charlie Chaplins erster Tonfilm (1936) ·
Spanischer Bürgerkrieg bricht aus (1936) · Beginn des Zweiten Weltkriegs (1939) ·
Invasion der Alliierten (1944) · Gründung der UNO (1945) · Atombombenexplosion in
Hiroshima (1945) · Indien wird unabhängig (1947) · Staatsgründung Israels (1948) ·
Boris Pasternak erhält den Literaturnobelpreis (1958) · Einführung der »Antibabypille«
in Deutschland (1960) · Mauerbau in Berlin (1961) · Kubakrise (1962) · Erste Herz-
transplantation (1967) · Studentenrevolte in Deutschland (1968) · Andy Warhol, König
der Pop-Art (1968) · Erste Mondlandung (1969) · »Star Wars« kommt in die Kinos
(1977) · Elvis Presley gestorben (1977) · Massaker auf dem Platz des Himmlischen
Friedens in Peking (1989) · Fall der Berliner Mauer (1989) · Freilassung Nelson
Mandelas (1990) · Vielvölkerstaat Jugoslawien löst sich auf (1991) · Erstes Lebewesen
geklont (1996) · Attentate vom 11. September (2001) · Einführung des Euro (2002) ·
Tsunami-Katastrophe (2004) · Einweihung des Holocaust-Mahnmals (2005)

Wichtige Hinweise

- Begriffe, die im Text mit einem Sternchen versehen sind, werden im Glossar näher erklärt.

- Bei den Jahresangaben in den farbig hinterlegten Kästen handelt es sich um die Lebens-
  daten der genannten Personen.

Vorwort

GESCHICHTE – das klingt wie ein Donnerwort, das mit Waffenlärm oder Heldendenkmälern daherkommt. Ich hatte mir die Geschichte immer als eine Furcht erregende Dame vorgestellt, die noch Jahrtausende später Angst verbreitet, wenn der Lehrer Namen und Daten ausspuckt, über die man dann Bescheid wissen soll.

Inzwischen habe ich eine Menge über die Dame gelernt und weiß, dass sie ganz anders ist. Sie kommt nicht immer mit Donnergrollen und Getöse. Sie kann auch eine Heimlichtuerin sein und sich sehr leise anschleichen. 1989, zum Beispiel, habe ich sie nicht kommen hören, obwohl ich mitten in der Stadt saß, die sie als Nächste heimsuchen wollte – Berlin –, und obwohl ich als Reporter dafür bezahlt wurde, sie genau im Auge zu behalten.

Damals waren Deutschland und die Stadt Berlin in zwei Hälften geteilt. Zwischen ihnen lag ein Streifen Land, in dem Menschen totgeschossen wurden, wenn sie nur versuchten, von der östlichen Hälfte in die westliche zu kommen. Es herrschte ein »kalter Krieg«, der jeden Tag heiß werden konnte.

Im Westen gab es schon Demokratie, die Menschen wählten sich ihre Regierungen selbst, den Deutschen im Osten sagte eine sozialistische Einheitspartei, wo's lang ging und wen sie zu wählen hatten. Vierzig Jahre war das so gegangen, und die meisten Menschen im Westen hatten sich damit abgefunden, dass es »da drüben im Osten« noch lange so bleiben würde. Dann geriet 1989 plötzlich alles in Bewegung. Menschen gingen auf die Straße, riefen »wir sind das Volk« und wollten sich die Bevormundung nicht mehr gefallen lassen.

Der 4. November sollte damals ein wichtiger Tag werden. Auf dem Alexanderplatz im Ostteil von Berlin versammelte sich eine Million Menschen zur größten Demonstration, die es je in Deutschland gab. Wenn die Geschichte einen Funken zünden wollte, dann war das die ideale Gelegenheit dazu, dachte ich. Heimlich hoffte ich, dass sich die Dame zurückhalten würde mit ihrem Funken. In meinem Kofferraum lag ein Sack mit Segelsachen. Ich hatte mit Freunden in der Karibik ein Boot gemietet. Nur eine Woche. Das war ein anstrengendes Jahr gewesen und ich konnte die freien Tage gut brauchen. Die Geschichte schien es gut mit mir zu meinen. Die Demonstranten hörten geduldig den Parteiführern zu, die ihnen versprachen, dass langsam, aber sicher alles besser werden würde und dass sie keine Revolution bräuchten. Kein Funke! Ich sprach einen letzten, beruhigenden Bericht ins Mikrofon, nahm meinen Seesack und fuhr zum Flughafen. Die ganze Zeit hatte ich das Gefühl, dass die Geschichte hinter meinem Rücken grinste. Ein sehr berühmter, alter Kollege aus Amerika, dem ich auf der Reise von meinen Sorgen erzählte, wollte mich beruhigen: »Don't worry, there will always be news«, sagte er mir. »Es wird immer neue Nachrichten geben.« Auch dieser alte Hase hat die Geschichte damals unterschätzt.

So kam es, dass ich fünf Tage später ganz weit weg auf einem Segelboot auf dem Meer war, als aus dem krackeligen Radio ein Geräusch drang. Es klang, wie wenn Hämmer auf eine Steinmauer schlagen, und ein BBC-Reporter rief: »Berlin jubelt, die Menschen haben die Mauer überwunden.« Meine Freunde erzählen mir noch heute, dass sie noch nie jemanden so blass gesehen hätten wie den Claus in dem Moment, in dem die Geschichte ihn überlistet hatte.

Es kann aber auch ganz anders sein. Ich weiß noch, wie mein Vater in einem kleinen Hotel in den Alpen einen Fernseher besorgte – damals gab es so was noch nicht auf jedem Zimmer – und wir mitten in der Nacht gebannt zusahen, wie Neil Armstrong als erster Mensch seinen Fuß auf den Mond setzte. Da spürte man vor Aufregung bis in die Zehenspitzen, dass Geschichte in Aktion war.

Oder – einer ihrer auf schreckliche Art »großen« Tage – als Terroristen Verkehrsflugzeuge voller unschuldiger Menschen in die Türme des »World Trade Center« in New York und das Verteidigungsministerium in Washington lenkten und der Welt den Krieg erklärten. Da spürten wir in Washington schon, während wir hektisch einen Bericht nach dem anderen absetzten: Dieser Tag wird in der Erinnerung der Menschheit bleiben. Das ist Geschichte!

Sie kann aber auch wieder ganz klein und unauffällig sein. Als sich vor 550 Jahren ein Johannes Gutenberg in Mainz mit den beweglichen, austauschbaren Metallbuchstaben seiner neuen Druckerpresse herumärgerte, hat ihn vielleicht jemand fluchen hören, der auf der Gasse unter seiner Werkstatt vorüberging, aber dass Geschichte da oben einen ihrer größten Tage vorbereitete und dass Fürsten bald vor seiner Erfindung zittern würden, das hat keiner geahnt.

Inzwischen arbeite ich in einem Beruf, in dem ich fast jeden Tag von Politikern, von Aktivisten und Pressesprechern höre, sie hätten wieder mal etwas Einmaliges, etwas Historisches zu bieten, das müsse jetzt unbedingt in »meine Sendung«. Meist spüre ich dann im Rücken, wie meine alte Freundin Geschichte milde lächelt. Sie hat doch ganz andere Maßstäbe.

Aber ich habe auch die andere Seite kennen gelernt. Das erregende, kribbelnde Gefühl, dass vor unseren Augen etwas passiert, wovon man noch in vielen Jahren reden wird. Wenn Menschen alles aufs Spiel setzen, weil sie davon überzeugt sind, dass die Zeit reif ist für ihre Ideale, und mutig für sie eintreten. Wenn in Millionen Kilometern Entfernung auf einem fremden Planeten ein kleines Auto fährt, weil auf der Erde ein Ingenieur auf einen Knopf drückt. Und auch dann, wenn wieder alles schief geht und man am Weltgeschehen verzweifeln könnte.

So ist das, wenn Geschichte passiert. Heute, gestern und vor tausend Jahren. Etwas von der Aufregung, die unsere Redaktionen und das Nachrichtenstudio an solchen Tagen vibrieren lässt, möchte dieses Buch den Lesern nahe bringen. Denn heute wie damals ist Geschichte vor allem eines: Die faszinierendste, größte, gewaltigste, schönste und schrecklichste Kraft im Leben der Menschen. Vor allem: Sie geschieht. An jedem Tag. Zu jeder Stunde.

Geschichte macht Nachrichten. »There has always been news!« Sie sind immer spannend gewesen, die besten sind es bis heute. Man muss sie nur richtig erzählen.

Antike

Am Anfang steht das Wort

Die Antike bezeichnet die Epoche des Altertums im Mittelmeerraum, daher kommt auch ihr Name, denn »antiquus« bedeutet »alt«, »altertümlich«. Im engeren Sinne wird der Begriff »Antike« für die Geschichte Griechenlands und des Römischen Reiches verwendet und bezieht sich auf die Zeit etwa von 1000 v. Chr. bis etwa 500 n. Chr. Im weiteren Sinn verwendet, bezieht er auch die Geschichte der Hochkulturen Ägyptens, Mesopotamiens*, Syriens, Persiens und Kleinasiens seit ungefähr 3000 v. Chr. mit ein.

Dort beginnt auch die Geschichte der Schrift und damit der Wissens- und Nachrichtenvermittlung: Noch vor gut 5000 Jahren, im Zeitalter der so genannten Frühgeschichte, sind alle Menschen Analphabeten. Zwar können sie schon Häuser und ganze Städte bauen, aber nicht lesen und schreiben, ganz einfach weil sie noch gar keine Schrift haben! Das ändert sich jedoch langsam.

Vor allem in Mesopotamien, das von den beiden Flüssen Euphrat und Tigris durchflossen wird, verbessern sich die Lebensbedingungen der Menschen und die noch kleinen Städte beginnen zu wachsen. Ihre Verwaltung wird immer aufwändiger.

Auch die Glaubensvorstellungen der Menschen werden umfangreicher. Priester und Prediger erzählen lange Geschichten von Göttern und Helden und erklären so den Menschen, nach welchen Regeln sie leben sollen.

Im Lauf der Zeit entstehen immer neue Geschichten, die die Priester auswendig lernen müssen. Die Herrscher über die wachsenden Städte müssen sich nun mehr Namen, Zahlen und Dinge merken, um regieren zu können. Die Welt wird von Tag zu Tag komplizierter.

Doch nicht einmal die klügsten Menschen können alles im Kopf behalten. Wie aber kann man sich etwas außerhalb seines Kopfes merken?

Auf weichem Ton zum Beispiel, in den man mit einem Stöckchen Zeichen einritzt. Die Zeichen symbolisieren die Dinge, die man sich merken will. Eine geniale Erfindung, mit der um 3000 v. Chr. eine neue Zeit beginnt, die Antike.

Wer genau die Schrift erfunden hat, ist nicht bekannt, doch die Sumerer in Mesopotamien sind eines der ersten Völker, die diese Erfindung nutzen. Ihre Schrift heißt Keilschrift.

Endlich können Verwaltungsaufgaben viel besser gelöst und Geschichten aufgezeichnet werden. Eine der ersten Geschichten handelt von Gilgamesch, der um 2600 v. Chr. König der Sumerer ist.

Auch andere Dinge können nun endlich festgehalten werden, nämlich Gesetze. König Hammurabi von Babylon sammelt alle bis dahin mündlich überlieferten Gesetze und lässt sie in Stein meißeln. Allerdings können nur Schriftgelehrte diese Texte lesen, denn die einfachen Menschen sind des Lesens unkundig. Trotzdem profitieren sie von der Schreibkunst, da sie zu mehr Handel und einer ersten Blüte der frühen Wissenschaft führt.

Schriften werden »tragbar«

Eine wichtige Rolle bei der Entwicklung unserer heutigen Wissens- und Nachrichtenvermittlung spielen die Ägypter, deren Reich ebenfalls um 3000 v. Chr. entsteht.

Zunächst entwickeln sie eine eigene Schrift, die ursprünglich rund 700 Schriftzeichen umfasst. Diese Hieroglyphen sind anfangs Bildzeichen – so wird zum Beispiel das Wort »Sonne« durch das Bild einer Sonne dargestellt. Diese Bildzeichen werden im Lauf der Zeit vereinfacht, bis sie nicht mehr für das Aussehen eines Gegenstandes stehen, sondern für die einzelnen Wortteile des gesprochenen Wortes, die Silben und Laute.

Im Palast des Pharao*, den die Menschen für eine Art Gott halten, können ausgewählte Jungen und manchmal auch Mädchen in besonderen Schreibschulen die komplizierte Schrift erlernen.

Die Ägypter schreiben zwar noch auf Steinen, in die sie die Hieroglyphen einmeißeln, benutzen aber auch schon eine Art Papier. Es besteht aus dem Mark der Papyrusstaude, einer Schilfart, das in Streifen geschnitten und zu Blättern zusammengepresst wird.

Papyrus ist wesentlich leichter als Stein und so können Nachrichten durch Beamte, die Wesire, schnell in alle Landesteile übermittelt werden. Der Pharao erfährt auf diese Weise, ob sich seinem Reich Feinde nähern, wie viel Getreide geerntet worden ist und wie viele Steine noch für den Bau seines neuen Palastes benötigt werden. Die Schreiber halten aber auch ganz Alltägliches wie die Lohnabrechnungen der Arbeiter an den Pyramiden fest. Außerdem entstehen medizinische, mathematische und astronomische Werke. Selbst die Kinder werden nicht vergessen. Für sie wird »Kemit« (»Das Vollendete«) geschrieben, das älteste Schulbuch der Welt.

um 2600 v. Chr. Gilgamesch
1728 – 1686 v. Chr. Hammurabi
von Babylon
469 – 399 v. Chr. Sokrates
428 / 27 – 348 / 47 v. Chr.
Platon

Wohin mit den ganzen Büchern?

Immer mehr Bücher entstehen und werden von Hand kopiert. Diese Bücher sind jedoch keine gebundenen Bücher, wie wir sie kennen, sondern Papyrusrollen. Wohin mit immer mehr dieser Rollen, die gleichbedeutend sind mit immer mehr Wissen? Der Pharao Ptolemaios II. beauftragt einen griechischen Gelehrten mit dem Sammeln aller Schriften der Welt für ein »Haus des Wissens«.

Mehr als 700 000 Schriftrollen kommen im Lauf der Zeit zusammen und werden in der berühmten großen Bibliothek von Alexandria aufbewahrt. Nicht alle Menschen sind vom Nutzen dieses Wissens überzeugt. Mehrfach wird die Bibliothek von Eroberern angezündet. Auch andere Bibliotheken erleiden dieses Schicksal und unzählige Werke von Dichtern und Forschern gehen für immer verloren, weil es immer wieder Menschen gibt, die die Kultur anderer Völker vernichten wollen. Daran hat sich leider bis heute nichts geändert.

Trotzdem überdauern einige Texte aus der Antike die Zeit, etwa das »Gilgamesch-Epos«, die »Ilias« und die »Odyssee« von Homer und natürlich die hebräische Bibel. Auch sie besteht aus Geschichten, die ursprünglich mündlich überliefert wurden.

Mehr als ein Jahrtausend lang erzählen die hebräischen Priester ihrem Volk diese biblischen Geschichten. Wer schließlich damit begonnen hat, sie aufzuschreiben, weiß niemand. Erst um 100 n. Chr. einigen sich die Priester darauf, welche Schriften als heilig anerkannt und für den jüdischen Glauben maßgebend sein sollen. Neben geschichtlichen Ereignissen (wie der Knechtschaft in Ägypten, der Verkündigung der Zehn Gebote oder der Heimkehr der Juden aus der Babylonischen Gefangenschaft) enthält die hebräische Bibel auch theologische Inhalte wie die Schöpfungsgeschichte.

15

Was hat uns die Antike hinterlassen?

Zunächst einmal die erste Schrift, die nicht mehr aus hunderten oder gar tausenden verschiedener Zeichen besteht, sondern nur noch aus 24 Buchstaben. In der Zeit der Griechen und Römer, die etwa von 1000 v. Chr. bis 500 n. Chr. dauert, entwickeln die Griechen aus bekannten Schriften die erste vollständige Lautschrift. Deren Buchstaben symbolisieren nicht Dinge, sondern Laute. Sie heißt daher Lautschrift oder phonetische Schrift. Sie ist so einfach aufgebaut, dass jeder sie erlernen kann. Konnten in den anderen Hochkulturen nur wenige Menschen schreiben, so kann dies in Griechenland bald fast jeder.

Die Griechen leben nicht in einem großen, einheitlichen Reich wie die Ägypter oder Sumerer. Vielmehr besteht ihre Kultur aus einer Reihe von Stadtstaaten, »Poleis« genannt; die beiden größten sind Athen und Sparta. In einer Polis leben einige tausend Menschen, die politisch unabhängig sind und ihre Angelegenheiten selbst regeln. Das Zentrum der Polis ist der Marktplatz, Agora genannt, wo sich die Bürger treffen, um Handel zu treiben und Neuigkeiten aus aller Welt auszutauschen. Bedeutende Denker suchen dort das direkte Gespräch untereinander, halten Vorträge und bemühen sich in öffentlichen Diskussionen, die Bürger zu erziehen und ihr Wissen zu vergrößern. Sie sind die ersten »Philosophen«. Die drei berühmtesten jener Zeit sind Sokrates, Platon und Aristoteles.

Aber in Griechenland hat nicht nur die Philosophie ihre Ursprünge, sondern auch die Demokratie. Denn über wichtige politische Entscheidungen wird in Griechenland von den Bürgern abgestimmt. Das war vorher nicht üblich, da die Herrschenden über das Volk entschieden, nicht umgekehrt.

Die größten Poleis sind durch Straßen miteinander verbunden und auf diesen werden auch die neuesten Nachrichten transportiert, nämlich durch Boten.

Der wohl bekannteste dieser Boten ist derjenige, der nach dem Sieg der Athener über die Perser in Marathon diese Nachricht ins über 40 Kilometer entfernte Athen getragen haben soll.

Ein anderer Weg, Nachrichten über politische Zustände zu erfahren, ist, ins Theater zu gehen. Regelmäßig finden dort spannende Wettbewerbe für Dichter statt, die in ihren Stücken auch gerne mal einen gerade herrschenden Tyrannen oder andere politisch einflussreiche Personen kritisieren, sehr zur Freude des Publikums. Das Theater ist aus religiösen Feiern zu Ehren des Gottes Dionysos* entstanden. Aus den Priestern, die die Entscheidungen der Götter erklären, werden nach und nach Schauspieler, die zeigen, welches Schicksal die Menschen erleiden können. Das Theater wird so beliebt, dass bald große Theaterbauten entstehen. Im Dionysos-Theater in Athen, das etwa 14 000 Zuschauer fasst, werden sowohl ernste Dramen gezeigt, die »Tragödien« heißen, als auch lustige Stücke, die »Komödien« genannt werden.

Und wie erfahren die Römer die neuesten Nachrichten?

Das ist gar nicht so einfach, denn die Römer haben ein Weltreich geschaffen, das von England bis Nordafrika sowie vom Schwarzen Meer bis nach Portugal reicht. Entstanden ist dieses riesige Reich aus einem kleinen Dorf am Tiber, wo Rom der Sage nach 753 v. Chr. gegründet wird.

Wie die Griechen nutzen auch die Römer die Vorteile der phonetischen Schrift. Das vereinfacht die Nachrichtenübermittlung sehr. Sie entwickeln das griechische Alphabet sogar weiter und ordnen die Buchstaben lateinischen Lauten zu. Dies ist die Schrift, die auch wir heute noch benutzen.

Diese Schrift dient der Verwaltung, der Geschichtsschreibung* und der Gesetzgebung. 450 v. Chr. wird das geltende Recht im »Zwölftafelgesetz« schriftlich festgehalten und auf dem römischen Marktplatz (Forum Romanum) aufgestellt.

Jeder Bürger hat nun die Möglichkeit und die Pflicht, sich über die gültige Gesetzeslage zu informieren. Römische Geschichtsschreiber berichten in ihren Werken nicht nur über wichtige historische Ereignisse, sondern auch über ganz Alltägliches.

Schriftsteller wie Juvenal oder Seneca schildern die Verkehrsprobleme in Rom oder die Badekultur der Römer so lebendig, dass ihre Berichte auch heute noch gute Unterhaltung sind. Damals wie heute stoßen Kochrezepte oder Sportnachrichten auf das besondere Interesse einer breiten Leserschaft.

Neben diesen schriftlichen Informationen werden Nachrichten auch mündlich ausgetauscht. Meist da, wo viele Menschen zusammenkommen, wenn sie sich in ihrer Freizeit vergnügen. Zum Beispiel im Kolosseum in Rom, das 50 000 Zuschauern Platz bietet und in dem die Kaiser Pferderennen, nachgestellte Seeschlachten und blutige Gladiatorenkämpfe* veranstalten.

Die Römer lieben aber auch das gesellige Miteinander in den Tavernen, den damaligen Gasthäusern, und das Badevergnügen in den zahlreichen Thermen, wie die Badeanstalten Roms heißen. Der Eintritt ist frei oder sehr günstig, sodass jeder dort baden und sich massieren lassen kann. Manche Thermen haben sogar Gärten, Imbissstände und Bibliotheken, wo die Gäste sich mit ihren Freunden treffen können. All dies sind Orte der Kontaktpflege und der Kommunikation unter den Bewohnern der Stadt.

384–322 v. Chr. Aristoteles
um 308–246 v. Chr. Ptolemaios II.
um 4 v. Chr.–65 n. Chr. Seneca
um 60–ca. 130 Juvenal
um 240–ca. 316 Diokletian

Aber was ist mit den Menschen, die überall verstreut in diesem riesigen Reich leben, wie erreicht zum Beispiel die Kaiser diese Untertanen? Zuallererst hat er ein gutes Straßennetz errichten lassen, auf dem die kaiserlichen Boten mit ihren Nachrichten große Strecken zurücklegen können. Da aber die Entfernungen sehr groß sind, entwickelt man ein System, mit dem auch diese bewältigt werden können: An festgelegten Punkten werden die Boten beziehungsweise ihre Pferde von einem anderen erwartet, der die Nachricht übernimmt und weiterträgt. So kann der Weg bis zur nächsten Ablösestation in Höchstgeschwindigkeit zurückgelegt werden. In dringenden Fällen erhalten die Boten meist den Befehl, Tag und Nacht durchzureiten. Diese auch für das römische Postwesen ungewöhnliche Maßnahme wurde nur im Kriegsfall oder bei vergleichbaren Ereignissen befohlen. Bis ins 19. Jahrhundert hinein wird diese Form der Nachrichtenübermittlung eine der wichtigsten bleiben.

Durch den Ansturm fremder Völker und von Bürgerkriegen geschwächt, wird unter Diokletian das riesige Römische Reich zunächst zur Stabilisierung in vier Reichsteile gegliedert. 395 zerfällt es dann endgültig in ein Ost- und ein Westreich mit jeweils eigenem Regenten und Regierungssitz. Westrom, also der ursprüngliche Staat, wird schließlich von Goten und Germanen erobert, die 476 den letzten Kaiser absetzen. Das Ende der römischen Kaiserzeit markiert gleichzeitig den Übergang von der Antike zum frühen Mittelalter.

17

Perser siegen über die Babylonier und befreien das jüdische Volk

538 v. Chr.

Erlass von König Kyros II. beendet Babylonische Gefangenschaft

Die ersten jüdischen Familien haben ihre Habseligkeiten zusammengepackt und brechen in ihre alte Heimat auf. Für sie ist eine fast 70 Jahre andauernde Gefangenschaft in Babylon zu Ende. Ihr Dank gilt dem Perserkönig Kyros II., auch Kyros der Große genannt, der nach einem triumphalen Einmarsch im vergangenen Jahr die Herrschaft übernommen hat. Er garantiert allen Bürgern Religionsfreiheit und erlaubt dem jüdischen Volk per Dekret die Heimkehr. Außerdem gestattet das Dekret den Wiederaufbau des zerstörten Tempels von Jerusalem. »Darauf haben wir lange gewartet«, erklärt ein jüdischer Theologe und ruft den Psalm 137 in Erinnerung, der die Verschleppten an ihre Heimat gemahnt: »An den Wassern zu Babel saßen wir und weinten, wenn wir an Zion dachten. Unsere Harfen hängten wir an die Weiden dort im Lande. Denn die uns gefangen hielten, hießen uns dort singen und in unserem Heulen fröhlich sein: ›Singet uns ein Lied von Zion!‹ Wie könnten wir des HERRN Lied singen in fremdem Lande? Vergesse ich dich, Jerusalem, so verdorre meine Rechte. Meine Zunge soll an meinem Gaumen kleben, wenn ich deiner nicht gedenke, wenn ich nicht lasse Jerusalem meine höchste Freude sein!«

Doch nicht alle Juden wollen nach so langer Zeit Babylon verlassen. Viele von ihnen sind hier aufgewachsen und haben Palästina und Jerusalem nie gesehen. Für sie ist Babylon zu einer neuen Heimat geworden.

Wie gerät das jüdische Volk in Gefangenschaft?

Einen jüdischen Staat gab es schon vor ca. 3400 Jahren. Er wurde nach der Rückkehr aus der Gefangenschaft in Ägypten und der Eroberung Palästinas gegründet. Das Land wird damals noch nicht Palästina genannt, sondern Kanaan. Seine erste wirtschaftliche und kulturelle Blüte erlebt dieser Staat unter dem weisen König Salomo. Viele bedeutende Gebäude werden errichtet, Bewässerungsanlagen gebaut und gute Beziehungen zu den Nachbarstaaten gepflegt. Nach dem Tod Salomos gibt es Streit unter den zwölf Stämmen Israels. Das Reich zerfällt nur fünf Jahre nach seinem Tod in zwei Kleinstaaten. Zehn Stämme bilden im Norden Palästinas den Staat »Israel« mit Samaria als Hauptstadt. Die verbleibenden zwei Stämme bilden im Süden den Staat »Judäa« mit Jerusalem als Hauptstadt. Diese Teilung schwächt das jüdische Volk und sie können sich gegen die Übermacht der großen Nachbarstaaten nicht mehr entsprechend behaupten. So wird Israel etwas mehr als 200 Jahre nach der Teilung von den Assyrern eingenommen.

Der Staat Judäa hält noch etwas länger stand, wird aber dann ebenfalls erobert – von den Babyloniern. Der siegreiche Feldherr ist Nebukadnezar II., der Sohn des babylonischen Königs Nabopolassar, dem Gründer des neuen Großreichs Babylon.

Damals ist es nach erfolgreichen Feldzügen üblich, die Oberschicht des besiegten Volkes als Gefangene zu verschleppen. Und so bringt Nebukadnezar II. viele jüdische Kaufleute, Schriftgelehrte und Beamte mit zurück nach Babylon. Das geschlagene Königreich wird allerdings nicht zerstört, sondern erhält »nur« die Auflage, sich den Babyloniern unterzuordnen.

Die Könige Judäas halten sich jedoch nicht an diese Vereinbarung, sodass Nebukadnezar II., nun selbst König von Babylon, neun Jahre später nach Jerusalem zurückkehrt. Er plündert die Stadt und entführt erneut viele Juden in die Gefangenschaft, darunter auch den späteren Propheten Ezechiel. Da sich die Juden noch immer nicht unterwerfen, kehren die Babylonier elf Jahre später ein drittes Mal zurück. Nun wird Jerusalem in Schutt und Asche gelegt. Auch der salomonische Tempel, das wichtigste Heiligtum des jüdischen Volkes, wird zerstört. Wieder verschleppt Nebukadnezar II. Gefangene nach Babylon, unter denen sich auch Zedekia befindet, der letzte König Judäas. Zurück bleiben nur

das einfache Volk und einige wenige Gelehrte, die sich verstecken konnten.

Wie ist das Leben der Juden in der Gefangenschaft?

In Babylon werden die Gefangenen nicht als Sklaven gehalten, sondern als Halbfreie. Sie dürfen die Stadt zwar nicht verlassen und müssen den Babyloniern Dienste leisten, aber sie können sich ansonsten frei bewegen. Viele Juden gewöhnen sich bald an das Leben in Babylon und werden sogar Staatsbeamte oder Militärführer. Dagegen wehren sich die jüdischen Theologen, die befürchten, dass in der Gefangenschaft jüdische Traditionen verloren gehen. Sie versuchen, die Erinnerung des jüdischen Volkes an ihre Heimat und ihren Glauben an die vom Propheten Ezechiel versprochene Rückkehr wachzuhalten.

605–562 v. Chr. Nebukadnezar II.
601–529 v. Chr. Kyros II.
um 965–926 v. Chr. Salomo
1813–1901 Giuseppe Verdi

931 v. Chr. Teilung des jüdischen Staates
722 v. Chr. Eroberung Israels durch die Assyrer
606 v. Chr. 1. Eroberung Judäas
597 v. Chr. 2. Eroberung Judäas
586 v. Chr. 3. Eroberung Judäas

Die Babylonische Gefangenschaft endet knapp 70 Jahre nach der erstmaligen Eroberung Judäas. Der Perserkönig Kyros II. besiegt die Babylonier und befreit die Juden. Viele Juden kehren daraufhin nach Jerusalem zurück und bauen die Stadt und vor allem den Tempel wieder auf.

Die Babylonische Gefangenschaft gilt als Beginn der Diaspora, der Zerstreuung des jüdischen Volkes in die ganze Welt, und ist auch das Thema vieler Dramen und Musikwerke. Am bekanntesten ist die Oper »Nabucco« von Giuseppe Verdi. Nabucco ist die italienische Übersetzung des Namens Nebukadnezar.

19

Unterm Bodhi-Baum kam die Erleuchtung

525 v. Chr.

Siddharta Gautama erwacht als Buddha

Er ist ein junger Prinz, führt ein behütetes Leben in Wohlstand und fühlt dennoch eine große Leere. Also macht er sich auf die Suche nach dem wahren Sinn des Lebens, sechs Jahre lang. Endlich, nach einer langen Reise und 49 Tagen intensiver Meditation unter einer Pappelfeige am Ufer des Neranjara-Flusses bei Gaya, erwacht Prinz Siddharta Gautama als Erleuchteter, als Buddha. Vor dem Beginn seiner Meditation legte er ein Versprechen ab. »Möge meine Haut schrumpfen und meine Hand verdorren, mögen meine Gebeine sich auflösen – solange ich nicht die letzte Erkenntnis gefunden habe, werde ich mich nicht von der Stelle rühren.«

Und nichts konnte ihn in seiner Meditation stören. Alle Versuchungen durch den bösen Mara, den gefürchteten Herrscher der Dunkelheit, hat er erfolgreich abgewehrt. Nicht einmal den Beginn des Monsunregens hat er wahrgenommen, auch die siebenköpfige Kobra nicht, die zum Glück ihre Köpfe nur ausgestreckt hat, um ihn vor dem Regen zu schützen.

Von nun an will Buddha seine Antworten auf die wichtigen Fragen der Menschheit mit anderen teilen und sie auf dem Weg zur Erleuchtung unterweisen. »Das Leben der Menschen ist Leiden, doch die Ursache für dieses Leiden ist ihre Begierde nach Geld, Macht und Ruhm. Nur wer diese Begierde bei sich selbst besiegt, wird vom Leid erlöst werden.« Die Pappelfeige, unter der Buddha seine Erleuchtung erfahren hat, trägt von nun an den Namen Bodhi-Baum – Baum der Erleuchtung.

Wer ist Siddharta Gautama?

Siddharta Gautama ist der Sohn des indischen Fürsten Shuddodana Gautama, der über das kleine Reich Shakyas an der Grenze zu Nepal herrscht. Seine Mutter ist die Fürstin Maya, die den Prinzen um 560 v. Chr. zur Welt bringt. Sie stirbt jedoch wenige Tage nach der Geburt. Das Kind erhält den Namen Siddharta, was »der sein Ziel erreicht hat« bedeutet. Der junge Prinz, der einmal die Regierungsgeschäfte seines Vaters übernehmen soll, verbringt seine Kindheit im elterlichen Palast. Hier wird er rund um die Uhr von Dienern versorgt, die ihm nur selten erlauben, den Palast zu verlassen. Wenn er dies tut, werden vorher die Straßen gereinigt und die Bettler, Armen und Kranken vertrieben. Sein Vater will, dass sein Sohn ein möglichst positives Bild von seinem Reich bekommt, über das er später herrschen soll. Doch eines Tages wählt Siddharta nicht den üblichen Weg und begegnet einem Greis und einem Kranken. Sogar einen Toten sieht er auf der Straße liegen. Dieses Erlebnis wirkt wie ein Schock, und er beginnt, an seinem luxuriösen Leben im Palast zu zweifeln. Angesichts des Leids, das er gesehen hat, empfindet er sein Leben als sinnlos. Von nun an versucht er, Auswege aus dieser Sinnlosigkeit zu suchen.

Mit 16 Jahren wird Siddharta mit seiner Kusine Yasodhara verheiratet. Eheschließungen dieser Art, die von den Eltern beschlossen werden, sind zu dieser Zeit ganz normal. Die Heirat wird prunkvoll gefeiert. Doch für Siddharta ist sie ein neuer Anlass, darüber nachzudenken, welchen Sinn der verschwenderische Luxus in seiner Familie eigentlich hat, wenn am Ende doch der Tod steht. Diese Frage lässt ihn nicht mehr los. Es dauert jedoch noch eine Weile, bis der Prinz sich entschließt, sein Leben zu ändern. 534 v. Chr., drei Jahre nach der Geburt seines einzigen Sohnes, der den Namen Rahula erhält, verlässt Siddharta seine Familie und den Palast, um nun intensiv nach dem Sinn des Lebens zu suchen.

Wie wird Siddharta Gautama zum Buddha?

Viele Jahre wandert er als Asket, also als jemand, der auf jeden Luxus verzichtet, durch das Tal des Ganges. Er trifft dabei die unterschiedlichsten Menschen, begegnet Bettlern, Yogalehrern und religiösen Menschen

und kommt zu dem Schluss, dass das Leben und das Sterben eine ständige Wiederkehr darstellen. Jedes Lebewesen wird immer wieder neu geboren und alle Gedanken und Handlungen – positive wie negative – wirken sich auf zukünftige Leben aus. Dieser Kreislauf, in dem alle Wesen gefangen sind, dauert an, bis sie sich über viele tausend Leben hinweg immer weiter vervollkommnen und schließlich zu den Göttern ins Nirwana, ins paradiesische Nichts, gelangen. Siddharta versucht nun, einen Weg zu finden, um diesen ewigen und mühevollen Kreislauf zu durchbrechen und allem menschlichen Leiden ein Ende zu bereiten. Er löst sich von allen überlieferten Religionen und findet einen eigenen Weg, den er den »Mittleren Weg« nennt. Abgeschlossen wird seine Suche jedoch erst durch eine 49-tägige Meditation unter einem Bodhi-Baum, die ihn zu Buddha, zum »Erleuchteten«, werden lässt. Als Buddha sammelt er Schüler um sich und wandert weitere 45 Jahre durch das Land, um seinen neuen Weg zu verkünden. Er gründet Mönchs- und Nonnenorden und stirbt um 480 v. Chr. in Kusinara.

Heute ist der Buddhismus* die viertgrößte Religionsgemeinschaft der Welt, mit mehr als 300 Millionen Anhängern, von denen die meisten in Asien leben. Doch auch in Deutschland gibt es buddhistische Tempel und Anhänger der Lehre Buddhas.

560–480 v. Chr. Siddharta Gautama

21

Jubel in Athen: Bürger begrüßen neue Staatsform

508 v. Chr.

Kleisthenes setzt nach Ende der Tyrannei auf Demokratie

Das Volk von Athen atmet endgültig auf. Der Tyrann Hippias, der den Stadtstaat bis vor zwei Jahren rücksichtslos regiert hat, ist mithilfe der Spartaner vertrieben worden. Kleomenes, der König von Sparta, hatte den Sturz des Tyrannen zur Chefsache erklärt, nachdem ihm das Orakel von Delphi* dazu geraten hatte. Inzwischen ist der bekannte Politiker Kleisthenes in die Stadt zurückgekehrt, aus der ihn Hippias verbannt hatte. Gleich nach seiner Ankunft dankte er den Spartanern und kündigte weit reichende Reformen an. Schon lange sind dem engagierten Staatsmann die besonderen Rechte der Aristokraten ein Dorn im Auge. Kleisthenes will stattdessen das einfache Volk mit einbeziehen und es an wichtigen politischen Entscheidungen beteiligen. »Ich werde den Weg weiterverfolgen, den Solon beschritten hat«, verspricht Kleisthenes seinen Anhängern. »Ich werde dafür sorgen, dass jeder freie Bürger über die Zukunft Athens mitentscheiden kann. Um dies zu ermöglichen, müssen der Staat und seine politischen Organe vollständig umgebaut werden. Außerdem plane ich die Einführung eines Scherbengerichts*, das den Machthunger allzu ehrgeiziger Politiker stoppen soll.« Auch der namhafte Geschichtsschreiber Herodot hat sich bereits zu Wort gemeldet und Kleisthenes als Begründer einer attischen Demokratie* bezeichnet. Wie zukunftstauglich diese völlig neue Staatsform tatsächlich ist, wird sich zeigen.

Wer ist Kleisthenes?

Kleisthenes wird um 570 v. Chr. geboren und entstammt einer angesehenen Familie Athens. Er ist ein begeisterter Politiker und kritisiert, dass große Teile der Bürgerschaft Athens benachteiligt werden, weil die Aristrokraten als oberste Schicht fast die gesamte Macht innehaben. Das große Vorbild von Kleisthenes ist der berühmte athenische Staatsmann Solon, der 595 v. Chr. zum Archonten, zum höchsten Amtsträger, gewählt wurde. Diese Position hat Solon genutzt, um die Macht der Aristokraten zu beschneiden, obwohl er selbst dem Adel angehört. Stützen konnte er sich dabei auf eine wohlhabende Mittelschicht und die armen Bauern.

Doch als Kleisthenes es nach einer langen Laufbahn als Politiker tatsächlich schafft, zum Archonten ernannt zu werden, verbannt ihn der Tyrann Hippias. Der Alleinherrscher sieht ihn als große Gefahr für seine Machtansprüche. Kleisthenes gibt aber nicht auf und greift zu einer List. Er spendet eine große Summe für das berühmte Orakel von Delphi. Als Dank verkünden die Priesterinnen einen Orakelspruch, der den König von Sparta auffordert, die Tyrannenherrschaft in Athen zu beenden. König Kleomenes folgt diesem Spruch und macht so den Weg für Kleisthenes frei.

Wie sehen die Reformen des Kleisthenes aus?

Kleisthenes setzt das Reformwerk Solons fort und verändert die politische Organisation von Grund auf. Zunächst teilt er Athen in 139 Gemeinden (Demen) ein, die von ihren Bürgern selbst verwaltet werden. Die Zugehörigkeit zu einer Gemeinde ist erblich und wird zum Bestandteil des Namens.

Endlich haben zumindest die männlichen Bürger die Möglichkeit, das Schicksal ihres Staates mitzubestimmen. Und diese Möglichkeit wird auch umfassend genutzt. Die Abstimmungen sind in der Regel gut besucht.

Jede Phyle* entsendet jährlich 50 Abgeordnete in den »Rat der Fünfhundert« (Boulé), wo Gesetzesvorschläge beraten und die Kandidaten für das Archontenamt überprüft werden. Der Rat bereitet die Volksversammlung vor, die mindestens 40-mal im Jahr stattfindet und an der alle mündigen männlichen Bürger teilnehmen können. Jeder Bürger hat eine Stimme und das Recht auf freie Rede. Die Volksversammlung wählt die Beamten und

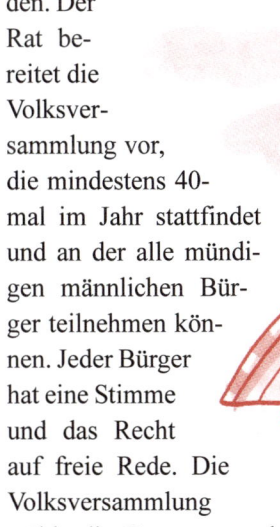

beschließt die Gesetze, die dann aufgeschrieben und auf geweißten Holztafeln veröffentlicht werden. Nicht-Athener, Sklaven und Frauen sind von diesem Verfahren allerdings ausgeschlossen. Perfekt ist also die griechische Demokratie noch lange nicht.

Um den Machtmissbrauch einflussreicher Personen zu verhindern, führt Kleisthenes das Scherbengericht (Ostrakismos) ein. Die Volksversammlung entscheidet einmal im Jahr, ob ein Scherbengericht stattfinden soll. Wird die Frage mit 6000 Stimmen bejaht, ritzen die Bürger in einer weiteren Versammlung den Namen des Politikers auf einer Scherbe ein, von dem sie glauben, dass er die Polis gefährden könnte. Wer die meisten Stimmen erhält, muss für zehn Jahre in die Verbannung gehen. Seine Ehre und sein Vermögen bleiben ihm aber erhalten.

> um 640 – ca. 559 v. Chr. Solon
> um 570 – ca. 507 v. Chr. Kleisthenes
> 493 – 429 v. Chr. Perikles

Unter dem Feldherrn Perikles wird später die Demokratie vollendet. Der Areopag, die Versammlung der Adeligen, wird entmachtet und seine Hauptaufgabe, die Aufsicht über die Beamten, geht an das Volk über. Die Bürger entscheiden nun über alle staatlichen Angelegenheiten.

Die Demokratie endet erst mit der Eroberung Griechenlands durch die Makedonier 338 v. Chr. Heute sind viele Länder auf der Welt Demokratien, denn die Erfindung der Griechen gilt als die modernste und gerechteste aller Staatsformen.

23

Erste Philosophenschule der Welt in Athen eröffnet

387 v. Chr.

Wegweisende Neuerung oder unsinnige Geldverschwendung eines Eigenbrötlers?

Am heutigen Tag öffnet Platon, einer der führenden Köpfe Athens, die Tore zu seiner Akademie. Nun steht sie den Söhnen der höchsten Stände der Stadt offen. Mit ihren Lehrern werden sie dort gemeinsam studieren und diskutieren.

Ein neues Konzept, ein wegweisender Ansatz, um mit der Jugend die wichtigen Fragen von Naturwissenschaften und Philosophie zu erörtern? Platon ist davon überzeugt. »Mir erschien das nie ideal, diese Diskussionen unter freiem Himmel, in den Straßen und auf den Plätzen Athens. Deshalb habe ich mich für diesen etwas abseits gelegenen Ort entschieden. Damit wir unter unseresgleichen sind und konzentriert bei der Sache bleiben können.«

Warum Platon so lange mit der Eröffnung gewartet hat? »Nach dem Tod Sokrates' und meinen Reisen nach Sizilien und Ägypten erscheint es mir nun als genau der richtige Zeitpunkt. Wir brauchen eine gut ausgebildete Jugend. Ein blühender Staat entsteht nur, wenn Philosophen herrschen oder Herrscher philosophieren. Und das will gelernt sein.«

Wer ist dieser Platon?

Platon wird um 428 v. Chr. als Sohn einer angesehenen Athener Familie geboren. Der Sohn reicher Eltern kann es sich leisten, nur das zu tun, was ihm das Liebste ist: denken und lernen. Bald wird er Schüler des angesehenen Philosophen Sokrates. Der Unterricht damals findet in keinem festen Schulgebäude statt, sondern auf den Plätzen der Stadt. Da Sokrates keine Bücher schreibt – obwohl er ein sehr gebildeter Mann ist, kann er gar nicht schreiben –, bleibt seinen Schülern nur das Zuhören. Mehr noch: Sokrates verbietet sogar, jemals auch nur einen von ihm gesprochenen Satz zu Papier zu bringen. Dennoch oder vielleicht gerade darum findet er ungeheuer viele Zuhörer. Einer von ihnen ist der junge Platon.

Nach Sokrates' Tod wird Platon sein Nachfolger. Er beginnt, anders als sein Vorbild und Lehrer, seine ersten Bücher zu schreiben. In vielen davon taucht Sokrates als Hauptfigur auf – ob das dem erklärten Bücherfeind wohl gefallen hätte?

Platon und die Bildung

Platon, der von Sokrates gelernt hat, dass sich kluge Gedanken am besten im Dialog entwickeln lassen, schreibt seine Bücher nämlich genau so: als Dialog zweier Figuren. In Erinnerung an seinen großen, verehrten Lehrer nennt er eine der Figuren eben Sokrates.

Obwohl Platon selbst Bücher schreibt, kritisiert er das Lesen – heute, da wir das Lernen aus Büchern ganz selbstverständlich finden, erscheint das merkwürdig. Aber damals entspricht das durchaus dem üblichen Vorgehen im Unterricht. Platon ist der Ansicht, dass ein wirklich gebildeter Mensch sein Wissen im Kopf mit sich herumtragen sollte und nicht in seinen Büchern – diese seien nur Hilfsmittel, aber kein Ersatz für Bildung.

Und so gründet Platon, der so viel über Bildung nachdenkt, seine Philosophenschule. Weil die Schule in einem Hain liegt, der den Namen des Helden Akademos trägt, wird sie bald von allen »Akademie« genannt. Dort werden Fächer wie Astronomie, Mathematik, Zoologie, Botanik, Rhetorik, Logik, Politik und Ethik unterrichtet. Der enthusiastische Platon hofft, dass seine Schüler später wirklich gute Politiker werden. Er leitet seine Akademie bis zu seinem Tod – dann wird sein bekanntester Schüler, der Philosoph Aristoteles, sein Nachfolger. Aristoteles unterrichtet unter anderem den Sohn König Philipps II., der später als Alexander der Große weltberühmt wird – und setzt so den Wunsch seines Lehrers Platon um.

Die von Platon gegründete Akademie besteht 900 Jahre lang und bildet viele namhafte Philosophen aus.

Seine Vorstellungen eines idealen Staates, der von weisen, gerechten und ehrlichen Politikern regiert wird, haben sich bis heute leider nie verwirklicht.

Was ist Philosophie überhaupt?

Philosophie ist ein Wort, das aus dem Griechischen kommt: »Philos« bedeutet Liebe oder Freund und »Sofia« ist das Wissen oder die Weisheit. Also ist die Philosophie die Liebe zur Weisheit.

Diese Liebe schließt zu Platons Zeit alle Wissensbereiche ein, also auch Fächer wie Mathematik oder Zoologie. Es gibt nichts, über das sich die Philosophen damals keine Gedanken machen. Sie gehen dabei ganz systematisch vor und sind damit die ersten richtigen Forscher.

Platon zum Beispiel fragt nach der Herkunft unserer Vorstellungen und unseres Wissens: Woher wissen wir tief in uns, was gerecht ist und was ungerecht? Oder in Bezug auf die Welt, die wir sehen und anfassen können: Woher wissen wir, dass ein Baum ein Baum ist? Platon erklärt es damit, dass jeder Mensch eine Vorstellung, also eine Idee, von allen Dingen in sich trägt und dass es das höchste Ziel der Menschen ist, die Zustände in ihrer Lebenswelt möglichst mit diesen idealen Urvorstellungen in Übereinstimmung zu bringen (daher kommt auch das Wort Idealist). Er nennt diese Vorstellung Ideenlehre oder Zwei-Welten-Theorie. Da diese Vorstellungen eben nicht erlernt werden, sondern schon zum Zeitpunkt der Geburt in jedem zu finden sind, muss ein Teil des Menschen, nämlich seine Seele, schon vor seiner Geburt geformt worden sein. Platon schließt daraus, dass die Seele eines Menschen nicht an die Existenz seines Körpers gebunden ist, also bereits vor seiner Geburt und auch nach dem Tod seines Körpers weiterexistiert.

Platons Lehre von den Ideen ist ein wichtiges – vielleicht sogar das wichtigste grundlegende Modell, anhand dessen Philosophen und später auch Theologen sich das Wesen des Menschen und der Welt erklären.

> 469–399 v. Chr. Sokrates
> 428/27–348/47 v. Chr. Platon
> 384–322 v. Chr. Aristoteles
> 356–323 v. Chr. Alexander der Große

25

Persepolis brennt, Persien besiegt!

330 v. Chr.

Alexander der Große aber noch nicht am Ziel

Die alte persische Königsstadt Persepolis steht in Flammen! Auch der prächtige Palast der Achämeniden, in dem der Perserkönig Xerxes einst residierte, brennt. Doch Alexander der Große hat sein Ziel noch nicht ganz erreicht.

Sein Feind, der Perserkönig Dareios III., befindet sich nach der letzten siegreichen Schlacht bei Gaugamela auf der Flucht.

Späher berichten, dass er mit den wenigen ihm noch verbliebenen Kriegern auf einer Straße in Richtung Hindukusch-Gebirge gesehen wurde.

»Aber er wird mir nicht entkommen«, versichert Alexander in seinem Heerlager vor den Toren der brennenden Stadt, »und wenn ich die ganze Welt erobern muss, um ihn zu stellen!«

Tausende makedonischer und griechischer Fußsoldaten und Reiter stehen bereit, um die Verfolgung von Dareios III. aufzunehmen.

Mit der Eroberung von Persepolis hat Alexander, König von Makedonien, Pharao von Ägypten und König von Asien, endlich Vergeltung für die Zerstörung zahlreicher griechischer Heiligtümer durch den Perserkönig Xerxes üben können. Ein Rachefeldzug, den bereits sein Vater geplant hatte.

Wer ist Alexander der Große?

Alexander der Große ist der Sohn von König Philipp II. von Makedonien, dem Nachbarstaat Griechenlands. Alexander wird 356 v. Chr. in der Stadt Pella geboren und von seinen Eltern als Krieger erzogen. Damit er jedoch auch die griechische Kultur und Literatur kennen lernt, engagieren seine Eltern den später zu Ruhm gekommenen Philosophen Aristoteles als Lehrer. Drei Jahre unterrichtet er Alexander und macht ihn auch mit der »Ilias« von Homer bekannt, die zu seinem Lieblingsbuch wird. Alexander verehrt vor allem Achilles, den stärksten Krieger der Hellenen. Schon mit 16 Jahren übernimmt Alexander wichtige Regierungsaufgaben und führt als 18-jähriger Reiterführer erstmals ein Heer an, mit dem er die Thebaner besiegt. Nun ist Makedonien die stärkste Macht in Griechenland. Stark genug, um einen alten Traum von Philipp II. zu erfüllen und Krieg gegen das persische Weltreich zu führen. Philipp II. will Rache nehmen für den fast 150 Jahre zurückliegenden Feldzug des Perserkönigs Xerxes, bei dem die heilige Akropolis von Athen zerstört wurde. Doch im Sommer 336 v. Chr. wird Philipp II. ermordet. Alexander besteigt den Thron und wird mit gerade einmal 20 Jahren zum König von Makedonien. Es gelingt ihm, die Griechen für das Vorhaben seines Vaters zu begeistern, und er stellt 334 v. Chr. ein Heer aus 32 000 Fußsoldaten und 5000 Reitern zusammen.

Zunächst setzt Alexander von Griechenland nach Kleinasien über, um Troja einen Besuch abzustatten und sein Vorbild Achilles zu ehren. Wenig später stellt sich ihm das erste persische Heer entgegen, das er ohne Mühe besiegt. Im November 333 v. Chr. trifft er bei Issos auf die Hauptstreitmacht des Perserkönigs Dareios III., die er ebenfalls schlagen kann. Von diesem Erfolg beflügelt, zieht Alexander weiter Richtung Süden bis nach Ägypten. In der Hauptstadt Memphis lässt er sich zum Pharao krönen und gründet an der Nilmündung die Stadt Alexandria, die er mitentwirft. Diese neue Hafenstadt soll den Handel mit Griechenland fördern und im Gegenzug die griechische Kultur verbreiten.

Auf seinem weiteren Weg stellt sich ihm bei Gaugamela erneut Dareios III. mit einem neuen Heer entgegen. Doch auch diese Schlacht gewinnt Alexander, der in der Folge zuerst ganz Mesopotamien erobert, dann Babylon besetzt und schließlich die Königsstädte Susa und Persepolis unterwirft, wobei ihm der riesige Goldschatz des persischen Königs in die Hände fällt. Auf Alexanders Befehl wird Persepolis niedergebrannt. Dareios III. wird

gnadenlos verfolgt, doch bevor Alexander ihn fassen kann, wird der Perserkönig ermordet.

Kann Alexander seinen Siegeszug fortsetzen?

Nach langjährigen Kämpfen erobert das makedonische Heer Afghanistan und marschiert weiter in Richtung Indien. Alexander will bis an die Grenzen der bewohnten Welt, die Küste des Indischen Ozeans, vorstoßen, doch am Fluss Hyphasis verweigern seine erschöpften Soldaten schließlich den Weitermarsch. Alexander lenkt widerwillig ein und kehrt an den Fluss Indus zurück, den er bis zu seiner Mündung in den Indischen Ozean befährt. Nachdem er das Meer mit eigenen Augen gesehen hat, befiehlt er im Sommer 325 v. Chr., fast zehn Jahre nach dem Beginn seines Feldzugs, den Rückzug nach Westen. Er ordnet sein Weltreich und macht neue Pläne für die Zukunft.

um 519–465 v. Chr. Xerxes I.
um 380–330 v. Chr. Dareios III.
382–336 v. Chr. Philipp II.
356–323 v. Chr. Alexander der Große

Von Babylon aus will Alexander einen neuen Feldzug nach Arabien unternehmen. Doch nach einem Trinkgelage mit seinen Freunden erkrankt er schwer und stirbt am 13. Juni 323 v. Chr. in Babylon.

Ob die Legende vom Gordischen Knoten* nun stimmt oder nicht: Alexander der Große hinterlässt das größte Reich, das die antike Welt je gesehen hat, und zugleich ein großes kulturelles Erbe. Gleich 70 Städte wurden von ihm gegründet, deren Bürger die griechische Sprache und Kultur im gesamten Vorderen Orient verbreiten. Die griechische Lebensweise beeinflusst in großem Maße den östlichen Mittelmeerraum. Alexanders Weltreich jedoch zerfällt und wird von seinen Nachfolgern, den Diadochen*, in drei Königreiche aufgeteilt.

27

Koloss von Rhodos nach zwölfjähriger Bauzeit fertig gestellt

285 v. Chr.

Selbstmord des Baumeisters überschattet die Weihezeremonie

Mit einer feierlichen Zeremonie wird auf Rhodos das neue Wahrzeichen, die Helios-Statue, eingeweiht. Sie ist ein Meisterwerk der griechischen Baukunst und die größte Bronzestatue der Welt. Schon von weitem ist sie zu sehen und heißt zukünftig die Seefahrer auf Rhodos willkommen.

Die geplanten Feierlichkeiten werden jedoch durch ein tragisches menschliches Schicksal überschattet. Der Baumeister der Statue, Chares von Lindos, nahm sich gestern das Leben. Als möglicher Grund gilt, dass ihn der Auftrag in den Ruin gestürzt hat.

»Zuerst war nur eine 18 Meter hohe Statue geplant«, hatte Chares noch vor wenigen Tagen erklärt, »doch dann sollte das Standbild plötzlich doppelt so hoch werden. Da habe ich, ohne lange nachzudenken, die Baukosten ebenfalls einfach verdoppelt.« Ein folgenschwerer Denkfehler, denn die Baukosten erwiesen sich in Wahrheit als achtmal so hoch.

Während seine Handwerker trauern, laufen die Vorbereitungen für die Weihezeremonie auf Hochtouren. Verantwortlich für die Feier ist der Oberpriester des Helios-Tempels. Hochzufrieden mit der Ausführung, hat er verkündet: »Kein anderer als Helios, unser Schutzgott, hat eine solche Ehrung verdient!«

Wie wird Helios zum Schutzgott von Rhodos?

Der griechischen Sage nach ist Helios der Gott der Sonne, der tagsüber mit seinem von vier geflügelten Pferden gezogenen Wagen von Osten nach Westen über den Himmel fährt. Als Zeus die Erde unter den Göttern aufteilte, war Helios mit seinem Sonnenwagen am Himmel unterwegs. Erst am Abend bemerkte Helios, dass ihn Zeus deswegen vergessen hatte. Als Entschädigung forderte er die Insel Rhodos und ist seither für sie verantwortlich.

Als Rhodos 305 v. Chr. von Demetrios Polykletes, dem König von Phrygien und Lykien in Kleinasien, belagert wird, hoffen die Bürger deshalb auf die Hilfe Helios'. Und tatsächlich, Demetrios kann die mächtigen Mauern nicht überwinden. Enttäuscht gibt er die Belagerung auf und verlässt die Insel. Die Bürger von Rhodos sind sich jedoch sicher, dass Helios sie gerettet hat. Als Dank versprechen sie ihrem Schutzgott den Bau einer riesigen Statue aus Bronze. Da »Statue« im dorischen Dialekt »Kolossos« heißt, wird das Standbild schlicht »Koloss« genannt.

28

Wie wird der Koloss errichtet und was ist aus ihm geworden?

Mit dem Bau des Kolosses wird der Baumeister Chares von Lindos beauftragt. Da der Bau viel Geld kostet, handeln die Bürger von Rhodos einen Festpreis aus. Doch schon nach kurzer Zeit sind die Bürger der Ansicht, dass 18 Meter Höhe zu wenig sind, und verlangen von Chares, eine doppelt so hohe Statue zu errichten. Chares willigt zögernd ein und verdoppelt einfach seinen Preis. Viel zu spät merkt er, dass für eine 36 Meter hohe Statue etwa achtmal so viel Baumaterial nötig ist wie ursprünglich geplant. Trotzdem entschließt sich Chares, sein gegebenes Versprechen zu halten.

Auf einem Sockel aus weißem Marmor lässt er zunächst ein Gestell aus Eisenstangen errichten, das die Statue stabilisieren soll. Dieses Gestell ummantelt Chares mit Lehm und formt daraus die Figur, die schließlich mit Bronzeteilen verkleidet wird. Um die wachsende Statue herum schütten seine Arbeiter Erde auf, die den Bau von Gerüsten erübrigt. Als der Koloss fertig ist, wird der Erdwall wieder abgetragen, die Bronze poliert und der Lehm im Inneren durch Steine ersetzt.

Der fertige Koloss zeigt Helios als nackten Jüngling, der als Zeichen der Sonne einen Kranz aus sieben vergoldeten Strahlen trägt. Der Koloss ist allerdings nur für kurze Zeit zu bestaunen, denn 66 Jahre nach seiner Weihe stürzt er während eines Erdbebens zusammen. Fast 900 Jahre lang bleiben die Trümmer unberührt liegen, da ein Orakel prophezeit, dass die Stadt großen Schaden erleiden wird, wenn man die Trümmer beseitigt oder den Koloss wieder aufstellt. Erst die Araber, die 653 n. Chr. Rhodos erobern, lassen sich davon nicht abschrecken und entfernen die wertvollen Bronzeteile, um sie einzuschmelzen.

> um 336–283 v. Chr. Demetrios Polykletes
> unbekannt–285 v. Chr. Chares von Lindos

Warum gibt es neben dem Koloss nur sechs andere Weltwunder?

In der Antike gilt die Zahl 7 als heilige Zahl. Als die Menschen eine Liste der bedeutendsten Bauten zusammenstellen, legen sie daher die Anzahl auf 7 fest. Die älteste nennt folgende Bauwerke: die Pyramiden von Giseh, die Festungsmauern von Babylon, die Hängenden Gärten der Semiramis, die Zeusstatue in Olympia, den Artemis-Tempel in Ephesos, das Mausoleum in Halikarnassos und den Koloss von Rhodos. Die heute bekannte Liste der sieben Weltwunder weicht nur in einem Punkt von der antiken Liste ab. Statt der Festungsmauern von Babylon nennt sie den Leuchtturm von Pharos als jüngstes und siebtes Wunder. Nur eines der Weltwunder hat die Zeit überdauert, nämlich ausgerechnet das älteste, größte und geheimnisvollste: die Pyramiden von Giseh, die vor 4500 Jahren erbaut wurden. Sie halten bis heute die Erinnerung an die anderen, zerstörten Weltwunder wach.

29

Hannibal bezwingt die Alpen

218 v. Chr.

Fällt jetzt das Römische Reich?

Ein ängstliches Raunen geht durch die Straßen Roms. »Hannibal ad portas!« (Hannibal bei den Toren!) Tatsächlich, der gefürchtete Feldherr der Karthager hat sich auf dem Landweg von Spanien aus aufgemacht, um die Römer im eigenen Land anzugreifen. Mit einem Heer aus rund 45 000 Fußsoldaten und 10 000 Reitern, ergänzt durch seine nahezu unbesiegbaren Kriegselefanten, hat er in nur drei Wochen die Alpen überquert. Seine Truppen sind um die Hälfte dezimiert, teilen Beobachter mit, aber sein Heer scheint noch immer stark genug, um die römischen Truppen erfolgreich zu attackieren. Außerdem hat Hannibal in Norditalien keltische Krieger angeworben, die ebenfalls darauf brennen, Rom zu erobern.

Erste Siege über römische Legionen am Fluss Trebia und am Trasimenischen See zeigen Hannibals Entschlossenheit.

»Die Römer haben von Karthago meine Auslieferung gefordert, weil ich Spanien erobert habe, und jetzt bin ich da«, rechtfertigt der Feldherr seinen Angriff. Während sich bei Cannae die Römer auf eine Entscheidungsschlacht vorbereiten, sind in Rom die ersten Anzeichen einer um sich greifenden Panik zu beobachten.

Wer gewinnt die Macht: Rom oder Karthago?

Rom und Karthago werden etwa zur gleichen Zeit gegründet, nämlich um 750 v. Chr., Rom in Italien und Karthago in Nordafrika. Während sich Rom aus einem unbedeutenden etruskischen Dorf entwickelt, das immer größer und mächtiger wird, ist Karthago eine Handelsniederlassung der Phöniker. Wie so oft bei alten Städten gibt es Sagen, die von deren Gründung berichten: So soll Rom 753 v. Chr. von den Brüdern Romulus und Remus, die angeblich von Wölfen aufgezogen wurden, gegründet worden sein. Karthago hingegen geht auf die phönizische Prinzessin Dido zurück, die vor ihrem machtgierigen Bruder nach Nordafrika geflohen ist. Dort versprach ihr ein Häuptling so viel Land, wie sie mit einer Kuhhaut umspannen könne. Dido schnitt daraufhin eine Kuhhaut in hauchdünne Streifen, umspannte damit ein riesiges Stück Land und gründete Karthago.

Die beiden Städte entwickeln sich zu erfolgreichen Handelsstädten, die ihren Einflussbereich immer weiter ausdehnen. Während Rom sich über das ganze italienische Festland ausbreitet, unterwirft Karthago Nordafrika von Tunesien bis zur Straße von Gibraltar sowie Korsika, Sardinen und Teile Siziliens.

Aus den Nachbarn werden Konkurrenten um die Macht im Mittelmeerraum. Als die sizilianische Stadt Messina von den Griechen angegriffen wird, bitten die Messinaer die Römer um Hilfe, die diese Gelegenheit nutzen und auf Sizilien Stützpunkte errichten.

Das wird von den Karthagern, die auch Punier genannt werden, nicht akzeptiert. Es kommt von 264 bis 241 v. Chr. zum Ersten Punischen Krieg zwischen den beiden Großmächten.

Die Karthager verlieren die letzte und entscheidende Seeschlacht und müssen Sizilien den Römern überlassen. Daraufhin überschreiten sie die Meerenge von Gibraltar und dehnen ihren Machtbereich bis hinüber nach Spanien aus.

Dort ist Hannibal der Oberbefehlshaber über die Truppen Karthagos und erobert fast die gesamte Iberische Halbinsel. Auch die mit den Römern verbündete Stadt Saguntum wird von ihm eingenommen.

Wieder sehen die Römer eine heraufziehende Gefahr und fordern die Auslieferung Hannibals. Als Karthago dies verweigert, droht erneut ein Krieg.

Hannibal fasst den Entschluss, einem Angriff der Römer zuvorzukommen und sie im eigenen Land anzugreifen. Weil er keine Kriegsflotte mehr hat, muss er über Spanien, die Pyrenäen und schließlich die Alpen marschieren, und das mitten im Winter. Das hat verhängnisvolle Folgen: Die Hälfte seiner Soldaten erfriert, verhungert oder stürzt in Schluchten, doch letzten Endes gelingt der waghalsige Plan. Im Frühjahr 218 v. Chr. erreicht Hannibal endlich Italien. Noch nie hat ein Feldherr aus Nordafrika diesen beschwerlichen Weg gewählt, schon gar nicht in Begleitung von Elefanten.

Rom schickt Hannibal sofort Truppen entgegen. Aber vergebens. Unaufhaltsam bewegt sich Hannibal auf die Stadt zu. 216 v. Chr. besiegt er in der Schlacht von Cannae sogar das zahlenmäßig weit überlegene römische Heer.

Warum hat Hannibal Rom nicht erobert?

Eigentlich wäre nun der Weg nach Rom frei, doch Hannibal hat nur noch rund 10 000 Soldaten. Die Zahl reicht nicht aus, um die Stadt zu stürmen.

Die Römer hingegen haben mit ihrer Flotte noch einen Trumpf in der Hand. Die entsenden sie taktisch klug nach Nordafrika und bedrohen nun ihrerseits Karthago.

Hannibal muss also seinen Feldzug abbrechen, um seine Heimat zu verteidigen. Da er so einen Schachzug der Römer erwartet hat, steht seine Flotte bereit und trägt ihn und sein Heer Richtung Karthago.

247 – 183 v. Chr. Hannibal
234 – 149 v. Chr. Cato

264 – 241 v. Chr.
  Erster Punischer Krieg
218 – 201 v. Chr.
  Zweiter Punischer Krieg
149 – 146 v. Chr.
  Dritter Punischer Krieg

Stark geschwächt verliert er jedoch den Kampf um Karthago und somit den Zweiten Punischen Krieg.

Die Römer aber triumphieren. Von dieser Niederlage wird sich Karthago nie mehr erholen. Doch noch immer wird die Stadt von den Römern als Feind angesehen, und der bekannte römische Politiker Cato fordert am Ende jeder Rede: »Ceterum censeo, Carthaginem esse delendam!« (»Im Übrigen bin ich der Meinung, dass Karthago zerstört werden muss.«) Dies geschieht auch, und zwar im Dritten Punischen Krieg.

Karthago wird bis auf die Grundmauern niedergebrannt und erst durch Caesar neu aufgebaut. Unterdessen steigt Rom zur Supermacht auf und erobert große Teile Europas, Asiens und Nordafrikas.

31

Gaius Julius Cäsar brutal ermordet!

44 v. Chr.

Wurde er das Opfer einer Verschwörung?

Rom steht unter Schock. Aus dem Senatsgebäude drang die schreckliche Nachricht: Cäsar ist tot, hinterrücks ermordet. Von 23 Messerstichen ist die Rede, von einer großen Blutlache zu Füßen der Statue des Pompeius. Sofort nach Bekanntwerden drängten sich schaulustige Bürger vor den Toren und verlangten Zugang, doch Soldaten riegelten das Senatsgebäude umgehend ab. Viele Bürger haben sich nun auf dem Forum Romanum versammelt, um gemeinsam zu trauern, aber auch, um über die möglichen Hintergründe der Tat zu diskutieren.

»Es geschah in der Senatssitzung, also kann es nur ein Senator gewesen sein!«, ist eine der weit verbreiteten Mutmaßungen, aus der gefolgert wird: »Dann muss es eine Verschwörung der Senatoren sein, um Cäsars Alleinherrschaft zu verhindern.«

Die Angst vor einem drohenden Bürgerkrieg ist allgegenwärtig, sollten sich diese Vermutungen bewahrheiten. Auch über Cäsars Nachfolger wird bereits spekuliert. Beste Chancen werden seinem Adoptivsohn Octavian und seinen Stellvertretern Marcus Antonius und Aemilius Lepidus eingeräumt.

Wer ist Cäsar?

Gaius Julius Cäsar wurde am 13. Juli 100 v. Chr. in Rom geboren. Da er aus einer angesehenen und einflussreichen Familie stammt, ist seine berufliche Laufbahn vorgegeben. Er soll Politiker werden, auch wenn die Zeiten unsicher sind. Die Optimaten, konservative Adelskreise im Senat, kämpfen gegen die Popularen, die Vertreter des Volkes, um die Führung in der römischen Republik. Marius, Cäsars Onkel, ist der Führer der Popularen und reißt mithilfe seiner Legionen die Macht in Rom an sich. Als Marius stirbt, kann der Optimat Sulla die Herrschaft übernehmen. Als erste Amtshandlung lässt er Marius' Freunde und Anhänger verfolgen. Auch der junge Cäsar muss aus Rom fliehen. Doch nach Sullas Tod kehrt er nach Rom zurück und entwickelt sich zu einem ehrgeizigen Politiker mit hohen Zielen.

Zunächst muss er jedoch, wie allgemein üblich, unterschiedliche Ämter bekleiden. 68 v. Chr. wird Cäsar zunächst ein Quästor, ist also für die Finanzverwaltung zuständig. Vier Jahre später steigt er zum Ädil auf und hat die Aufsicht über die Tempel, Märkte und Plätze. Als Prätor* kümmert er sich anschließend für kurze Zeit um die Rechtsprechung, dann geht er als Statthalter Roms nach Spanien. Dort kämpft er rücksichtslos und geschickt gegen die Iberer und erwirbt sich den Ruf, ein fähiger Feldherr zu sein. Er macht reiche Beute und hat nun genügend Geld, um sich für das höchste Staatsamt zur Wahl zu stellen. Denn ohne Geld ist in Rom keine Karriere als Politiker zu machen.

Unter den Senatoren hat Cäsar viele Gegner. Um seine Position zu stärken, verbündet er sich mit Marcus Licinius Crassus, dem reichsten Mann Roms, und dem erfolgreichen General Gnaeus Pompeius zu einem Triumvirat*, einer Dreimännerherrschaft. Gemeinsam erreichen sie, dass Cäsar zum Konsul gewählt wird. Am Ziel angelangt ist er jedoch noch lange nicht. Um ganz nach oben zu kommen, braucht er auch militärische Macht. Es gelingt ihm, den Oberbefehl über die Provinzen Illyrien (Dalmatien), Gallia Cisalpina (Norditalien) und Gallia Narbonensis (Südfrankreich) zu erhalten. Cäsar unterwirft das nördliche Gallien und dringt bis an den Rhein und sogar nach Britannien vor. Als sich 52 v. Chr. gallische Stämme unter ihrem Führer Vercingetorix erheben, verlangt Cäsar immer mehr Legionen von Rom. Nach verlustreichen Kämpfen bricht er schließlich in der Schlacht bei Alesia den gallischen Widerstand. Ganz Gallien ist nun erobert und Cäsar kehrt als ruhmreicher Feldherr nach Italien zurück.

Wie wird Cäsar Alleinherrscher?

Inzwischen ist allerdings Pompeius vom Senat zum Konsul und mächtigsten Mann ernannt worden. Während Pompeius seine Legionen behalten darf, wird Cäsar aufgefordert, sein Heer aufzulösen. Das kann Cäsar nicht akzeptieren und führt kurz entschlossen seine Truppen über den italienischen Grenzfluss Rubikon nach Rom und droht mit einem Bürgerkrieg. Als er in die Stadt einmarschiert, ist Pompeius bereits geflohen. Bis nach Griechenland verfolgt ihn Cäsar und besiegt ihn in der Schlacht bei Pharsalos. Pompeius flieht weiter nach Ägypten und wird ermordet, bevor Cäsar ihn einholen kann.

Nach mehreren siegreichen Kämpfen gegen die Söhne und Anhänger des Pompeius in Nordafrika und Spanien geht Cäsars Wunsch endlich in Erfüllung. Er wird zum Alleinherrscher in Rom.

115–53 v. Chr. Marcus Licinius Crassus
106–48 v. Chr. Gnaeus Pompeius
100–44 v. Chr. Gaius Julius Cäsar
um 90–12 v. Chr. Aemilius Lepidus
um 82–46 v. Chr. Vercingetorix
82–30 v. Chr. Marcus Antonius
63 v. Chr.–14 n. Chr. Octavian

Das aber wollen seine Stellvertreter und viele Senatoren auf keinen Fall dulden. Sie zetteln eine Verschwörung an, der sich sogar Brutus, einer der engsten Freunde Cäsars, anschließt. Als Cäsar am 15. März 44 v. Chr. den Senat betritt, stürzen sich die Verschwörer auf ihn und erstechen ihn. Nach seinem Tod kämpfen sein Adoptivsohn Octavian, Marcus Antonius und verschiedene Senatoren um die Macht in Rom. Octavian geht als Sieger aus dem Bürgerkrieg hervor und wird als Augustus* zum ersten römischen Kaiser.

Cäsar aber wird zu einer der berühmtesten Figuren der Geschichte. In vielen Dramen und Romanen der Weltliteratur spielt Cäsar eine große Rolle. Lateinschüler lesen immer noch sein berühmtes siebenbändiges Werk »De Bello Gallico« (Der gallische Krieg).

Er war so berühmt, dass sein Name später zum Titel der Herrscher (Caesaren) des römischen Kaiserreiches wurde. Auch die Herrschertitel »Kaiser« und »Zar« sind von seinem großen Namen abgeleitet.

33

Im Bann der Nilkönigin

41 v. Chr.

Kleopatras neueste Eroberung heißt Marcus Antonius

Sie ist attraktiv, sie ist schlau und sie übt einen außerordentlichen Zauber vor allem auf Männer aus. Die Rede ist von Ägyptens Königin Kleopatra. Nach Cäsar, mit dem sie einen gemeinsamen Sohn namens Cäsarion hat, ist ihre neueste Eroberung nun Marcus Antonius. Klatsch und Tratsch aus Roms gut unterrichteten Kreisen besagen, dass Marcus Antonius seine Frau Octavia verlassen wird, um Kleopatra zu heiraten. Schon auf seiner ersten Reise nach Ägypten soll er sich in die Königin verliebt haben. Die Heirat mit Octavia, der Schwester Octavians, sei nur kalkuliert gewesen, um so seine Macht im Triumvirat zu sichern. Außerdem gibt es eine Fülle von Gerüchten über den ausschweifenden Lebensstil Kleopatras. Von hunderten von Sklavinnen ist die Rede, die sich ausschließlich um ihr Wohlbefinden kümmern, von Bädern in Eselsmilch und von in Essig aufgelösten Perlen als Schönheitselixier.

Octavian will dem Spuk nun ein Ende bereiten. »Kleopatra ist eine Hexe, die erst Cäsar und jetzt Antonius verzaubert hat, um mit ihm ein eigenes orientalisches Reich zu gründen. Doch ein zweites Mal wird sich Rom nicht von Kleopatra missbrauchen lassen, um ihre Macht in Ägypten zu sichern«, verspricht er. »Noch heute werde ich Antonius sämtlicher Ämter entheben und einen Feldzug nach Ägypten vorbereiten!«

Wer ist Kleopatra?

Kleopatra ist die Tochter von Ptolemaios XII., einem ägyptischen Herrscher aus dem Geschlecht der Ptolemäer. Sie wird 68 v. Chr. geboren und nach dem Tod ihres Vaters Königin von Ägypten. Allerdings regiert sie nicht allein, sondern zusammen mit ihrem jüngeren Bruder, Ptolemaios XIII., den sie sogar heiratet, was damals üblich war. Doch die Geschwister zerstreiten sich und Ptolemaios vertreibt seine Schwester aus dem königlichen Palast.

Zu diesem Zeitpunkt landet der römische Feldherr Gaius Julius Cäsar in Alexandria, um seinen nach Ägypten geflohenen Widersacher Pompeius zu verfolgen. Noch bevor Cäsar ihn einholen kann, wird Pompeius auf Geheiß Ptolemaios' ermordet. Kleopatra sieht ihre Chance gekommen und versucht, Cäsar für sich einzunehmen. Heimlich lässt sie sich nachts, eingerollt in einen Teppich, zum Feldherrn bringen. Cäsar ist begeistert von dieser List und dem Charme der gestürzten Königin, die der römische Geschichtsschreiber Plutarch folgendermaßen beschreibt: »Der Umgang mit ihr besaß einen unwiderstehlichen Reiz, und ihre Gestalt übte in Verbindung mit der Gewandtheit ihrer Ausdrucksweise … einen außerordentlichen Zauber auf ihre Umgebung aus.«

Cäsar erliegt diesem Zauber, verliebt sich und entmachtet Ptolemaios, um Kleopatra als

Königin einzusetzen. Die Bürger von Alexandria sind mit dieser Entscheidung jedoch nicht einverstanden und erheben sich gegen die Römer. Ein ganzes Jahr lang dauern die Kämpfe in diesem Alexandrinischen Krieg, bis Cäsar endlich siegt.

Einige Monate später muss Cäsar Ägypten wieder verlassen. Als Kleopatra ihm folgt, sind die römischen Bürger schockiert. Kleopatra und die exotischen Empfänge in ihrer luxuriösen Villa sind Stadtgespräch. Als Cäsar 44 v. Chr. ermordet wird, verlässt Kleopatra fluchtartig Rom, um möglichen Attentaten zu entgehen.

Wie kommt es zu der Liebesgeschichte zwischen Kleopatra und Marcus Antonius?

Nach Cäsars Tod regieren Octavian, Cäsars Adoptivsohn, und Cäsars Stellvertreter Aemilius Lepidus und Marcus Antonius gemeinsam das Römische Reich. Antonius soll sich um den Osten kümmern und reist 41 v. Chr. an die kleinasiatische Südküste nach Tarsos, wo er Kleopatra um ein Treffen bittet. Kleopatra setzt ihre Ankunft großartig in Szene. Geschmückt wie die griechische Liebesgöttin Aphrodite, liegt sie unter einem goldbestickten Sonnensegel. Die Königin lädt den römischen Feldherrn zu einem fantastischen Festmahl auf

ihr Prunkschiff ein. Antonius ist ebenfalls fasziniert von der Königin. Er verlässt Kleinasien und folgt ihr nach Alexandria. Kleopatra steht nun erneut unter dem Schutz eines einflussreichen römischen Staatsmannes.

Inzwischen steigt Octavian in Rom zum mächtigsten Mann auf. Um seinen politischen Einfluss nicht zu verlieren, ist Antonius gezwungen, nach Italien zurückzukehren. Er heiratet Octavia, um seine Machtansprüche zu bekräftigen. Doch im Herbst 37 v. Chr. muss Antonius erneut in den Orient, um gegen die Parther, ein vorderasiatisches Reitervolk in Persien, zu kämpfen. Wieder ruft er Kleopatra zu sich und verliebt sich diesmal so heftig, dass er seine Frau Octavia verstößt. Als auch noch bekannt wird, dass Antonius eine schmachvolle Niederlage gegen die Parther erlitten hat, zugleich aber Kleopatra mit dem Titel »Königin der Könige« auszeichnet, ist das römische Volk endgültig gegen ihn aufgebracht.

Octavian beschließt, sich an Antonius zu rächen. Er enthebt ihn sämtlicher Ämter und segelt mit der römischen Flotte nach Osten.

Die gegnerischen Schiffe treffen bei Actium aufeinander. Marcus Antonius' Seeleute verlieren die Schlacht und Octavian unterwirft Ägypten. Antonius ist verzweifelt und sieht keinen Ausweg mehr für sich. Er stürzt sich in sein Schwert, Cäsarion wird später hingerichtet. Als Kleopatra davon erfährt, lässt sie sich von einer Giftschlange beißen. So beendet diese tragische Liebesgeschichte die 300-jährige Herrschaft der Ptolemäer. Ägypten wird römische Provinz und dient fortan als Kornkammer des Reiches.

100 – 44 v. Chr. Gaius Julius Cäsar
um 82 – 30 v. Chr. Marcus Antonius
68 – 30 v. Chr. Kleopatra VII.
61 – 47 v. Chr. Ptolemaios XIII.
47 – 30 v. Chr. Cäsarion
um 45 – 125 n. Chr. Plutarch

48 – 47 v. Chr. Alexandrinischer Krieg
31 v. Chr. Schlacht bei Actium

35

Ganz Rom feiert

17 v. Chr.

Mit einem Fest läutet Kaiser Augustus ein neues Zeitalter ein

Zur Eröffnung der Säkularspiele herrscht in ganz Rom eine ausgelassene Stimmung. Überall sieht man fröhliche Gesichter und begeisterte Menschen. Mit diesem denkwürdigen Fest läutet Kaiser Augustus ein neues Zeitalter ein und lässt sich für seine Verdienste um das Ansehen Roms feiern. Neben Umzügen gibt es Theateraufführungen, Tierjagden, Jongleure und Artisten.

»Wir wollen aller Welt zeigen, dass unter meiner Führung Wohlstand und Frieden im ganzen Römischen Reich herrschen«, erklärt Kaiser Augustus zur Eröffnung den Bürgern Roms und erntet dafür donnernden Applaus. »Außerdem feiern wir den Beginn eines neuen Zeitalters, eines Zeitalters der Kunst und der römischen Kultur. Dafür stehen Reichtum und Friede. Die Pax romana*, der römische Friede, soll ewig währen!«

Augustus – der Erhabene –, wie Senat und das Volk Octavian mit Beinamen nennen, hat nicht nur für neue, prachtvolle Gebäude gesorgt, sondern sieht sich auch als Vordenker für eine sittliche und bessere Lebensweise der Römer. Dank Augustus kann Rom gelassen in die Zukunft blicken und die Feierlichkeiten genießen.

Wer ist Augustus?

Augustus heißt eigentlich Gaius Octavian Thurinus und wird am 23. September 63 v. Chr. in der Nähe von Rom geboren. Sein Vater ist Prätor, also der zweitwichtigste Mann im römischen Staat. Er stirbt jedoch, als Octavian vier Jahre alt ist, sodass ihn seine Mutter alleine erziehen muss. Da Octavian der Großneffe Julius Cäsars ist, bekommt er ab und zu von dem berühmten Feldherrn Besuch. Cäsar erkennt dessen Begabungen, adoptiert ihn und setzt ihn in seinem Testament als Haupterben ein. Viel eher als geahnt hält Octavian dieses Testament in Händen, denn Cäsar wird 44 v. Chr. ermordet.

Als die beiden Konsuln* Hirtius und Pansa in einer Schlacht getötet werden, nutzt Octavian diese Gelegenheit und fordert das frei gewordene Amt für sich. Als sich der Senat weigert, stellt er ein Heer aus ehemaligen Soldaten Cäsars zusammen und erzwingt mit Waffengewalt die Amtseinsetzung als Konsul, obwohl er erst 20 Jahre alt ist und nicht mindestens 42 Jahre, wie es das Gesetz vorsieht. Kurz darauf bildet er mit Marcus Antonius und Aemilius Lepidus ein Triumvirat, eine so genannte Dreimännerherrschaft. Sie lassen sich vom Senat diktatorische Machtbefugnisse übertragen und beseitigen ihre politischen Gegner. Danach verfolgen Antonius und Octavian die Mörder Cäsars. In der Schlacht bei Philippi im Jahr 42 v. Chr. werden Brutus und sein Mitverschwörer Cassius vernichtend geschlagen. Im Römischen Reich haben die drei Herrscher nun keine Konkurrenten mehr. Doch Octavian will, wie sein Vorbild Cäsar, die alleinige Macht. Da er Lepidus ohne große Mühe entmachten kann, steht ihm nur noch Marcus Antonius im Weg, der Mann seiner Schwester Octavia. Antonius verlässt jedoch seine Frau, um die ägyptische Königin Kleopatra zu heiraten.

Diese einmalige Chance lässt sich Octavian nicht entgehen. Er segelt mit der römischen Flotte nach Osten und besiegt Marcus Antonius, der wie Kleopatra Selbstmord begeht. Octavian ist am Ziel.

Wie wird aus Octavian Augustus?

Aus dem Mord an Cäsar hat Octavian gelernt, dass die Römer keine Alleinherrscher wollen. Deshalb lässt er zum Schein die republikanische Ordnung weiterleben und stellt sich dem Volk gegenüber nur als führender Bürger (Princeps) dar.

Durch diesen genialen Schachzug erhält er mehr Macht als je zuvor. Ein weiterer Pluspunkt für Octavian ist die Tatsache, dass sich die wirtschaftliche Situation des Staates nachhaltig bessert. Ihm ist durch seinen Sieg über Marcus Antonius nämlich nicht nur der gewaltige Staatsschatz der Ägypter in die Hände gefallen, er ist nun auch in der Lage, große Teile des kostspieligen Heeres zu entlassen.

Mit einem politischen Trick kann er zudem seine Position festigen. Im Jahr 27 v. Chr. gibt er seine außerordentlichen Vollmachten an den Senat und das Volk zurück. Daraufhin verleiht ihm der Senat den Ehrentitel Augustus (der Erhabene) und bittet ihn, weiterhin die Verantwortung für das Reich zu übernehmen.

Bis zum Jahr 23 v. Chr. bekleidet er in ununterbrochener Folge das höchste Staatsamt, das Konsulat.

Als er auf eine weitere Tätigkeit als Konsul verzichtet, erhält er stattdessen die lebenslange Amtsgewalt eines Volkstribunen. Damit kann er Senat und Volksversammlung einberufen, Gesetze vorschlagen und ablehnen.

Erst jetzt hat er die unumschränkte Macht, die er geschickt nutzt.

Wozu nutzt Augustus seine Macht?

Er verbessert die öffentliche Sicherheit in der Hauptstadt mit der Gründung einer Feuerwehr- und Polizeitruppe und lässt seine obersten Beamten scharf die Provinzen überwachen, um eine ungehemmte Ausbeutung zu verhindern. Mit rigorosen Ehe- und Sittengesetzen bekämpft er den unsittlichen Lebenswandel der römischen Gesellschaft. Sogar seine eigene Tochter Julia lässt er wegen Ehebruchs bestrafen. Augustus verändert auch das Gesicht Roms. Eine Stadt aus Ziegeln verwandelt er in eine Stadt aus Marmor. Prächtige weiße Bauwerke, wie der Apollotempel, das Marcellustheater und das Pantheon, entstehen.

unbekannt – 42 v. Chr. Gaius Cassius Longinus
65 – 8 v. Chr. Horaz, eigentlich Quintus Horatius Flaccus
63 v. Chr. – 14 n. Chr. Augustus, eigentlich Gaius Octavian Thurinus

Von Ende Mai bis Anfang Juni 17 v. Chr. feiert Rom mit den Säkularspielen den Beginn eines neuen Zeitalters. Im Mittelpunkt der Festlichkeiten stehen Apollo, der besondere Schutzgott Augustus', und dessen Schwester Diana.

Im Auftrag Augustus' hat der Dichter Horaz ein besonderes Lied zu Ehren der Gottheiten verfasst. Sie sollen das römische Volk und seinen Kaiser beschützen. Nach seinem Tod 14 n. Chr. wird Augustus im ganzen Römischen Reich als Gott verehrt und der Monat August nach ihm benannt.

Das Aussehen der Stadt Rom, wie wir es heute kennen, wurde maßgeblich von Augustus und seiner Regierungszeit geprägt.

37

Was weiß Ovid wirklich?

8 n. Chr.

Kaiser Augustus verbannt den berühmten Dichter

Ovid kann es noch immer nicht fassen. Während seines Urlaubs auf Elba erreicht den berühmten römischen Dichter völlig überraschend die Nachricht seiner Verbannung. Kaiser Augustus schickt ihn nach Tomis ans Schwarze Meer. Und das, obwohl keine Anklage gegen Ovid vorliegt, es kein Gerichtsverfahren oder einen Beschluss des Senats gibt. Offensichtlich hat Augustus diese Entscheidung persönlich getroffen. Als offiziellen Grund gibt er Ovids Gedicht *Ars amatoria* an, das nicht seinen kaiserlichen Vorstellungen von Sittlichkeit und Tugend entspreche. Doch Ovid äußert demgegenüber Zweifel: »Das Gedicht ist schon mehrere Jahre alt und scheidet als Grund aus. Ich vermute, dass Augustus ihn nur vorgeschoben hat, um den wahren nicht nennen zu müssen. Was wirklich dahintersteckt, kann ich mir schon denken. Aber bitte haben Sie Verständnis, dass ich darüber nichts sagen kann, schließlich will ich nicht ein noch härteres Schicksal erleiden. Nur so viel: Ich habe etwas gesehen, was ich nicht hätte sehen dürfen.«

Da Ovid nicht die schwerste Form der Verbannung auferlegt worden ist, sondern nur die so genannte »relegatio«, darf er sein römisches Bürgerrecht und sein Vermögen behalten. Er muss jedoch Rom umgehend verlassen. Schon jetzt sind viele seiner Anhänger und Freunde tief betrübt über diesen Verlust für das kulturelle Leben Roms.

Wer ist Ovid?

Publius Ovidus, genannt Ovid, wird am 20. März 43 v. Chr. in der mittelitalienischen Stadt Sulmo geboren. Sein Vater ist ein reicher Adeliger und hat den Wunsch, dass sein Sohn Politiker wird. Seine Eltern schickten ihn daher nach Rom, damit er dort eine Ausbildung als Redner und Staatsmann erhält. Doch Ovid hat andere Pläne, denn schon seit frühester Jugend begeistert er sich für die Dichtung. Statt Reden für die Politiker im Senat zu verfassen, schreibt er lieber Verse. Dadurch bricht er bewusst mit den strengen Traditionen. Denn »Dichter« wird nicht als richtiger Beruf angesehen. Philosophie und Literatur gelten zwar als ehrenhafter Zeitvertreib, nicht aber als Lebensaufgabe. Ovid kann sich jedoch nichts Schöneres vorstellen. In einem seiner ersten Werke, der »Ars amatoria« (Die Liebeskunst) verrät Ovid Tipps und Tricks, wie man einen geliebten Menschen an sich binden kann, einen unerwünschten Verehrer loswird oder straflos Ehebruch begeht. Dieses Thema interessiert die Römer so sehr, dass Ovid schnell zum berühmtesten Dichter seiner Zeit wird. Im Alter von 44 Jahren beginnt er sein Hauptwerk, die »Metamorphosen«, die von Verwandlungen handeln. Sie haben ihren Ursprung in den antiken griechischen Sagen.

Meist wird eine Person oder ein niederer Gott in eine Pflanze, ein Tier oder in ein Sternbild verwandelt, so zum Beispiel Cäsars Geist in einen Stern oder die Nymphe Daphne auf der Flucht vor dem Gott Apollon in einen Lorbeerbaum.

Was ist der wahre Grund für Ovids Verbannung?

Ovid lebt zur Regierungszeit von Kaiser Augustus, einem Förderer der Künste. Unter seiner Herrschaft beginnt eine Zeit des Friedens, die nach Jahrzehnten blutiger Bürgerkriege einen wirtschaftlichen und kulturellen Aufschwung bringt. Zahlreiche neue Theater und Tempel werden gebaut; festliche Spiele und Feiern werden veranstaltet. Diese Entwicklung wird vor allem von den jungen Leuten begrüßt, die sich von den strengen Anforderungen lösen wollen, die die alten römischen Traditionen an sie stellen. Kaiser Augustus allerdings will das »neue« friedliche Rom sehr wohl auf den Fundamenten der alten Sitten und Wertvorstellungen aufbauen. Er lässt sich vom Senat die Cura morum, die Sittenaufsicht, übertragen und erlässt ein Gesetz, das den Ehebruch unter Strafe stellt. Dabei hat

Augustus in seiner Jugend, als er noch Octavian hieß, alles andere als ein moralisch einwandfreies Leben geführt. Nach dem Tod seiner ersten Frau Clodia hat Augustus ein zweites Mal geheiratet. Scribonia bringt seine einzige Tochter Julia zur Welt. Doch noch vor der Geburt verstößt er Scribonia, um seine Geliebte Livia Drusilla zu heiraten. Als Livia zu ihm in sein Haus zieht, obwohl sie noch nicht von ihrem Mann geschieden ist, sorgt dies für einen ausgewachsenen Skandal.

Im Alter tritt nun ausgerechnet Augustus als strenger Moralapostel auf. Er schickt sogar seine Tochter Julia in die Verbannung, als er bemerkt, dass auch sie eine Ehebrecherin ist. Erst später erfährt er, dass Ovid in diesen Ehebruch eingeweiht war. Und da Augustus den Ehebruch seiner Tochter als Staatsgeheimnis betrachtet, das seinen Ruf beschädigen kann, sucht er

> 43 v. Chr. – ca. 17/18 n. Chr. Ovid
> 63 v. Chr. – 14 n. Chr. Augustus, eigentlich Gaius Octavian Thurinus

nach einem Weg, den Mitwisser Ovid loszuwerden. Er erinnert sich an das Gedicht »Ars amatoria« und schickt ihn in die Verbannung.

Mitten im Winter muss sich Ovid an Bord eines Handelsschiffes begeben. Seekrank und voller Heimweh kommt er in Tomis an. Das Provinznest liegt am äußersten Rand des Römischen Reichs am Schwarzen Meer, was für ihn, als Bewohner der Metropole Rom, gleichbedeutend mit dem Ende der Welt ist.

Zu Hause in Rom betrauert man den Dichter wie einen Toten und auch er selbst empfindet das Exil als gesellschaftlichen Tod. Ovid wartet vergebens auf seine Begnadigung, bis er um 18 n. Chr., immer noch voll Sehnsucht nach dem vergangenen Glanz, in Tomis stirbt.

Seine Gedichte aber sind bis heute lebendig geblieben und dienen Schriftstellern und Musikern als wichtige Quelle für neue Werke.

39

Rom trauert um Claudius Galenus

199 n. Chr.

Der berühmte Arzt stirbt im Alter von 70 Jahren

Sein Ruhm als Mediziner reichte weit über die Grenzen Roms hinaus. Er war Leibarzt von Kaiser Marcus Aurelius und anderen bedeutenden Persönlichkeiten Roms, hat über 400 Bücher geschrieben und Grundlagenforschung über den Blutkreislauf, die Körpersäfte und die Nervenbahnen betrieben. Claudius Galenus war ein Pionier der Medizin. Nun starb er im Alter von 70 Jahren.

»Was über sein hohes Ansehen hinaus bleiben wird«, erklärt einer seiner Anhänger und Schüler, »sind neben seinen Büchern vor allem seine Schriften über den großen Hippokrates. Sie werden uns dabei helfen, ebenfalls gute Ärzte zu werden.«

Trauer herrscht auch in Claudius Galenus' Geburtsstadt Pergamon, in der er lange Jahre geforscht und praktiziert hat. Viele seiner bahnbrechenden Erkenntnisse hat er den dortigen Gladiatorenkämpfen zu verdanken, bei denen er die verwundeten Kämpfer versorgte. Aber als wissbegieriger Forscher untersuchte er auch Hunde, Schafe und andere Tiere und übertrug seine Entdeckungen auf den menschlichen Organismus.

Wer war Claudius Galenus?

Claudius Galenus, auch Galen genannt, wird 129 in Pergamon in Kleinasien geboren. Nikon, sein Vater, ist ein berühmter Baumeister und unterrichtet seinen Sohn selbst in Mathematik und Naturwissenschaften. Mit 17 Jahren entschließt sich Galenus, Medizin zu studieren. Pergamon ist der richtige Ort dafür, denn hier praktizieren viele namhafte Ärzte. Nach vier Jahren geht Galenus auf Reisen und besucht unter anderem Smyrna, Korinth und Alexandria in Ägypten, das Zentrum für Medizin in der Antike. Nach dem Ende seiner Ausbildung kehrt er 157 nach Pergamon zurück und arbeitet zunächst als Gladiatorenarzt.

Die Kämpfe in der Arena von Pergamon sind blutig und grausam. Deshalb lernt Galenus in dieser Zeit sehr viel über die Behandlung von Verletzungen und den menschlichen Körper. Weil das Sezieren von Leichnamen verboten ist, experimentiert er zudem mit Tieren und zerlegt die Kadaver von Affen, Schweinen, Schafen und Ziegen. Durch diese Obduktionen verbessert er fortlaufend seine Fingerfertigkeit als Chirurg und erforscht gleichzeitig die Vorgänge im Körper. Er beschreibt die Herzkammern und unterscheidet Arterien und Venen. In den Arterien fließt Blut – das stellt er bei seinen Untersuchungen immer wieder fest. Mit dieser Erkenntnis kann er mit einem 400 Jahre alten

Irrglauben aufräumen, nach dem die Arterien nur Luft transportieren. Außerdem versucht Galenus, die Lebenskraft, die »Physis« genannt wird, zu ergründen und ihre Wirkung in den einzelnen Organen näher zu bestimmen.

Galenus' großes Vorbild ist der griechische Arzt Hippokrates, der Begründer der Heilkunde. Tatsächlich wurden vor Hippokrates Krankheiten als unabänderlich hingenommen. Erst Hippokrates erkannte, dass Krankheitssymptome auf natürliche Ursachen zurückgeführt werden können. Von Hippokrates und seinem Schüler Polybos stammt die Lehre von den vier Körpersäften (Blut, Schleim, gelbe und schwarze Galle), die sich im Körper in einem Gleichgewicht befinden müssen. Verschiebt sich dieses Gleichgewicht zugunsten eines Saftes, so wird der Mensch krank. Galenus entwickelt diese Lehre weiter und kommt zu dem Schluss, dass jede Krankheit mit einem bestimmten Organ verbunden ist. Damit werden genauere Krankheitsdiagnosen und Heilansätze möglich. Galenus' Schriften werden zu Klassikern: Seine Bücher sind schon zu seinen Lebzeiten

bekannt und im Laufe der nächsten Jahrhunderte wächst sein Ruhm immer weiter.

Was tat Galenus in Rom?

Galenus verlässt seinen Platz als Gladiatorenarzt und zieht 162 nach Rom, um dort eine Praxis zu eröffnen. Innerhalb kurzer Zeit wird er einer der bekanntesten Ärzte der Stadt und zählt bald angesehene Politiker und Adelige zu seinen Patienten. Seine neuen Methoden stoßen jedoch auf Ablehnung unter seinen Kollegen, die ihn nicht zuletzt wegen seines Erfolges beneiden. Immer wieder kommt es zum Streit, sodass Galenus Rom 166 verlässt und seine Praxis nach Pergamon verlegt. Auch in seiner Heimatstadt genießt er schnell den Ruf, Krankheiten heilen zu können, denen sonst kein Arzt gewachsen ist. Der römische Kaiser Marcus Aurelius hört von den Leistungen Galenus' und bittet ihn, an seinen Hof zu kommen. Noch einmal entschließt sich Galenus zum Umzug und wird 174 Leibarzt des Kaisers, den er bis zu dessen Tod im Jahr 180 medizinisch betreut. Galenus bleibt nun in Rom, schreibt Bücher und genießt seinen Ruf. Seine Schriften zeigen jedoch nicht nur seine umfassenden medizinischen Kenntnisse, sondern offenbaren auch seine große Eitelkeit, seine Selbstüberschätzung und seine Überheblichkeit. Gerne bezeichnet er sich selbst als »den letzten großen Arzt« und behauptet, er sei unfehlbar. Wegen seiner Berühmtheit glauben viele Ärzte daran und verhindern lange Zeit, dass die Medizin voranschreitet.

Erst ab 1600 entwickeln Mediziner, ausgestattet mit neuen Instrumenten wie dem Mikroskop und nicht mehr gebunden an das Sezierverbot von Menschen, das medizinische Wissen der Antike weiter und korrigieren deren Fehler.

> um 460 – ca. 370 v. Chr.
> Hippokrates
> 121 – 180 Marcus Aurelius
> 129 – 199 Claudius Galenus

41

Christenverfolgung ist beendet

313 n. Chr.

Kaiser Konstantin erkennt Christentum als Religion an

In den Straßen Roms tanzen, singen und jubeln die Menschen. Eine sensationelle Nachricht aus Mailand hat sich wie ein Lauffeuer verbreitet: Christen können sich endlich in aller Öffentlichkeit zu ihrer Religion bekennen. In Zukunft wird niemand mehr deshalb verfolgt oder muss befürchten, angeklagt oder hingerichtet zu werden. Das haben Kaiser Konstantin und sein Mitkaiser Licinius im Toleranzedikt von Mailand beschlossen. Woher kommt dieser Sinneswandel? Es war Kaiser Konstantin, der sich nach einem wunderbaren Traum für mehr Toleranz aussprach. »Vor der Schlacht an der Milvischen Brücke erschien mir im Schlaf das Kreuz der Christen mit dem Monogramm des Jesus von Nazareth. Ich vernahm die Worte: ›Unter diesem Zeichen wirst du siegen.‹ Also wählte ich das Kreuz als Feldzeichen meiner Legionen. Und wie wir alle wissen, habe ich meinen Gegner Maxentius besiegt.« Nach diesem Erlebnis erklärt Kaiser Konstantin die Christenverfolgung für beendet und das Christentum wird als Religion anerkannt. »Der Gott der Christen hat sich als mein Schutzgott erwiesen«, erklärt Konstantin weiter. »Ich werde ihn auch weiterhin ehren und dafür sorgen, dass nicht nur neue Tempel für die alten Götter, sondern auch Gotteshäuser für die Christen gebaut werden.«

Wer war Konstantin?

Konstantins Familie stammt aus Naissus in Serbien, wo er als Flavius Valerius Constantinus um das Jahr 280 geboren wird. Sein Vater, Constantius Chlorus, hat sich vom Offizier zum Cäsar* hochgearbeitet.

Als Cäsar ist er Stellvertreter des eigentlichen Kaisers, der Augustus* genannt wird. Zu dieser Zeit gibt es jedoch nicht nur einen, sondern gleich zwei Augusti und somit auch zwei Stellvertreter. Ein Kaiser ist für das Oströmische Reich zuständig, einer für das Weströmische.

Erfunden wurde dieses politische System, das Tetrarchie (Viererherrschaft) genannt wird, von Kaiser Diokletian, um das Römische Reich nach vielen Unruhen wieder zu stabilisieren. Die Tetrarchie ermöglichte es, dass vier Herrscher gleichzeitig an vier unterschiedlichen Plätzen im Reich präsent sein konnten.

Konstantin kämpft mit großem Geschick an der Seite seines Vaters in England. Als sein Vater stirbt, rufen die Truppen ihn aufgrund seiner Verdienste zum Augustus aus. Doch Konstantin begnügt sich 306 zunächst mit dem Titel des Cäsaren. Erst nach dem Tod des Augustus Galerius 311 wird Konstantin sein Nachfolger. Doch auch Maxentius, der Sohn des zurückgetretenen Kaisers Maximian, beansprucht für sich den Titel des Augustus.

Beide treffen mit ihren Heeren bei der Milvischen Brücke in der Nähe von Rom aufeinander.

Konstantin gewinnt die Schlacht und ist damit endgültig Augustus des Weströmischen Reiches.

Da ihm kurz vor der Schlacht das christliche Kreuz im Traum erschienen ist, fühlt er sich dem Gott der Christen verpflichtet und kann den Augustus des Oströmischen Reiches, Kaiser Licinius, davon überzeugen, die Christenverfolgung einzustellen.

Sie erlassen das Toleranzedikt von Mailand, durch das die christlichen und die heidnischen Religionen (vor allem repräsentiert durch die griechischen Philosophen und den Glauben der Römer an mehrere Götter) der römischen Staatsreligion, dem Kaiserkult, gleichgestellt werden.

Den Christen gibt Konstantin, der bald »der Große« genannt wird, ihren während der Christenverfolgungen beschlagnahmten Besitz zurück.

Was erhofft sich Konstantin für seine Regierungszeit?

In erster Linie, dass wieder Ruhe ins Römische Reich einkehrt. Eine besondere Bedrohung geht von Licinius aus. Der Streitpunkt ist die Neuverteilung der jeweiligen Herrschergebiete, bei der sich Licinius stark benachteiligt fühlt.

Es kommt 324 zum Krieg, aus dem Konstantin der Große als klarer Sieger hervorgeht. Von nun an ist er alleiniger Herrscher im Osten und Westen. Konstantin führt das Reformprogramm seines Vorgängers Diokletian fort, organisiert das Heer neu, trennt die militärischen und zivilen Gewalten und führt eine

neue Goldmünze ein, den Solidus, mit der er die Finanzen des Staates wieder in Ordnung bringt. Er legt den Sonntag als Ruhetag fest, befreit die Kirche von der Steuerpflicht und führt eine Kirchensteuer ein.

Konstantin betrachtet sich mehr und mehr auch als Oberhaupt der Kirche. Er beruft im Jahr 325 sogar das Konzil von Nicäa ein, um die Einheit der Kirche zu erhalten.

Zwei unterschiedliche kirchliche Lehren stehen sich nämlich unversöhnlich gegenüber: auf der einen Seite die des Priesters Arius, auf der anderen die des Athanasius, des Bischofs von Alexandria in Ägypten.

In Nicäa soll nun darüber beraten werden, ob Jesus als Gottes Sohn auch ein Gott ist, wie Athanasius behauptet. Arius dagegen sagt, dass Jesus als Kind von Maria auch menschliche Eigenschaften haben muss. Es geht also um die Frage, ob Jesus eher göttlich oder eher menschlich ist. Auf dem Konzil kommt es tatsächlich zu einer Entscheidung. Die Lehre des Athanasius wird als die einzig wahre anerkannt. Doch aus der Welt ist der Glaubensstreit damit noch nicht, denn im Osten des Reichs kann sich die Lehre des Athanasius nicht durchsetzen. Und genau dorthin verlegt Konstantin 330 das Zentrum seiner Herrschaft. Er lässt die ehemals griechische Stadt Byzanz zur zweiten Hauptstadt des Römischen Reichs ausbauen und nennt sie Konstantinopel. Durch diese Entscheidung verliert die alte Hauptstadt Rom an Bedeutung. Für die Gründung von Konstantinopel, das auch Neu-Rom oder Ost-Rom genannt wird, gibt es viele Gründe. Zum einen ist die Stadt längst zu einem bedeutenden Umschlagplatz für Waren aus Europa und Asien geworden. Zum anderen ist von Konstantinopel aus die immer wieder bedrohte Ostgrenze des

> um 4 v. Chr. – ca. 30/33 n. Chr. Jesus
> unbekannt – 36 n. Chr. Pontius Pilatus
> 37 – 68 Nero
> 53 – 117 Trajan
> 146 – 211 Septimus Severus

43

Römischen Reiches weitaus besser zu verteidigen. Das gilt auch für die Stadt selbst, die nicht so leicht anzugreifen ist wie das schon mehrfach eroberte Rom. So steigt Konstantinopel schon nach kurzer Zeit zur eigentlichen Hauptstadt des Reiches auf. Bis zur Eroberung durch die Türken im 15. Jahrhundert wird die Stadt Kaisersitz und Hauptstadt bleiben. Sieben Jahre nach Gründung Konstantinopels stirbt der Kaiser. Kurz vor seinem Tod lässt er sich noch taufen. Außerdem lässt er seine Söhne und die Kinder von einigen Adeligen an seinem Hof christlich erziehen und zeigt so, dass er sich zu dem lange verbotenen Glauben bekennt. Wenig später wird Kaiser Theodosius I. das Christentum zur römischen Staatsreligion machen. Konstantins Verdienst ist es also, Wegbereiter des Christentums in Europa gewesen zu sein. Daher wird seine Hinwendung zum neuen Glauben auch »Konstantinische Wende« genannt.

Wie entsteht das Christentum?

Die Anfänge des Christentums liegen in Israel, das vor 2000 Jahren eine römische Provinz ist. Dort wird Jesus im Jahr 4 oder 6 v. Chr. als Sohn jüdischer Eltern geboren. Vermutlich im Alter zwischen 30 und 34 Jahren beginnt Jesus zu predigen. Er sammelt Vertraute um sich, die Jünger oder Apostel genannt werden. Sie verehren ihn und sehen in ihm den wahren Heilsbringer, der von Gott auf die Welt geschickt wurde, um die Menschen zu erlösen. Deshalb nennen sie ihn Messias. Auf Hebräisch, das ist die Sprache der Juden, heißt

Messias »der Gesalbte«. Auf Griechisch heißt Messias »Christos«. So kommen die Christen zu ihrem Namen.

Die meisten Juden sehen in Jesus jedoch eine Gefahr für den jüdischen Glauben, sie erkennen ihn nicht als Messias an.

Um das Jahr 30 wird Jesus von Pontius Pilatus, dem römischen Statthalter, zum Tode verurteilt und gekreuzigt. Nach seiner Hinrichtung verkünden die Apostel seine Auferstehung.

Sie sind davon überzeugt, dass Jesus Christus mit seinem Tod die Menschen von ihren Sünden erlöst hat. Vor allem die Apostel Petrus und Paulus sehen es als ihre Pflicht an, die frohe Botschaft zu verbreiten.

Immer mehr Menschen werden zu Anhängern Christi, sodass sich eine Gemeinschaft der Christen bildet.

Allmählich spaltet sich das Christentum vom Judentum ab. Eine neue, eigenständige Religion entsteht.

in hoc signo vinces

Kann sich das Christentum gegen andere Religionen behaupten?

In den folgenden 300 Jahren verbreitet sich das Christentum im gesamten Römischen Reich, was bald zu einigen Problemen führt.

Die Römer glauben, ähnlich wie die Griechen, an mehrere Götter. An deren Spitze stehen Jupiter, der Herrscher aller Götter, und Mars, der Gott des Krieges. Für sie werden Feste gefeiert und Opfer dargebracht, um sie gnädig zu stimmen.

Die Christen aber weigern sich, diesen römischen Gottheiten Opfer darzubringen. Vor allem aber sind sie nicht dazu bereit, dem vorgeschriebenen Kaiserkult nachzukommen, einem festen Bestandteil des täglichen Lebens. Der Kaiser wird nämlich von den Römern als gottgleich angesehen und verehrt.

Weil die Christen dies aber ablehnen, geraten sie in den Verdacht, den Gehorsam gegenüber dem römischen Kaiser zu verweigern.

Kaiser Nero befiehlt daher im Jahr 64 die ersten gezielten Christenverfolgungen, bei denen unzählige Gläubige ermordet werden.

Rund 50 Jahre später, unter Kaiser Trajan, wird die Ausübung der christlichen Religion unter Strafe gestellt. Auch Kaiser Septimus Severus verbietet im Jahr 201 erneut den christlichen Glauben, der dennoch immer mehr Anhänger findet. Unter seinen Nachfolgern kommt es zu ausgedehnten Christenverfolgungen.

Spätestens im 3. Jahrhundert wird das Christentum im Römischen Reich zu einer Massenbewegung.

Rom hat zu dieser Zeit andere Sorgen. Das Reich ist im Inneren zerrüttet, über einen Zeitraum von 50 Jahren hinweg sind fast alle (und es waren viele) regierenden Kaiser ermordet worden. Hinzu kommen schlechte wirtschaftliche Bedingungen.

Erst mit Kaiser Diokletian verbessert sich die politische Situation. Er führt Reformen durch und wird zum absoluten Herrscher, der, von den Gesetzen losgelöst, regieren kann.

Diese uneingeschränkte Macht nutzt er, um gegen die Christen vorzugehen, die den mittlerweile zur Staatsreligion gewordenen römischen Kaiserkult noch immer ablehnen.

Im Jahr 303 befiehlt der Kaiser eine der schlimmsten Christenverfolgungen im Reich. Diokletian lässt Kirchen niederreißen, Bibeln* verbrennen und die Vermögen der christlichen Gemeinden beschlagnahmen.

um 240 – 316 Diokletian
um 250 – 306 Constantius I.
um 250 – 311 Galerius
um 250 – 325 Licinius
um 278 – 312 Maxentius
um 280 – 337 Konstantin I.

Auch seine Nachfolger bekämpfen das Christentum, bis Kaiser Galerius kurz vor seinem Tod im Jahr 311 ein Toleranzedikt erlässt, mit dem er der Christenverfolgung ein Ende setzen will. Dies gelingt zwar nicht ganz, doch es ist ein erster Schritt zur Religionsfreiheit.

Den nächsten Schritt unternimmt Kaiser Konstantin, der das Christentum endgültig anerkennt und somit Rom zum Zentrum der Kirche macht. Ausgehend vom Konzil von Nicäa hat sich die Lehre des Athanasius endgültig durchgesetzt und gilt bis heute als Grundlage christlichen Glaubens. Konstantin hat die christliche Kirche also nachhaltig geeint.

Und damit ist der Weg frei für das Christentum, eine der großen Weltreligionen zu werden.

45

Die Macht aus Germanien

476 n. Chr.

Heerführer Odoaker vertreibt den letzten römischen Kaiser

Seine Karriere verläuft wahrhaft beängstigend steil. Vom Soldaten im Dienste der weströmischen Armee hat sich der Skire Odoaker bis zum Heeresführer hochgearbeitet. Er hat auf Wunsch seines Heerführers Orestes sogar den Kaiser Julius Nepos vertrieben. Als Orestes ihm die versprochene Belohnung vorenthält, holt Odoaker zum Gegenschlag aus und stürzt den von Orestes eingesetzten Kaiser Romulus Augustus. Jetzt ist Odoaker uneingeschränkter Herrscher über das Weströmische Reich, übt sich aber öffentlich in Bescheidenheit.

»Mir reicht es, König genannt zu werden. Ich kann auf diesen wertlos gewordenen Titel getrost verzichten.«

Aus Konstantinopel ist zu hören, dass Zenon, der Kaiser des Oströmischen Reiches, Odoakers Ansprüche anerkennt. »Das Weströmische Reich besteht sowieso nur noch aus Italien. Soll er doch versuchen, besser zu sein als seine Vorgänger, die dort allesamt gescheitert sind.«

Politische Beobachter befürchten nun ein Auseinanderbrechen des Römischen Reiches. Denn sollte Odoaker sich in Italien nicht behaupten können, ist zu befürchten, dass Goten* oder Germanen* nun auch noch den Rest des Weströmischen Reiches erobern werden. Außerdem ist noch unklar, ob es Kaiser Zenon gelingen wird, die Volksaufstände und Unruhen in seinem eigenen Reich unter Kontrolle zu bringen.

Wie kommt es zu den Problemen im Römischen Reich?

Um das Jahr 400 hat das Römische Reich längst die Macht verloren, die es einst besaß. Das Land ist in das Weströmische und das Oströmische Reich geteilt, deren Kaiser miteinander verfeindet sind. Es gibt Unruhen, Morde und fortdauernde Machtkämpfe. Auch von außen droht Gefahr, denn von Norden und Osten her wandern verschiedene Volksgruppen ins Reich ein: Goten, Vandalen*, Sueben, Alanen und andere germanische Völker. Zwar versuchen die Römer, sich mit den Einwanderern zu arrangieren, doch immer wieder kommt es zu Kämpfen. Um 400 marschiert der Goten-König Alarich I. mit germanischen und gotischen Soldaten in Norditalien ein. Sechs Jahre später überschreiten die Vandalen den Rhein und überfallen Gallien. Sie ziehen weiter nach Spanien und erobern 429 Nordafrika, um dort ein eigenes Königreich zu gründen. Ihnen fällt die römische Flotte in die Hände, mit der sie Sardinien, Korsika und die Balearen erobern. Innerhalb weniger Jahrzehnte verliert Rom einen Großteil seiner Provinzen und seine endlosen Getreidefelder in Nordafrika. Von diesen Niederlagen kann sich das Weströmische Reich nicht mehr erholen.

Welche Rolle spielt Odoaker?

Da das Weströmische Reich nicht genug eigene Soldaten hat, rekrutiert es mehr und mehr Germanen. Sie leisten ihren Dienst nicht aus Überzeugung, sondern ausschließlich wegen des Geldes. Der um 430 geborene Odoaker wird mit 40 Jahren aufgrund seiner hervorragenden Leistungen zum Führer eines großen Heers aus Germanen ernannt, die in römischen Diensten stehen. Der Oberbefehlshaber der römischen Armee ist der Feldherr Orestes, dem jedoch der neue Kaiser Julius Nepos ein Dorn im Auge ist. Er verspricht Odoaker und dessen Soldaten ein Drittel von Italien, wenn sie den Kaiser Julius Nepos stürzen, was Odoaker auch gelingt. Orestes ernennt seinen Sohn Romulus Augustus zum neuen Kaiser, aber er hält das gegebene Versprechen nicht ein. Darüber ist Odoaker so erzürnt, dass er in den Kampf gegen Orestes zieht und ihn tötet. Dessen Sohn lässt er am Leben und schickt ihn ins Exil. Das Weströmische Reich hat nun keinen Kaiser mehr. Also ernennt sich Odoaker zum »Rex italiae« – zum König von Italien.

Wer besiegelt den Untergang des Römischen Reiches?

Der oströmische Kaiser Zenon in Konstantinopel hat mit Unruhen, politischen Konflikten und den Goten zu kämpfen, sodass er Odoaker erst einmal gewähren lässt. Zumal der Zenon als Kaiser des gesamten Römischen Reiches anerkennt. Das ändert sich jedoch, als Odoaker mit dem weströmischen Heer 477 Sizilien von den Vandalen zurückerobert. Vier Jahre später folgen Dalmatien und weitere sieben Jahre darauf das Königreich Noricum in Österreich. Auch innenpolitisch hat Odoaker Erfolg und sorgt für Ruhe und Stabilität. Für Zenon wird Odoaker jetzt zu mächtig. Der Kaiser überredet Theoderich, den König der Ostgoten, Italien anzugreifen und zu erobern. Gegen das gewaltige Heer der Ostgoten hat Odoaker keine Chance. 493 kommt es zur Entscheidungsschlacht nahe der italienischen Stadt Ravenna, der so genannten Rabenschlacht. Theoderich siegt, bringt Odoaker eigenhändig um und wird dessen Nachfolger. Unter der Herrschaft Theoderichs stabilisiert sich die Lage in Italien und die nächsten 20 Jahre verlaufen friedlich. Vom einstigen mächtigen Römischen Reich jedoch bleibt nur der östliche Teil bestehen.

> um 370–410 Alarich, West-
> gotenkönig
> gest. 476 Orestes, römischer
> Feldherr
> um 430–480 Julius Nepos
> um 430–491 Zenon, oströmi-
> scher Kaiser
> um 430–493 Odoaker
> 453–526 Theoderich, Ostgoten-
> könig
> 465–507 Romulus Augustus,
> weströmischer Kaiser

Gleiches Recht für alle

534 n. Chr.

Kaiser Justinian I. reformiert die Rechtsprechung

Die ersten drei Teile seines groß angelegten Vorhabens hat er schon veröffentlicht, nun hat Kaiser Justinian I. auch die Arbeiten an seinem Hauptwerk abgeschlossen, den *Novellen*. Damit gibt es erstmals in der Geschichte ein gültiges Gesetzeswerk für das gesamte Römische Reich. Justinian I. zeigt sich mit dem Ergebnis äußerst zufrieden.

»Meine Absicht ist es, mit dieser Sammlung von Gesetzen für eine einheitliche Rechtsprechung zu sorgen. In Konstantinopel soll das gleiche Recht gelten wie in Griechenland oder auf dem Balkan. Wir unterscheiden uns nun deutlich von anderen Völkern, die zum Teil nur über mündlich überlieferte Gesetze verfügen. Und ich werde dafür Sorge tragen, dass die Einhaltung der neuen Gesetze von Konstantinopel aus streng kontrolliert wird.«

Damit einher geht Justinians Ankündigung, weitere Feldzüge gegen Vandalen, Germanen und Goten zu führen. Das Gebiet des Weströmischen Reiches soll wieder zurückerobert werden. »Mein nächstes großes Ziel ist die ›Restauratio imperii‹, also die Wiederherstellung des alten Römischen Reiches. Rom soll wieder Weltmacht werden!«

Welche Gesetze gibt es in der Antike?

Die ersten allgemeinen Gesetze sind Stammesgesetze, Bräuche und Lebensregeln, die die Religionen vorgeben. Wer sich nicht an diese Regeln hält, den trifft der Zorn der Häuptlinge und der Götter.

Aufgeschrieben werden diese Gesetze jedoch selten. Deshalb können sie von den jeweiligen Herrschern auch willkürlich geändert oder nach ihren Vorstellungen ausgelegt werden. Zudem könnte sie ohnehin niemand lesen, da die meisten Menschen Analphabeten sind.

Das ändert sich erst etwa ab dem Jahr 800 v. Chr. in Griechenland, als nach und nach alle Bürger lesen und schreiben lernen. Daher können griechische Staatsmänner wie Solon oder Perikles Gesetze erlassen und auf großen, drehbaren Tafeln in Athen veröffentlichen, wo sie für alle zugänglich sind.

Die Römer kennen anfangs nur mündlich überlieferte Gesetze.

Ein erster Versuch, ein für alle Bürger geltendes Recht, ein so genanntes Volksrecht, zu veröffentlichen, erfolgt um 450 v. Chr. Das ist nötig, denn die römische Republik wächst beständig und muss immer mehr unterschiedliche Stämme und Völker integrieren. Daher graviert man die wichtigsten Gesetze in zwölf Bronzetafeln und stellt sie auf dem Forum Romanum aus, damit jeder Bürger sie lesen kann.

Damit hat Rom seine erste Gesetzessammlung, das berühmte Zwölftafelgesetz.

In der römischen Kaiserzeit hat der Kaiser die alleinigen Machtbefugnisse und entscheidet über Recht und Gesetz.

Parallel dazu bildet sich im Lauf der Jahre ein Juristenstand heraus, die so genannten Patrizier. Ihre Aufgabe ist es, die zwölf Tafeln und die später hinzugekommenen Gesetze (Leges) zu erklären und auszulegen.

Da die kaiserlichen Beamten und die von ihnen eingesetzten Richter in der Regel keine juristische Ausbildung haben, wird die Arbeit der Juristen immer wichtiger. Unter anderem fassen sie ganze Rechtsgebiete zusammen und erläutern sie, um die Rechtsprechung zu vereinfachen.

Andererseits bringen diese Zusammenfassungen in einem Weltreich auch große Verwirrung mit sich, weil die Papyrusrollen, auf denen sie festgehalten werden, weit verstreut sind. Niemand hat Zugriff auf alle Texte.

Hinzu kommt, dass im Jahr 395 das Römische Reich in zwei Hälften zerfällt, in ein West- und ein Ostreich. Während das Westreich knapp hundert Jahre später untergeht und über kein einheitliches Rechtssystem mehr verfügt, wird im Osten das geltende Recht weiterhin bewahrt.

Die Gesetzessammlung von Justinian I.

Justinian I. wird um 482 als Sohn eines thrakischen Bauern bei Skopje geboren. Da er der Neffe des Kaisers Justin I. ist, schlägt er eine Laufbahn als Heerführer ein und wird 527 Nachfolger seines Onkels.

Das erste große Ziel von Justinian I. ist eine Rechtsreform, um das Oströmische Reich innenpolitisch zu stabilisieren. Aus sämtlichen verfügbaren Quellen stellt er eine umfangreiche Gesetzessammlung zusammen.

Sie besteht aus vier Teilen. Erstens den »Digesten«, einer Schriftensammlung unterschiedlicher Juristen. Zweitens den »Institutionen«, einem Anfängerlehrbuch für Rechtsschulen, bestehend wiederum aus vier Büchern. Drittens dem eigentlichen »Codex«, einer Sammlung von kaiserlichen Gesetzen, bestehend aus insgesamt zwölf Büchern. Und viertens den »Novellen«, einer Sammlung von Erlassen und Gesetzen, die Justinian I. selbst verfügt hat.

Neben einer einheitlichen Rechtsprechung liegt dem Kaiser vor allem die Wiederherstellung des Römischen Reiches, wie es vor 476 bestand, sehr am Herzen.

Er kann weite Teile des alten Reiches wieder zurückerobern, aber der Erfolg ist nicht von Dauer. Nach Justinians Tod gehen die eroberten Gebiete wieder verloren. Auch seine Gesetzessammlung gerät bald in Vergessenheit.

> um 640 – ca. 559 v. Chr. Solon
> 493 – 429 v. Chr. Perikles
> um 482 – 565 n. Chr. Justinian I.
>
> 27 v. Chr. – 476 n. Chr. Römische Kaiserzeit

Erst im 11. Jahrhundert greift sie die Rechtsschule in Bologna wieder auf und gibt ihr den Namen »Corpus Iuris Civilis«.

Justinians Sammlung verbreitet sich in ganz Europa und ist bald allgemein anerkannt.

Auch in Deutschland wird dieses römische Recht im 15. Jahrhundert in die Rechtspraxis aufgenommen. Als gemeines Recht gilt es dort bis 1900. Danach dient es als Grundlage für das »Bürgerliche Gesetzbuch« (BGB), das die deutschen Gerichte auch im 21. Jahrhundert noch anwenden.

Justitian war seiner Zeit wirklich weit voraus.

49

Mittelalter

Tausend Jahre Kaiser, Päpste und Ritter

Das Mittelalter liegt in der Mitte zwischen Antike und Neuzeit, daher kommt sein Name. Es hat von etwa 500 bis 1500 gedauert, also ziemlich genau tausend Jahre. Das Mittelalter bringt gegenüber der Antike in vieler Hinsicht gewaltige Rückschritte: Die Griechen in der Antike wussten schon, dass die Erde eine Kugel ist. Eratosthenes von Kyrene, ein Bibliothekar aus Alexandria, berechnete ihren Umfang und kam auf 40 000 Kilometer, was ziemlich genau stimmt. Die meisten Bürger konnten lesen und schreiben, bei Griechen wie bei Römern. Es gab öffentliche Schulen und riesige Bibliotheken. Bildung, Kunst und Theater standen hoch im Kurs. In Rom und Athen konnten die Bürger zeitweise sogar über politische Entscheidungen abstimmen.

Im Mittelalter sieht das ganz anders aus. Kaum jemand kann lesen und schreiben. Auch viele Fürsten und Könige sind Analphabeten und ungebildet. Ein Großteil des Wissens der Antike ist verloren gegangen. Über das noch vorhandene Wissen wacht streng die Kirche, die nur erlaubt, was in ihr Weltbild passt. Bücher sind selten, kostbar und fast immer in lateinischer Sprache gehalten. Diese Sprache lernen im Allgemeinen aber nur die Geistlichen. Deshalb sind lange Zeit auch nur Bischöfe und Pfarrer, Mönche und Nonnen in der Lage, Bücher zu lesen. Latein lernen kann man in der Klosterschule oder in der Domschule, also in einer Schule, die zu einer Bischofs- oder Stiftskirche gehört. Erst später errichten auch die Städte Lateinschulen. Hier lernen dann die Söhne der Händler oder Handwerker, um später vielleicht sogar an einer der wenigen Universitäten zu studieren. Mädchen werden weder von Lateinschulen noch von Universitäten aufgenommen.

Können die Menschen trotzdem etwas lernen?

Weil nur wenige diese Schulen besuchen können, sind es meist die Geistlichen, die den Menschen erzählen, was in der Bibel und anderen Büchern steht. Da Bilder auch denjenigen, die nicht lesen können, Geschichten und »Geschichte« erzählen, nutzen die Geistlichen deren Hilfe. Besonders wichtig ist es ihnen dabei, dass alle Menschen über die Schöpfung der Welt, über den Sündenfall von Adam und Eva, über die Geburt und das Leben Christi Bescheid wissen. Daher malen sie diese Ereignisse als Bildergeschichten in ihre Bücher aus Pergament. Pergament ist abgeschabte und -geschliffene Tierhaut, die sehr haltbar ist und viele Jahrhunderte überdauert. Die biblischen Geschichten und das Leben der Heiligen werden auch auf Gemälden dargestellt, die die Wände der Kirchen schmücken. Hier kann der Zuhörer während der Messe sehen, wovon der Prediger spricht. Die Bibel selber lesen kann kaum jemand.

Da im Mittelalter nur ein kleiner Teil der Menschen lesen und schreiben kann, spielt die mündliche Verbreitung von Neuigkeiten eine wichtige Rolle. Am Hof des Königs, wohin aus allen Himmelsrichtungen die Menschen zusammenströmen, erfährt man natürlich am meisten. Hier verkürzen die Minnesänger mit ihren Erzählungen von Liebe und Abenteuern den adeligen Frauen und Männern die langen Winterabende. Die Sänger preisen aber nicht nur die Taten mutiger Helden und schöner Frauen, sie besingen auch den Geiz und die Dummheit der Mächtigen. An vielen Höfen wartet das einfache Volk nur auf diesen Spott, um über ihren Fürsten oder König auch einmal ungestraft lachen zu können. Dies ist eine der wenigen Möglichkeiten, die Herrschenden öffentlich zu kritisieren. Walther von der Vogelweide, Heinrich von Morungen oder Hartmann von Aue sind die bekanntesten Sänger ihrer Zeit und so berühmt wie heute die großen Stars.

Ist es schön, im Mittelalter zu leben?

Nicht besonders, denn es ist trotz der Minnesänger und der Feste am Hof keine fröhliche Zeit, sondern eine, in der viele Ängste die Menschen beschäftigen.

Die Menschen glauben, dass mit der Geburt von Jesus Christus und dem Römischen Reich das letzte Zeitalter der Menschheit angebrochen ist. Solange es noch einen römischen Kaiser gibt und das Römische Reich wenigsten dem Namen nach existiert, glauben sie, dass sich das in der Bibel angekündigte Jüngste Gericht hinauszögern lässt. So werden europäische Herrscher noch immer vom Papst zum römischen Kaiser gekrönt, obwohl das Römische Reich 476 untergegangen ist.

Das Jenseits spielt für das Denken der Menschen eine große Rolle. Dort findet für sie das eigentliche, wahre Leben statt. Nur dort sind Frieden und Glück zu finden, während das irdische Leben als Leidensweg, Jammertal oder Zeit von Prüfungen angesehen wird. Kriege, Hungersnöte und Vertreibungen sind allgegenwärtig. So richten viele ihre Hoffnungen auf das ewige Leben.

um 284-ca. 194 v. Chr.
  Eratosthenes von Kyrene
570-632 Mohammed
um 1027/28-1087 Wilhelm
  der Eroberer
um 1042-1099 Urban II.
um 1150/60-1222 Heinrich
  von Morungen
1155/1167-1227 Dschingis
  Khan
um 1170-ca. 1230 Walther
  von der Vogelweide
gest. nach 1210 Hartmann
  von Aue
1215-1294 Kubilai Khan
1254-1324 Marco Polo
1394-1460 Heinrich der
  Seefahrer

Wie sieht das »Diesseits« der Menschen im Mittelalter aus?

Die meisten Menschen im Mittelalter arbeiten als Bauern und Handwerker. Viele von ihnen sind Leibeigene von Fürsten, also eine Art Sklaven. Sie dürfen das Land nicht verlassen und müssen für ihre Herren verschiedene Dienste leisten. Auch heiraten können sie nicht einfach so, sondern müssen vorher um Erlaubnis fragen. Nur langsam entwickelt sich in den Städten eine neue Schicht aus Händlern und Kaufleuten. Da sie sich meist im Schutz einer Burg ansiedeln, werden sie »Bürger« genannt. Im 12. und 13. Jahrhundert werden viele Städte mit einer Stadtmauer versehen, die ihren Bürgern mehr Schutz bietet als die Burg allein. Immer wieder fliehen Leibeigene in die Städte, wo sie Freiheit suchen und oft auch finden. Die Städte bieten zunehmend mehr Lebensqualität und beginnen zu wachsen. Handwerker schließen sich zu Zünften* oder Gilden* zusammen, um ihre Rechte besser durchsetzen zu können. Sie stellen Regeln für die Ausbildung auf und legen die Höhe von Löhnen fest.

Regiert werden aber auch sie von Fürsten, Königen und dem Kaiser, der der mächtigste Mann im Reich ist. Doch er hat einen ebenso mächtigen Konkurrenten: den Papst. Da es keine genaue

Grenze zwischen weltlicher und päpstlicher Macht gibt, kommt es immer wieder zu einem Machtkampf zwischen beiden. Im so genannten Investiturstreit geht es darum, wer das Recht hat, Bischöfe und Äbte einzusetzen, der Kaiser oder der Papst. Es kommt auch vor, dass ein König einen Papst absetzt, einen neuen Papst aussucht und sich von diesem zum neuen Kaiser krönen lässt. Im Gegenzug wird auch schon mal ein König vom Papst mit dem Kirchenbann belegt, was einem Ausschluss aus der Kirche gleichkommt.

Noch verwirrender ist, dass es keineswegs immer nur einen Papst gibt, so wie heute. Für einige Zeit residiert in Avignon in Frankreich ein zweiter Papst, und im Jahr 1409 wird sogar ein dritter Papst gewählt, der Pisa in Italien zu seinem Amtssitz erhebt. Jeder von ihnen sieht sich als Nachfolger der Apostel an und bekämpft natürlich die anderen Päpste. Aber die Menschen des Mittelalters sind an solche chaotischen Verhältnisse gewöhnt. Oft genug erfahren sie sowieso erst von wichtigen Ereignissen, wenn sich die Situation bereits wieder geändert hat.

Die bestehenden Verhältnisse infrage zu stellen, ist ohnehin sehr gefährlich. Wer die Unfehlbarkeit des Papstes und die Glaubensgrundsätze der Kirche bezweifelt, wird von der Inquisition* verfolgt. Und die schreckt auch vor Folter nicht zurück, um Geständnisse zu erpressen und Hexen zu überführen. Immer wieder sorgt sie für ein Klima der Angst, das neue Ideen oder wissenschaftlichen Fortschritt verhindert.

Gefahr von allen Seiten: Araber, Wikinger und Mongolen kommen!

Auch von außerhalb Europas wird die Macht der Päpste auf eine Bewährungsprobe gestellt: In der arabischen Stadt Mekka hat im 7. Jahrhundert der Kaufmann Mohammed Visionen, die ihn dazu bewegen, den Koran* zu schreiben und eine neue Religion zu begründen: den Islam. Innerhalb weniger Jahrzehnte entsteht unter arabischer Führung eine neue Weltreligion, die Nordafrika, Teile Kleinasiens und sogar Spanien erobert.

Immer größer wird der Druck, dem sich das christliche Europa ausgesetzt sieht. Papst Urban II. ruft schließlich zum ersten Kreuzzug auf, dem tausende Ritter, aber auch einfache Menschen folgen, um Jerusalem zu erobern oder dort Schätze zu erbeuten. Weitere Kreuzzüge folgen und führen zu einer Art Dauerkrieg zwischen Christen und Moslems. In dieser Zeit entsteht das Bild des edlen Ritters, der das Kreuz auf seinem Umhang trägt und ehrenhaft für die Christenheit kämpft. In Wirklichkeit waren die grausamen Kämpfe mit den Moslems zum großen Teil politisch und wirtschaftlich motiviert.

Auch von Norden her droht Gefahr, die sich auf schnellen Schiffen blitzartig den Küsten nähert und Klöster, Dörfer und Städte bedroht: die Wikinger*. Ihre eigentliche Heimat Skandinavien verlassen sie, um in England, Frankreich und anderen Ländern auf Beutezug zu gehen. Schnell werden sie dort gefürchtet wie die Pest, denn auch die Wikinger (ab dem 10. Jahrhundert Normannen genannt) bringen Tod und Verderben. Andererseits sind sie mutige Entdecker, die Grönland besiedeln und bis nach Nordamerika segeln. Im Ostseeraum gründen ihre Nachkommen Handelsstädte und erobern 1066 sogar England. Ihr Anführer, Wilhelm der Eroberer, wird neuer König der Insel.

Die Zeichen deuten auch im Osten auf Veränderung. Dem Stammesführer Dschingis Khan gelingt es, die zerstrittenen mongolischen Stämme zu einigen und China und Russland zu erobern. Ehe Herrscher in Europa die Gefahr erkennen, fallen die Mongolen in die Ukraine ein und ziehen ungehindert weiter nach Polen und Ungarn. Nur mit viel Glück entgeht Westeuropa einer Eroberung durch die gefürchteten Reiterkrieger aus der Mongolei.

Die Welt wird größer

Noch ist die Zeit der großen Forscher und Abenteurer nicht gekommen und die Entdeckung Amerikas durch die Wikinger bleibt ohne Folgen. Aber zwei Männer erschüttern die mittelalterliche Vorstellung, die Erde sei eine Scheibe und Europa der Mittelpunkt dieser flachen Welt. Heinrich von Portugal, auch Heinrich der Seefahrer genannt, lässt die Westküste Afrikas bis zum Senegal und nach Gambia erkunden.

1075–1122 Investiturstreit
1096–1099 Erster Kreuzzug
1147–1149 Zweiter Kreuzzug
1189–1192 Dritter Kreuzzug
1202–1204 Vierter Kreuzzug

Der berühmteste Entdecker des Mittelalters ist Marco Polo, der auf dem Landweg nach China reist und Länder erkundet, die kein Europäer je zuvor gesehen hat. Er lernt Chinesisch und wird sogar ein hoher Beamter am Hof des Großkhans Kubilai, dem Enkel Dschingis Khans. Als er nach Europa zurückkehrt, haben die Menschen Mühe, ihm zu glauben, dass Peking eine größere und prunkvollere Stadt ist als Rom oder Konstantinopel.

Ob Marco Polo seine vielen Abenteuer in China wirklich erlebt hat oder ob er nur ein sehr fantasiereicher Erzähler war, konnte allerdings bis heute nicht genau geklärt werden.

Marco Polos Aufzeichnungen bringen ein Stück der großen weiten Welt nach Europa und sind ein erster Vorbote der zahlreichen Berichte künftiger Entdeckungsreisender.

Diese Bücher, die von vielen wie exotische Abenteuergeschichten verschlungen werden, sind die ersten Medien, die den Menschen mit der Zeit die ganze Welt nach Hause in ihre Wohnstuben bringen werden.

Mohammed auf der Flucht

622

Der bekannte Prophet soll sich in Medina aufhalten

Als heute Morgen ein von einflussreichen Kaufleuten ausgesandtes Mordkommando den stadtbekannten Prediger umbringen will, ist sein Haus leer. Auch sein Freund Abu Bakr und viele seiner Anhänger sind verschwunden. Es wird vermutet, dass sich Mohammed auf dem Weg in die 300 km nördlicher gelegene Stadt Medina befindet. Die meisten Kaufleute aus Mekka sind jedenfalls erleichtert.

»In Mekka werden seit jeher sehr viele Götter angebetet«, erklärt einer ihrer Sprecher, »und viele Pilger bedeuten gute Geschäfte. Mohammed aber verkündet, es gäbe nur einen einzigen Gott. Damit vertreibt er die Pilger und schadet der Wirtschaft. Also mussten wir handeln. Wir sind froh, dass er Mekka verlassen hat.«

Ob Mohammed jemals zurückkehren wird, ist äußerst fraglich. Dies wäre ihm nur mit einer mächtigen Gefolgschaft möglich, und ob er die für seine Religion gewinnen wird, bleibt abzuwarten.

Wer ist Mohammed?

Mohammed wird um das Jahr 570 in der Stadt Mekka im heutigen Saudi-Arabien geboren. Sein Vater stirbt vor seiner Geburt, seine Mutter, als Mohammed sechs Jahre alt ist. Er wächst bei seinem Großvater und später bei seinem Onkel auf, in dessen Handelsfirma Mohammed zum Kaufmann ausgebildet wird. Ein einträglicher Beruf, denn Mekka ist eine große Stadt, in der viele Karawanen und Pilger eintreffen, um dort ihre Götter und den heiligen Stein in der Kaaba* anzubeten. Mohammed glaubt jedoch schon als Kind, dass es nur einen Gott gibt.

Als Mohammed 40 Jahre alt ist, nimmt sein Leben eine unerwartete Wendung. In einer Berghöhle hat er Visionen – eine Art von Wachträumen –, in denen der Erzengel Gabriel zu ihm spricht und ihm das Wort Allahs, das Wort Gottes, verkündet. Die Worte, die er hört, schreibt er auf und fasst sie zu einem Buch zusammen, dem Koran. Von nun an beginnt Mohammed, in Mekka von Allah zu predigen, dem Schöpfer der Welt, der keine Opfer fordert, sondern ein gutes und gerechtes Leben seiner Gläubigen, über das er nach ihrem Tod richtet. Zunächst finden Mohammeds Predigten kaum Gehör. Als er aber immer mehr Anhänger gewinnt und seine religiösen Ideen energischer vertritt, kommt es zum Streit mit den Mächtigen Mekkas. Zum einen wollen die Kaufleute nicht auf ihre satten Gewinne verzichten, um so gütig und gerecht zu leben, wie es Allah fordert. Zum anderen haben sie Angst, das einträgliche Geschäft mit den vielen Pilgern zu verlieren, wenn nach der Lehre Mohammeds Allah keine anderen Götter neben sich duldet. Deshalb beschließen die führenden Männer Mekkas, Mohammed umzubringen und seine Anhänger zu verfolgen. Mohammed kann dem Anschlag nur durch eine überstürzte Flucht in die Stadt Medina entgehen. Diese Flucht (arabisch: Hidschra) ist der Beginn der islamischen Zeitrechnung.

Wie ergeht es Mohammed nach seiner Flucht?

In Medina kann Mohammed immer mehr Anhänger um sich versammeln und wird schließlich zum Gründer einer neuen Religion. Er bricht mit den Traditionen des Judentums und Christentums und verkündet neue Regeln für den Glauben und das Zusammenleben der Menschen. Mohammed legt zum Beispiel fest, dass alle Muslime ihr Gesicht beim Beten nicht mehr in Richtung Jerusalem, das ja auch für Juden und Christen eine heilige Stadt ist, sondern in Richtung Mekkas neigen. Den jüdischen Fastentag, der jede Woche begangen wird, wandelt er in den noch heute üblichen muslimischen Fastenmonat Ramadan um. Er legt außerdem fest, dass ein muslimischer Mann mehrere Frauen heiraten darf. Schließlich folgen ihm so viele Anhänger, dass er nach Mekka zurückkehren kann. Da er außerdem mit vielen kampfstarken Beduinenstämmen verbündet ist, beugen sich die Machthaber in Mekka seinen Forderungen. 630 zieht er wieder in seine Heimatstadt ein und macht die Kaaba zu einem zentralen Heiligtum des Islam, zu dem auch heute noch jedes Jahr Millionen von

Muslimen pilgern. Obwohl Mohammed weiter in Medina lebt, wird Mekka der Mittelpunkt des entstehenden islamischen Reiches.

Als Mohammed 632 in Medina stirbt, haben fast alle Menschen auf der Arabischen Halbinsel den Glauben an den einen Gott Allah angenommen. Diese Glaubensgemeinschaft ist die Grundlage für die weit reichenden Eroberungen der Araber in den kommenden Jahrhunderten. Nach Mohammeds Tod werden seine engsten Vertrauten und Verwandten die neuen Anführer des Islam. Sie nennen sich Kalifen, also Stellvertreter. Sie sind nicht mehr Propheten Allahs, sondern wachen als politische und religiöse Führer über die Einhaltung der islamischen Gesetze und Gebote. Doch die Muslime sind sich nicht einig darüber, wer für das Amt des Kalifen geeignet ist. Die konservativen Schiiten sagen, dass der Kalif aus der Familie Mohammeds stammen muss, um sein Amt ordnungsgemäß führen zu können. Die Sunniten aber halten die Einheit der islamischen Gemeinschaft für das wichtigste politische Ziel. Deshalb soll ihrer Ansicht nach der mächtigste Mann Kalif werden, weil er die Einheit der Gemeinschaft notfalls mit Gewalt wiederherstellen kann. Nach blutigen Kriegen um diese Frage gelingt es den Sunniten zwar, sich schließlich durchzusetzen, doch beide Richtungen innerhalb des Islam existieren noch heute. Der Islam, der in Mekka geboren ist, wird eine der großen Weltreligionen, zu der sich Millionen von Menschen bekennen.

570–632 Mohammed

57

Karthago ist zerstört

698

Auch die letzte Stadt Nordafrikas fällt in die Hände der Araber

Nach mehrjähriger Belagerung ist die letzte christliche Stadt Nordafrikas von den muslimischen Arabern erobert worden.

Zwar ist Karthago in seiner bewegten Geschichte schon oft zerstört worden, doch diesmal scheint ihr Untergang endgültig zu sein. Karthago ist bis auf die Grundmauern niedergebrannt.

»Es sind nur noch Ruinen übrig«, berichtet ein oströmischer Beamter, der aus der zerstörten Stadt fliehen konnte. »Die Paläste, die Bibliotheken, die Verwaltungsgebäude, nichts haben die Angreifer stehen lassen. Alles brennt. Kein Bürger ist mehr in der Stadt!«

Der Fall von Karthago kommt jedoch nicht überraschend. Nach der Eroberung fast ganz Nordafrikas durch die Araber war vorauszusehen, dass sich auch Karthago nicht ewig würde verteidigen können. Zwar besaß die Stadt die stärksten Stadtmauern und Verteidigungsanlagen, doch ohne militärische Unterstützung und Nachschub aus Byzanz half auch das nicht.

Es ist erstaunlich, dass Karthago überhaupt bis jetzt dem Ansturm der zahllosen Wüstenkrieger und Reiter standgehalten hat.

Die siegreichen Araber wollen nun die Stadt Tunis zu ihrem Verwaltungszentrum in Nordafrika machen und haben weitere Eroberungspläne. Militärexperten vermuten, dass sie von Marokko aus Spanien angreifen könnten.

Warum ist Karthago so eine besondere Stadt?

Karthago war eine der größten und bedeutendsten Städte der Antike. Sie wird im 8. Jahrhundert v. Chr. von phönizischen Siedlern gegründet und ist somit etwa genauso alt wie Rom.

Viele Jahre kämpfen beide Städte um die Vorherrschaft im Mittelmeerraum, bis Karthago im Dritten Punischen Krieg von den Römern erobert und zerstört wird.

Cäsar lässt die strategisch günstig gelegene Stadt jedoch wieder aufbauen und macht sie zum Stützpunkt für die römische Flotte. Außerdem nutzen die Römer die fruchtbaren Felder rund um die Stadt, um ihr Weltreich mit Getreide zu versorgen. Nachdem die Römer christlich geworden sind, wird Karthago Bischofssitz und nach Rom zur größten Stadt des römischen Westreichs. Von seinem Hafen aus werden Getreide, Oliven, Metalle, Wild und Edelsteine exportiert.

429 erobern die Vandalen unter ihrem König Geiserich Karthago und erklären sie zur Hauptstadt ihres Königreiches, das jedoch nur kurze Zeit existiert.

Nur etwas über hundert Jahre später wird die Stadt vom oströmischen Feldherrn Belisar wieder zurückerobert.

Als die Perser das Oströmische Reich, das auch Byzanz genannt wird, bedrohen, will dessen Kaiser Herakleios kurzfristig sogar von Karthago aus regieren, weil er sich in Konstantinopel nicht mehr sicher fühlt. Die Gefahr kann jedoch gebannt werden und Karthago wird ein hervorragender Verwaltungssitz für das Oströmische Reich in Nordafrika.

Die Zukunft der Stadt scheint gesichert, doch dann beginnen die Araber mit ihren Eroberungen.

Wie kommt es zu dem Siegeszug der Araber?

Als der Religionsgründer Mohammed in Medina stirbt, gehören bereits fast alle Menschen der Arabischen Halbinsel dem neuen Glauben an.

Nachdem die dortigen Stämme den Islam als Religion angenommen haben und dadurch geeint sind, beginnen Mohammeds Anhänger unter den ersten Kalifen (arabisch für Stellvertreter, Nachfolger), die umliegenden Länder zu erobern.

Dabei kommt ihnen der Machtverlust der beiden bedeutenden Nachbarreiche zugute, die sich lange Zeit immer wieder heftig bekriegt hatten und dadurch geschwächt sind: Byzanz und Persien.

Der Vorstoß der arabischen Krieger erfolgt in mehrere Richtungen, im Nordwesten gegen Byzanz, im Westen entlang der nordafrikanischen Küstenlinie bis Marokko und über Gibraltar bis nach Spanien, im Osten bis an die Grenzen Chinas und Indiens. Eine Stadt nach der anderen wird erobert: Damaskus, Jerusalem, Alexandria in Ägypten. 650 wird fast ganz Nordafrika von den Arabern beherrscht – bis auf die Stadt Karthago, die so stark befestigt ist, dass sie erst 698 erstürmt werden kann. Weil die Karthager so lange erbitterten Widerstand geleistet haben, wird die Stadt vollständig zerstört.

Das Oströmische Reich verliert zwei Drittel seines Territoriums, während das islamische Reich der Araber zu einem neuen Weltreich wird.

Im Sommer 711 setzen die Araber sogar mit 7000 Kriegern von Nordafrika nach Spanien über und beginnen damit, Europa zu erobern. Der Westgotenkönig, der über die Iberische Halbinsel herrscht, stellt sich den Arabern zwar mit seinem Heer entgegen, kann aber gegen die schnellen Reiter nichts ausrichten. Die arabische Herrschaft breitet sich fast auf der gesamten Halbinsel aus. Ein Angriff auf das Frankenreich 732 misslingt allerdings, da der Herrscher Karl Martell die Araber mit schwer gepanzerten Rittern bei Tours und Poitiers schlagen kann. Dafür nehmen die Araber die Mittelmeerinseln Sizilien und Malta ein.

389–477 Geiserich, Vandalenkönig
570–632 Mohammed
um 575–641 Herakleios
um 688–741 Karl Martell

Die Menschen in den eroberten Gebieten leben unter der Besetzung nicht schlecht. Die Araber sind stets bestrebt, sich die wissenschaftlichen und kulturellen Errungenschaften der Besiegten anzueignen und sie zu nutzen.

Zu den gebildeten Völkern zählen die Kalifen nicht nur Juden und Christen, sondern auch Anhänger anderer Religionen. Dem entsprechend erlauben die Araber der unterworfenen Bevölkerung die Ausübung ihrer Religion.

Griechische, persische und indische Texte werden ins Arabische übersetzt und auf diesem Umweg gelangen vergessene, aber auch neue Kenntnisse wieder nach Europa.

Karthago aber wird danach nie wieder aufgebaut und ist bis heute eine Ruinenstadt. Die Araber bleiben fast 800 Jahre in Spanien und werden erst 1492 endgültig von christlichen Heeren besiegt und vertrieben.

59

Wikinger plündern englisches Kloster

793

Mönche von Lindisfarne müssen tatenlos zusehen

Der 8. Juni 793 ist ein ganz gewöhnlicher Sommertag. Die Mönche des Klosters Lindisfarne gehen ihrem Tagwerk nach. Doch plötzlich tauchen an der Küste Drachenboote auf, wohin das Auge sieht. Es geht alles ganz schnell, an Gegenwehr ist bei den überraschten Mönchen nicht zu denken, denn die Plünderer sind erfahrene und brutale Krieger. Einer der Überlebenden, Bischof Higbald, beschreibt den Schrecken: »Sie stürzten herein und haben große Teile der Klosterbibliothek und der Schreibwerkstatt zerstört. Jeden Teppich und jeden Kelch haben sie mitgenommen. Wir haben noch versucht, Hilfe vom Festland zu holen, doch ebenso schnell, wie sie gekommen sind, waren sie auch wieder verschwunden.«

Bleibt dieser Überfall auf wehrlose Mönche ein Einzelfall? Oder müssen sich Englands Küstenregionen auf den Beginn eines umfassenden Raubzugs gefasst machen? Die Nachricht löst jedenfalls allerorten große Unruhe aus: Die Küsten sind schlecht gesichert, es gibt zu wenig Burgen und einsatzbereite Krieger. Zudem sind auf See die Wikinger mit ihren Drachenbooten allen anderen Schiffen weit überlegen. Da kann es nur heißen: Gott schütze England!

Wer sind die Wikinger?

Die Wikinger, auch Nordmänner oder Normannen genannt, stammen aus Skandinavien und bewohnten die Küsten Dänemarks, die Fjorde Norwegens und Schwedens. Ursprünglich sind sie Bauern und Fischer. Als sich ab etwa 800 ein wärmeres Klima in Europa durchsetzt, verbessern sich ihre Lebensbedingungen und die Bevölkerung beginnt zu wachsen. Die Wikinger sind gute Seefahrer und Abenteurer und unternehmen immer häufiger Raubzüge an anderen Küsten. Zwar haben sie erst später als die Menschen im Mittelmeerraum ihre Schiffe mit Mast und Segel ausgestattet, doch entwickeln sie seit dem 9. Jahrhundert für ihre Zwecke besonders taugliche Kriegsschiffe: Die Langschiffe oder Drachenboote sind mit bis zu 30 Metern Länge geräumig, schnell und wendig und können vor allem aufgrund ihres geringen Tiefgangs bis nahe ans Ufer und selbst auf Flüssen gefahren werden. So können sie weit ins Binnenland eindringen.

Die Wikinger überfallen Klöster und Siedlungen und sind ebenso rasch, wie sie auftauchen, mit ihrer Beute wieder verschwunden. Auf der Seine wagen sie sich sogar tief ins Frankenreich und überfallen Paris, die Residenz und die Begräbnisstätte der Merowinger- und Frankenkönige. Weil die Franken untereinander zerstritten sind, gelingt es ihnen nicht, sich erfolgreich gegen diese Überfälle zu wehren. Immerhin lässt Karl der Kahle Burgen bauen und Brücken befestigen. Als auch diese Maßnahmen nicht helfen, schließt man Frieden mit einigen Wikingergruppen und bittet sie zu bleiben. Etliche Familien erhalten daraufhin Land, das sie bewirtschaften können. Sie kämpfen in der Folgezeit erfolgreich gegen andere Wikingergruppen und verwehren ihnen vor allem den Zugang zu den Flüssen.

Den südöstlichen Teil der Britischen Inseln bewohnen in dieser Zeit die Angelsachsen. Im 5. und 6. Jahrhundert sind sie aus den Küstenländern der Nordsee, aus Jütland, Angeln und Sachsen, eingewandert und haben die dort siedelnden Kelten verdrängt. Ihr bedeutendster König, Alfred der Große, regiert 100 Jahre nach dem Überfall auf Lindisfarne. Auch ihn bedrängen die Wikinger, doch gelingt es ihm, sie zu besiegen. Schließlich versuchen sie, dem angelsächsischen König Ethelred die Herrschaft dauerhaft streitig zu machen. Der Dänenkönig Sven Gabelbart überfällt im Jahr 994 England und zieht sich erst wieder zurück, als ihm die Angelsachsen einen großen Goldschatz übergeben. Aber Sven Gabelbart kommt bald darauf zurück, und er kann erreichen, dass sein Sohn Knut der Große zum englischen König gewählt wird. In mehreren Regionen Englands gilt jetzt das dänische Recht (Danelaw).

Viele Angelsachsen unterstehen nun den Wikingern, also normannischen Herren.

Gelingt es den Normannen, England zu erobern?

Zermürbt von den ständigen Überfällen und Erpressungen der Normannen, schließt der Frankenkönig Karl der Einfältige im Jahr 911 mit Rollo, dem Anführer eines dänischen Normannenverbandes, ein Abkommen. Karl gesteht den Normannen das Gebiet im Bereich Rouens und der Seinemündung zu, dafür muss Rollo die Seinemündung sichern und sich taufen lassen. Rollo und seine Nachfolger halten sich an das Abkommen und werden erst zu Markgrafen und dann sogar zu Herzögen der Normandie. Insbesondere der Normannenherzog Wilhelm der Eroberer besitzt die Gabe, nicht nur die Fürsten seines Landes, sondern auch die Kirche hinter sich zu versammeln, und erringt eine königsgleiche Stellung. Mit kühlem Blick nimmt er jetzt die Eroberung Englands in Angriff. Aufgrund seiner weitläufigen Verwandtschaft mit dem englischen König und der Unterstützung Papst Alexanders II.

> 823–877 Karl der Kahle
> um 849–899 Alfred der Große
> 860–931/32 Rollo, eigentlich Hrolf Ganger
> 879–929 Karl III. der Einfältige
> 965–1014 Sven Gabelbart
> 975–1016 Ethelred II.
> 995–1035 Knut der Große
> um 1010–1073 Alexander II.
> 1020–1066 Harald II.
> 1027/28–1087 Wilhelm der Eroberer

fühlt er sich berechtigt, vom angelsächsischen König Harald II. die Herrschaft über England zu fordern. Im Jahr 1066 setzt er mit einem Heer nach England über und besiegt Harald II. in der Schlacht bei Hastings. Dieser Sieg ist der Beginn der Normannenherrschaft in England. Am Weihnachtstag des Jahres 1066 lässt sich Wilhelm in Westminster zum König der Engländer und Normannen krönen. Seit diesem Jahr ist es keiner Macht mehr gelungen, England zu erobern.

61

Krönung als Weihnachtsüberraschung

800

Papst Leo III. krönt Karl den Großen zum Kaiser

Die Weihnachtsmesse im Petersdom erlebt einen unerwarteten Höhepunkt. Papst Leo III. krönt Karl den Großen, den karolingischen Herrscher des mächtigen Frankenreiches, zum Kaiser des Römischen Reiches.

Ergriffen verfolgen zahlreiche Bürger, Höflinge und Geistliche die feierliche Zeremonie.

Während Karl der Große sich langsam vom Gebet erhebt, setzt ihm der Papst die Krone auf.

Der neue Kaiser ist überwältigt von der ihm zuteil werdenden Ehre, auch wenn ein Wehmutstropfen den bewegenden Moment trübt: »Schade, dass mein Volk nicht Zeuge dieser Auszeichnung sein kann.«

Dafür feiern die Römer, die auf goldene Zeiten unter einem starken Kaiser hoffen.

Noch ist offen, wie Byzanz auf den neuen Kaiser reagieren wird und wie sich die Machtverhältnisse zwischen Papst und Kaiser in Zukunft verteilen werden.

Leo III. hat Karl den Großen zwar gekrönt, doch damit ist die Machtfrage im wiedererstandenen Römerreich noch längst nicht beantwortet.

Wie kommen die Karolinger an die Macht in Franken?

Nach dem Untergang des Weströmischen Reiches ist das Land durch zahlreiche Kriege vollkommen zerrüttet. Doch zwei Mächte haben den Untergang ganz gut überstanden: die Kirche und die Merowinger, die Herrschaftsdynastie der Franken.

König der Merowinger ist Chlodwig I., dem es mithilfe der Kirche gelingt, gleich mehrere Völker zu unterwerfen, darunter die Alemannen, sowie die Länder Aquitanien*, Thüringen und Burgund.

Nach vielen Siegen tritt Chlodwig I. mit seinem Volk zum Christentum über und beginnt sofort mit der Christianisierung. Ein kluger Schachzug, durch den er die Kirche endgültig für sich gewinnen kann.

Anders als seine Vorgänger in Rom lässt der Merowinger einen Konflikt zwischen Kirche und Staat gar nicht erst aufkommen.

Mit Unterstützung der Kirche treiben Chlodwig und seine Nachfolger die Christianisierung der Bevölkerung in den eroberten Regionen immer weiter voran.

Dabei verlieren sie allerdings die Machtverhältnisse im eigenen Land mehr und mehr aus den Augen. Die Hausmeier (major domus), so nennt man die adeligen Verwalter der königlichen Güter, reißen zusehens die Macht an sich.

Bald können die Merowinger nur noch im Schatten ihrer Hausmeier regieren. Deshalb heißen sie auch »Schattenkönige«. In Wahrheit haben nämlich die adeligen Verwalter die Fäden der Herrschaft in der Hand.

Ein besonders erfolgreicher Hausmeier ist Pippin III. Mithilfe der Kirche wagt er 751 sogar den Staatsstreich. Er schickt eine Gesandtschaft nach Rom, die den Papst bittet, ihn als König einzusetzen.

Da die Franken dem Papst schon mehrfach gegen die in Rom einfallenden Langobarden geholfen haben, willigt Papst Zacharias auch tatsächlich ein.

Pippin III. lässt sich daraufhin zum König der Franken ernennen und erhält die christliche Salbung durch den Papst. Damit ist er im Sinne des Christentums nun der rechtmäßig anerkannte König.

Dem letzten amtierenden Merowingerkönig Childerich III., der schon lange keine Macht mehr hat, lässt Pippin III. die langen Haare, das Zeichen seiner königlichen Würde, abschneiden und schickt ihn mit seiner Familie in ein Kloster.

Damit ist die Herrschaft der Merowinger beendet.

Pippin III. gehört zum Geschlecht der Karolinger, die nun die Könige über das Frankenreich stellen.

Wieder einmal erweist sich das Bündnis zwischen Kirche und Staat als hilfreich. Als Gegenleistung für seine Krönung unterstützt Pippin III. den Papst auch weiterhin gegen die Bedrohung durch die Langobarden in Italien.

Als weiteres Zeichen des Dankes übergibt Pippin fünf Jahre nach seiner Krönung das von ihm eroberte Ravenna und die umliegenden Gebiete an den Papst. Diese Landübergabe wird »Pippinische Schenkung« genannt und begründet die Entstehung des Kirchenstaats, des Vatikans.

Der Papst nimmt die Schenkung an und ernennt Pippin III. zum »Patricius Romanorum« (Schutzherrn der Römer).

Wer ist Karl der Große?

Karl der Große heißt nicht nur so, er ist auch groß, nämlich etwa 1,90 Meter. Er ist der Sohn von König Pippin III. Nach dem Tod Pippins wird das Reich unter seinen Söhnen Karl und Karlmann aufgeteilt. Doch Karlmann stirbt nur drei Jahre nach seinem Vater und damit wird Karl zum Alleinherrscher. Sein Ziel ist es, sein Reich zu vergrößern und das Nachbarvolk der Sachsen zu christianisieren. 772 beginnt sein Krieg gegen die Sachsen, der mehr als 30 Jahre dauern wird. Unzählige Feldzüge, später bekannt als »Sachsenkriege«, sind dafür notwendig. Karl geht mit unglaublicher Härte gegen die Sachsen vor und lässt tausende von Menschen hinrichten. Er zerstört die Irminsul*, das Heiligtum der Sachsen, und bekehrt sie schließlich mit Gewalt zum Christentum.

788 wird auch Bayern zu einem Teil des Frankenreiches. Darauf folgt eine relativ friedliche Phase, bis im Jahr 792 neue Widerstände in Sachsen aufkeimen. Die kommen Karl sehr ungelegen, denn zu diesem Zeitpunkt ist er mit einem ganz anderen Volk sehr beschäftigt, nämlich mit den Awaren*.

Seit einem Jahr kämpft er um deren Land. Er will nicht nur die Awaren christianisieren, sondern auf ihrem Gebiet auch eine Verbindung zwischen den Flüssen Rhein, Main und Donau herstellen.

Sein Ziel ist es, einen Kanal, den »Fossa Carolina«, zu bauen, um eine direkte Schiffsverbindung zwischen den drei Flüssen zu schaffen. Im Jahr 795 gelingt es ihm endlich, die Awaren zu unterwerfen und zum christlichen Glauben zu bekehren.

63

Den anhaltenden Widerstand in Sachsen kann er jedoch nicht vollständig unterdrücken. Es wird noch Jahre dauern, bis er das Land ganz unter seiner Kontrolle hat.

In der Zwischenzeit gibt es Ärger in Rom. Im Jahr 799 verschwört sich der römische Staatsadel gegen Papst Leo III. Der Papst flüchtet zu Karl nach Paderborn und bittet ihn um Hilfe.

Der König schickt deshalb Gesandte nach Rom, die mit den dortigen Adeligen verhandeln sollen.

Papst Leo begleitet sie voller Furcht. Als sie Rom erreichen, hat sich die Lage glücklicherweise wieder beruhigt. Leo III. wird sogar ehrenvoll empfangen. Der Papst nimmt sein Amt wieder auf und die königlichen Gesandten machen sich daran, die Ursachen für die Verschwörung zu ermitteln, doch keiner der Adeligen will aussagen, sodass auch kein Prozess stattfindet.

Wie geht es weiter mit Karl, dem Kaiser?

Trotz der bewegten Zeiten und der immer noch ungewissen Lage in Sachsen reist Karl um die Weihnachtszeit des Jahres 800 nach Rom.

Dass diese Reise eine große Veränderung bedeutet, wird schon bei der Ankunft Karls klar. Papst Leo III. reitet ihm bis zum zwölften Meilenstein vor der Stadt Rom entgegen. Eine solche Ehre wurde bislang nur Kaisern zuteil.

Was sich schon bei der Ankunft Karls in Rom ankündigt, wird am ersten Weihnachtstag im Petersdom vollzogen. Karl erhebt sich gerade vom Gebet, als ihm der Papst die Kaiserkrone aufsetzt

und zum Kaiser des Römischen Reiches ausruft.

Was Karl aber nicht gefällt, ist, dass sein eigenes Volk, die Franken, nicht bei seiner Erhebung zum Kaiser dabei ist.

Außerdem ergeben sich durch die Art der Krönung weitere Probleme. Es beginnt schon mit der Tatsache, dass Karl vom Papst eingesetzt wird.

Der Papst in Rom war nie gewillt, sich dem römischen Kaiser unterzuordnen. Karl wird sich als römischer Kaiser aber auch nicht dem Papst unterordnen.

Diese Situation und die unklaren Machtverhältnisse von Kirche (geistlicher Macht) und Staat (weltlicher Macht) prägen das gesamte Mittelalter.

Unklar ist auch das Verhältnis zu Byzanz, denn schließlich herrscht auch dort ein römischer Kaiser. Es soll noch zwölf Jahre dauern, bis Byzanz das Kaisertum Karls des Großen anerkennt.

Doch vorerst änderte sich für Karl trotz der neuen kaiserlichen Würde nicht viel. Er macht sich im Frühjahr wieder auf den Nachhauseweg nach Aachen. Die Stadt ist seit ein paar Jahren sein bevorzugter Aufenthaltsort.

Seine dortige Unterkunft, die so genannte Pfalz, ließ er nach dem Beispiel der kaiserlichen Residenzen in Rom und Ravenna bauen. Allmählich wird Aachen zum Zentrum der Wissenschaft. Viele Gelehrte aus ganz Europa kommen dorthin.

Karl liegt die kulturelle Erneuerung seines Volkes sehr am Herzen. Sein Vorbild dafür ist die Zeit der Antike, deshalb nennt man diese Zeit die »karolingische Renaissance« (also die karolingische Wiedergeburt der Antike).

Auch in anderen Bereichen wie Politik, Rechtsprechung und natürlich auch in der Verwaltung führt Karl der Große Reformen durch und greift dabei immer wieder auf antike Vorbilder zurück.

Seinen Beinamen »der Große« erhält er übrigens bereits zu Lebzeiten.

Wer erringt die Macht: Kaiser oder Kirche?

Als Karl der Große 814 stirbt, wird sein Sohn Ludwig neuer Kaiser und vom Papst gekrönt und gesalbt.

Doch wenige Jahrzehnte später zerfällt das Frankenreich.

Aus den westlichen Reichsteilen entsteht das Königreich Frankreich.

Im Osten formiert sich langsam das Heilige Römische Reich, aus dem später Deutschland hervorgehen wird. In diesem Reich wird die Kaisererhebung für die nächsten rund 700 Jahre der Papst übernehmen.

Ansonsten werden im Verhältnis zwischen Kirche und Staat viele Fragen ungeklärt bleiben und noch viele Jahrhunderte hindurch die Gemüter erhitzen.

> 466–511 Chlodwig I.
> um 679–752 Zacharias
> 714–768 Pippin III.
> 720–751 Childerich III.
> 748–814 Karl der Große
> unbekannt–816 Leo III.
> 778–840 Ludwig der Fromme

65

12 000 Reiter getötet!

955

Otto I. besiegt die ungarischen Angreifer

Die Ungarn kommen wieder! Wie so oft in den vergangenen 50 Jahren fallen sie ins Land ein, plündern Dörfer und Städte. Die schnellen Reiter aus der Steppe sind siegesgewiss und grausam. Auf eine starke Gegenwehr sind sie noch nie gestoßen.

Doch diesmal ist alles anders. 10 000 schwer bewaffnete Panzerreiter stehen ihnen im Weg, angeführt von Otto I. Mit der Heiligen Lanze des deutsch-römischen Reiches reitet er ihnen in vorderster Linie entgegen. Stunden später gleicht das Lechfeld bei Augsburg einem Schlachthaus. Tausende gefallener Ungarn bedecken den Boden, ihre Pferde irren ziellos umher. Auch Otto I. verliert tapfere Männer, aber diesmal kann er die Ungarn bis auf den letzten Mann vernichten. Auf dem Lechfeld sterben am 10. August 9000 Reiter, am 12. August an der Isar die letzten 3000 der flüchtenden Angreifer.

»Diese Lektion werden sie nie vergessen!«, triumphiert Otto I., während seine Ritter ihn in Sprechchören als »Kaiser« und »Imperator« feiern. Kein Zweifel, nach diesem eindrucksvollen Sieg ist Otto I. zum mächtigsten Mann Europas aufgestiegen und hat Anspruch auf den Kaisertitel. Der Papst wird dem Retter der Christenheit die Krone kaum verwehren können.

Wer ist Otto I.?

Otto I. ist der Sohn von Heinrich I., der seit Mai 919 römisch-deutscher König ist. Sein Vater beschließt, dass nach seinem Tod das Königreich nicht unter seinen Söhnen aufgeteilt werden soll, wie damals üblich. Er bestimmt Otto zu seinem Alleinerben und der tritt 936 die Nachfolge seines Vaters an. Seine Brüder Thangmar und Heinrich fügen sich keineswegs dem Willen des Vaters, sondern verbünden sich mit einigen mächtigen Fürsten, um ihre Beteiligung an der Regierung des Reiches zu erzwingen. Auch Ottos eigener Sohn Liudolf stellt sich gegen ihn und sammelt Anhänger um sich. Nur die Kirche, allen voran Ottos jüngster Sohn Brun, der Erzbischof von Köln, hält fest zu ihm. Otto bleibt nichts anderes übrig, als gegen seine eigene Familie zu kämpfen. In einer ersten Schlacht bei Eresburg kann er zwei Jahre nach seiner Krönung seinen Bruder Thangmar besiegen und töten.

Die Auseinandersetzungen gehen weiter und ziehen sich hin. Erschwerend kommt hinzu, dass die Ungarn in Bayern einfallen. Von blutigen Überfällen, Bränden und Verwüstung ist die Rede. Otto I. gelingt es, ein starkes Heer aus Franken, Sachsen, Schwaben und Bayern zusammenzustellen und die Ungarn, die seit Jahren das Land plündern, vernichtend zu schlagen. Dabei verlieren nicht nur 12 000 Angreifer ihr Leben, sondern die Ungarn auch fast alle ihre Pferde. Nach der Schlacht werden diese Pferde eingefangen und einige Zeit später in Keferloh bei München versteigert.

Dass Otto später den rühmenden Beinamen »der Große« erhält, verdankt er nicht zuletzt diesem entscheidenden Sieg im Jahr 955. Nun wird er nicht nur von allen als König anerkannt, sondern seine Heerführer erwarten, dass er zum Kaiser gekrönt wird.

Die Kaiserwürde allerdings verleiht seit den Tagen Karls des Großen der Papst und so zieht Otto I. mehrmals nach Italien. Der Papst erkennt den König aus dem fernen Sachsen nur zögernd als den mächtigsten Herrscher des Abendlandes an. Erst als er ihn selbst gegen den Langobardenkönig Berengar II. zu Hilfe rufen muss, willigt er ein und krönt Otto I. im Jahr 962 im Petersdom zum Kaiser des Römischen Reiches.

Die Ungarn aber, die bislang als Nomaden in ihrem Land lebten, fallen nie mehr in Süddeutschland ein. Sie geben ihr Wanderleben auf und werden sesshaft. Statt Raubzüge zu unternehmen, züchten sie Pferde und betreiben Landwirtschaft. Im Jahr 1000, also 45 Jahre nach der Schlacht auf dem Lechfeld, wird von Stephan I., einem ungarischen Großfürsten, das Königreich Ungarn gegründet. Stephan wird der erste König und schafft es auch, sein Volk zum Christentum zu bekehren. Für diese Tat wird er 1038, unmittelbar nach seinem Tod, vom Papst heilig gesprochen und ist bis heute der Nationalheilige Ungarns.

Ist Otto ein guter Kaiser?

Sehr viel ist dem neuen Kaiser an der Christianisierung der Slawen im Osten des Reichs gelegen. Otto I. gründet 967 das Erzbistum Magdeburg. Unmittelbar vor der Ungarn-schlacht 955 hatte er dem Tagesheiligen Laurentius im Falle eines Sieges die Gründung eines Bistums versprochen. Dieses Versprechen macht er nun wahr. Daneben werden Magdeburg die Bistümer Brandenburg, Havelberg, Meißen und Zeitz unterstellt. Otto I. macht die Bischöfe seines Reichs zu Stützen seiner Herrschaft. Sie haben die Aufgabe, die östliche Grenze des Reichs zu sichern, Flucht-

876–936 Heinrich I.
912–973 Otto I.
959/60–991 Theophanu
969–1038 Stephan I.
955–983 Otto II.
980–1002 Otto III.

burgen zum Schutz der Bevölkerung zu errichten und durch Predigt und Mission die heidnischen Slawen vom Christentum zu überzeugen. Bald kennt das ganze Abendland diesen Mann, der seine Feinde besiegt, Italien unterworfen und seinem Volk Frieden gebracht hat.

972 sendet der oströmische Kaiser Johannes I. Tzimiskes seine Nichte Theophanu als Braut für Ottos Sohn und erkennt damit Ottos Kaisertum offiziell an.

In seinen beiden letzten Lebensjahren steht der alte Kaiser auf dem Höhepunkt von Macht und Ansehen. Die Chronisten preisen ihn jetzt als »Haupt der Welt«. Gesandte aus Nordafrika und fast allen Teilen des damals bekannten Europas kommen zu seinem Hoftag zu Ostern des Jahres 973 nach Quedlinburg und ehren ihn mit kostbaren Geschenken. Die Thronfolge des ältesten Sohnes hatte sich durchgesetzt und unangefochten folgt ihm der Sohn Otto II. und schließlich der Enkel Otto III. auf dem Thron. Da Otto I. Magdeburg so geliebt hat, wird er dort nach seinem Tod im Dom bestattet.

67

Vom Mörder zum Kolonialherrn

982

Die Wandlung von Erik dem Roten

Er ist ein Mann mit einer tiefdunklen Vergangenheit.

In jungen Jahren hat Erik der Rote in seiner Heimat Norwegen mehrere Menschen erschlagen. Daraufhin wurde er aus dem Land verjagt und nach Island verbannt. Zur Vernunft gekommen ist er auch hier nicht. Zwei Männer tötete er auf unserer schönen Insel und wurde zur Strafe für drei Jahre verbannt. Jetzt, nach einer langen, abenteuerlichen Reise, ist er wieder nach Island zurückgekehrt. Da steht er nun tatsächlich auf isländischer Erde und ruft die Menschen zusammen. »Packt eure Habseligkeiten und folgt mir in ein Land, das ich entdeckt habe: nach Grönland, dem grünen Land!«

Ganze drei Jahre lang hat Erik der Rote dieses neue Land erkundet und geeignete Plätze für Ansiedlungen gefunden, jetzt will er es besiedeln. Aber werden die Menschen einem solchen Mann vertrauen?

Wer ist Erik der Rote?

Erik der Rote heißt eigentlich Erik Thorvaldsson und ist der Sohn des Norwegers Thorvald Asvaldsson. Wegen seiner roten Haare und seiner blutigen Taten wird er bald »Erik der Rote« genannt. Geboren wird er um 950 und wächst in einer rauen und gewalttätigen Umgebung auf. Als er gerade zwanzig Jahre alt ist, erschlagen er und sein Vater mehrere Männer und müssen Norwegen verlassen. Auf Island finden sie eine neue Heimat, doch auch dort wird Erik gewalttätig und tötet zwei Männer. Wieder muss er in die Verbannung. Da er von einer unbekannten Küste im Westen gehört hat, sucht er sich eine Mannschaft und segelt mit seiner Familie los. Sein Sohn Leif Eriksson ist mit an Bord. 982 erreicht Erik tatsächlich das unbekannte Land und erkundet es während der drei Jahre seiner Verbannung. Zurück auf Island, nennt er seine neu entdeckte Heimat »Grönland« (grünes Land) und wirbt um Kolonisten. Mit 25 Schiffen macht er sich auf in Richtung Westen. Aber nur etwa die Hälfte seiner Schiffe mit etwa 700 Menschen erreichen die tiefen und geschützten grönländischen Fjorde. Die Wikinger gründen zwei Siedlungen. Weitere Siedler aus Island folgen und bald schon gibt es auf Grönland über 3000 Einwohner. Sie versorgen nun Europa mit kostbaren Fellen und den Zähnen der Walrösser.

Um das Jahr 1000 erfährt Leif Eriksson von einem Wikinger, dass es weiter im Westen noch eine Küste gibt, die er von Ferne gesehen, aber nicht betreten habe. Leif ist mutig wie sein Vater und reist weiter in Richtung Westen. Das Land, das er entdeckt, ist Nordamerika. Leif gründet Siedlungen, die jedoch nicht von Dauer sind. Dafür beschaffen sich die Wikinger immer wieder Holz aus Amerika, um ihre Häuser zu bauen.

Wohin treibt es die abenteuerlustigen Wikinger?

Die Wikinger siedeln nicht nur im Westen und Norden. Sie suchen auch im Südosten neue Siedlungsräume und erschließen weit gespannte Handelswege. Als skandinavische Söldner treten sie in den Dienst altrussischer Fürsten, wo sie Waräger (altnord. für: Schwurbrüder) genannt werden. Entlang der Handelsstraße von der Ostsee zum Schwarzen Meer, die dem Dnjepr folgt, gründen sie im 10. Jahrhundert ihr Reich mit der Hauptstadt Kiew. Die Wikinger werden hier auch »Rus« genannt, entsprechend trägt das Reich bald den Namen Russland.

Im Jahr 921 reist der Araber Ibn Fadlan im Auftrag des Kalifen von Bagdad an die Wolga. In seinem erhalten gebliebenen Bericht schildert er eindrucksvoll die Lebensgewohnheiten und die religiösen Bräuche der Russen. Er wird auch Augenzeuge des Begräbnisses eines mächtigen Kapitäns, den man zusammen mit seinem Schiff, mit Waffen, Trinkhörnern und Schmuck sowie einem großen Teil seiner Waren verbrennt. Die Russen kontrollieren die östliche Handelsroute von Nowgorod zum Schwarzen Meer und weiter nach Konstantinopel, weshalb sich der byzantinische Kaiser Konstantin VII. gut über seine Handelspartner im Norden unterrichten lässt. Er erfährt, wie die Händler die Stromschnellen des Dnjepr überwinden, indem sie die Boote vor-

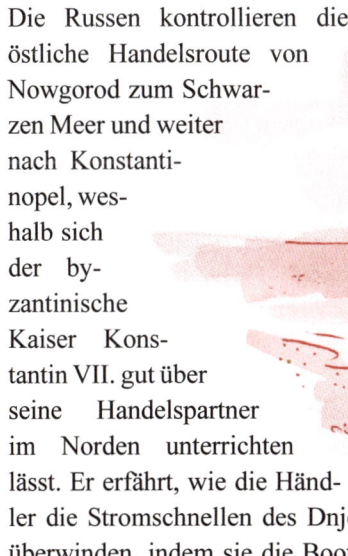

sichtig an Stangen in Ufernähe über die Felsen schieben.

Die Wikinger siedeln auch in Frankreich. Die Normandie erhält ihren Namen von den Normannen, wie die Wikinger ebenfalls genannt werden. Der normannische Anführer Rollo siedelt hier 921 mit Erlaubnis des fränkischen Königs Karl des Einfältigen, um Frankreich vor den Angriffen anderer Wikinger zu schützen. Schon bald erscheint den Normannen die neue Heimat zu eng. Kurz nach dem Jahr 1000 erreichen umtriebige Krieger aus der Normandie Süditalien. Die unerschrockenen Kämpfer sind hier gut zu gebrauchen. Sie treten in den Dienst langobardischer Fürsten und kämpfen in deren Auftrag gegen die hier lebenden Araber, die Sarazenen, und die Griechen.

> 905–959 Konstantin VII.
> um 950–1003 Erik der Rote
> um 970–1020 Leif Eriksson

Die Normannen beginnen unerschrocken, zunächst Unteritalien und dann sogar Sizilien zu erobern.

Ermutigt vom Erfolg Erik des Roten haben sich die Normannen in nur 20 Jahren fast im ganzen heutigen Europa angesiedelt.

Barfuß tut er Buße

1077

Hebt der Papst den Bann gegen Heinrich IV. auf?

Es ist der dritte Tag. Wieder steht Heinrich IV. vor dem Haupttor der Burg von Canossa und hofft auf ein Zeichen des Papstes. Der kalte Wind pfeift um die Mauern, die Temperaturen sind weiter gesunken, dennoch steht der abgesetzte König barfuß im Schnee und trägt nichts weiter als das Büßergewand.

Seine Lippen zittern, seine Wangen sind gerötet, an seinem Bart haben sich Eiskristalle gebildet. In unregelmäßigen Abständen hebt er den Kopf und richtet seinen starren Blick auf die höher gelegenen Fenster der Burg. Doch es rührt sich nichts. Dabei hat Heinrich IV. zuvor Gesandte zur Herrin der Burg, Markgräfin Mathilde von Tuszien, geschickt.

Es wird bereits Abend, als sich plötzlich das große Tor öffnet. Heinrich IV. schaut ungläubig auf. Vor ihm erscheinen die Markgräfin und Papst Gregor VII. Heinrich IV. kniet sofort nieder und hört die Worte des Papstes: »Ihr habt bewiesen, dass Ihr bußfertig seid. Daher habe ich mich entschieden, den Kirchenbann gegen Euch zurückzunehmen, wenn Ihr mir Treue schwört und Euch mit den Fürsten versöhnt.« Heinrich IV. hebt die Hand zum Schwur. »Ja, ich schwöre.« Er richtet sich wieder auf. Es ist vollbracht. Die Krise zwischen Königreich und Kirche ist beigelegt.

Warum hat Papst Gregor Heinrich überhaupt mit dem Kirchenbann belegt?

Im 11. und 12. Jahrhundert wachsen die Spannungen zwischen dem deutsch-römischen Reich und den Päpsten. Könige und Päpste können sich nicht darüber einigen, wer dazu befugt ist, Bischöfe und Äbte in ihr Amt einzusetzen. Die Päpste sind bestrebt, sich in kirchlichen Angelegenheiten vom Einfluss der Könige und Kaiser zu lösen. Die Könige möchten dagegen gerne wieder selbst bestimmen, wer Bischof oder Abt wird. Dieser Streit um die Ämtervergabe wird Investiturstreit genannt.

Im Jahr 1073, zur Amtszeit Heinrichs IV., verschärft sich diese Auseinandersetzung, denn Papst Alexander II. besetzt das Erzbistum Mainz neu. Er ist dagegen, dass Könige geistliche Würdenträger in ihr Amt einsetzen, und will mit der Ernennung eines neuen Bischofs seiner Haltung Ausdruck verleihen. Als der Papst kurz darauf stirbt, entspannt sich die Situation wieder. Zwischen Heinrich IV. und dem neuen Papst Gregor VII. kommt es sogar zu ersten Annäherungen, doch 1075 wendet sich das Blatt. Der Papst droht Heinrich IV., ihn als König abzusetzen, sollte er sich weiter in kirchliche Angelegenheiten einmischen. Heinrich IV. ist empört, kommt ihm zuvor und setzt kurzerhand den Papst ab. Daraufhin verhängt der Papst den Kirchenbann über Heinrich IV. und entbindet gleichzeitig die Untertanen des Königs von deren Treueeid. Heinrich IV. ist nun nicht mehr Mitglied der Kirche. Bischöfe und Fürsten fordern seine Absetzung, wenn er sich nicht wieder mit dem Papst aussöhnt. Um die Situation zu klären, bitten sie den Papst deshalb, nach Deutschland zu kommen. Der Termin wird auf einen Tag im Februar 1077 festgelegt.

Warum treffen sich die beiden ausgerechnet in Canossa?

Um das zu verhindern, entschließt sich Heinrich IV. deshalb, trotz des einbrechenden Winters nach Italien zu reisen, um vom Papst die Absolution, also die Lösung des Banns, zu erhalten. Als er Oberitalien erreicht, glaubt der Papst, dass er gekommen ist, um sich an ihm zu rächen. Er zieht sich auf die Burg Canossa im Apennin zurück, wo er unter dem Schutz der Markgräfin Mathilde von Tuszien steht. Heinrich IV. will die Burg aber gar nicht erstürmen, sondern den Papst gnädig stimmen. Deshalb begibt er sich an drei aufeinander folgenden Tagen barfuß und nur im Büßergewand, einem dünnen Leinenhemd, zur Burg. Am dritten Tag, dem 28. Januar 1077, glaubt Heinrich schon nicht mehr daran, vom Bann erlöst zu werden. Er hat getan, was er tun konnte. Nun liegt es am Papst. Enttäuscht, nichts erreicht zu ha-

ben, denkt er schon an Aufbruch, als das Unerwartete geschieht. Gregor VII. erscheint und spricht den König frei. Allerdings unter zwei Bedingungen: Erstens muss Heinrich IV. schwören, sich mit den Fürsten wieder zu verständigen. Zweitens muss Heinrich dem Papst, falls dieser doch nach Deutschland reisen sollte, freies Geleit zusichern. Der Konflikt ist damit beigelegt.

Zurück in der Heimat, muss Heinrich erkennen, dass Buße und Schwur ihm nichts eingebracht haben. Während er in Italien war, haben die Fürsten in Deutschland einen Gegenkönig gewählt: Herzog Rudolf von Schwaben. Heinrich IV. muss ihn erst in einer Schlacht besiegen, um wieder alleiniger König zu sein. Die Freude darüber währt nicht lange, denn schon im Jahr 1080 verhängt Gregor einen weiteren Bann über ihn. Dieses Mal bleibt Heinrich IV. hart, setzt Gregor VII. ab und ernennt Erzbischof Wilbert von Ravenna unter dem Namen Klemens III. zum Gegenpapst. Von ihm lässt sich Heinrich IV. 1084 in Rom zum Kaiser krönen und Gregor VII. muss fliehen. Bis zu seinem Tod 1106 lehnt er das Vorrecht der Päpste ab, Bischöfe einzusetzen. Sein Sohn Heinrich V. einigt sich schließlich mit der Kirche. Er unterzeichnet 1122 das Wormser Konkordat, in dem der Kirche das Recht zugesprochen wird, zukünftig die Bischöfe zu ernennen.

> 1010–1073 Alexander II.
> 1020–1085 Gregor VII.
> um 1025–1080 Herzog Rudolf
>   von Schwaben
> 1046–1115 Mathilde
>   von Tuszien
> 1050–1106 Heinrich IV.
> 1086–1125 Heinrich V.

Henric⁹ rici impⁱ admodū cedenſ Lxxxviⁱ guſto &annⁱſ·L·

quartuſ̄ hen ratoriſ filiuſ puer·patri ſue regnare cepⁱt loco abau regnauⁱt

71

In Gottes Namen

1099

Die Kreuzritter erobern Jerusalem

Angstschreie hallen durch die Stadt. Ströme von Blut fließen durch die schmalen Gassen.

Die letzten noch lebenden Juden haben sich in ihrer Synagoge verschanzt.

Mehr als tausend Moslems sind in die Al-Aksa-Moschee geflüchtet.

Die Kreuzritter kennen kein Erbarmen. Schon brennt die Synagoge. Auch die Türen der Moschee splittern. Selbst Christen, die nicht rechtzeitig die Stadt verlassen haben, werden von Rittern erschlagen.

Die Rufe Gottfried von Bouillons feuern seine mordenden und plündernden Ritter weiter an: »Gott will es! Gott will es! Und er wird es euch lohnen, wie es uns der Papst verheißen hat. Wir alle werden nie verwelkenden Ruhm im Himmelreich ernten!«

Sobald die Bewohner von Jerusalem getötet sind, will Gottfried von Bouillon das Königreich von Jerusalem gründen und als Beschützer des Heiligen Grabes das Land gegen alle Ungläubigen verteidigen.

Wie zu vernehmen ist, wollen auch andere Ritter im Heiligen Land Königreiche ausrufen. Wird die Heilige Stadt bald nur noch eine Religion kennen, das Christentum, fragen sich bang die verbliebenen Bewohner.

Warum wird der Kreuzzug unternommen?

Im Jahr 637 wird Palästina von den moslemischen Arabern erobert und gehört nun nicht mehr zum Oströmischen Reich. Jerusalem wird zwar von moslemischen Herrschern regiert, doch können Juden und Christen, die in der Stadt leben, ihren Glauben frei ausüben. Es herrscht weitgehend Toleranz unter den Anhängern der verschiedenen Religionen. Nur die zunehmende Zahl christlicher Pilger ist den Moslems ein Dorn im Auge.

Um das Jahr 1050 erobern sie weitere Gebiete, vor allem in Kleinasien. Das Oströmische Reich, also Byzanz, gerät so verstärkt unter Druck und bittet schließlich den Papst um Hilfe.

Damit diese auch gewährt wird, verbreitet der byzantinische Kaiser Berichte über die Unterdrückung der Christen in Palästina und die Entweihung heiliger Stätten durch die Moslems, die jedoch stark übertrieben oder frei erfunden sind.

Papst Urban II. sieht in einer Hilfsaktion die Möglichkeit, das Christentum zu stärken und gleichzeitig seine Macht zu steigern. Im November 1095 hält er in der Kathedrale der französischen Stadt Clermont eine Synode ab.

In einer flammenden Rede ruft er die französischen, lothringischen und süditalienischen Ritter dazu auf, den bedrängten Christen im Osten zu Hilfe zu eilen und für Pilger den freien Zugang zu den heiligen Stätten in Jerusalem zu sichern. Dafür verspricht er ihnen die Vergebung ihrer Sünden und einen Platz im Himmel.

Nicht nur adelige Ritter, auch einfache Leute lassen sich von der Aufbruchstimmung anstecken. Während die Ritter noch ihre Vorbereitungen treffen, macht sich ein Zug mit Männern und Frauen sofort auf den Weg.

Nur wenige kommen überhaupt bis nach Kleinasien und diese werden dort schnell besiegt.

Was für Veränderungen bringen die Kreuzritter mit sich?

Die Ritter lassen sich mehr Zeit und bereiten sich besser vor. Unter dem Motto »Gott will es!« brechen sie erst zwei Jahre später auf. Angeführt werden sie von dem Adeligen Gottfried von Bouillon.

Viele Kreuzfahrer sind davon überzeugt, mit der Vertreibung der »Heiden« aus dem Heiligen Land ein gutes Werk zu tun, aber auch die Lage im eigenen Land lässt ein solches Unternehmen lohnend erscheinen. Die Bevölkerung in Europa ist stark gewachsen und Missernten bringen Hunger und Armut mit sich.

Die Menschen erhoffen sich einen Neubeginn, deshalb verlassen ganze Bauernfamilien ihre Höfe und schließen sich den Rittern an. Deren Interessen sind auch nicht nur religiöser Natur. Um standesgemäß leben zu können, brauchen vor allem die jungen Söhne des Adels Ländereien und Besitz. Genau das erhoffen sie sich von der Eroberung des weniger dicht besiedelten Heiligen Landes.

Die erste Station der Kreuzfahrer ist Konstantinopel, wo sie sich mit der byzantinischen Streitmacht von Kaiser Alexios I. Komnenos vereinigen. Dann brechen sie nach Palästina auf.

Die Reise ist hart und entbehrungsreich. Die ungewohnte Hitze in Kleinasien und im Nahen Osten ist für die Ritter in ihren schweren Rüstungen kaum erträglich, viele sterben an Hitzschlag oder Krankheiten. Wasser und Lebensmittel sind immer schwerer zu beschaffen.

Von den rund 50 000 Kreuzfahrern und 7000 Rittern, die in Konstantinopel aufgebrochen sind, erreicht nur ein Drittel Jerusalem, und davon sind weniger als 1500 Ritter.

Erst nach dem Bau von Belagerungstürmen können die Kreuzfahrer Jerusalem erobern.

Als Erster stürmt Gottfried von Bouillon mit seinen Männern durch die Straßen und richtet unter der Bevölkerung ein Blutbad an. Mit reicher Beute kehren die Kreuzfahrer in ihr Lager zurück.

Eine Woche später wählen sie Gottfried von Bouillon zum »Vogt des Heiligen Grabes«. Nachdem Gottfried im August auch noch bei Askalon ein muslimisches Heer besiegt, kehren die meisten Kreuzfahrer nach Hause zurück.

Die anderen lassen sich im Heiligen Land nieder und gründen dort unabhängige Kreuzfahrerstaaten: das Lateinische Königreich von Jerusalem, das in drei Regionen – Edessa, Tripolis und Antiochia – unterteilt ist.

Da die muslimischen Fürsten zunächst untereinander zerstritten sind und sich auf kein gemeinsames Vorgehen

1042 – 1099 Urban II.
1048 – 1118 Alexios I. Komnenos
um 1060 – 1100 Graf Gottfried
von Bouillon
1087 – 1146 Imadeddin Zengi
von Mosul

gegen die christlichen Eroberer einigen konnten, haben diese mehrere Jahrzehnte Zeit, ihre Herrschaft auszubauen. Sie errichten mächtige Burgen als Quartier für ihre Fußknechte und Lager für die Nahrungsmittel. Sie wandeln Moscheen in Kirchen um und beginnen,

73

in geeigneten Gegenden die fruchtbaren Böden zu bebauen. Obstgärten werden angelegt, denn das warme, trockene Klima ist ideal für Zitrusfrüchte. Sie pflanzen Zuckerrohr an, denn Zucker ist im Europa des 12. Jahrhunderts ein Luxusartikel und bringt durch die Ausfuhr viel Geld ein.

Bleiben die Kreuzritter Sieger über die Moslems?

Zunächst halten sich die europäischen Siedler in den Städten von ihren muslimischen Nachbarn fern, aber spätere Generationen geben ihre Zurückhaltung auf.

Manche nehmen die Bräuche der Araber an, tragen Turbane, lernen neue Annehmlichkeiten wie Sofas, Teppiche, Bäder und das andersartige Essen kennen.

Aus ehemaligen Gegnern werden Handelspartner, in manchen Fällen sogar gute Freunde, aber eine wirkliche Versöhnung im großen Rahmen findet nicht statt.

Die Muslime, die die anrückende europäische Rittermacht zunächst

unterschätzt haben, verbünden sich und beschließen, die besetzten Gebiete und Städte zurückzuerobern.

Der Emir Zengi von Mosul macht 1144 den Anfang und erobert den Kreuzfahrerstaat Edessa zurück.

Als die Nachricht von der Niederlage der Kreuzritter Frankreich erreicht, ruft Abt Bernhard von Clairvaux umgehend zum Zweiten Kreuzzug auf.

Diesmal sind die Kreuzritter schlecht vorbereitet und werden bei Dorylaion und Laodikeia von den Moslems geschlagen.

Wird Jerusalem wirklich eine rein christliche Stadt werden?

Die ersten Kreuzfahrer waren zumindest teilweise aus religiöser Begeisterung losgezogen,

doch nach der Gründung der kleinen Königreiche im Nahen Osten rücken die religiösen Beweggründe bei den meisten in den Hintergrund. Vielen Kreuzrittern geht es nun hauptsächlich um Geld und Macht. Aus den Kreuzzügen werden mehr und mehr Raubzüge.

Andererseits erlebt der Handel einen großen Aufschwung, von dem vor allem die italienischen Handelsstädte Genua, Pisa und Venedig profitieren. Sie versorgen die neu gegründeten Königreiche mit Waren aus Europa und bringen von dort orientalische Produkte mit.

Als 1189 erneut ein Papst zu einem Kreuzzug aufruft, folgen drei bedeutende europäische Herrscher – Kaiser Friedrich I. Barbarossa, der französische König Philipp II. und Richard I. Löwenherz von England.

Auch diesmal haben die Kreuzritter wenig Glück. Barbarossa ertrinkt unterwegs, Philipp kehrt trotz der erfolgreichen Rückeroberung der Stadt Akkon nach einem Streit mit Richard nach Frankreich zurück.

Richard selbst muss 1192 nach heftigen Kämpfen einen Waffenstillstand schließen.

Sieger ist der berühmte Sultan Saladin, der bei Anhängern wie Gegnern als besonders ritterlich und kultiviert gilt. Bereits 1187 führt er die geeinten muslimischen Heere gegen die Kreuzfahrer und es kommt zu der für die Europäer vernichtenden Schlacht von Hattin. Durch eine List gelingt es Saladin, die unter Hitze, Durst und Erschöpfung leidenden Kreuzfahrer zu umzingeln und anschließend auch die Stadt Jerusalem einzunehmen.

Mehr Geschick beweist der Staufer Friedrich II., der über 30 Jahre später mit einem kleinen Heer in Palästina landet.

Er erreicht durch Verhandlungen die friedliche Übergabe der christlichen Stätten Jerusalem, Nazareth und Bethlehem an das Königreich Jerusalem.

1229 lässt sich Friedrich in der Grabeskirche feierlich sogar zum König von Jerusalem krönen und kehrt dann nach Sizilien zurück.

Nach zehn friedlichen Jahren werden die letzten Kreuzfahrerbastionen in Syrien und Palästina nach und nach von den ägyptischen Mamelucken* eingenommen und zerstört. Die europäischen Siedler suchen daraufhin Zuflucht auf Zypern.

Der Kreuzzugsgedanke wird über Jahrhunderte in der europäischen Politik eine Rolle spielen.

Im engeren Sinn sind die Orientkreuzzüge gemeint, militärische Expeditionen nach Palästina. Daneben gibt es aber auch viele weitere Kreuzzüge gegen Katharer* und Albigenser*, die als »Ketzer« gebrandmarkt werden, gegen die Ostkirche*, gegen Aufständische und politische Gegner, gegen nichtchristliche Völker im Baltikum oder die Türken und Mongolen, gegen heidnische Wenden* und später gegen die Pruzzen* und Litauer. Im 15. Jahrhundert finden allein fünf Kreuzzüge gegen die Hussiten* statt.

Immer wieder spricht man von einem »Kreuzzug«, wenn ein Kampf gegen einen andersgläubigen Gegner gemeint ist, eine Auseinandersetzung von Weltanschauungen stattfindet.

1091 – 1153 Bernhard von Clairvaux
1122 – 1190 Friedrich I. Barbarossa
1137 – 1193 Sultan Saladin
1157 – 1199 Richard I. Löwenherz
1165 – 1223 Philipp II. August
1194 – 1250 Friedrich II.

75

Politsongs statt Minnesang

1198

Walther von der Vogelweide singt für den neuen König

Walther von der Vogelweide gehört zu den umjubelten Superstars des Minnesangs. Die Menschen strömen zu seinen Auftritten, lauschen gebannt und lachen über seine Spottverse. Ihm eilt der Ruf voraus, er könne allein durch seine Lieder 1000 Männer dazu bringen, ihre Gesinnung zu ändern. Das möchte sich zukünftig Philipp von Schwaben in seiner Auseinandersetzung mit dem Welfenkönig Otto IV. zunutze machen und hat sich deshalb die Dienste Walthers von der Vogelweide gesichert. Schon bei den Krönungsfeierlichkeiten Philipps trat Walther auf und lobte unter dem frenetischen Beifall der Gäste in seinen Liedern dessen Güte und Weisheit: »Wer Philipp unseren König trifft, der ist sogleich geblendet von seinem Geist und seiner Größe, der will fortan keinem anderen Herrn mehr dienen. Schon gar nicht diesem Welfen Otto, der so gar nichts zu bieten hat.« König Philipp jedenfalls ist siegessicher und vom großen Erfolg der anstehenden Tournee überzeugt.

Wer ist Walther von der Vogelweide?

Walther von der Vogelweide ist von niederem Adel und wird um 1170 in Bayern oder Österreich geboren. Schon in jungen Jahren fasst er den Entschluss, Dichter zu werden. Er geht an den Wiener Hof, denn dort unterrichtet der bekannte Meister Reinmar der Alte.

Reinmar der Alte, auch Reinmar von Hagenau genannt, stammt aus dem Elsass und ist ein berühmter Minnesänger. Walther lernt bei ihm den Minnesang, also das Verfassen und Singen von Liebesliedern, die zu dieser Zeit sehr beliebt sind. In einigen seiner Lieder zeigt Walther bald, dass er anderer Meinung ist als sein Lehrer. Es kommt sogar zu einer Sänger-Fehde, bei der sich die Sänger nicht mit Schwertern, sondern mit Liedern bekämpfen. Sah es anfangs so aus, als würden die beiden Sänger Freunde werden, so trennen sie sich schließlich als Gegner. Reinmar bleibt zwar berühmt, doch schon bald ist Walther der bekannteste Minnesänger.

Nach seiner Lehrzeit bleibt Walther am Hof, denn Herzog Friedrich von Österreich wird sein Gönner, der ihn dafür bezahlt, regelmäßig Minnelieder für ihn zu schreiben und zu singen.

1198 stirbt der Herzog während des Ersten Kreuzzugs und Walther wird von nun an ein fahrender Berufsdichter. Das ist kein leichtes Los, denn die fahrenden Künstler sind rechtlos und bei ihren Reisen auf die Gunst ihrer Zuhörer angewiesen. Um sich ihren Lebensunterhalt zu sichern, schreiben sie darum bei ihrem Zug von Fürstenhof zu Fürstenhof oft einfach das, was ihre jeweiligen Gönner hören wollen. Weil Walther von der Vogelweide ein sehr guter Minnesänger ist, ist er bald weithin berühmt. Auch Philipp von Schwaben hört von ihm und bittet ihn, in seine Dienste zu treten. Allerdings nicht, um Minnelieder zu verfassen, sondern um mit Spottversen seinen Gegner Otto IV. zu verulken. Im Jahr 1198 haben sich nämlich fast gleichzeitig zwei Männer zum König krönen lassen: der Welfe Otto IV. und der Staufer Philipp II. – beide nehmen den Thron für sich in Anspruch. Weil nicht klar ist, wer nun der rechtmäßige König ist, sind die beiden unter anderem auf Propaganda* angewiesen. Sie brauchen bekannte Dichter und Sänger, die sie unterstützen und ihren Gegner schlecht machen. Ein gutes Angebot für Walther von der Vogelweide, der deshalb nicht lange zögert und zusagt. Der scharfzüngige Sänger versucht, seinen Zuhörern wortgewaltig vor Augen zu führen, dass Philipp von Schwaben der rechtmäßige Herrscher ist. Walthers Hoffnung auf angemessene Entlohnung, auf einen festen Wohnsitz und vielleicht auch auf eine feste Anstellung werden jedoch enttäuscht und er wendet sich von Philipp ab. Er verfasst sogar Spottlieder, in denen er sich über den Geiz des jungen Königs lustig macht.

Walther von der Vogelweide zieht im Jahr 1212 an den Hof Ottos IV., der zu dieser Zeit bereits deutscher Kaiser ist, und trägt nun Lieder vor, die dessen Herrscheranspruch stützen sollen. Auch dort bleibt ihm allerdings der verdiente Lohn versagt. Er wechselt erneut seinen Gönner und tritt in die Dienste des Staufers Friedrich II., der ihn endlich angemessen entlohnt: Er überschreibt Walther von der Vogelweide ein Lehen, eine verpachtete Hofstelle. Damit haben dessen Geldnöte ein Ende. Das Lehen befindet sich in der Nähe von Würzburg, wo nach Walthers Tod auch ein Grabmal errichtet wird.

Nachdem er sein Lehen erhalten hat und sein Lebensunterhalt gesichert ist, hört Wal-ther von der Vogelweide mit der Sangspruchdichtung auf. Er muss keinem Gönner mehr nach dem Mund reden. Stattdessen verfasst er nur noch Minnelieder und erweist sich dabei als schöpferischer Neuerer, der nicht nur dem Mann das Recht zu lieben zugesteht, sondern auch der Frau.

Was genau ist Minnesang?

Minnelieder sind im Mittelalter eine sehr beliebte Kunstform, die von der Liebe zwischen Mann und Frau handelt: Der Minnesänger sieht sich als Diener »seiner« edlen Dame und betet sie treu und ergeben, aber ohne Hoffnung auf Erfolg an. Die Dame gibt sich meist abweisend und kalt. Diese hoffnungslosen Umstände machen den Dichter so todtraurig, dass er eigentlich gar nicht singen kann, und doch ist es sein einziger Lebenszweck und Trost, die edle Dame zu umschmeicheln und ihr zu huldigen. All das spielte sich allerdings gewöhnlich in den Gedanken des Dichters ab. Denn die Dame ist in der Regel verheiratet und ihr Bewunderer will durch seine schönen Formulierungen und Reime vor allem eines beweisen – wie gut er dichten kann.

unbekannt – 1210 Reinmar der Alte, eigentlich Reinmar von Hagenau
um 1170 – ca. 1230 Walther von der Vogelweide
um 1175 – 1218 Otto IV.
1179 – 1208 Philipp II. von Schwaben
1194 – 1250 Herzog Friedrich II.

77

Die Mongolen kommen!

1223

Dschingis Khan schlägt die russischen Truppen

Das Schlachtfeld an der Kalka brodelt. Schwerter splittern, Lanzen brechen. Die Russen greifen mit schweren Panzerreitern die leichten und schnellen mongolischen Reiter an. Da geht ein Pfeilhagel auf die Ritter nieder. Noch können die russischen Fürsten ihre Linien halten, doch am Horizont tauchen immer neue mongolische Reitertruppen auf. Wie eine Springflut ergießen sie sich über die Steppe. Mit einem derartigen Ansturm haben die Russen nicht gerechnet. Ihre Reihen lichten sich zusehens. Als einer der russischen Fürsten »Die Schlacht ist verloren!« ruft, bricht die Linie der noch verbliebenen Panzerreiter auseinander. »Flieht! Flieht, solange ihr noch könnt! Sonst sind wir alle verloren!« Während die Ritter versuchen, sich im nahen Wald in Sicherheit zu bringen, sammeln sich am Horizont die siegreichen mongolischen Reiter. Nun steht ihnen Russland offen und damit die Tür zu Europa.

Wer ist Dschingis Khan?

Dschingis Khan heißt eigentlich Temüdschin und ist der Sohn eines mongolischen Stammesfürsten. Geboren wird er zwischen 1155 und 1167 in einem Zelt, denn die Mongolen sind ein Nomadenvolk, das mit ihren Tieren durch die asiatischen Steppen zieht. Als er zwölf Jahre alt ist, stirbt sein Vater. Temüdschin erweist sich schnell als hervorragender Führer, der die einzelnen Stämme geschickt und rücksichtslos gegeneinander ausspielt. Dann wiederum knüpft er Bündnisse, und schließlich gelingt es ihm, die zerstrittenen Großfamilien zu vereinen. Auf einer Versammlung aller Stammesführer wählen ihn die Mongolen 1206 zum Herrscher und verleihen ihm den Titel »Dschingis Khan« (ungestümer Herrscher).

Um auch tatsächlich die alleinige Macht zu besitzen, bricht Dschingis Khan mit alten Traditionen und löst die Familienverbände auf, in die das mongolische Heer gegliedert ist. Unter seiner Führung werden die Krieger in Einheiten aus zehn, 100 und 1000 Mann eingeteilt, deren Mitglieder nicht mehr miteinander verwandt sind. Die Anführer dieser Einheiten sind militärisch erfahrene Vertraute des Großkhans. Gestützt auf dieses schlagkräftige, gut organisierte und ihm treu ergebene Reiterheer, erobert Dschingis Khan bald Teile Nordchinas und Persiens. Auf diesen Feldzügen gehen seine Reiter äußerst grausam vor. Haben sie jedoch ein Land erst einmal erobert und die Ordnung wiederhergestellt, regieren die Mongolen umsichtig und gerecht. Sie sorgen für Sicherheit, die Einhaltung der Gesetze, fördern Verkehr und Handel und erlauben den unterworfenen Völkern, ihre jeweilige Religion auszuüben. Von den Chinesen übernehmen sie die Schrift, ohne die die Verwaltung des immer größer werdenden Reiches unmöglich wäre. Ein System aus berittenen Boten verbindet alle Teile des Reiches miteinander.

Lange Zeit werden die Eroberungen von Dschingis Khan in Europa nicht wahrgenommen, denn die Kreuzzüge sind beherrschendes Thema. 1221 kämpfen die europäischen Ritter im Nahen Osten gegen die Perser, die jedoch plötzlich keine Angriffe mehr unternehmen. Die Erklärung liefert das Gerücht, ein König namens David, der Nachfolger des legendären Priesterkönigs Johannes, habe Persien erobert. In Wahrheit waren es jedoch die Mongolen. Nun erst werden die asiatischen Eroberer als Gefahr erkannt. Im Jahr 1223 versuchen die Truppen verbündeter russischer Fürsten den Ansturm der Mongolen in der heutigen Ukraine aufzuhalten. Doch vergeblich. Sie erleben in der Schlacht an der Kalka eine furchtbare Niederlage, die bis weit nach Europa hinein für Angst vor weiteren Angriffen sorgt. Nachdem sich die Mongolen aber unerwartet rasch wieder zurückziehen und Dschingis Khan 1227 stirbt, hält man die Gefahr irrtümlich für gebannt. Ögödei, Dschingis Khans Sohn, hat die Reiter nur abgezogen, um im Osten das nordchinesische Reich endgültig zu zerschlagen. Danach kann er sie wieder im Westen einsetzen und erobert bis 1240 fast alle russischen Fürstentümer. Der Herzog von Polen und der König von Ungarn

unterliegen im April 1241 in zwei großen Schlachten mit ihren schwer gepanzerten Ritterheeren den beweglichen mongolischen Reitertruppen. Nichts scheint die wilden Reiterhorden auf ihrem Weg nach Europa aufhalten zu können.

Doch dann stoppt ein Zufall den Vormarsch: Der Großkhan Ögödei stirbt bei einem Jagdunfall und die Mongolen ziehen sich zurück, um in der innerasiatischen Steppe einen neuen Herrscher zu wählen. Obwohl danach mongolische Reiter immer wieder in Polen und Ungarn einfallen, ist die unmittelbare Bedrohung für West- und Mitteleuropa damit gebannt.

1155/1162/1167-1227
Dschingis Khan
1186/1189-1241 Ögödei Khan
1215-1294 Kubilai Khan

Wie geht es mit dem Reich der Mongolen weiter?

In Russland jedoch errichten die Mongolen 1255 ein eigenes Teilreich, das bis 1502 besteht. In Asien erreicht die Macht der Mongolen ihren Höhepunkt unter dem Großkahn Kubilai, dem Enkel Dschingis Khans. Er unterwirft das südchinesische Reich und setzt eine mongolische Kaiserdynastie ein, die in China über hundert Jahre herrscht. Kubilai gibt die nomadische Lebensweise seiner Vorfahren auf und baut sich mit Beijing (Peking) eine prächtige Hauptstadt. Unter seiner Herrschaft erreicht China als Zentrum des mongolischen Reiches eine kulturelle und wirtschaftliche Hochblüte.

79

Endlich ein Frieden von Dauer?

1259

Englands und Frankreichs König unterzeichnen Abkommen

Damit hat keiner gerechnet: Der englische König Heinrich III. kniet vor dem französischen König Ludwig IX. nieder. In einem feierlichen Akt schwört Heinrich III. einen Lehenseid, der ihn zum Waffendienst und zur Treue verpflichtet. Außerdem verzichtet er in einem Vertrag auf fast alle Gebiete in Frankreich, die bislang England unterstanden. Nur Aquitanien und einige kleine Grafschaften verbleiben ihm. »Mit diesem Eid und dem soeben geschlossenen Vertrag herrscht endlich Frieden zwischen unseren Ländern«, bekräftigt Ludwig IX. nach der Zeremonie. »Möge er lange bestehen.«

Die politischen Beobachter hegen daran ihre Zweifel. Zu oft schon waren die beiden Mächte wegen Gebietsansprüchen auf dem europäischen Festland in Kriege verwickelt. Doch für das Volk von Paris spielt das im Moment keine Rolle, denn heute Abend feiert es erst einmal den Frieden von Paris!

Worum streiten sich die beiden Könige?

Im 12. und 13. Jahrhundert herrschen die französischen Könige nicht über das gesamte französische Festland. Westfrankreich gehört nämlich dem englischen Königshaus. 1208 aber geschieht etwas Erstaunliches. Der Papst gerät in Streit mit dem englischen König Johann Ohneland, dem Bruder von Richard Löwenherz. Johann Ohneland weigert sich, den vom Papst vorgeschlagenen Stephan Langton zum Erzbischof zu ernennen. Um seine Macht zu demonstrieren, übergibt der Papst das englische Westfrankreich einfach an Philipp II. August, den französischen König. Der freut sich natürlich sehr über das Geschenk, denn er ist schon lange daran interessiert, diese Ländereien in sein Königreich zu integrieren.

Johann wiederum will diese Schenkung natürlich nicht akzeptieren, und es folgen immer wieder kriegerische Auseinandersetzungen zwischen Frankreich und England, bis Frankreich im Jahr 1214 die Engländer in der Schlacht von Bouvines besiegt. England wird durch diese Niederlage auf die Insel zurückgedrängt, Frankreich dagegen besitzt endgültig die Vormachtstellung in Westeuropa. Zwar nimmt der Papst einige Jahre später die Schenkung aus dem Jahr 1208 an Frankreich wieder zurück, das ändert aber nichts mehr an der Situation.

In der Zwischenzeit wird auch die innenpolitische Lage für Johann Ohneland in England immer schwieriger. Der englische Adel beschuldigt den König des Machtmissbrauchs und fordert eine stärkere Kontrolle über seine Befugnisse. Sie setzen ein Dokument auf, in dem die Rechte des Adels, der Kirche und des Bürgertums festgelegt sind, die »Magna Charta«. Mit ihr wird auch die Macht des Königs stark eingeschränkt. Am 15. Juni 1215 muss Johann Ohneland auf Druck des Adels zähneknirschend die Magna Charta unterschreiben. Ein Jahr später stirbt er. Sein Nachfolger wird sein Sohn Heinrich III., doch der ist beim Tod seines Vaters erst neun Jahre alt. England wird also erstmals von einem Kind regiert. Weil er dazu aber natürlich noch viel zu jung ist, wird ein Vormund eingesetzt, der die Regierungsgeschäfte in seinem Namen führt.

Außenpolitisch sieht es auch nicht ganz einfach aus, denn dem geschwächten England steht ein überaus erfolgreicher Widersacher gegenüber: das Königreich Frankreich. Der Nachfolger Philipps II. August wird erst sein Sohn Ludwig VIII., anschließend sein Enkel Ludwig IX. Anders als die englischen Könige ist Ludwig IX. für sein hervorragendes Verhältnis zu seinen Fürsten bekannt. Er hat den Ruf eines guten und gerechten Herrschers. So kann er ohne Ablenkung durch innenpolitische Probleme sein oberstes Ziel in Angriff nehmen, nämlich die endgültige Vertreibung Englands vom französischen Festland.

Hält der Frieden von Paris?

Im Jahr 1259 kann der Streit um Westfrankreich nach intensiven Gesprächen endlich beigelegt werden. Frankreich und England unterzeichnen einen Vertrag, der »Frieden von Paris« genannt wird. Darin verzichtet das geschwächte England auf alle seine französischen Gebiete bis auf Aquitanien. Damit Heinrich III. zumindest dies erhält, muss er in einer feierlichen Prozedur dem französischen König einen Lehenseid schwören. Gestützt durch den Vertrag, verstreichen fast 25 Jahre in Ruhe und Frieden, bis 1285 der französische König Phillipp III., der Sohn Ludwigs IX. stirbt. Sein Nachfolger wird Philipp IV. der Schöne, der ebenso macht- wie geldgierig ist. Er lässt sogar den Papst entführen und den Papstsitz nach Avignon verlegen, weil die Kirche sich weigert, an ihn Steuern zu zahlen. Anfang des 14. Jahrhunderts erobert er Aquitanien und besetzt gleichzeitig das von England unterstützte Flandern. Im Jahr 1314 stirbt Philipp IV. und seine Nachfolger werden in rascher Folge seine Söhne Ludwig X., Philipp V. und Karl IV.

Als Karl IV. stirbt, hat das schwer wiegende Folgen für die englisch-französischen Beziehungen. Denn mit ihm erlischt das Geschlecht der Kapetinger – Karl IV. ist kinderlos. Angeblich gibt es zwei rechtmäßige Nachfolger für den französischen Thron: zum einen Philipp VI., den Cousin Karls IV., und ausgerechnet Edward III., den König von England, denn er ist der Neffe Karls IV. Karls Schwester Isabella war nämlich mit dem englischen König verheiratet. Edward III. besteht auf seinem Thronanspruch, denn er ist ja nicht nur ein Neffe Karls IV, sondern auch ein Enkel Philipps IV.. Frankreich lehnt seinen Anspruch jedoch mit der Begründung ab, dass er kein Anrecht auf den Thron habe, weil er nur durch seine Mutter mit dem französischen Königshaus verwandt sei, und eine weibliche Thronfolgeregelung gibt es nicht. Darüber hinaus streiten sich Frankreich und England noch immer um Aquitanien. Zusätzlich wird das angespannte Verhältnis der beiden Königreiche zueinander belastet, weil Frankreich die Schotten im Krieg gegen England unterstützt. Denn auch dort gibt es Streit bezüglich der Thronfolge. Und um das Maß voll zu machen, sind sowohl England als auch Frankreich an Flandern interessiert. Für England ist das französische Flandern, zum Leidwesen von Frankreich, ein wichtiger Handelspartner. Im Jahr 1337 spitzt sich die Lage erneut zu, als Philipp VI. dem englischen König Edward III. ein weiteres Mal Aquitanien entreißt.

81

Kann ein Krieg den Konflikt lösen?

Dieser so lange andauernde Konflikt soll nun durch einen Krieg geklärt werden. Was noch keiner weiß: Es wird ein unendlich langer, für beide Seiten zermürbender Krieg werden und wird als der »Hundertjährige Krieg« in die Geschichte eingehen. Vor allem für das französische Volk wird er zu einer enormen Belastung, denn die meisten Schlachten werden auf dem französischen Festland geführt. Wie eine Seuche zieht der Krieg über das Land und hinterlässt nichts als Armut und Zerstörung.

In der ersten Phase des Krieges ist England sehr erfolgreich. 1346 wird das französische Heer von den Engländern vernichtend geschlagen. Nach elfmonatiger Belagerung nehmen die Engländer Calais ein. Damit haben sie einen wichtigen Hafen auf dem französischen Festland in der Hand, denn Calais liegt am kürzesten Seeweg zwischen England und Frankreich. In den nächsten Kriegsjahren ist damit der Nachschubweg für die englischen Truppen gesichert. Trotzdem brechen erst 1355 erneut Gefechte aus. Der Sohn Edwards III. nimmt Bordeaux ein und ein Jahr später nehmen die Engländer den damaligen französischen König Johann II. gefangen. Dennoch scheint es dann fast so, als könnten sich Frankreich und England einigen. Im Frieden von Brétigny erklärt Edward III., dass er auf den französischen Thron verzichtet. Aber nur, wenn er dafür die Gebiete Aquitanien, Gascogne, Poitou und Limousin erhält. Der Frieden währt genau sechs Jahre, bis Karl V., der Bruder und Nachfolger Johanns II., erneut mit Kriegszügen gegen die Engländer beginnt – mit Erfolg. 1372 gelingt es ihm, die Engländer wieder aus der Normandie zu vertreiben. Erst der Tod Edwards III. beendet den Krieg vorübergehend – 30 Jahre hält diese Verschnaufpause für beide Seiten an.

Werden sich die beiden alten Feinde je versöhnen?

Man sollte meinen, nun sei die Zeit reif für einen Friedensschluss, denn beide Seiten sind erschöpft durch die zermürbende Auseinandersetzung. Zudem brechen in Frankreich gerade erste Spannungen zwischen König und Adel auf, aber fatalerweise findet in England der Adel langsam wieder Gefallen am Krieg. Der Handel mit Flandern und die fruchtbaren Gebiete in Aquitanien versprechen Reichtum und Macht. Deshalb unterstützt der Adel auch König Heinrich V. bei der geplanten Wiederaufnahme des Krieges 1415. Nach den ersten Erfolgen beginnt Heinrich V. einen regelrechten Eroberungsfeldzug quer durch Frankreich.

Obwohl der englische König 1422 völlig unerwartet stirbt, dringen die Engländer 1428 bis nach Orléans (Südfrankreich) vor. Bis plötzlich eine der geheimnisvollsten Figuren dieser Zeit die Bühne betritt – ein junges, schmächtiges Mädchen, aber mit einer gewaltigen Mission: die »Jungfrau von Orléans«. Laut Jeanne d'Arcs Aussagen hat Gott ihr in Visionen offenbart, dass es an ihr sei, Frankreich in die Freiheit zu führen. Und das Wunder geschieht: Die vom Krieg zermürbten Franzosen folgen diesem Kind in die Schlacht – und siegen!

Mit ihrer Hilfe gelingt es den Franzosen, 1429 die Belagerung von Orléans aufzuheben. Im selben Jahr wird Karl VII. zum König von Frankreich gekrönt. Johanna bringt den Franzosen zwar die entscheidende Wende im Krieg, doch weitere Ruhmestaten kann sie nicht mehr vollbringen. Stattdessen verkaufen ihre undankbaren Landsleute die junge Frau 1431 wegen Verrats an die Engländer, die sie schließlich unter dem Vorwurf der Ketzerei auf dem Scheiterhaufen verbrennen.

Aber auch ohne Johanna sind die Franzosen nun auf dem Siegeszug. Von 1436 bis 1441 erobern sie große Gebiete ihres Landes zurück. 1453 unterwirft sich schließlich auch Bordeaux der französischen Krone. Danach fallen Stück um Stück alle besetzten Territorien an Frankreich zurück.

Und nun ist auch die Zeit reif, Johanna von Orléans Gerechtigkeit widerfahren zu lassen. In einem erneuten Prozess wird sie rehabilitiert.

Zur gleichen Zeit entbrennt in England ein Streit um die Krone. Zwei unterschiedliche Geschlechter, das Haus Lancaster und das Haus York, erheben Ansprüche auf den englischen Thron. Die kriegerische Auseinandersetzung mit Frankreich tritt in den Hintergrund. So endet der Hundertjährige Krieg genau so, wie er begonnen hat: Nach hundert Jahren Krieg gehen die Parteien auseinander, ohne dass die Lage geklärt ist. Historisch wird das Jahr 1453 als das Ende des Hundertjährigen Krieges festgelegt. In diesem Jahr sind alle Gebiete auf dem Festland außer Calais wieder der französischen Krone unterstellt. Calais aber halten die Engländer als letzte Festung auf französischem Boden noch weitere 100 Jahre. Erst 1559 geht die Stadt wieder an Frankreich zurück. Auch auf den französischen Thron verzichten die Engländer noch mehr als drei Jahrhunderte nicht offiziell. Erst 1802 können sie sich dazu durchringen, den Anspruch endgültig dem Erzfeind zu überlassen.

Jeanne d'Arc wird erst selig und 1930 für ihre Taten heilig gesprochen. Nun ist sie die heilige Johanna von Orléans.

1165 – 1223 Philipp II. August
1167 – 1216 Johann Ohneland, eigentlich Johann I.
1187 – 1226 Ludwig VIII.
1214 – 1270 Ludwig IX.
1216 – 1272 Heinrich III.
1245 – 1285 Philipp III.
1268 – 1314 Philipp IV. der Schöne
1289 – 1316 Ludwig X.
1293 – 1322 Philipp V.
1293 – 1350 Philipp VI.
1295 – 1328 Karl IV.
1312 – 1377 Edward III.
1319 – 1364 Johann II.
1338 – 1380 Karl V.
1387 – 1422 Heinrich V.
1403 – 1461 Karl VII.
1412 – 1431 Johanna von Orléans, eigentlich Jeanne d'Arc

1339 – 1435 Hundertjähriger Krieg
1360 Frieden von Brétigny

83

Zwischen Frevel und Fortschritt

1286

Italienische Ärzte schneiden Leichen auf

Der Schnitt wird sorgsam gesetzt. Tief dringt das frisch geschärfte Skalpell in die Bauchdecke ein. Kein Blut ist zu sehen. Stattdessen quillt eine graubraune Masse heraus – menschliche Organe.

Zum ersten Mal sehen die Mediziner das, was sie bislang nur aus alten Büchern kannten – doch das ist jetzt vorbei.

»Wir haben lange genug gewartet«, sagt einer der Chirurgen und klingt doch ein wenig beklommen. »Hunde und Katzen kennen wir inwendig, doch der menschliche Körper war uns bislang verwehrt. Damit ist jetzt Schluss!«

Das Ziel der Ärzte ist klar. Sie wollen mehr über den Aufbau des Körpers wissen, um kranken Menschen besser helfen zu können. Ob ihnen das auch tatsächlich gelingen wird, wird sich erst noch zeigen.

Wie auch andere Erkenntnisse sich erst noch beweisen müssen. Die größten Hoffnungen ruhen dabei auf der so genannten Brille. Das auf der Nase getragene Gestell fasst zwei geschliffene Linsen.

Sie sollen die Sehkraft von Menschen verbessern, deren Augenlicht nachgelassen hat. Vor allem ältere Gelehrte begrüßen diese Erfindung. Sie sind damit in der Lage, endlich wieder lesen zu können.

Allerdings ist das Ganze noch eine sehr kostspielige Angelegenheit, denn die feinen Gestelle und die Linsen haben ihren Preis.

Wie wird man Arzt im Mittelalter?

Damals wie heute studiert man Medizin an einer Universität. Der große Unterschied ist jedoch, dass man im Mittelalter nur sehr wenig über den menschlichen Körper und die Ursachen von Krankheiten weiß.

Fast alles, was die jungen Mediziner lernen, stammt aus antiken Büchern. Geschrieben wurden sie von berühmten römischen Ärzten wie Galenus oder Celsus.

Deren Wissen ist zwar längst überholt, doch eigene Forschungen sind lange Zeit verpönt oder gelten als Leichenfledderei. Als Ersatz sezieren die Ärzte daher die Körper von Tieren.

Viel Schaden richten die Mediziner mit diesem theoretischen Wissen zum Glück nicht an, denn Operationen, an denen die Ärzte ihr Wissen in die Praxis umsetzen, gibt es nicht.

Für die eigentliche Behandlung von Kranken und Verwundeten sind die Ärzte von der Universität auch gar nicht zuständig. Das übernehmen Wundärzte und so genannte Bader. Diese sind im Grunde Handwerker, die Wunden und Krankheiten ganz ohne Studium behandeln. Gelernt haben sie meist bei einem anderen, erfahrenen Wundarzt. Oft wissen und können sie mehr als die studierten Mediziner.

So betäuben Wundärzte ihre Patienten vor der Operation, indem sie ihnen mit Drogen getränkte Schwämme unter die Nase halten. Allerdings ist das ein durchaus gefährliches Verfahren, bei dem so mancher Patient nicht mehr aufwacht!

Doch die Neugier der Mediziner am Menschen steigt mit der Erkenntnis, dass das Untersuchen von Tierkörpern nicht mehr ausreicht.

Im Jahr 1286 ist es endlich so weit. In Cremona in Italien setzen sich einige Mediziner über alle Verbote hinweg und öffnen die Leiche eines Seuchenopfers, um etwas über die Todesursache zu erfahren.

Bald geschieht das auch in anderen Städten und diese Sektionen werden schnell zu einem festen Bestandteil des Medizinstudiums.

Damit beginnen sich das Bild vom Menschen und die Arbeit der Mediziner entscheidend zu verändern.

Obwohl die Menschen in den Universitätsstädten zunächst entsetzt auf solche Neuerungen reagieren, bleibt die große Masse der mittelalterlichen Bevölkerung davon unberührt.

Für sie sind Erfindungen wichtiger, die den Ackerbau erleichtern und den Ernteertrag vergrößern. Denn über 90 Prozent der Menschen in Europa sind in der Landwirtschaft tätig und Getreide ist das mit Abstand wichtigste Nahrungsmittel.

Sie jubeln über die Erfindung und Verbesserung von Pflügen, die immer tiefer in die Erde eindringen und die herausgebrochene Scholle wenden. Mithilfe dieser neuen Ackergeräte kann auf dem gleichen Boden mehr Getreide wachsen.

Gemahlen wird das Getreide nun zuneh-

mend mit Windkraft, denn im 12. Jahrhundert setzt sich die damals sehr moderne Windmühle durch.

Sie wird überall dort aufgestellt, wo es keine geeigneten Bäche und Flüsse für den Bau von Wassermühlen gibt.

Die Fortschritte der Mediziner interessieren die Landbevölkerung dagegen nur am Rande.

Wie wird die Brille erfunden?

Viele mittelalterliche Erfindungen lassen sich aus dem heutigen Alltag kaum wegdenken. Eine von ihnen ist die Brille.

Am Ende des 13. Jahrhunderts gelingt es Handwerkern in Italien, Halbedelsteine zu Linsen zu schleifen und in Metallgestelle einzufügen.

Da der bevorzugte Halbedelstein der grünlich schimmernde Beryll ist, trägt ihre Erfindung bald den Namen

um 25 v. Chr. – ca. 50 n. Chr.
Aulus Cornelius Celsus
um 129 – ca. 199 Claudius
Galenus, eigentlich Galenus von Pergamon

Brille. Doch Berylle sind teuer und so können sich zunächst nur Reiche eine Brille leisten.

Später gelingt es den Optikern, auch Bergkristalle und schließlich Glas zu Linsen zu schleifen. Insbesondere Gelehrte nutzen die neue Erfindung und können nun auch im Alter Bücher lesen und schreiben.

Viele von diesen Büchern berichten über die Fortschritte der Medizin. Es entstehen Werke über Chirurgie, die neue medizinische Instrumente zeigen.

Andere Handschriften, wie das »Tacuinum Sanitatis in Medicina«, geben einen Überblick über die damals verwendeten Heilpflanzen.

Langsam, aber stetig löst sich die Medizin aus den Verboten des Mittelalters.

Schon bald wird die Renaissance diese Entwicklung beschleunigen.

85

Abenteuer im fernen China

1298

Marco Polos Reisebericht erregt großes Aufsehen

Es klingt wie ein Märchen aus Tausendundeiner Nacht. Ein Kaufmann aus Venedig durchquert Persien, Afghanistan und die Wüste Gobi. Er kämpft mit Räubern und Dieben und erreicht schließlich China. Dort wird er vom mächtigen Großkhan Kubilai empfangen und zum Mitglied seines Rates ernannt. Erst nach 24 Jahren kehrt Marco Polo wieder zurück, landet im Gefängnis und diktiert einem Mitgefangenen seine Erlebnisse. Sein Bericht ist soeben unter dem Titel *Il Milione* (Die Wunder der Welt) erschienen. Und es sind wahre Wunder, von denen der Weltenbummler berichtet: »Etwas Prächtigeres als den Palast des Kubilai gibt es nicht. Das riesige Gebäude ist ein Meisterwerk. Die Wände sind mit Gold, Silber und Edelsteinen bedeckt. In seinen Ställen stehen 10 000 weiße Stuten, die ihn und seine Familie mit Stutenmilch versorgen.«

Das alles klingt so unglaublich, dass viele Italiener den Venezianer bereits »Marco Milioni« nennen und eine Karnevalsfigur aus ihm gemacht haben. Ganz so, als sei er ein Aufschneider und Lügenbold. Doch Marco Polo versichert: »Ich habe alles selbst erlebt, was ich erzähle, dabei aber nur die Hälfte von dem erzählt, was ich gesehen habe.«

Wer ist dieser verwegene Abenteurer?

Marco Polo wird 1254 geboren und stammt aus einer venezianischen Kaufmannsfamilie. Sein Vater Niccolò und sein Onkel Maffeo handeln rund ums Mittelmeer mit unterschiedlichen Waren. Auf einer ihrer Handelsreisen schließen sie sich einer persischen Gesandtschaft an, mit der sie bis nach China an den Hof des Großkhans Kubilai gelangen. Der Herrscher der Mongolen und Enkel Dschingis Khans nimmt die Reisenden freundlich auf und bittet sie, einen Brief an den Papst zu überbringen. 1269, drei Jahre nach ihrer Abreise, treffen sie wieder in Italien ein.

Marco ist inzwischen 15 Jahre alt und bereits ein angehender Kaufmann. Zwei Jahre später brechen sein Vater und sein Onkel erneut zu einer Reise nach China auf. Da Marcos Mutter nicht mehr lebt, nehmen sie den Jungen einfach mit. So beginnt seine aufregende Reise. Zunächst segeln sie über das Mittelmeer bis Akkon, von dort geht es auf dem Landweg weiter zum Persischen Golf und bis ins Bergland Afghanistans. Sie durchqueren die hoch gelegene Wüste Gobi und erreichen nach drei Jahren schließlich den Hof des mächtigen Kubilai Khan in Peking. Der Herrscher nimmt die fremden Kaufleute erneut freundlich auf und erlaubt ihnen sogar, sein riesiges Reich zu erkunden. Vor allem an Marco findet er Gefallen und macht ihn zum Statthalter einer Provinz. Marco hat inzwischen die fremde Sprache gelernt und wird zu Dienstreisen in entlegene Gegenden geschickt, denn Kubilai vertraut ihm mehr als seinen chinesischen Beamten.

Besonders begeistert ist Marco von der schnellen Beförderung von Nachrichten und Waren durch Eilboten. Sie wohnen in »Postdörfern«, die im Abstand von drei Meilen eigens gebaut wurden, und kündigen ihr Kommen durch Schellen am Gürtel an, damit sich der nächste Kurier schon bereitmachen kann.

1292 schließlich begleiten die Polos eine mongolische Prinzessin zu ihrer Eheschließung nach Persien, lernen dabei Sumatra und das südliche Indien kennen und fahren von Hormus aus mit einem Schiff zurück nach Venedig. Dort treffen sie 1295 ein, also 24 Jahre nach ihrer Abreise. Zu Hause arbeitet Marco Polo wieder als Kaufmann, dient aber auch als Offizier in der Kriegsflotte. In einem Krieg gegen Genua gerät er in Gefangenschaft. Im Gefängnis hat er viel Zeit und auch etwas Glück, denn sein Mitgefangener ist der Schriftsteller Rustichello da Pisa. Da Marco Polo nicht schreiben kann, erzählt er Rustichello seine Reiseerlebnisse, die dieser aufschreibt und wohl auch etwas ausschmückt.

Ist Marco Polo der Einzige, den es in die Welt hinauszieht?

Marco Polos Schilderung über die unbekannten Länder des Fernen Ostens verbreitet sich in Windeseile und wird zur Lieblingslektüre gebildeter Kreise. Denn zum ersten Mal erzählt darin ein Europäer spannend und anschaulich vom Glanz und Reichtum am Hofe des Mongolenherrschers Kubilai Khan, aber auch von den Menschen, Tieren, Landschaften und Bauten Asiens. Nicht überall glaubt man Marco Polo seine fantastischen Erlebnisse, aber das ist natürlich nur schwer nachprüfbar. Denn China ist ein geografisch schwer zugängliches Land, in das nur selten Reisende aus Europa gelangen. Erst ganz allmählich entsteht ein Netz von Handelswegen in Asien, wie die berühmte Seidenstraße, die zum Transportweg für den Austausch von Gütern, Ideen, technischen Fertigkeiten und Religionen wird. Doch nicht nur Europäer, auch die Chinesen unternehmen Reisen in ihnen fremde Teile der Welt. Anfang des 15. Jahrhunderts schickt der Kaiser Ch'eng Tsu eine Flotte aus, um dem Rest der Welt seine Macht und seinen Wohlstand zu beweisen. Admiral Zheng He bricht mit 255 riesigen, hochseetüchtigen Dschunken, die fünfmal so groß sind wie portugiesische Karavellen, und 62 mit Schätzen beladenen Frachtschiffen von Nanking aus gen Süden auf. Auf seinen Seereisen, die erst ein Jahr vor seinem Tod enden, erreicht Zheng He Südostasien, Indien und Ostafrika und Ägypten. 70 Jahre vor den ersten Europäern um-

rundet er das Kap der Guten Hoffnung. Von jeder seiner sieben Reisen kehrt der Admiral mit Abgesandten aus fremden Ländern und exotischen Tieren zurück.

Die Menschen in allen Teilen der Welt beginnen, eine Ahnung davon zu bekommen, wie unendlich bunt und vielfältig sie ist.

Neuer Fürsprecher im Himmel

1323

Thomas von Aquin endlich heilig gesprochen

Seine Heiligsprechung war längst überfällig, doch erst 50 Jahre nach seinem Tod konnte sich Papst Johannes XXII. dazu durchringen. Vor ihm liegt nun die Urkunde mit dem Namen des großen Theologen Thomas von Aquin. Im Papstpalast von Avignon herrscht feierliche Stimmung unter den anwesenden Bischöfen und Kardinälen. Johannes XXII. spricht lobende Worte: »Er hat uns gezeigt, dass die Lehren des Aristoteles und der christliche Glaube vereinbar sind. Er hat uns erklärt, wie wir Begriffe wie Seele, Staat oder Natur verstehen und das Werk Gottes begreifen können. Dafür gebührt ihm ein Platz im Himmel.«

Dann greift Johannes XXII. zur Feder, taucht sie ins Tintenfass ein und setzt seinen Namen unter das Dokument.

Jetzt ist es amtlich: Thomas von Aquin steht bis zum Jüngsten Gericht im »Martyrologium Romanum«, dem rechtsgültigen Verzeichnis aller Heiligen.

Die Kardinäle und Bischöfe falten die Hände zum Gebet. Die Zeremonie ist beendet. Damit ist ein weiterer Schritt getan, um das Wirken des heiligen Thomas von Aquin für alle Zeiten im Gedächtnis der Menschen zu verankern.

Wie wird man ein Heiliger?

Heilige sind außergewöhnliche Menschen, die sich ganz besonders für christliche Werte oder den christlichen Glauben eingesetzt haben. In den ersten drei Jahrhunderten nach Christi Geburt bestimmt noch das Volk, wer heilig gesprochen werden soll. Oft wählen sie Menschen, die im Zuge der Christenverfolgungen unter den römischen Kaisern für ihren Glauben gestorben waren, so genannte Märtyrer. Heilig zu sein bedeutet nach katholischer Auffassung, nach dem Tod keine Sünden büßen und nicht auf das Jüngste Gericht warten zu müssen, bei dem Gott über alle Menschen urteilt. Stattdessen treten heilige Männer und Frauen gleich nach ihrem Tod in den Himmel ein. Dort genießen sie das ewige Glück im Angesicht Gottes und können bei Christus oder Gott Fürsprache für die noch lebenden Menschen halten. Deshalb spielen Heilige im Leben der gläubigen Menschen eine große Rolle. Man bittet deshalb sie, die das Menschenleben aus eigener Erfahrung kennen, bei Gott um Schonung vor Krankheit und Tod, um die glückliche Geburt eines Kindes oder um reiche Ernte. Die Heiligen sind die tröstenden Helfer, wenn Naturkatastrophen den gesamten Besitz vernichten oder wenn die Pest wütet. Man stellt sie als Vermittler zwischen Gott und den Menschen auf Altartafeln dar und weiht die Kirchen einzelnen oder mehreren Heiligen, so die päpstliche Kirche in Rom dem Apostel Petrus.

Bald glauben die Menschen, dass die Heiligen für bestimmte Bereiche des Lebens eine besondere Bedeutung haben: So ist der heilige Laurentius, der der Legende nach auf einem Feuer geröstet wurde, weil Kaiser Valerian von ihm die Herausgabe des Kirchenschatzes erzwingen wollte, der Schutzpatron gegen Feuer, aber auch der Beschützer der Weinberge. Die heilige Katharina von Siena dagegen gilt als Patronin* der Sterbenden und der Wäscherinnen; sie hilft gegen Kopfschmerzen und Pest.

Vom 6. Jahrhundert an dürfen nur noch mit Genehmigung eines Bischofs neue Heilige ernannt werden. Zu diesem feierlichen Anlass öffnet man ihr Grab, fasst die Überreste in Gefäße aus Gold, Silber und Edelsteinen und legt diese in oder auf einem Altar nieder. Diesen Vorgang nennt man, zur »Ehre der Altäre« zu gelangen. Vom 10. Jahrhundert an dürfen nur noch die Päpste Heiligsprechungen vornehmen. Da aber viele Bischöfe weiterhin »heilig sprechen«, entsteht die Unterscheidung zwischen der »Seligsprechung« der Bischöfe und der »Heiligsprechung« der Päpste. Alle vom Papst bestätigten Heiligen werden nun in ein besonderes Verzeichnis eingetragen, das »Martyrologium Romanum«.

ren in das berühmte Benediktinerkloster Montecassino. Später studiert er an der Universität von Neapel und lernt dort die Schriften des griechischen Philosophen Aristoteles kennen. Obwohl Aristoteles als heidnischer Philosoph gilt, genießt er großes Ansehen. Auch Thomas ist von ihm begeistert, und er unternimmt den Versuch, das christliche Weltbild in allen seinen Bestandteilen logisch zu erklären und so die Philosophie des großen griechischen Denkers mit dem Christentum zu versöhnen. Diese damals sensationelle

> unbekannt–258 hl. Laurentius von Rom
> um 200–ca. 260 Valerian
> 384–322 v. Chr. Aristoteles
> um 1224/1225–1274 Thomas von Aquin
> um 1245–1334 Johannes XXII.
> 1347–1380 hl. Katharina von Siena

Leistung hat ihm den Platz im Heiligenhimmel verschafft. Sein Denkansatz einer logischen Erklärung des Christentums wird »Scholastik« genannt. Allenthalben lernen jetzt die angehenden Priester und Theologiestudenten an den Universitäten, die Glaubenssätze »vernünftig« zu erklären und nach den Regeln der Logik zu begründen. Seine Erkenntnisse fasst Thomas von Aquin in dem Buch »Summa theologiae« zusammen, das er jedoch nicht mehr vollenden kann. Er stirbt 1274. Dennoch ist es bis zum heutigen Tag eines der wichtigsten Bücher der katholischen Lehre.

Wer ist Thomas von Aquin?

Thomas von Aquin ist der jüngste Sohn einer italienischen Adelsfamilie und wird um 1224 in Roccasecca geboren. Schon früh steht fest, dass er Mönch werden soll, und so schicken ihn seine Eltern im Alter von fünf Jah-

Die Angst geht um vor dem schwarzen Tod

1347

In Italien ist die Pest ausgebrochen!

In ganz Italien hat die Nachricht von den ersten Toten in Venedig und Genua panisches Entsetzen ausgelöst. Der schwarze Tod ist angekommen und streckt seine gierigen Finger aus.

»Das ist die Strafe Gottes!«, hört man Menschen in vielen Städten und Dörfern wehklagen. »Bereut eure Sünden und geht zur Beichte! Haltet euch an die Gebote Gottes! Geißelt euch!«

Doch nur wenige Menschen sind wirklich davon überzeugt, dass mehr Demut und Frömmigkeit die Pest aufhalten können.

Stattdessen wenden sie sich dem Aberglauben zu, tragen schützende Amulette oder zünden Räucherwerk an, um die Luft zu reinigen.

Ein Wundarzt aus Mailand empfiehlt eine rigidere Methode: »Es gibt nur ein Mittel«, behauptet er, »man muss die Beulen öffnen und die Fäulnis darin entfernen. So werden wir die Pest besiegen.«

Andere Mediziner befürchten jedoch, dass sich die Pest über ganz Europa ausbreiten könnte und eine Epidemie ungeahnten Ausmaßes zur Folge hätte.

Was für eine Krankheit ist die Pest?

Das Wort Pest stammt vom lateinischen »pestis« und bedeutet »Seuche, Unglück«. Sie ist eine Infektionskrankheit, die durch Bakterien ausgelöst wird. Übertragen wird sie vor allem von Ratten und deren Flöhen, sie kann aber auch von Mensch zu Mensch übertragen werden.

Zwischen Ansteckung und Ausbruch vergehen oft nur wenige Tage, sodass innerhalb kurzer Zeit die Bevölkerung einer ganzen Stadt erkranken kann – für die Hälfte aller Infizierten das Todesurteil.

1347 wütet die Pest zunächst in Asien und gelangt von dort über die Seidenstraße, dem wichtigsten Handelsweg zwischen Europa und Asien, bis ans Schwarze Meer.

In der Stadt Kaffa auf der Halbinsel Krim infizieren sich schließlich italienische Kaufleute mit der Pest.

Da sie mit ihren Schiffen im gesamten Mittelmeerraum und im Ärmelkanal Handel treiben, verbreiten sie die Seuche auf dem Seeweg in alle großen Hafenstädte Europas.

Von den Häfen aus nimmt die Pest entlang wichtiger Handelswege ihren tödlichen Lauf ins Landesinnere. Die Auswirkungen sind verheerend.

In den Städten Europas leben die Menschen dicht gedrängt, es gibt keine Kanalisation und kaum Möglichkeiten der Abfallentsorgung.

So rafft die Pest in kürzester Zeit 60 Prozent

der europäischen Stadtbewohner dahin, während auf dem Land nur etwa jeder Zehnte zum Opfer der Seuche wird.

Bis 1353 sterben insgesamt etwa 25 Millionen Menschen, das ist fast ein Drittel der Bevölkerung Europas.

Die Menschen wissen nicht, wie sich die Pest ausbreitet, es gibt keine wirksamen Heilmittel und Behandlungsmethoden.

Dass der Erreger ein Bakterium ist, wird erst Ende des 19. Jahrhunderts entdeckt.

Im Mittelalter hält man die Pest für eine Strafe Gottes, die grundsätzlich jeden treffen kann.

Manche glauben, dass der Pesthauch von den Sternen auf die Erde geschleudert wird und sich dann von stinkenden Tümpeln und Seen aus über die Luft weiter verbreitet. Deshalb verbrennt man die übel riechenden Leichen und Tierkadaver und versucht, die Luft mit Feuer zu reinigen.

Der einzig sichere Weg, um der Pest tatsächlich zu entgehen, ist die Flucht in abgelegene Gebiete. Das können sich aber nur reiche Bürger und Adelige leisten, die nicht arbeiten müssen.

Später werden in Städten und Gebieten, in denen es keine Pestkranken gibt, Quarantänevorschriften erlassen: Menschen, die in die Stadt kommen wollen, werden einen festgelegten Zeitraum lang vor den Toren beobachtet. Erst wenn sie keine Pestsymptome zeigen, dürfen sie tatsächlich die Stadt betreten.

Bei der Behandlung der Pestkranken sind sowohl die Ärzte an Universitäten als auch die Wundärzte, die vor allem praktische Erfahrungen besitzen, ratlos.

Die Mediziner glauben, dass die an der Pest Erkrankten zu viel Schleim und faule Flüssigkeiten in ihrem Körper haben. Deshalb schneiden sie die Pestbeulen auf, um die schädlichen Körperflüssigkeiten herausfließen zu lassen.

Diese Behandlung hilft den Kranken jedoch nicht, stattdessen stecken sich viele Ärzte und Pfleger an.

Wer die Pest mit sehr viel Glück trotzdem überlebt, glaubt oft, durch die Hilfe Gottes gerettet worden zu sein.

Was kann man da noch gegen die Pest tun?

Manche Menschen schließen sich zu Geißlerzügen zusammen. Das sind Bußprozessionen, bei denen die Teilnehmer über 30 Tage lang, nur mit Lumpen bekleidet, durchs Land ziehen und sich gegenseitig geißeln, also auspeitschen. Sie dürfen während dieser Zeit kaum Geld ausgeben, nicht um Unterkunft bitten und kein Haus betreten. Sie beichten und tun Buße für ihre Sünden und hoffen auf diese Weise, sich und andere vor der Pest bewahren zu können. Solche Prozessionen, die unabhängig von der Kirche veranstaltet werden, führen wegen der aufgeheizten Stimmung oft zu Angriffen auf Minderheiten der mittelalterlichen Gesellschaft.

Zum Beispiel glauben viele Christen, dass Juden die Brunnen mit Pesthauch vergiften und so der Seuche absichtlich zum Ausbruch verhelfen. Das setzt Juden spontanen Übergriffen aus, sogar zur Vertreibung ganzer jüdischer Gemeinden aus einer Stadt kommt es.

Dabei nutzen Bürger und Adelige, die sich bei den oft sehr reichen Juden gegen Zinsen Geld geliehen haben, diese Angriffe, um ihre Gläubiger und damit auch ihre Schulden loszuwerden.

Die Seuche verursacht also auch eine Auflösung der öffentlichen Ordnung und des menschlichen und fairen Umgangs miteinander.

Weder Geißlerzüge noch Judenverfolgung bringen die Rettung, das gelingt erst einige Jahrhunderte später der Medizin.

91

Der Genter Altar löst ungläubiges Staunen aus

1432

Van Eyck als Erneuerer der Malerei gefeiert

Die Heiligen wirken in ihrer leuchtenden Farbigkeit derart lebendig, als würden sie gleich aus dem Bild heraustreten. Es stimmt einfach alles, jede Falte, jedes Haar, jedes noch so winzige Detail.

Dicht gedrängt stehen die Menschen vor dem Altar der Brüder van Eyck und staunen. Noch nie hat ein Maler etwas Derartiges vollbracht. Noch nie hat es jemand gewagt, Menschen so zu zeigen, wie sie sind. Auch wenn manche Betrachter in einem Schockzustand erstarren, die Mehrheit ist begeistert.

»Unglaublich! Ein solches Bild hätte ich gerne auch von mir. Damit ich meiner Familie und meinen Freunden so in Erinnerung bleibe, wie ich heute aussehe«, wünscht sich einer der reichen Bürger Gents. Doch für Auftragsmalerei hat Jan van Eyck kaum Zeit, denn er steht in Diensten von Philipp dem Guten. Wie erst jüngst bekannt wurde, ist der begnadete Künstler auch hochbegabt in Sachen Geheimdiplomatie und für seinen Dienstherrn in wichtigen Missionen unterwegs.

Was macht Jan van Eycks Malerei so anders?

Jan van Eyck wird um 1390 in Maaseyck in der Nähe von Maastricht geboren. Wie sein Bruder Hubert absolviert er eine Ausbildung als Buchmaler und tritt 1422 in die Dienste des Herzogs Johann von Bayern ein. An dessen Hof arbeitet er als Kammerdiener und Hofmaler. Zu seinen Aufgaben zählt auch die Gestaltung des Innenhofs der Residenz in Den Haag. Als der Herzog 1425 stirbt, ist Jan van Eyck bereits so bekannt, dass er umgehend einen neuen Dienstherrn findet, nämlich den in Lille regierenden Philipp den Guten. Dort malt er nicht nur Porträts und Wandbilder, sondern entwirft auch Kleidung und Schmuck und organisiert Feste und Turniere. Da er auch

ein talentierter Diplomat ist, schickt ihn Philipp immer wieder auf Geheimmissionen an verschiedene Höfe, wo er andere Maler trifft. Er lernt neue Techniken kennen, etwa die Zentralperspektive des italienischen Malers Masaccio: Ein Teil der Linien im Bild wird an einem zentralen Fluchtpunkt ausgerichtet. Dadurch entsteht beim Betrachten des Gemäldes der Eindruck von Räumlichkeit. Bisher wurde fast ohne Perspektive, also nur zweidimensional gemalt.

Außerdem rührt van Eyck eigene Ölfarben an, die sich gut verarbeiten lassen und eine große Leuchtkraft besitzen. Damit malt er sehr präzise und detailreiche Ölgemälde. Sein Ziel ist es, die Wirklichkeit möglichst genau abzubilden. Auf seinem Genter Altar, den er 1432 mit seinem Bruder Hubert malt, sehen die Menschen aus wie im richtigen Leben und nicht wie unrealistische Kunstwesen. Diese neue Darstellungsweise stößt bei van Eycks Zeitgenossen auf große Bewunderung. Es ist der Beginn der modernen Porträtkunst. Sein berühmter Altar kann heute noch in der Kathedrale St. Bavo in Gent betrachtet werden.

Wie haben die Maler vor van Eyck gemalt?

Bis in das 12. Jahrhundert sind die wichtigsten Kunstwerke des mittelalterlichen Europas Buchillustrationen und Wandfresken in Kirchen und Klöstern. In der Hof- und Palastschule von Kaiser Karl dem Großen fertigen Mönche prachtvolle bunte Bilder, mit denen sie die Bibel und andere christliche Bücher schmücken. Beeinflusst von italienischen Künstlern, versuchten die Mönche, die Menschen in den Bildern möglichst lebensnah abzubilden.

Fast 200 Jahre später wird aber bereits ganz anders gemalt: Die Mönche des Klosters der Insel Reichenau im Bodensee, die das Evangelienbuch Kaiser Ottos III. mit Bildern versahen, stellen den dort abgebildeten Otto als dünn und seltsam unförmig dar. Außerdem ist er größer als alle anderen Figuren, um seine Wichtigkeit hervorzuheben. Die Gestalt des Kaisers wird nun den Vorstellungen und Absichten des Malers angepasst. Später findet man auch in Kirchen und Klöstern Bilder, die mit ähnlich gearbeiteten Figuren Geschichten aus der Bibel und das Leben der Heiligen darstellen. Sie sollen den Priestern helfen, den leseunkundigen Menschen die Heilige Schrift zu erklären. Dieses Zeitalter der Malerei wird Romanik genannt.

Mit der Gotik, so heißt die neue, darauf folgende Epoche*, änderte sich viel. Im 12. Jahrhundert baut man große, lichtdurchflutete Kathedralen, die keinen Platz mehr für Bilder haben. An ihre Stelle treten bunte Glasfenster, die Szenen aus dem Leben Christi und der Heiligen darstellen. Da die riesigen Fenster sehr hoch angebracht sind, kann man die Abbildungen allerdings kaum richtig erkennen. Wichtiger ist, dass das bunte Licht zusammen mit der beeindruckenden Architektur, den kostbaren Statuen und feinen Goldschmiedearbeiten ein überwältigendes Gesamtkunstwerk bildet.

Um 1300 entsteht in Italien ein neuer Malstil. Anstatt flacher und bewegungslos wirkender Figuren schafft der Künstler Giotto di Bondone auf seinen Altar- und Wandbildern nun Gestalten, die

um 748 – 814 Karl der Große
980 – 1002 Otto III.
um 1266 – 1337 Giotto di Bondone
um 1370 – 1426 Hubert van Eyck
1374 – 1425 Herzog Johann III. von Bayern
um 1390 – 1441 Jan van Eyck
1396 – 1467 Philipp der Gute
1401 – 1428 Masaccio

wegen der feinen Ausarbeitung ihrer Körper, der Andeutung von Bewegung mehr als jemals zuvor lebenden Menschen ähnlich sind. Giottos Malstil wird in ganz Italien begeistert aufgenommen und viele junge Künstler ahmen ihn nach. Florenz, wo Giotto lebt und arbeitet, wird durch ihn zu einem bedeutenden Zentrum der Kunst.

So entsteht nach und nach die Grundlage für van Eycks Erneuerung, die die Entwicklung der gegenständlichen Kunst und die Vorstellungen der Menschen von Vollkommenheit in der Malerei prägen werden – bis im 19. Jahrhundert die abstrakte, also nicht gegenständliche, Malerei entsteht.

93

Ist Europa in Gefahr?

1453

Die Osmanen erobern Konstantinopel

Wieder feuern die Kanonen der Osmanen auf die Stadtmauer Konstantinopels. Und wieder vergrößern die Kugeln die Bresche.

Doch die christlichen Verteidiger schlagen sich wacker. Sobald sich der Rauch verzogen hat, stürmen sie über die Trümmer, um die angreifenden Fußsoldaten abzuwehren.

Mitten unter ihnen schwingt Kaiser Konstantin XI. seinen Säbel und ermutigt seine Soldaten: »Es ist unsere Pflicht, diese Stadt bis zum letzten Mann gegen die Feinde Gottes zu verteidigen! Kämpft für eure Familien! Kämpft für ein christliches Konstantinopel!«

Aber der Kaiser hat keine Chance. Die Bresche in der Mauer wächst und die osmanischen Angreifer haben an einer unbewachten Stelle die Stadtmauer bereits überwinden können. Mit lautem Kriegsgeschrei fallen sie in die Stadt ein und töten jeden, der sich ihnen in den Weg stellt.

Ihr Anführer, Mehmed II., hat ihnen erlaubt, die Stadt drei Tage lang zu plündern.

Einige Stunden kann Konstantin XI. seine Verteidigungslinie noch halten, dann wird auch er von den Angreifern getötet. Das ist das Ende von Konstantinopel. Die Osmanen haben nun in Europa Fuß gefasst und werden weiter nach Norden vorrücken. Konstantinopel ist gefallen!

Warum erobern die Osmanen Konstantinopel?

Konstantinopel, auch Ostrom oder Byzanz genannt, ist gegen Ende des Mittelalters nicht mehr die mächtige und bedeutende Stadt, die sie einmal war.

Von vielen Seiten wird das einst große byzantinische Reich inzwischen bedrängt und muss Niederlagen hinnehmen. Die schlimmste jedoch fügt ihr ein christliches Heer zu: Als der vierte Kreuzzug 1202 nach Ägypten aufbricht, gelingt es der Stadt Venedig, das Kreuzfahrerheer nach Konstantinopel zu lenken.

Die Ritter erobern und plündern im Jahr 1203 die Konkurrenzstadt Venedigs, die sich von dieser Niederlage nicht wieder erholen kann.

Noch dazu drängen ab Mitte des 14. Jahrhunderts die Osmanen immer stärker nach Westen und Norden.

Es handelt sich dabei ursprünglich um turkmenische Nomaden aus Anatolien, die nach ihrem Herrscher, Osman I., Osmanen genannt werden. Durch Kriege und geschickte Heiratspolitik dehnt sich ihr Reich in Kleinasien aus, während das byzantinische Reich* immer mehr schrumpft.

Ab 1373 muss der byzantinische Kaiser dem Sultan sogar Tribut zahlen und bei Bedarf Militärhilfe leisten.

In der ersten Hälfte des 15. Jahrhunderts ist

Konstantinopel schließlich von Feinden eingekesselt und auf die Stadt selbst und ein überschaubares Umland geschrumpft.

Regiert wird die Stadt nach wie vor von einem Kaiser. Konstantin XI. wird der letzte Kaiser sein, denn der ausgesprochen machthungrige 20-jährige Sultan Mehmed II. beschließt im Februar 1453, auch noch den letzten Rest des einstigen Oströmischen Reiches zu erobern und Konstantinopel zu seiner neuen Hauptstadt zu machen.

Mehmed II. ist ein sehr belesener und gebildeter Mann, er spricht fließend Griechisch, Arabisch, Lateinisch, Persisch und Hebräisch.

Was wird nun aus Konstantinopel?

Konstantinopel ist gut befestigt: Den inneren Mauerring bewachen 192 viereckige Türme, eine hohe Mauer von über 20 Kilometern Länge zieht sich zum Bosporus und zum Goldenen Horn, der Hafenbucht, und ein 18 Meter tiefer Graben bietet zusätzlichen Schutz. Der Eingang des Hafens ist mit einer festen Kette versperrt.

Zunächst werden die Belagerten noch von der venezianischen Flotte von der Seeseite her mit Nachschub versorgt, doch dann schließen die Angreifer einen undurchdringlichen Ring um die Stadt.

Dazu lässt der Sultan sogar die Hälfte seiner Schiffe mit Flaschenzügen über einen Hügel ziehen.

Am Ende ist die Stadt völlig abgeschnitten. Zudem setzen die Osmanen eine damals kaum bekannte Waffe ein, die die Art, wie in Zukunft Kriege geführt werden, maßgeblich verändern wird: riesige Kanonen. Gegossen hat sie ein böhmischer Stückgießer namens Urban, der auch Kaiser Konstantin XI. ein Angebot gemacht hatte. Mehmed II. hatte jedoch mehr Geld geboten.

Mit etwa 70 Kanonen schießen die Osmanen immer neue Breschen in die Mauern.

Die Belagerten wehren sich tapfer und wagen sogar Gegenangriffe. Männer und Frauen schleppen Balken und Pfähle heran, bauen Palisaden und Sperrzäune.

Erst nach 54 Tagen ist die Stadtmauer an einer Stelle so stark zerstört, dass die Eingeschlossenen dort alle Kräfte zusammenziehen müssen.

> um 1258–1326 Osman I.
> um 1404–1453 Konstantin XI.
> 1432–1481 Mehmed II.

Listig dringt eine Abteilung der Osmanen an einem unbewachten Abschnitt der Mauer in die Stadt ein und fällt den Verteidigern in den Rücken.

Drei Tage lang plündern die Sieger Häuser und Kirchen, töten einen großen Teil der Bevölkerung und machen 50 000 Gefangene.

Nach ihrem Sieg wird die Stadt wieder aufgebaut. Mehmed II. versteht sich als Nachfolger des byzantinischen Kaisers und behält viele byzantinische Bräuche bei.

Die riesige Kuppelkirche Hagia Sophia, die Krönungskirche der oströmischen Kaiser, zerstört er nicht, sondern lässt sie in eine Moschee umwandeln.

Dazu werden vier Minarette* angebaut, und im Inneren fügt er eine Gebetsnische an, die in Richtung Mekka ausgerichtet ist.

Er siedelt griechische Gefangene in einem speziellen Viertel an und holt aus Bursa, seiner ehemaligen Residenz, Künstler und Kaufleute.

Mit der Zeit kehren wieder Ruhe und Wohlstand ein, das neue Zentrum des Osmanischen Reichs ist bald wieder eine prächtige Stadt, in der Abendland und Orient in engen Kontakt miteinander treten.

Konstantinopel, das später Istanbul genannt wird, behält auch in Zukunft seine wichtige Rolle als Begegnungsstätte dieser beiden Kulturen.

95

Unnachgiebig gegen Ketzer

1478

Sixtus IV. gibt Spaniens König freie Hand

Sonntag letzter Woche, am 1. November 1478, traf der lang ersehnte Bote aus Rom am spanischen Königshof ein. Wird der Papst den Wünschen des spanischen Herrscherpaars Ferdinand und Isabella nachkommen? »Er muss«, versichert der spanische König, »denn wir verteidigen hier den wahren Glauben, so wie es die katholische Kirche fordert. Und wir werden mit der spanischen Inquisition gnadenlos jeden verfolgen, den wir als Ketzer überführen können.«

Als er das Siegel erbrochen hat, huscht ein zufriedenes Lächeln über das Gesicht des Königs: Der Papst hat unterschrieben. Endlich hat er freie Hand und kann in Spanien anklagen, wen er will – im Namen des Papstes. Viele Spanier befürchten jedoch, dass nicht nur wirkliche Ketzer verfolgt werden, sondern auch viele unschuldige Menschen und speziell die Juden, die dem spanischen Königshaus im Weg stehen. Ob unter diesen Bedingungen faire Prozesse zu erwarten sind, bleibt fraglich.

Warum gibt es die Inquisition?

Von Anfang an gibt es im Christentum Menschen, die sich nicht an die allgemein akzeptierte christliche Lehre halten, sondern die Bibel anders auslegen, als der Papst dies vorschreibt. Wer hartnäckig bei diesem so genannten Irrglauben bleibt, wird als »Häretiker« bezeichnet. Bis zum 12. Jahrhundert werden Häretiker nur vereinzelt verfolgt, da die Kirche noch mit der Christianisierung vieler Länder beschäftigt ist. Das ändert sich, als sich um 1140 eine große Häretikerbewegung bildet. Ihre Mitglieder nennen sich Katharer, die Reinen. Das deutsche Wort für Häretiker, »Ketzer«, ist davon abgeleitet. Die Katharer, die in Lyon »Waldenser« und in Südfrankreich »Albingenser« heißen, glauben, dass die Welt vom Teufel geschaffen wurde. Allein die menschliche Seele ist ihrer Meinung nach eine Schöpfung Gottes. Um die Seele aus dem Gefängnis des Körpers zu befreien, leben sie in Armut und nach sehr strengen Regeln. Als sich immer mehr Katharer zusammenfinden, muss die Kirche handeln. Zunächst versuchen Bischöfe und Priester, Katharer aufzuspüren, zu bestrafen und zur katholischen Kirche zurückzubekehren. Nachdem sie damit keinen Erfolg haben, wird 1179 sogar ein Kreuzzug gegen die Ketzer unternommen, ebenfalls erfolglos. Deshalb führt die Kirche um 1200 die Inquisition ein, die unter Papst Innozenz III. zur erfolgreichsten Waffe gegen Häretiker wird. Er schickt Untersuchungsbeauftragte, so genannte Inquisitoren, ins Land, um Ketzer aufzuspüren. Für einen Gerichtsprozess muss also niemand mehr einen Ketzer beschuldigen, sondern es ist das Gericht selbst, das Jagd auf Hexen, Juden und Häretiker macht und sie nach dem Schuldspruch oft auf den Scheiterhaufen bringt.

Gibt es heute noch so etwas wie eine Inquisition?

Obwohl die Inquisitoren ursprünglich dem Papst unterstehen, gelingt es einigen Königen, größeren Einfluss auf das Verfahren in ihrem Reich zu gewinnen, denn die Inquisition ist ein hervorragendes Mittel, um mehr Macht und Reichtum zu erlangen. Der französische König Philipp IV. der Schöne zum Beispiel lässt 1307 die Brüder des reichen und mächtigen Templerordens vom französischen Generalinquisitor als Häretiker verurteilen, um so an ihr Vermögen und ihren weit reichenden Grundbesitz zu kommen. Er kann dies tun, denn die Inquisition in Frankreich wird von ihm und nicht vom Papst kontrolliert. Auch Jeanne d'Arc, die berühmte Jungfrau von Orléans, endet aus politischen Gründen als Ketzerin auf dem Scheiterhaufen.

Die Einrichtung der spanischen Inquisition durch Sixtus IV., dem Erbauer der nach ihm benannten Sixtinischen Kapelle, bildet den vorläufigen Höhepunkt dieser langen Entwicklung. Aus der Inquisition wird nun eine staatliche Behörde mit vielen Unterabteilungen und Angestellten, deren Mitglieder der spanische König ernennt. Ihre volle Wirkung entfaltet die spanische Inquisition aber erst in der Neuzeit*. Juden, die gezwungenermaßen zum Christentum übergetreten sind, werden ebenso wie Muslime, Protestanten oder angebliche Hexen verfolgt. Die Inquisitoren gehen zum Teil brutal und

1161–1216 Innozenz III.
1268–1314 Philipp IV. der Schöne
1412–1431 Jeanne d'Arc
1414–1484 Sixtus IV.
1451–1504 Isabella I. von Kastilien
1452–1504 Ferdinand II.
1473–1543 Nikolaus Kopernikus
1564–1642 Galileo Galilei

grausam vor, indem sie Verdächtige foltern, um ihnen ein Geständnis abzupressen. Neben Verbrennungen, die relativ selten sind, gibt es auch mildere Strafen wie Kerkerhaft und zahlreiche Freisprüche in den Inquisitionsprozessen.

Im 16. Jahrhundert errichtet der Papst die römische Inquisition der Neuzeit. Sie verfolgt Lehren, die mit dem Christentum angeblich nicht vereinbar sind, und verbietet Bücher, in denen diese Lehren verbreitet werden. So werden zum Beispiel die Werke von Nikolaus Kopernikus verboten, und Galileo Galilei muss vor der Inquisition seine Überzeugung widerrufen, dass nicht mehr die Erde im Mittelpunkt steht, sondern die Sonne, um die sich die anderen Planeten drehen. Die katholische Kirche will ein solches Weltbild nicht akzeptieren.

Die römische Inquisition verliert im Lauf der Neuzeit zunehmend an Bedeutung und existiert heute nicht mehr. Stattdessen achtet die katholische Glaubenskongregation im Vatikan auf die Einhaltung des »richtigen« Glaubens.

97

Renaissance

Piscis notius
austrinus.

Ein völlig neues Lebensgefühl

Das Zeitalter, das wir heute Renaissance nennen, beginnt in Italien. Damals, am Ende des Mittelalters, ist das ein ganz anderes Land als heute: Die Menschen haben nur wenige persönliche Freiheiten und leiden zudem unter ihrer Unwissenheit und Armut.

In Italien ist das besonders schwer zu ertragen, weil sogar einfache Bauern jeden Tag die Ruinen der alten Tempel, die Torbögen der verfallenen Paläste und die Reste der Amphitheater* sehen. Alles scheint ihnen zu sagen: In eurem Land haben Menschen schon einmal anders und besser gelebt. Jahrhundertelang hat niemand auf die alten Steine geachtet, aber nun ist die Zeit reif für ein neues Kapitel der Geschichte. Die Italiener wollen endlich etwas über ihre Vergangenheit erfahren. Das ist nicht einfach, denn alles Wissen ist hinter Klostermauern und in Bibliotheken verborgen, zu denen nur Mönche und Theologen Zugang haben. Das ändert sich in der Epoche, die nun beginnt: der Renaissance, dem Zeitalter des Wissens.

Ein besonders wissbegieriger Italiener von damals ist der Dichter Francesco Petrarca. Er interessiert sich ungeheuer für die Schriftsteller der Antike – für seine römischen und griechischen Kollegen. Leidenschaftlich gern liest er die Texte von Cicero, Seneca und anderen. Von ihnen lernt Petrarca, dass es durchaus möglich ist, nicht Gott zum Mittelpunkt allen Denkens und Handelns zu machen, sondern den Menschen selbst: den Menschen, der als einmaliges Wesen frei über sein eigenes Leben entscheiden sollte. Doch eine wichtige Eigenschaft fehlt diesem Wesen im Mittelalter noch im Gegensatz zu den Menschen der Antike: Bildung!

In der Antike konnte fast jeder lesen und schreiben. Die meisten Menschen des späten Mittelalters sind Analphabeten. Petrarca beschließt, diesen Zustand zu beenden, und setzt sich für die Gründung von Schulen ein. Möglichst viele Menschen sollen die alten Texte lesen und sehen, was für ein goldenes Zeitalter die Antike gewesen ist.

Was bedeutet »Renaissance« denn eigentlich?

Die italienischen Dichter und Künstler, die sich so besonders für die Welt der Antike interessieren und sich selbst »Humanisten« nennen, sprechen von einer »rinascita«, was auf Deutsch »Wiedergeburt« heißt. Die Antike soll wiedergeboren werden, also neu entstehen. Auch das französische Wort »Renaissance« heißt »Wiedergeburt«. Dieser Begriff wird allerdings erst im 19. Jahrhundert als Bezeichnung für diese Zeit gewählt.

Die Renaissance erlebt ihren größten Aufschwung, als im 13. und 14. Jahrhundert viele Gelehrte aus Byzanz, dem späteren Konstantinopel und heutigen Istanbul, nach Italien kommen. Als die Stadt am Bosporus 1453 von den Türken erobert wird, flüchten immer mehr Gelehrte aus Byzanz nach Italien. Sie kennen sich mit den Schriften von Platon, Homer oder Herodot bestens aus und machen sie in ganz Italien bekannt.

Die Renaissance bedeutet aber nicht einfach nur mehr Bildung für die Menschen, sie verändert auch ihr Lebensgefühl völlig. Im Mittelalter gab es vor allem das Ziel, im Jenseits glücklich zu werden, aber nun, in der Renaissance, entdecken die Menschen die Freude am Leben selbst! Sie feiern Feste, bewundern Kunstwerke und entdecken die Schönheit der Natur und des Menschen.

Künstler wie Albrecht Dürer und Michelangelo malen diese neu entdeckte Schönheit auf unnachahmliche Weise. Das neue Lebensgefühl verbreitet sich wie ein Lauffeuer von Florenz über Venedig und andere italienische Städte hin in ganz Europa. Die Renaissance dauert etwa 200 Jahre und beendet das düstere Mittelalter endgültig. Sie ist eine ungeheuerliche Revolution für das Lebensgefühl und die Lebensbedingungen der Menschen – eine Befreiung durch mehr Bildung, Schönheit und Lebensfreude.

Und wer waren diese Humanisten?

Es sind Dichter und Gelehrte wie Petrarca, die sich für eine umfassende Bildung einsetzen. Ihre Bezeichnung als »Humanisten« verdanken sie dem lateinischen Wort für Bildung: »humanitas«.

Bis zum Beginn der Renaissance ist Bildung, die für uns heute selbstverständlich allen zugänglich ist, fast ausschließlich Mönchen und Geistlichen vorbehalten. Die Humanisten wollen für die Bildung möglichst vieler Menschen sorgen; dabei hat manch einer von ihnen nie eine Schule besucht. Sie sind Autodidakten, haben sich ihr Wissen also selbst beigebracht. Zunächst haben sie Latein gelernt, dann studiert, gesammelt, interpretiert, und schließlich haben sie die überlieferten Werke neu herausgegeben, damit dieses Wissen allen zugänglich ist. Bei der Suche nach verschollenen Texten scheuen die Humanisten weder Kosten noch Mühen.

Der florentinische Kaufmann Niccolò Niccoli zum Beispiel opfert fast sein gesamtes Vermögen dieser Leidenschaft. Seine Handschriften erwirbt später die bekannte Kaufmannsfamilie Medici und gründet damit die erste für jedermann zugängliche, öffentliche Bibliothek Italiens. Weitere bekannte Humanisten in Europa sind Erasmus von Rotterdam und Willibald Pirckheimer. Anders als die Kirchenmänner, die die Menschen allein durch ihren Glauben besser und vollkommener machen wollen, sind die Humanisten der Meinung, dass dies erst durch eine umfassende Bildung möglich wird.

1304–1374 Francesco Petrarca
1364–1437 Niccolò Niccoli
um 1400–1468 Johannes Gutenberg
1451–1506 Christoph Kolumbus
1459–1517 Franz von Taxis
1466–1536 Erasmus von Rotterdam
1470–1530 Willibald Pirckheimer
1471–1528 Albrecht Dürer
1473–1543 Nikolaus Kopernikus
1475–1564 Michelangelo Buonarroti
1483–1546 Martin Luther
1548–1600 Giordano Bruno
1564–1642 Galileo Galilei

In vielen Städten entstehen Grundschulen, in denen Schüler gegen Bezahlung Unterricht bekommen. Das ist gar nicht so einfach, denn es gibt nur handschriftlich kopierte Bücher. Wer bestimmte Bücher lesen will, muss sich auf weite Reisen zu fernen Bibliotheken begeben. Das ist teuer und umständlich, daher suchen die Menschen schon lange nach einer Möglichkeit, Bücher schnell und in großen Stückzahlen herzustellen.

Und um 1440 hat endlich einer von ihnen Erfolg!

Wer ist dieser bedeutendste Erfinder der Renaissance?

Es ist der Mainzer Goldschmied Johannes Gensfleisch zur Laden, genannt Gutenberg. Er hat die geniale Idee, jede Seite eines Buches aus einzelnen, beweglichen Buchstabenstempeln, so genannten Lettern, zusammenzusetzen und dann zu drucken.

Seine Erfindung ist eine echte Revolution, die die Humanisten ihren Zielen beträchtlich näher bringt. Endlich kann man Bücher und das Wissen, das darin steckt, beliebig oft vervielfäl-

101

tigen! Bis dahin ein unerreichbarer Wunschtraum der Menschheit – jetzt ist er Wirklichkeit geworden. Bücher sind von nun an keine seltenen Kostbarkeiten mehr. Statt eine Bibliothek in einer fremden Stadt aufzusuchen, kaufen die Gelehrten sich das gesuchte Buch jetzt einfach.

Am Anfang versucht Gutenberg noch, seine Erfindung geheim zu halten, aber das ist ein hoffnungsloses Unterfangen: Seine Mitarbeiter machen den Buchdruck in Windeseile in ganz Europa bekannt. In vielen Städten und an den Universitäten werden nun eigene Druckwerkstätten eingerichtet. Schon rund 60 Jahre später gibt es in Europa über 1000 Druckereien, die innerhalb von nur 40 Jahren schätzungsweise 30 000 verschiedene Bücher in neun Millionen Exemplaren herstellen.

Die meisten dieser Bücher sind in lateinischer Sprache verfasst, denn für die Theologen und Gelehrten in ganz Europa ist Latein die wichtigste Sprache. Jeder von ihnen kann sie verstehen – so wie wir heute Englisch. Wissen und Nachrichten können dank des Buchdrucks nun innerhalb sehr kurzer Zeit in ganz Europa verbreitet werden. Durch die ständig steigenden Auflagen sinkt auch der Preis für Bücher, und es gibt immer mehr Menschen, die lesen können. Etwas über 100 Jahre nach Gutenbergs bahnbrechender Erfindung hat sich ihre Zahl allein in Deutschland auf 800 000 verdoppelt.

In der Renaissance liest man seine Bücher laut, sodass gleichzeitig auch Verwandte und Freunde in den Genuss des Gelesenen kommen.

Doch Wissen ist Macht, und es gibt immer Herrschende, die nichts mehr fürchten, als von der eigenen Macht etwas abgeben zu müssen. So entsteht mit dem Aufkommen des durch Bücher frei zugänglichen Wissens auch das genaue Gegenteil von freiem Wissen: die Zensur.

Könige, Fürsten und vor allem die Kirche versuchen, die Gelehrten und die Druckereien genau zu kontrollieren. Sie schaffen Zensurbehörden, denen die Texte zur Prüfung und Genehmigung vor dem Druck gezeigt werden müssen. Immer wieder kommt es vor, dass bereits fertige Bücher verboten, beschlagnahmt oder sogar öffentlich verbrannt werden.

Keine 50 Jahre nach Erfindung des Buchdrucks erlassen die Päpste sogar mehrere Gesetze über die Zensur aller Schriften, die ihrer Ansicht nach nicht den »richtigen« Glauben verbreiten.

Viele geniale Forscher, die ihre neuesten Erkenntnisse bekannt machen wollen, ziehen sich so den Zorn der Kirche zu. Aus Angst vor der mächtigen Kirche lässt zum Beispiel Nikolaus Kopernikus seine Entdeckung erst kurz vor seinem Tod veröffentlichen: Im Gegensatz zur gängigen Lehre sieht er als Erster die Sonne und nicht die Erde als Mittelpunkt des Universums an. Seine Vorsicht ist durchaus berechtigt, denn sein Kollege Giordano Bruno, der sich das Weltall als unendliches Universum ohne Mittelpunkt vorstellt, wird in Rom als Ketzer auf dem Scheiterhaufen verbrannt. So unerträglich ist der Kirche die Vorstellung, dass Gott nicht die Erde in den Mittelpunkt des Universums gestellt haben könnte. Ein anderer berühmter Forscher, Galileo Galilei, ist vom gleichen Schicksal bedroht. Durch ein selbst gebautes Fernrohr hat er neue Himmelskörper entdeckt und gesehen, dass Kopernikus Recht hat! Um sein Leben zu retten, muss Galileo seine Entdeckungen widerrufen und lebenslangen Hausarrest akzeptieren.

In Deutschland gibt es allerdings einen, der sich mit seinen Ansichten erfolgreich gegen die Kirche durchsetzen kann.

»Hier stehe ich und kann nicht anders«

Dieser Mann ist der Mönch Martin Luther, der mit der katholischen Kirche mehr als unzufrieden ist. Vor allem stört ihn der Ablasshandel, bei dem sich reiche Menschen von ihren Sünden loskaufen können, indem sie der Kirche Geld spenden. Mit 95 Thesen, die er in lateinischer und deutscher Sprache veröffentlicht, geht er gegen den skandalösen Ablasshandel vor. Er findet damit breite Zustimmung in der Bevölkerung, denn auch andere halten den Ablasshandel für unchristlich und ungerecht. Für sie ist Luther genau der richtige Mann, um die Kirche zu reformieren.

Ursprünglich will er die katholische Kirche von innen heraus reformieren, aber das gelingt ihm nicht. Aus der Protestbewegung, die er mit seinen Thesen in Gang gesetzt hat, formt sich eine neue, die protestantische Kirche.

um 1400–1600 Renaissance
1440 Erfindung des Buchdrucks
1490 Gründung der ersten Postlinie
1517 Luthers Thesen
1522 Erstdruck der Luther-Bibel

Zwar wird auch Luther von den Anhängern der katholischen Kirche verfolgt, doch hat er so viele Freunde, die ihn unterstützten und schützten, dass ihm nichts geschieht. Zu Luthers Ideen gehört es auch, dass jeder Mensch in der Lage sein sollte, die Bibel selbst zu lesen. Um dies zu ermöglichen, übersetzt er selbst in nur elf Wochen das Neue Testament vom Lateinischen ins Deutsche und lässt davon 2000 Exemplare drucken. Ein Exemplar kostet einen Gulden, etwa so viel wie damals ein schlachtreifes Schwein. Die Luther-Bibel ist seinerzeit ein großer Erfolg, denn Luther hat den sächsisch-mitteldeutschen Dialekt gewählt, den jeder verstehen kann. Daraus entwickelt sich später die deutsche Schriftsprache. Damit ist die Voraussetzung geschaffen, dass in Zukunft nicht mehr die Sprache der Gebildeten – Latein – Wissen und Nachrichten transportieren wird, sondern die Sprache des Volkes: Deutsch. In der Zukunft wird dadurch alles Wissen allen Menschen gleichermaßen zugänglich sein.

Wie sich Luthers Thesen und andere Nachrichten im Land verbreiten

Im Mittelalter schicken große Städte, Fürstenhöfe und Kaufleute ihre eigenen Reiter aus, um Briefe und Nachrichten zu transportieren. Dies ändert sich schlagartig, als die Familie Taxis eine erste richtige, für alle nutzbare Postlinie eröffnet. Bald sind alle großen Städte durch Postreiter miteinander verbunden, die auch private Briefe befördern.

Postillione und Reiter überbringen aber nicht nur die Post, sondern erzählen den Leuten, die sie treffen, auch die neusten Nachrichten. Später verfassen sie dann handschriftliche Nachrichtenblätter, die bald den Namen »Zeitung« erhalten. Als der Buchdruck billiger wird, können diese Zeitungen auch gedruckt werden. Sie berichten von politischen oder religiösen Neuigkeiten ebenso wie von Sensationen wie Teufelsaustreibungen, Kometen, Missgeburten oder Ketzerverbrennungen. Fliegende Händler lesen oder singen sie dem staunenden Publikum auf Märkten oder Messen vor und verkaufen sie anschließend.

In der Renaissance beginnt mit der Erfindung des Buchdrucks der Aufbruch in das Zeitalter der Medien und des Wissens für alle Menschen in Europa, und es wird der wichtigste Grundstein gelegt für ein Leben, das bestimmt ist von Freiheit, Bildung und Demokratie.

Auf dem Seeweg nach Indien

1492

Kolumbus gelingt ein seemännisches Meisterstück

Fast wäre die Expedition kurz vor ihrem Ziel gescheitert: Die Matrosen der *Santa Maria, Niña* und *Pinta* drohen schon seit Tagen zu meutern. Immer wieder muss ihr Kapitän, der Genueser Christoph Kolumbus, ihnen versichern, dass Indien nicht mehr weit sei.

Plötzlich tauchen mehrere Vögel auf, Blätter schwimmen im Wasser, ein Baumstamm treibt vorbei. Mit weit geöffneten Augen suchen die Matrosen im Ausguck den Horizont ab. Kolumbus hat für die erwartete Meldung eine hohe Prämie ausgesetzt. Die Stunden vergehen. Es ist zwei Uhr nachts, als endlich der befreiende Ruf ertönt: »Land in Sicht!«

Eine Kanone wird abgefeuert, um die Mannschaften zu wecken. Kolumbus ist erleichtert: »Ich danke Gott für diese Erlösung. Ich hätte meine Matrosen keinen Tag länger mehr hinhalten können.«

Als sich das Flaggschiff, die Karacke *Santa Maria,* dem Ufer nähert, tauchen Menschen von ungewöhnlichem Aussehen am Strand auf, fast nackt. Sie empfangen die fremden Seeleute freundlich und verraten auch den Namen der Insel, auf der Kolumbus an diesem 12. Oktober gelandet ist: Guanahani.

»Unverkennbar ein indischer Name«, freut sich der Kapitän, »und unverkennbar sind diese Menschen Indianer. Da diese Insel für mich die Rettung meiner Expedition ist, nenne ich sie *San Salvador* – heiliger Retter. Nach einer Rast werde ich weitersegeln und noch mehr Land für die spanische Krone in Besitz nehmen.«

Wer ist der Entdecker Kolumbus?

Christoforo Colombo, auf Deutsch Christoph Kolumbus, ist der Sohn eines Wollwebers aus Genua und wird dort 1451 geboren. Er hat noch drei Brüder und eine Schwester. Da er der Älteste ist, soll auch er Wollweber werden und erlernt schon als Kind den Beruf. Aber mit 14 Jahren verlässt er dann Wolle und Heimatstadt und heuert als Schiffsjunge auf einem Handelsschiff an. Sein Interesse gilt von nun an der Seefahrt, insbesondere Seekarten und Berichten von Seereisen in unbekannte Regionen der Weltmeere. Eines Tages fällt ihm das Buch »Imago mundi« in die Hände, das von dem französischen Theologen Pierre d'Ailly geschrieben wurde. Es ist eine Sammlung verschiedener Texte aus der Antike und dem Mittelalter. Auch Aristoteles ist darin vertreten, und er erklärt, dass es möglich sei, den Atlantischen Ozean innerhalb weniger Tage zu überqueren und so nach Asien zu gelangen.

Kolumbus ist fasziniert von dieser Idee. Auch in anderen Büchern stößt er auf Hinweise, dass schon andere Seefahrer, absichtlich oder zufällig, den Atlantik überquert hätten. Das klingt nicht unwahrscheinlich, denn dass die Erde eine Scheibe ist, daran glaubt im 15. Jahrhundert kaum noch jemand, schon gar kein Seefahrer. Und Indien ist ein lohnenswertes Ziel, denn Indien umfasst im damaligen Sprachgebrauch nicht nur den indischen Subkontinent, sondern auch noch ganz Asien, also ein riesiges Territorium.

Portugiesen und Spanier sind schon lange davon überzeugt, dass man auf dem Seeweg nach Indien gelangen kann. Also versuchen sie, die kürzeste Strecke dorthin zu finden.

Einer der Ersten, der die unbekannten Gewässer erkunden lässt, ist der Portugiese Heinrich der Seefahrer. Er macht sich allerdings nie selbst auf den Weg, sondern schickt erfahrene Kapitäne los. Um sie auszubilden, gründet er im portugiesischen Sagres eine Schule für Seefahrer und Schiffbauer, in der man auch einen neuen Schiffstyp, die Karavelle, baut. Der speziell für weite Reisen über das offene Meer entwickelte Dreimaster kann sogar gegen den Wind segeln. Mit diesen Schiffen machen sich Heinrichs Seefahrer 1420 erstmals in Richtung Indien auf.

Indiens Schätze – Seide, Gewürze und andere begehrte Rohstoffe – sind für die Europäer interessant. Doch wegen der ihren Einflussbereich ständig erweiternden Türken wird die alte Route über Land immer gefährlicher. Auf dem Seeweg will man außerdem die teuren Handelszölle umgehen und dadurch den Gewinn erhöhen. Um Indien per Schiff zu erreichen, müssen die Seefahrer den afrikanischen Kontinent umsegeln. Eine lange Reise, die viele Gefahren mit sich bringt. Heinrichs Seefahrer schaffen es zwar 1445, das westafrikanische Kap Verde zu umschiffen, und erreichen ein Jahr später Gambia, südlich von Kap Verde. Aber nach Indien gelangen sie nicht. Der Weg ist zu weit und zu gefährlich.

Doch warum überhaupt den langen und mühevollen Weg um Afrika herum nehmen, fragt sich Kolumbus, wenn man in westlicher Richtung direkt nach Indien segeln kann? Zwar weiß er, dass sich Seeleute davor scheuen, bei einer Seereise das Ufer für längere Zeit aus den Augen zu verlieren oder sich in unbekannte Gewässer vorzuwagen. Doch er will dieses Risiko eingehen und aufs offene Meer hinaus.

Allerdings fehlen Kolumbus für dieses waghalsige Unternehmen das nötige Geld und vor allen Dingen die geeigneten Schiffe. Deshalb stellt er 1484 dem portugiesischen König Johann II. seine Idee vor. Der König aber lässt sich nicht überzeugen, denn er hält die Entfernung zwischen Europa und Asien für zu groß, um sie überwinden zu können. Enttäuscht reist Kolumbus wieder ab. Zwei Jahre später versucht er sein Glück in Spanien, zunächst auch hier vergeblich. Aber Kolumbus ist ein energischer Mann und lässt diesmal nicht locker. Nach zähen Verhandlungen willigen Königin Isabella I. und ihr Ehemann König Ferdinand V. von Kastilien endlich ein. Das spanische Königspaar beauftragt Kolumbus offiziell damit, einen westlichen Seeweg nach Indien zu suchen, ernennt ihn zum Admiral des Ozeans und zum Vizekönig über die Gebiete, die er entdecken wird.

Am 3. August 1492 ist es so weit. Kolumbus kann seine Idee in die Tat umsetzen und sticht mit drei Schiffen in See. Es sind die Karacke »Santa Maria« und die beiden Karavellen »Pinta« und »Niña«, die insgesamt 90 Mann Besatzung haben.

Doch nach nur drei Tagen gibt es die ersten Probleme. Der Hauptmast der »Pinta« bricht

384–322 v. Chr. Aristoteles
um 1350/1–1420 Pierre d'Ailly
1394–1460 Heinrich der
  Seefahrer
1451–1504 Isabella I. von
  Kastilien
1451–1506 Christoph Kolumbus
1451–1512 Amérigo Vespucci
1452–1516 Ferdinand V. von
  Kastilien

105

und muss auf den Kanarischen Inseln ersetzt werden. Die Reparatur dauert über vier Wochen, sodass die Reise erst am 6. September fortgesetzt werden kann.

Gelingt es Kolumbus, den Seeweg nach Indien zu finden?

Die Seereise gestaltet sich schwierig für Kolumbus, denn sie dauert länger, als er gedacht hatte. Und je länger sie dauert, umso ängstlicher und mürrischer werden seine Matrosen. Bald glauben nur noch wenige daran, dass die Überquerung tatsächlich gelingen kann. Eine Meuterei droht. Immer wieder muss Kolumbus beschwichtigend auf seine Seeleute einreden. Doch nach fast sechswöchiger Überfahrt erreichen sie am 12. Oktober 1492 tatsächlich eine unbekannte Küste.

Kolumbus ist davon überzeugt, dass es sich um eine Insel direkt vor der Ostküste Indiens handelt. Doch das ist ein gewaltiger Irrtum. Einerseits hat Kolumbus die Entfernung zwischen Europa und Indien, also Asien, falsch eingeschätzt, andererseits ist er davon ausgegangen, dass zwischen Europa und Asien kein weiterer Erdteil liegt. Tatsächlich aber ist er auf einer der karibischen Inseln gelandet, die dem amerikanischen Kontinent vorgelagert sind. Kaum angekommen erhebt Kolumbus Besitzansprüche und tauft die Insel auf den Namen »San Salvador«. Die freundlichen Eingeborenen, deren Aussehen ihn an die Bewohner der Kanarischen Inseln erinnert, nennt er Indi-

aner. Kolumbus und seine Leute segeln weiter und erreichen die Inseln Kuba und Haiti. Dann läuft allerdings die »Santa Maria« auf Grund und kann nicht wieder flottgemacht werden. Die Expedition ist zur Umkehr gezwungen. Im März 1493 segeln die Seefahrer mit den beiden verbliebenen Schiffen nach Spanien zurück.

Ihre Ankunft wird zum Triumph. Begeistert werden die mutigen Seefahrer von der Bevölkerung gefeiert. Auch das Königspaar ist hochzufrieden: Kolumbus hat es tatsächlich geschafft, eine vielversprechende Westroute zu erkunden. Aber Kolumbus strebt nach weiteren Entdeckungen. Deshalb leitet er sofort alles in die Wege, um möglichst schnell wieder aufzubrechen. Schon im September desselben Jahres verlässt er Spanien zum zweiten Mal in Richtung »Indien«. Diese Expedition ist weitaus größer und besser ausgestattet als die erste. Mit ihm fahren 17 Schiffe und 1500 Mann Besatzung. Auf der Insel Kap Isabelle (heute zur Dominikanischen Republik gehörend) gründet Kolumbus die erste europäische Kolonie in diesem neu entdeckten Teil der Erde. Danach ankert er vor Kuba, das er fälschlicherweise für das indische Festland hält.

Insgesamt leitet Kolumbus vier Expeditionen nach Amerika – immer in der Annahme, es handle sich um Indien. Unter anderem gründet er Santo Domingo, heute die Hauptstadt der Dominikanischen Republik. Dabei trifft er mehr und mehr auf Widerstand seitens der einheimischen Bevölkerung. Es kommt zu zahlreichen kriegerischen Auseinandersetzungen zwischen Europäern und Indianern. Auch das spanische Königshaus steht der Siedlungspolitik des Seefahrers allmählich kritisch gegenüber. Vor allen Dingen deshalb, weil der erhoffte Handel nicht in Gang kommt. Kein Wunder, denn in dem von Kolumbus entdeckten »Indien« gibt es weder Seide noch Gewürze. Es gibt auch keine Handelspartner, die gut organisiert sind und ihre Waren anbieten.

Auf seiner letzten Fahrt nach Westen, die Kolumbus im Jahr 1502 startet und auf der er zum ersten Mal amerikanisches Festland betritt, erkundet er die mittelamerikanische Festlandküste zwischen Honduras und Kolumbien. Die Reise endet mit einem großen Unglück. Zuerst sinkt die gesamte Flotte in einem Wirbelsturm vor der Küste der Dominikanischen Republik. Dann gehen etwa sechs Monate später die notdürftig wieder zusammengebauten Schiffe vor der Küste Jamaikas unter. Ein spanischer Hilfstrupp wird geschickt, um die Schiffbrüchigen zu retten. Ruhmlos kehrt Kolumbus 1504 in die Heimat zurück und stirbt nur zwei Jahre später, ohne noch einmal zur See gefahren zu sein.

Und wie wird nun der Seeweg nach Indien tatsächlich gefunden?

Und der Seeweg nach Indien? Den findet schließlich der portugiesische Seefahrer Vasco da Gama in den Jahren 1497/1498, als er in Richtung Osten fährt und endlich Afrika umsegeln kann. Am 20. Mai 1498 erreicht er tatsächlich Indien. Die ersehnte Ostroute ist gefunden. Etwa zur gleichen Zeit schickt Emanuel I. von Portugal den Seefahrer Pedro Álvares Cabral nach Indien, ebenfalls auf der Ostroute. Doch ein Sturm treibt den Seemann so weit vom Kurs ab, dass er nach einer abenteuerlichen Seereise in Brasilien landet. Nun ist auch dieses Land von den Europäern »entdeckt«.

In den folgenden Jahren beginnt mit zahlreichen Entdeckungsreisen ein wahrer Ansturm auf den Atlantischen Ozean. Doch dass es sich bei dem vermeintlichen »Indien« um einen bislang unbekannten Kontinent handelt, bemerkt man erst nach Kolumbus' Tod. Der Portugiese Fernando Magellan umsegelt schließlich diesen Kontinent zwischen 1519 und 1522, und zwar auf der von Kolumbus festgelegten Westroute. Als er Südamerika erreicht, geht er auf Südkurs und findet einen Weg, der ihn zwischen Südamerika und Feuerland hindurch in den Pazifik führt: die nach ihm benannte »Magellanstraße«. Danach überquert er als Erster den Pazifischen Ozean. Magellan selbst stirbt zwar auf dieser Reise, aber sein Begleiter, der Spanier

> 1455–1495 Johann II.
> um 1460–1526 Pedro Álvares Cabral
> um 1469–1524 Vasco da Gama
> 1469–1521 Emanuel I. von Portugal
> um 1470–1522 Martin Waldseemüller
> um 1476–1526 Juan Sebastián Elcano
> um 1480–1521 Fernando Magellan

Juan Sebastián Elcano, kann die Weltumseglung erfolgreich beenden.

Seinen Namen erhält der neue Kontinent schließlich von dem deutschen Kartografen Martin Waldseemüller, der 1507 eine Weltkarte zeichnet. Da ihm die Reiseberichte des italienischen Seefahrers Amérigo Vespucci, der mehrfach über den Atlantik gesegelt ist, sehr gut gefallen, tauft er den neuen Erdteil »Amerika«. Von nun an weiß jeder, wohin er segelt, wenn er Europa Richtung Westen verlässt.

107

Ein Lächeln, das verzaubert

1506

Leonardo da Vincis Meisterwerk, die Mona Lisa

Die Musik verstummt. Leonardo wischt sich einen Schweißtropfen von der Stirn. Drei Jahre hat der berühmte Maler in das Bild investiert, nun ist es endlich fertig. Die Mona Lisa lächelt so unnachahmlich wie keine andere Frau zuvor.

»Dieses Lächeln war auch das Problem«, erklärt Leonardo, »es drohte, aus meinem Gedächtnis zu schwinden. Da bin ich auf die Idee gekommen, diese Musiker spielen zu lassen. Sie haben die geheimnisvolle Stimmung in mir wachgehalten.«

Vom Gelingen dieses Kunststücks kann sich jeder überzeugen, der den Maler in seinem Atelier besucht. Gemalt hat Leonardo das Bild im Auftrag des Florentiner Tuchhändlers Francesco di Bartolomeo di Zanobi del Giocondo. Es ist eines der ersten Ölbilder der Geschichte, als Leinwand dient ein Brett aus Pappelholz. Doch abliefern wird er das Porträt der Lisa del Gioconda, der Frau des Tuchhändlers, nicht. Zu sehr ist er selbst von ihrem rätselhaften Lächeln verzaubert. »Ich habe mich entschlossen, es zu behalten. Vielleicht gelingt es mir nie wieder, ein solches Bild zu malen.«

Wer ist Leonardo da Vinci?

Leonardo wird 1452 in dem Bergdorf Vinci bei Florenz geboren. Sein Vater ist Ser Piero, ein angesehener und noch junger Notar aus Florenz, seine Mutter Catarina ein Bauernmädchen. Beide sind nicht verheiratet, Leonardo ist also ein uneheliches Kind. Als sich die beiden trennen, nimmt Ser Piero den Jungen zu sich. Da er in Vinci geboren wurde, wird er Leonardo da Vinci genannt, Leonardo aus Vinci. Einen richtigen Nachnamen hat er nicht.

Schon in jungen Jahren erkennt sein Vater das künstlerische Talent seines Sohnes und schickt ihn in das Atelier des Bildhauers und Malers Andrea del Verrocchio. Etwa zehn Jahre lernt und arbeitet Leonardo in diesem Atelier, obwohl er schon nach kurzer Zeit wesentlich besser malen und zeichnen kann als sein Meister.

Leonardo interessiert sich besonders für die Wirkung von Licht und Schatten sowie für die Perspektive. Auch für außergewöhnliche Gesichter von Menschen und seltene Pflanzen und Tiere begeistert er sich. Um die Körper von Menschen besser verstehen und zeichnen zu können, betreibt er anatomische Studien. Doch sein Wissensdurst treibt ihn noch viel weiter. Es gibt kaum ein Gebiet, mit dem er sich nicht beschäftigt. So arbeitet er als Bildhauer, Musiker, Architekt, Philosoph und

Konstrukteur. Dabei wagt er auch einen Blick in die Zukunft und entwirft Hubschrauber, Schwingenflugzeuge, Panzer und Fallschirme – er erweist sich als Universalgenie.

Von 1477 bis etwa 1483 arbeitet er als selbstständiger Künstler vor allem für Lorenzo de' Medici in Florenz und andere bedeutende Auftraggeber. Dann reist er nach Mailand und tritt in die Dienste des Fürsten Ludovico Sforza. Ein außergewöhnlich ehrgeiziges Projekt erwartet ihn, ein über sieben Meter hohes Reiterstandbild, das den verstorbenen Mailänder Herzog Francesco Sforza im Sattel eines nur auf den Hinterbeinen stehenden Pferdes zeigen soll. Doch vor einem Bronzeguss von dieser Größe muss auch ein so genialer Künstler wie Leonardo kapitulieren. Sein Reiter wird nie fertig. Vermutlich auch, weil Leonardo sich immer wieder mit anderen Dingen wie der Konstruktion von Flugkörpern oder anatomischen Studien beschäftigt.

Bevor Leonardo Mailand 1499 wieder in Richtung Florenz verlässt, beendet er noch eines seiner bekanntesten Bilder, das 1495 im Speisesaal des Klosters Santa Maria delle Grazie begonnene Wandgemälde »Das Abendmahl«. Jesus ist hier exakt in der geometrischen Mitte des Bildes zu sehen, die zwölf Apostel links und rechts von ihm reagieren gestenreich auf seine Worte: »Einer von euch wird mich verraten.«

Die Temperafarben des Bildes haften jedoch nicht gut an der feuchten Wand. Kaum ist das Gemälde fertig, beginnt es schon zu verfallen. Dafür gelingt Leonardo zwischen 1503 und 1506 mit dem Modellporträt der »Mona Lisa« ein Bildnis von bislang unerreichter Qualität. Nach dem Namen seines Modells trägt das Bild auch den Titel »La Gioconda«. Faszinierend sind darauf nicht nur das geheimnisvolle Lächeln und der intensive Blick der schönen Dame. Bei genauem Hinse-

hen tritt im Hintergrund eine weite Landschaft hervor, deren Unschärfen durchaus beabsichtigt sind. Außerdem hat Leonardo für den Hintergrund und das Porträt verschiedene Perspektiven gewählt. Durch diese Kunstgriffe wird der Eindruck einer besonderen Raumtiefe erzeugt. Das Bild bedeutet Leonardo so viel, dass er es nicht aus der Hand gibt, sondern sein Leben lang behält. Heute ist das geheimnisvolle Lächeln der »Mona Lisa« im Pariser Louvre zu bewundern. Es gilt als das bekannteste und wertvollste Gemälde der Welt.

Leonardo schafft noch viele andere Meisterwerke und arbeitet in Venedig, Rom und in den letzten Lebensjahren auch in Frankreich, wo er 1519 stirbt.

1377–1446 Filippo Brunelleschi
um 1386–1466 Donatello,
    eigentlich Donato di Niccolò
    di Betto Bardi
1401–1466 Francesco Sforza
um 1435/36–1488 Andrea del
    Verrocchio
1445–1510 Sandro Botticelli
1449–1492 Lorenzo de' Medici
1452–1508 Ludovico Sforza

Sind Maler Künstler oder Handwerker?

Lange Zeit gibt es kaum einen Unterschied zwischen Handwerk und Kunst. Die Übergänge sind fließend. Während ein Handwerker seiner Aufgabe vor allem zum Zweck des Broterwerbs nachgeht, spielt bei einem Künstler immer auch das idealistische Ziel eine Rolle, ein Kunstwerk zu schaffen. Er möchte dem Betrachter etwas mitteilen. Dieser Unterschied wird Anfang des 15. Jahrhunderts immer deutlicher.

Vor allem in Oberitalien beginnen einige Architekten, Bildhauer und Maler, sich verstärkt philosophisch und intellektuell mit dem Leben und der Gesellschaft auseinander zu setzen. Langsam rückt der Mensch als Einzelwesen ins Zentrum ihrer Aufmerksamkeit, während die Werte des Mittelalters an Bedeutung verlieren. Nun sind nicht mehr nur das

109

Jenseits und die Errettung der Seele interessant, sondern vor allem das Leben.

Das bleibt nicht ohne Folgen für die Kunst. Von nun an wird eine natürlichere und realistischere Darstellung von Mann und Frau immer wichtiger.

Ob schön oder hässlich, nackt oder bekleidet – die Künstler schaffen die Menschen in ihren Bildern und Skulpturen so, wie sie sie tatsächlich sehen.

Ganz neu ist diese Ausdrucksform allerdings nicht, das zeigt der Blick zurück zu den Griechen und Römern der Antike. Für viele Renaissancekünstler sind deren prächtige Gebäude, detailgetreue Skulpturen und auch ihre Schriften eine wichtige Quelle der Inspiration.

Michelangelo zum Beispiel dienen trojanische Skulpturen als Vorbild, während Sandro Botticelli das Motiv der »drei Grazien« mit Begleiterinnen von Bildern der Schönheitsgöttin Venus übernimmt.

Der Stadtstaat Florenz nimmt im 15. Jahrhundert eine Art Führungsrolle bei der Förderung der Kunst ein. Die reichen Kaufmanns- und Bankiersfamilien, allen voran die Medici, geben Kunstwerke gezielt in Auftrag. Die reichen Auftraggeber werden Mäzene genannt.

Sie nutzen die Kunst als Mittel zur Darstellung ihrer Macht. Aber auch die Künstler profitieren davon: Ihnen bietet sich so die Chance, nicht mehr nur ein Handwerk auszuüben, um ihren Lebensunterhalt zu verdienen, sondern alle Energie in die Kunst und ihre Schönheit stecken zu können.

Handwerk und Kunst gehen darum im Lauf der Zeit mehr und mehr getrennte Wege.

Doch fallen auch in der Renaissance die Meister nicht vom Himmel. Donatello, Leonardo da Vinci, Michelangelo und auch Raffael fangen alle in den Werkstätten bekannter Meister an.

Zu ihrer Ausbildung gehört das Zubereiten von Farben und Lacken, die Einführung in die Gesetze von Perspektive und Bildkomposition und die Techniken und Tricks bei der Gestaltung von Skulpturen.

Erst später können sie ihre genialen Talente ausleben und eigene künstlerische Wege beschreiten, die sich hin und wieder auch kreuzen.

Als etwa Leonardo da Vinci um 1466 aus einem Dorf in der Toskana nach Florenz zieht, ziert den dortigen, 1296 begonnenen Dom bereits eine gewaltige Kuppel. 1471 bekommt die Domkuppel noch eine Kupferkugel aufgesetzt, gegossen in der Lehrwerkstatt Verrocchios. Höchstwahrscheinlich wirkt Leonardo da Vinci beim Bau der für diese Aktion notwendigen Hebevorrichtung mit. Das 1436 vom Architekten, Goldschmied und Bildhauer Filippo Brunelleschi errichtete Runddach gilt als der eigentliche Auftakt für die Renaissance in Italien.

Mit einem Durchmesser von 39 Metern löst der Dom Santa Maria in Florenz den 128 n. Chr. in Rom errichteten Pantheon als größten Kuppelbau ab.

Was machen die Künstler der Renaissance anders?

Brunelleschi bezieht sich bei seiner Domkuppel auf die altrömische Bauweise. Er experimentiert aber wie viele seiner Künstlerkollegen auch mit neuen, auf Kenntnissen der Mathematik und Geometrie basierenden Techniken und Ausdrucksweisen. Auf ihn geht die Erfindung der Zentralperspektive zurück, durch die die dargestellten Räume und Gegenstände auf den Bildern dreidimensional wirken.

Besonders raffiniert sind jene Bilder und Gemälde, die den Betrachter glauben lassen, aus dem Bild heraus blickten ihn Augenpaare an, egal auf welcher Seite des Bildes er steht, als würden die Personen auf den Bildern den Betrachter verfolgen. Um diesen Effekt zu erreichen, werden die Augenpaare so gemalt, dass sie nicht zur Seite oder auf einen Gegenstand im Bild schauen, sondern den Maler und somit auch den Betrachter direkt anschauen. Ganz so, als wüssten die dargestellten Menschen, dass sie betrachtet werden.

Besser als mit solchen optischen Täuschungen lässt sich der Eindruck von Wirklichkeit nicht herstellen.

Die Renaissance und mit ihr die neuen künstlerischen Techniken verbreiten sich über ganz Europa. Der aus Nürnberg stammende Albrecht Dürer ist ebenfalls ein Meister des wirklichkeitsgetreuen Pinselstrichs. Zweimal macht er während seiner ausgiebigen Studienreisen durch Europa Station in Venedig und nimmt das dort wieder belebte antike Menschenbild mit nach Hause. Aus seiner Aktdarstellung von »Adam und Eva«, der ersten ihrer Art in Deutschland, spricht die Suche nach der idealen Schönheit. Einige Zeitgenossen behaupten gar, Dürer male so fein, dass er selbst die menschliche Stimme wiedergeben könne. Anders als seine italienischen Kollegen, in deren Kunst sich meist das Leben der reichen und herrschenden Schichten widerspiegelt, stellt Dürer in manchen seiner Kupfersticharbeiten auch bäuerliches Leben dar. Dabei setzt er auch die Techniken des Holzschnittes und des Kupferstichs ein. Seine bis heute wohl bekanntesten Werke sind der Holzschnitt »Die apokalyptischen Reiter« und die Pinselzeichnung »Betende Hände«.

1452–1519 Leonardo da Vinci
1460–1539 Francesco di Bartolomeo di Zanobi del Giocondo
1471–1528 Albrecht Dürer
1475–1564 Michelangelo Buonarroti
1479–ca. 1515/16 Lisa del Gioconda
1483–1520 Raffael

111

Drittgrößte Stadt der Welt zerstört

1521

Hernán Cortés erobert die Hauptstadt der Azteken

Tenochtitlán, die prächtige Hauptstadt des Aztekenreiches, mit seinen rund 200 000 Einwohnern nach Peking und Paris die drittgrößte Stadt der Welt, ist nun dem Untergang geweiht. Lange ist sie von dem spanischen Eroberer Hernán Cortés und seinen Verbündeten belagert worden. Doch gegen die Kanonen der Spanier haben die Azteken auf Dauer keine Chance. Haus um Haus wird von den Kugeln zerstört. Schließlich stürmen die Spanier in die Stadt und setzen die verbliebenen Gebäude in Brand.

»Brennt die Heidenstadt nieder!«, feuert Cortés seine Soldaten an. »Aber rettet alles Gold! Es müssen Berge davon in den Tempeln sein!«

Cuauhtemoc, der letzte Herrscher der Azteken, hat sich verkleidet und versucht, mit einem Boot zu fliehen. Doch einer der auf der Seite der Spanier kämpfenden indianischen Soldaten erkennt ihn.

Schon sind Boote unterwegs und Cuauhtemoc wird trotz heftiger Gegenwehr gefangen genommen. Sein Schicksal ist ungewiss. Als die Krieger der Azteken sehen, dass sich ihr Anführer in der Hand des Feindes befindet und ihre Stadt nicht mehr zu retten ist, lassen sie ihre Waffen sinken und ergeben sich.

Der Kampf ist zu Ende, das Aztekenreich mitsamt seiner Hauptstadt für immer zerstört.

Wer sind die Azteken?

Die Azteken sind ein mittelamerikanisches Indianervolk, das seit dem 14. Jahrhundert viele Städte im heutigen Mexiko beherrscht. In ihrer eigenen Sprache nennen sie sich Mexica, woraus sich der Name Mexiko ableitet. Ihre Hauptstadt ist Tenochtitlán, die sie auf einer Insel in einem See errichten.

Als die spanischen Eroberer sie erreichen, ist sie die drittgrößte Stadt der Welt und noch dazu eine der prächtigsten. Sie hat eine moderne und gut organisierte Verwaltung, breite Straßen und die Häuser verfügen schon über Toiletten mit Wasserspülung.

Im Mittelpunkt des Denkens ihrer Bewohner steht die Religion. Tenochtitlán gilt als »die Stadt Gottes«; ihr Wahrzeichen ist die weithin sichtbare Pyramide mit den beiden Tempeln der Hauptgötter Huitzilopochtli (Sonnengott) und Tlaloc (Regengott) auf einem rechteckig angelegten Platz. Das tägliche Leben bestimmen zahllose religiöse Rituale wie zum Beispiel die Befragung des Wahrsagekalenders. Zu Ehren der Götter finden Feste und Zeremonien statt, bei denen Blumen,

Speisen, Getränke, wahrscheinlich aber auch Tiere und Menschen geopfert werden. Dabei sterben vor allem Kriegsgefangene, aber es gibt auch Freiwillige für dieses Ritual, denn für Krieger ist beides höchst ehrenvoll, in der Schlacht zu fallen oder sich opfern zu lassen. So berichten es zumindest spanische Missionare, deren Aussagen allerdings nicht immer glaubwürdig sind.

Der Krieg ist jedenfalls ein wichtiger Bestandteil der aztekischen Staatsordnung. Eroberte Städte werden zu Tributzahlungen* verpflichtet. So sichern die unterworfenen Völker den hohen Lebensstandard der Azteken, denn die Ernteerträge ihres eigenen Landes erlauben ihnen keinen Luxus. Alle sechs Monate müssen die 371 Tributstädte ihre Abgaben leisten, die man sorgfältig in Rechnungsbücher einträgt. Das Aztekenreich ist also kein Staat, sondern eine Art Städtebund.

Auf den Markt von Tenochtitlán strömen täglich bis zu 60 000 Menschen; sie finden dort alles, was das Herz begehrt: Mais, Bohnen, Kürbisse, Gewürze, Heilkräuter, Wild, Kakaobohnen, farbenprächtige gewebte Stoffe, kunstvolle Keramikgefäße, Sandalen, Gold und Silber, Edelsteine, bunte Federn – und indianische Sklaven, die in langer Reihe mit Halsbändern aneinander gebunden sind. Die Sklaven stammen oft aus armen Familien, die ihre Kinder für eine begrenzte Zeit zum Arbeiten verkaufen müssen.

Wie konnte dieses mächtige Reich untergehen?

Hernán Cortés ist ein spanischer Eroberer, der 1519 in Mexiko landet, um mit 500 Soldaten, 16 Reitern und sechs Kanonen möglichst viel Land zu erobern und vor allem Gold zu finden. Da sich manche Indianerstädte von der Herrschaft Tenochtitláns befreien wollen, kann er auf seinem Weg viele Verbündete sammeln.

Bei der Ankunft der Spanier zögert der Aztekenherrscher Montezuma II. lange, ob er sich dem Konquistador* entgegenstellen oder ihn als möglichen Verbündeten behandeln soll.

Bei seiner Entscheidung spielt eine alte Prophezeiung eine Rolle, der zufolge der Gott Quetzalcoatl in Gestalt eines hellhäutigen, bärtigen Gottkönigs mit dem Schiff wiederkehren werde.

Montezuma vermutet daher, dass Cortés der Gott Quetzalcoatl sein könnte, und gewährt ihm Zugang zu der künstlich angelegten Lagunenstadt im sumpfigen See, die nur über Brücken und Dämme erreichbar ist. Ein verhängnisvoller Fehler! Cortés nimmt ihn gefangen und Montezuma II. stirbt wenig später bei einem Aufstand der Indianer gegen die Besatzer.

Am 13. August 1521 kann Cortés nach erbitterten Kämpfen Tenochtitlán erobern und zerstören. Cuauhtemoc, den letzten Herrscher, lässt er vier Jahre später aufhängen.

um 1463–1520 Montezuma II.
1485–1547 Hernán Cortés
um 1495–1525 Cuauhtemoc

Nicht nur die Gier der Spanier nach Gold ist für die Azteken eine tödliche Bedrohung. Fast noch schlimmer sind dort unbekannte Krankheiten wie Pocken oder Typhus, an denen in manchen Gegenden bis zu drei Viertel der Bevölkerung sterben. Die wenigen überlebenden Azteken bleiben in der Umgebung ihrer zerstörten Hauptstadt.

Von der Bilderschrift, den Erzählungen, Gesängen und Gebräuchen der Azteken zeugen noch heute 14 Faltbücher (Codices), die ein Franziskanermönch vor der Zerstörung rettete. Auf den Ruinen von Tenochtitlán errichten die Spanier eine neue Stadt: Mexiko-City.

113

Wenn ein Mönch eine Nonne heiratet

1525

Reformator Martin Luther missachtet das Zölibat

Das hat die katholische Welt noch nicht gesehen: Ein Mönch und eine Nonne stehen vor dem Traualtar und geben sich das Jawort. Der Mönch ist kein Geringerer als der bekannte Reformator Martin Luther, die Nonne Katharina von Bora, die erst kurz zuvor aus dem Kloster Nimbschen bei Grimma geflohen ist. Sie hat darauf bestanden, keinen anderen Mann zu heiraten als Luther. Dabei hätte sie durchaus auch den Maler Lucas Cranach ehelichen können, in dessen Haus sie nach ihrer Flucht Schutz gefunden hat. Cranach ist nun Trauzeuge, zusammen mit Johannes Bugenhagen, dem langjährigen Freund und Mitarbeiter Luthers.

Vertreter der katholischen Kirche sind entsetzt über diese Missachtung des Zölibats und dem damit verbundenen Bruch des Gelübdes, ehelos zu bleiben. Noch dazu kündigt Katharina Luther unmittelbar nach der feierlichen Eheschließung an, möglichst viele Kinder haben zu wollen. »Sechs an der Zahl sollen es schon sein«, erklärt die ehemalige Nonne, »denn nur als Mutter kann ich mir ein erfülltes Leben im Sinne der Bibel vorstellen. Außerdem werde ich meinen Mann bei seiner Arbeit unterstützen.«

Wer ist diese tatkräftige Nonne?

Katharina von Bora stammt aus einer verarmten Adelsfamilie und wird 1499 geboren. Als ihre Mutter stirbt, gibt sie ihr Vater mit zehn Jahren ins Kloster Nimbschen. So braucht er sich nicht mehr um ihre Erziehung und ihren Lebensunterhalt zu kümmern. Außerdem erhoffen sich viele Eltern eine Verminderung des eigenen Sündenkontos, wenn das eigene Kind sozusagen an vorderster Front für ihr Seelenheil betet. Diese »Entsorgung« von Mädchen ist also keine ungewöhnliche Maßnahme, und so trifft Katharina im Kloster auf andere Mädchen, die ebenfalls nicht freiwillig ins Kloster gegangen sind.

Das Leben im Kloster ist hart und besteht fast nur aus Verboten: wiederkehrende Fastenzeiten, unterbrochener Nachtschlaf, täglich mehrmaliges Beten, das Verbot, das Kloster zu verlassen, kaum Verbindungen zur eigenen Familie, Verbot von Eigentum und ständiges Beichten. Katharina aber besitzt eine starke Persönlichkeit und kann sich im Kloster gut behaupten. Sie lernt lesen und schreiben, ein bisschen Latein und erwirbt Grundkenntnisse als Heilkundige. Letzteres gibt ihr die Möglichkeit, das Kloster für Krankenbesuche zeitweilig zu verlassen. 1515 legt sie schließlich ihr Gelübde als Nonne ab.

Etwa acht Jahre nach ihrer Einsegnung entschließt sich Katharina, mit acht anderen Nonnen aus dem Kloster zu flüchten. Ein Grund für die Flucht sind die Auswirkungen des Bauernkriegs. Aufständische Bauern haben schon einige Klöster überfallen und den Nonnen übel mitgespielt. Die wichtigste Ursache sind aber die mittlerweile weit verbreiteten Schriften Martin Luthers, in denen er sich gegen die Ehelosigkeit von Nonnen und Mönchen ausspricht und sogar die Schließung der Klöster fordert. Katharina bittet Luther um Hilfe, der auch prompt eine Idee hat. In Heringsfässern auf einem Planwagen schmuggelt er die Nonnen 1523 aus dem Kloster! Vorher hat er noch organisiert, dass alle Nonnen bei angesehenen Familien unterkommen und an geeignete Ehemänner vermittelt werden, damit sie versorgt sind. Katharina landet bei Lucas Cranach, doch das kann sie nicht davon abbringen, Martin Luther heiraten zu wollen. Der willigt schließlich ein.

Und wie sieht diese Ehe aus, die so ungewöhnlich begann?

Es ist zwar keine Ehe aus Liebe, aber dennoch eine glückliche. Die beiden haben eines gemeinsam: Martin, der lange Jahre dem Augustinerorden angehörte, hat das Klosterleben ebenso aufgegeben wie Katharina. Die Hochzeit der beiden wirbelt viel Staub auf, ebenso die Art und Weise, wie Katharina ihre Rolle als Ehefrau sieht. Selbstbewusst und eigenständig regelt und verwaltet sie Finanzen, Haushalt, Landwirtschaft, ein Wohnheim und ein Hospital.

Die Luthers haben sechs eigene Kinder und

nehmen zudem zahlreiche Kinder aus der verarmten oder verwitweten Verwandtschaft auf, dazu kommen Mägde, Gäste und Studenten. So sitzen tagtäglich bis zu 40 Personen am Tisch. Als Martin Luther 1546 in Mansfeld stirbt, verschlechtert sich Katharinas soziale Situation erheblich. Durch Krieg, Krankheit und Armut leidet sie mit ihren Kindern große Not. Zwar hatte Luther sie als Erbin eingesetzt, als Frau kann sie ihre Ansprüche vor Gericht aber nicht durchsetzen. Wegen der Pest muss sie Wittenberg endgültig verlassen. Auf der Flucht nach Torgau erleidet sie einen Unfall, an dessen Folgen sie stirbt.

Die Familie der Luthers mit Katharina als Pfarrfrau ist für viele Freunde und Zeitgenossen etwas ganz Neues. Bisher durften Priester in der katholischen Kirche nicht heiraten. Erst die Veränderungen durch die reformatorische Theologie mit der Gründung der evangelischen Kirche ermöglichen das Leben für Geistliche in einer familiären Gemeinschaft. Luther ist zwar vor allem Universitätsprofessor und kein Pfarrer, dennoch gilt das Familienleben der Luthers weithin als Vorbild für die evangelische Pfarrfamilie, die ihrerseits Vorbild für die Kirchengemeinde sein soll. Denn in Luthers Haus werden Hausandachten abgehalten, es wird eifrig gebetet, die Bibel gelesen und viel musiziert und gesungen.

In der evangelischen Kirche können Pfarrer bis heute heiraten und eine eigene Familie gründen. Die katholische Kirche hingegen hält weiterhin streng am Zölibat von Priestern fest. Heute erhoffen Reformer vom neuen Papst, Benedikt XVI., dass er das zölibatäre Leben von Geistlichen lockert bzw. aufhebt, da sie keine biblische Begründung für die Ehelosigkeit erkennen können.

1472–1553 Lucas Cranach d. Ä.
1483–1546 Martin Luther
1485–1558 Johannes Bugenhagen
1499–1552 Katharina von Bora
geb. 1927 Benedikt XVI., eigentlich Joseph Alois Ratzinger

1524–1526 Deutscher Bauernkrieg

115

Kaiser ernennt Alessandro de' Medici zum Herzog

1532

Die Macht über Florenz ist endgültig geregelt

Kaiser Karl V. erhebt sich feierlich und überreicht die Ernennungsurkunde. »Dank der mir verliehenen Macht ernenne ich Alessandro de' Medici zum Herzog von Florenz.« Alessandro de' Medici ist seine Zufriedenheit anzusehen. Kein Wunder, hat er doch nun sein großes Ziel erreicht. Er ist von jetzt an ein legitimer Herrscher mit allen Rechten, und Florenz gehört endgültig den Medici.

Seit zwei Jahren schon regiert der erst 21 Jahre alte Alessandro de' Medici die Stadt Florenz mit starker Hand. Viele Anhänger der Republik sind längst aus der Stadt geflohen. Trotzdem achtet Alessandro auf alles, was seine Macht gefährden könnte. Denn gleich zweimal ist seine Familie selbst von hier vertrieben worden. »Ein drittes Mal passiert mir das nicht. Dafür werden der Papst, der schließlich auch ein Medici ist, und Kaiser Karl V. schon sorgen.«

Von nun an will Alessandro de' Medici sich mit ganzer Kraft der Zukunft seines neuen Herzogtums widmen.

Wie gelingt es einer einzelnen Familie, so viel Macht zu erringen, wie sie die Medici besitzen?

Die Medici sind eine Kaufmannsfamilie aus Norditalien, die im 13. Jahrhundert in Florenz zu einflussreichen Geschäftsleuten und Bankiers aufsteigt. Einer von ihnen, Giovanni di Bicci de' Medici, wird sogar Bankier des Papstes. Ihr Vermögen verdienen die Medici, indem sie in großem Stil mit kostbaren Stoffen handeln. Ein zweites Standbein wird das Bankwesen, das im zunehmenden Fernhandel eine immer größere Rolle spielt. Mit ihren voneinander unabhängigen Niederlassungen sind die Medici nicht nur in Italien selbst, sondern auch an den wichtigsten europäischen Handelsstützpunkten wie Brügge, Genf, London oder Avignon vertreten, ganz wie ein internationaler »Großkonzern«. Der Einfluss der Medici gründet sich zudem auf ein dicht geknüpftes Netz von Freundschaften, eine geschickte Heiratspolitik innerhalb des Adels sowie auf die Ernennung einiger Familienmitglieder zu kirchlichen Würdenträgern. Einige der Medici schaffen es sogar, Päpste zu werden, wie Leo X. und Clemens VII. Damit haben die Medici immer wieder Vorteile gegenüber den Familien, die in den anderen italienischen Stadtstaaten wie Venedig und Mailand Einfluss besitzen.

Als 1492 das Familienoberhaupt Lorenzo de' Medici stirbt, geht eine der unbeschwertesten Zeiten in Florenz zu Ende. Lorenzo war, wie schon sein Vater und sein Großvater, ein großzügiger Förderer der Künste und der Wissenschaften.

Nach seinem Tod scheint der Stern der Familie Medici zu sinken: Nur knapp zwei Jahre später steht der französische König Karl VIII. vor den Toren von Florenz, um die Stadt und Teile Italiens zu erobern. Nach ungeschickten Verhandlungen flüchten die Medici ins Exil und überlassen die inzwischen von den erzürnten Bürgern geplünderte Stadt sich selbst. Florenz wird eine Republik, was den Medici gar nicht gefällt. Immerhin gelingt es den Medici, 1512 in die Stadt zurückzukehren und sie bis 1527 mehr oder weniger zu regieren. Doch dann werden die Medicis erneut aus der Stadt vertrieben, weil viele Bürger sich gegen ihre zunehmende Machtfülle wehren.

Die Medici bitten Papst Clemens VII. und Kaiser Karl V. um Hilfe. Als der Papst Alessandro de' Medici als legitimen Herrscher von Florenz anerkennt, schließt Karl V. mit seinen Truppen die Stadt ein und kann sie nach zehnmonatiger Belagerung im August 1530 erobern. Der Kaiser erhebt die Stadt zum Herzogtum und bestätigt Alessandro als Herrscher. Außerdem bestimmt er, dass Florenz und die Toskana »auf ewige Zeiten« den Medici als erbliches Herzogtum übertragen bleiben. Daran ändert sich nichts, bis 1737 der letzte Vertreter der Familie stirbt.

Die Medici sind nicht nur an Macht, Geld und Einfluss interessiert, sondern auch an der Kunst. Dank ihres Reichtums und ihrer Unterstützung können berühmte Bauten wie die Sixtinische Kapelle und der Petersdom in Rom errichtet werden, von ihnen geförderte Künstler und Forscher schaffen Kunstwerke wie die Mona Lisa und machen zahlreiche wissenschaftliche Entdeckungen.

Gibt es auch in Deutschland mächtige Kaufleute?

Sind die Medici die Herrscher von Florenz, so bestimmt die Familie Fugger das Schicksal von Augsburg. Zeitweise sind die Fugger sogar noch reicher und mächtiger als die Medici. Auch sie nutzen ihre Beziehungen und ihr Geld, um Einfluss auf die Politik zu nehmen. So finanzieren sie die Eroberungszüge Karls V. in Italien und Frankreich oder später auch in Südamerika. Schon bei der Wahl Karls V. zum Kaiser gewährt das bürgerliche Bankhaus einen Kredit von mehr als 800 000 Gulden. Dieses Geld wird vor allem eingesetzt, um die Kurfürsten, die den Kaiser wählen, zu bestechen. Im Gegenzug erhalten die Fugger Bergwerke und Schürfrechte in vielen europäischen Ländern und in Südamerika. Neben dem Bergbau und dem Bankwesen sind die Fugger wie die Medici auch im Stoff- und Tuchhandel sehr erfolgreich und bleiben dies bis ins 17. Jahrhundert. Sie ziehen sich dann langsam aus dem Bank- und Handelsgeschäft zurück, als Grundbesitzer spielen sie aber noch einige Zeit eine wichtige Rolle in Augsburg.

1360–1428 Giovanni di Bicci de' Medici
1449–1492 Lorenzo de' Medici
1470–1498 Karl VIII. von Frankreich
1475–1521 Leo X., eigentlich Giovanni de' Medici
1478–1534 Clemens VII., eigentlich Giulio de' Medici
1492–1519 Lorenzo II. de' Medici
1500–1558 Karl V.
1510–1537 Alessandro de' Medici

Der Papst ist entmachtet

1534

Heinrich VIII. gründet seine eigene Kirche

Die Verärgerung ist König Heinrich VIII. bei seinem Auftritt im Parlament noch immer anzumerken. Wie konnte ihm der Papst nur die Zustimmung zu seiner Scheidung von Katharina von Aragón verweigern, damit der Anerkennung seiner heimlich geschlossenen Ehe mit Hofdame Anna Boleyn nichts mehr im Wege steht? Seine folgende Ankündigung überrascht nicht nur die anwesenden Parlamentarier.

»Von nun an werde ich in England eine eigene Kirche haben und ihr höchstpersönlich vorstehen. Das habe ich schriftlich ausgearbeitet und wir werden sogleich darüber abzustimmen haben.«

Wenig später schon ist die Suprematsakte verabschiedet, ein Gesetz, das Heinrich VIII. zum Oberhaupt der Kirche von England macht. Damit ist die kirchliche Anerkennung der Ehe nur noch eine Formsache.

Von Seiten des Papstes gab es wenig später eine Stellungnahme zu der Entscheidung des englischen Königs. »Ich habe zwar den Kaiser auf meiner Seite und seine Soldaten würden mir auch die Gefolgschaft nicht verweigern. Doch England ist ein mächtiges Land mit einer überlegenen Flotte und noch dazu eine Insel. Ich werde die Loslösung wohl schweren Herzens hinnehmen müssen.«

Wer ist der abtrünnige König?

Heinrich VIII. ist der zweite Sohn von König Heinrich VII. und Elisabeth von York und wird bereits im Alter von zwölf Jahren Prinz von Wales, nachdem sein älterer Bruder Arthur Tudor 1502 gestorben ist. Als 1509 auch sein Vater stirbt, wird Heinrich mit 18 Jahren König von England. Der junge, gut aussehende König hat jedoch weniger Interesse an den Regierungsgeschäften, als vielmehr an theologischen Fragen, an Mathematik und Astronomie. Außerdem ist er ein großer Sportfan, wobei es ihm besonders Tennis und Fußball angetan haben. Sogar spezielle Fußballschuhe lässt er sich anfertigen. Er liebt die Konzerte berühmter zeitgenössischer Komponisten an seinem Hof und komponiert eigene Musikstücke. Außerdem ist Heinrich ein leidenschaftlicher Kartenspieler, der kaum eine Gelegenheit zum Spiel auslässt.

Trotz dieser vielfältigen Interessen können sich seine politischen Erfolge sehen lassen: Er verfasst eine Streitschrift gegen Martin Luther und dessen Angriffe auf die katholische Kirche. Für diese Schrift verleiht ihm der Papst den Titel »Verteidiger des Glaubens«. Seine Politik zielt darauf ab, den Frieden zu erhalten und die Wirtschaft des Landes voranzubringen, doch wenn es darauf ankommt, kann er auch kämpfen. So schließt er sich 1511 der Heiligen Liga* gegen Frankreich an und erringt einige Siege im Norden Frankreichs. Allerdings nutzt König Jakob IV. von Schottland, ein Verbündeter Frankreichs, diese Gelegenheit und marschiert in England ein. Zum Glück für Heinrich kann der Graf von Surrey (der spätere Herzog von Norfolk) in seiner Abwesenheit den Angriff abwehren und Jakob töten. Heinrich kehrt daraufhin nach England zurück und schmiedet dort neue Bündnisse mit Spanien und anderen Ländern, um die Position Englands zu stärken. Damit die Insel auch militärisch besser gerüstet ist, lässt er die Marine modernisieren.

Warum trennt sich der »Verteidiger des Glaubens« von der katholischen Kirche?

Bis heute berühmt ist Heinrich VIII. jedoch vor allem wegen seiner insgesamt sechs Ehefrauen. Und gleich mit der ersten handelt er sich Ärger ein. Um das Bündnis mit Spanien zu stärken und nach dem letzten Willen seines Vaters heiratet Heinrich im Jahr seiner Krönung Katharina von Aragón, die sechs Jahre ältere Witwe seines Bruders. Dafür ist allerdings eine Sondererlaubnis des Papstes erforderlich, die er auch bekommt.

Heinrich wünscht sich sehnlichst einen Sohn als Nachfolger, den er und Katharina auch bekommen, der aber stirbt, noch bevor er zwei Monate alt ist. Im Jahr 1516 wird ihre Tochter Mary geboren – die spätere Königin Maria I. von England. Fast 18 Jahre sind Heinrich und Katharina verheiratet, als der König 1527 die Scheidung fordert. Noch immer will er einen Sohn als Nachfolger, doch das kann er offensichtlich nur erreichen, wenn er eine andere Frau heiratet. Und die ist bald gefunden. Heinrich verliebt sich in die Hofdame Anne Boleyn, die er am 23. Mai 1533 heimlich heiratet. Gleichzeitig lässt er vom Parlament seine Ehe mit Katharina für ungültig erklären. Allerdings braucht er wieder die Zustimmung von Papst

Clemens VII., der dieses Mal jedoch ablehnt. Heinrich ist maßlos enttäuscht von der Weigerung des Papstes und sieht nur noch eine Lösung: die Trennung von der katholischen Kirche. Ein Parlamentsgesetz, die Suprematsakte von 1534, löst die zukünftige anglikanische Kirche von Rom. Viele Besitztümer der katholischen Kirche werden einfach beschlagnahmt. Alle Kirchen- und Regierungsmitglieder müssen sich öffentlich von der katholischen Kirche trennen und einen Loyalitätseid ablegen.

Da auch die zweite Frau, Anne Boleyn, ihm keinen männlichen Thronerben schenkt, wird sie unter dem Vorwand des Ehebruchs angeklagt und enthauptet. Die nächste Frau in seinem Leben, Jane Seymour, stirbt kurz nach der Geburt des Thronfolgers 1537, des späteren Königs Eduard VI. Die vierte Ehefrau wird die deutsche Protestantin Anna von Kleve. Heinrich kennt sie nur von einem Gemälde und lässt die Ehe kurz nach der Hochzeit im Juli 1540 für ungültig erklären. Noch im Scheidungsmonat heiratet er die junge Katharina Howard. Sie wird wie Anne Boleyn des Ehebruchs beschuldigt und hingerichtet. Seine letzte Frau, Catherine Parr, überlebt Heinrich, der am 28. Januar 1547 stirbt und in Windsor bestattet wird.

In Erinnerung an das Schicksal von Heinrichs Ehefrauen gibt es in England heute noch einen Abzählreim: Divorced, beheaded, died. Divorced, beheaded, survived (»Geschieden, geköpft, gestorben. Geschieden, geköpft, überlebt«).

Die anglikanische Kirche gibt es bis heute, ihr Oberhaupt ist jetzt Königin Elisabeth II. von England.

1443–1524 Thomas Howard, zweiter Herzog von Norfolk
1457–1509 Heinrich VII.
1466–1503 Elisabeth von York
1473–1513 Jakob IV.
1478–1534 Clemens VII.
1483–1546 Martin Luther
1485–1536 Katharina von Aragón
1486–1502 Arthur Tudor
1491–1547 Heinrich VIII.
um 1501–1536 Anne Boleyn
1509–1537 Jane Seymour
1514–1548 Catherine Parr
1515–1557 Anna von Kleve
1516–1558 Maria I.
1525–1542 Katharina Howard
1537–1553 Eduard VI.
geb. 1926 Elisabeth II.

119

Alles dreht sich um die Sonne

1543

Die verrückte Theorie des Nikolaus Kopernikus

Diese Theorie stellt alles auf den Kopf. Jeder Mensch sieht jeden Tag mit eigenen Augen, dass die Sonne um die Erde kreist und nicht etwa umgekehrt. Doch ein Astronom aus Frauenburg stellt in seinem Buch mit dem Titel *Von den Umdrehungen der Himmelskörper* diese Selbstverständlichkeit infrage. Nikolaus Kopernikus ist sein Name, und er behauptet, die Erde würde um die Sonne kreisen: »In der Mitte von allen aber hat die Sonne ihren Sitz.«

Neben ungläubigem Gelächter führt das Buch auch zu heftiger Kritik. Besonders erbost ist der große Reformator Martin Luther, der zu Recht empört feststellt: »Der Narr will mir die ganze Kunst Astronomia umkehren! Aber wie die Heilige Schrift zeigt, hieß Josua die Sonne stillstehen und nicht die Erde!« Dieser Ansicht sind auch andere Kirchenmänner und Gelehrte, die für die Überlegungen des Nikolaus Kopernikus nur Hohn und Spott übrig haben.

Wie kommt Kopernikus auf diese Idee?

Nikolaus Kopernikus wird 1473 in Thorn im heutigen Polen geboren. Sein Vater, ein reicher Kupferhändler und Beamter, stirbt, als Nikolaus zehn Jahre alt ist. Für seine Ausbildung sorgt jedoch ein Onkel, sodass Nikolaus in Krakau, Bologna und Padua studieren kann. Zu seinen Fächern zählen Medizin, Jura und Astronomie. Nach seinem Studium besorgt ihm sein Onkel einen hohen Beamtenposten in Ermland, ebenfalls im heutigen Polen. Da Kopernikus wohlhabend ist und viel freie Zeit hat, befasst er sich intensiv mit der Astronomie. Nacht für Nacht beobachtet er den Himmel und hat schließlich Zweifel am so genannten geozentrischen Weltbild des Griechen Ptolemäus, nach dem sich die Himmelskörper um die im Zentrum stehende Erde drehen.

Dieses Weltbild geht zurück auf die Physik und Philosophie des Aristoteles und bietet eine halbwegs befriedigende Erklärung für die Beobachtungen am Himmel.

Kopernikus aber will die Planetenbahnen, insbesondere die merkwürdigen Schleifenbahnen des Mars, mit einem einfacheren, eleganteren System erklären. Denn Ptolemäus muss einige geometrische Raffinessen bemühen, um solche Schleifenbahnen im geozentrischen Weltbild unterzubringen. Doch wie kann man die Schleifenbahnen besser erklären? Kopernikus erinnert sich an eine Idee, die lange vor ihm schon der Grieche Aristarchos von Samos und der Theologe Nikolaus von Kues geäußert haben: Nicht die Erde, sondern die Sonne steht im Mittelpunkt des Universums!

Kopernikus berechnet die von ihm beobachteten Bahnen der Planeten und Sterne und kommt zu dem Ergebnis, dass dies die Lösung aller bisherigen Probleme ist. Die Erde und die Planeten drehen sich um die Sonne! Im Gegensatz zu anderen bereitet ihm diese revolutionäre Erkenntnis keine Probleme. Als das Buch »Von den Umdrehungen der Himmelskörper« erscheint, erschüttert es das Weltbild von Generationen von Theologen und Philosophen, dazu die gesamte zeitgenössische Astrologie: Wie sollen Planeten die Erde beeinflussen, wenn sie nicht um sie kreisen? Und auch die Laien sind verwirrt: Wie soll es möglich sein, dass sich etwas so Schweres wie der Erde bewegt? Die katholische Kirche erkennt – mit einiger Verzögerung – den Zündstoff, den das Werk des Kopernikus enthält, und verbietet es 1616. Martin Luther hingegen protestiert sofort.

Und hat Kopernikus nun Recht oder nicht?

Im Grunde ist Kopernikus kein Revolutionär, sondern Vermittler zwischen Antike und Neuzeit. Was zunächst so ketzerisch klingt, ist der Versuch, das bekannte ptolemäische Weltbild zu reformieren. Kopernikus ist selbst noch ganz der Vorstellung des Aristoteles verhaftet, die Himmelskörper würden sich in perfekten Kreisbahnen bewegen. Die wirklichen Revolutionäre der Astronomie und der Physik werden erst noch folgen.

Der Däne Tycho Brahe kann in seiner großen Sternwarte mit bloßem Auge und Winkelmess-

geräten den Himmel genau studieren und macht dabei ebenfalls Beobachtungen, die dem alten Weltbild von Ptolemäus widersprechen. Besonderes Augenmerk richtet er dabei auf den Mars, über dessen merkwürdige Bahn Brahe die bis dahin genauesten Aufzeichnungen macht.

In Deutschland sucht Johannes Kepler nach einfachen mathematischen Gesetzmäßigkeiten, die das kopernikanische System und die neuesten Beobachtungen Brahes erklären können. Hier erst geschieht das eigentlich Revolutionäre: Kepler beschreibt die Planetenbahnen, anders als seine Vorgänger, nicht mehr als Kreise, sondern als Ellipsen. Damit verlässt Kepler den Rahmen der alten aristotelischen Physik und stellt neue Gesetze auf, die nach ihm benannten keplerschen Gesetze. Mit ihrer Hilfe lassen sich nun die Planetenbewegungen mathematisch elegant und einfach beschreiben. Kepler veröffentlicht seine Gesetze zur Planetenbewegung in dem Werk »Astronomia nova«.

Im selben Jahr macht auch Galileo Galilei am Himmel eine wichtige astronomische Entdeckung. Mit dem gerade erst erfundenen Fernrohr entdeckt er vier Jupitermonde, die sich ganz offensichtlich nicht um die Erde drehen. Galileis Beobachtungen haben eine enorme Wirkung. Sie sind für viele ein Beleg für das kopernikanische Weltbild. Die Inquisition reagiert rasch, verbietet Galileis astronomisches Hauptwerk, den »Dialog«, und verbannt ihn auf sein Landhaus in Arcetri bei Florenz. Aufhalten kann sie damit die Erkenntnis, dass das neue, das heliozentrische, Weltbild stimmt, nicht. Noch weniger kann sie die Folgen dieser Erkenntnis aufhalten, dass nicht die Erde und mit ihr die Menschen im Mittelpunkt des Universums stehen.

> 384–322 v. Chr. Aristoteles
> um 310–230 v. Chr. Aristarchos von Samos
> um 100–ca.170 Ptolemäus
> 1401–1464 Nikolaus von Kues
> 1473–1543 Nikolaus Kopernikus
> 1483–1546 Martin Luther
> 1546–1601 Tycho Brahe
> 1564–1642 Galileo Galilei
> 1571–1630 Johannes Kepler

121

Der junge Zar greift durch

1547

Iwan IV. wird mit 16 Jahren Herrscher über Russland

Die russischen Adelsfamilien erwarten gespannt den neuen Zaren und seine Antrittsrede. 16 Jahre ist er gerade mal und schon Zar. Nun, da er legitimer Herrscher über Russland ist, will er das Reich grundlegend reformieren. Dementsprechend selbstbewusst stellt Ivan IV. sein erstes Regierungsprogramm als Zar vor: »Als erstes werde ich gegen Korruption und Steuerhinterziehung vorgehen. Die Macht der untereinander zerstrittenen Bojaren muss gebrochen werden. Sie unterschlagen die eingetriebenen Steuern und verprassen sie. Das muss sich schnellstens ändern.«

Ivan hat fähige Berater versammelt, um seine Ziele auch gegen die Besitzstandswahrer durchzusetzen.

»Des Weiteren will ich eine Berufsarmee aufstellen, deren Offiziere nicht mehr nach ihrer adeligen Herkunft, sondern nach ihren Fähigkeiten ausgewählt werden. Mit ihrer Hilfe soll sich das russische Reich nach Norden und Osten ausdehnen. Aus westlichen Ländern will ich Gelehrte und moderne Technik ins Land holen. Mit diesen Maßnahmen will ich unser rückständiges Land in eine glorreiche Zukunft führen.«

Gelingt es Iwan, die Macht der Bojaren – des Erbadels – zu brechen?

Iwan stammt aus einer alten Adelsfamilie, den Rjurikiden*, die wiederum von den Warägern oder Wikingern abstammen. Sein Vater ist Wassili III., der das Großfürstentum Moskau regiert. Als er 1533 stirbt, wird Iwan mit drei Jahren zum neuen Großfürsten ernannt. Als Kind erlebt er die Gewalttätigkeiten der rivalisierenden Adelsfamilien, die das Land für ihn verwalten. Am 16. Januar 1547 lässt er sich zum ersten Zaren Russlands krönen. Den Titel Zar, also Kaiser, übernimmt er dabei von Iwan III., der ihn allerdings nur benutzt hat, ohne gekrönt worden zu sein.

Zwar hat er nicht allzu viel Macht, doch nutzt er diese geschickt, um seine Ziele zu verfolgen: Zunächst versucht er, den Einfluss des Erbadels, der Bojaren, zu beschneiden. Unterstützt von einem Kreis fähiger Berater, leitet er Reformen ein, die sein Land dringend benötigt. Bislang lagen Verwaltung und Rechtsprechung in den Händen der Bojaren, die als Statthalter nach Belieben Steuern und Abgaben erheben können. Nur einen Teil führen sie an den Großfürsten ab, das meiste behalten sie für sich. Dieses System zwingt das Volk, für den Lebensunterhalt der Bojaren und ihrer Beamten aufzukommen. Wer von den Beamten etwas will, muss Bestechungsgelder zahlen. Iwan IV. unterbindet dies und setzt ein neues Gesetzbuch in Kraft. Staatsbeamte ziehen von nun an die Steuern ein und beaufsichtigen die Statthalter. Iwan IV. verändert auch das Heerwesen. Die Ernennung zum Offizier hängt nicht mehr von der Herkunft ab, sondern von der militärischen Leistung. Zudem gründet er eine neue Spezialtruppe, die Strelitzen. Sie sind mit Feuerwaffen ausgerüstet und werden für ihren Dienst bezahlt.

Russland liegt zu diesem Zeitpunkt wirtschaftlich und technisch hinter der Entwicklung Europas zurück. Den Handel mit dem Westen beherrschen ausländische Kaufleute, vor allem die Mitglieder der Hanse, einer mächtigen norddeutschen Handelsorganisation. Iwan möchte gerne diese Vorherrschaft brechen und nutzt die Gelegenheit, als ein englisches Schiff, das den Seeweg nach China über das Weiße Meer sucht, 1553 in Archangelsk landet. Iwan empfängt die Seeleute freundlich und schließt einen Handelsvertrag.

Wie bekommt Iwan IV. den Beinamen »der Schreckliche«?

Auf der anderen Seite will Iwan sein russisches Reich durch Kriege vergrößern. Nur fünf Jahre nach seiner Krönung beginnt Iwan IV., seine Nachbarn an der Ostgrenze zu bekämpfen. Er erobert in den folgenden Jahren Kasan und eröffnet Russland den Weg über die mittlere Wolga und den Ural nach Sibirien. Auch Astrachan kann er mitsamt der Wolgamündung am Kaspischen Meer einnehmen.

Kurz darauf fällt Iwan in Livland ein, um einen Zugang zur eisfreien Ostsee zu gewinnen.

Damit löst er den Livländischen Krieg aus, der fast 25 Jahre lang dauern wird und mit der Niederlage Russlands endet. Insbesondere die Bauern leiden unter den Folgen der Kriege. Da die Adeligen für den Zaren ins Feld ziehen müssen, sind sie auf die Arbeit ihrer Bauern angewiesen. Deshalb dürfen die Bauern das von ihnen bearbeitete Land nicht verlassen. So werden sie praktisch zu Leibeigenen.

Nach dem Tod seiner Frau Anastasia verändert sich Iwan. Er wittert nun überall Verrat und seine Feindschaft gegenüber den Bojaren schlägt in zügellosen Hass um. Er lässt Mitglieder seines Rats und eine Anzahl Bojaren auf bloßen Verdacht hin verhaften, verbannen oder hinrichten. 1564 teilt er sogar das Staatsgebiet in Bojaren- und Zarenland auf. Er errichtet eine eigene Polizeitruppe, die Opritschniki. Diese schwarz gekleideten Reiter erhalten besondere Vollmachten. Sie dürfen Verhaftungen vornehmen und Urteile direkt vollstrecken. In kurzer Zeit

> 1479 – 1533 Wassili III.
> 1530 – 1584 Iwan IV.
> unbekannt – 1560 Anastasia
>   Sacharia
> um 1550 – 1605 Boris Godunow

verbreiten sie Angst und Schrecken unter der Bevölkerung. Iwan unternimmt mit seiner Terrortruppe sogar einen Rachefeldzug gegen das nach Unabhängigkeit strebende Nowgorod. Er verwüstet die Stadt vollständig, ihre Einwohner werden gefoltert und brutal umgebracht.

Iwan scheint zudem von einer nicht enden wollenden Rastlosigkeit befallen. Mit knapp 50 Jahren nimmt er sich noch einmal einen besonderen Kraftakt vor: Er beginnt mit der Eroberung und Erschließung Sibiriens.

Als Iwan der Schreckliche 1584 stirbt, hinterlässt er ein wirtschaftlich ausgeblutetes Land ohne Thronfolger. Boris Godunow, ein ehemaliger Opritschnik, übernimmt die Macht und wird 1598 selbst Zar.

Die Herrschaft der Zaren in Russland endet erst mit der Russischen Revolution Anfang des 20. Jahrhunderts.

123

Altersruhesitz Spanien

1556

Karl V. tritt ab

Im großen Saal des Brüsseler Schlosses herrscht gespannte Ruhe. Die versammelten Fürsten warten auf Kaiser Karl V., den mächtigsten Mann Europas. Hier und da hört man ein Flüstern. Endlich erscheint der Kaiser mit trauriger Miene. Er wirkt alt und kraftlos. Nach einer kurzen Begrüßung entrollt er ein Dokument und liest mit gefasster Stimme eine Erklärung vor. Die versammelten Fürsten trauen ihren Ohren nicht. Denn der Kaiser erklärt überraschend seinen Rücktritt: »Große Hoffnungen hatte ich, nur wenige haben sich erfüllt und noch weniger bleiben mir: Und um den Preis welcher Mühen! Das hat mich müde und krank gemacht. Ihr wisst alle, wie sehr. Es wäre unverantwortlich, meinen Rücktritt noch länger hinauszuzögern. Meine Kräfte reichen nicht mehr hin. Vertraut meinem Sohn, wie er euch vertraut, seid einig, übt stets Gerechtigkeit und lasset den Unglauben nicht in eure Reihen. Ich komme zu dem unwiderruflichen Entschluss, meine Herrschaft in allen Ländern abzugeben. Sobald das geschehen ist, werde ich mich nach Spanien zurückziehen.«

Wie ist Karl V. der mächtigste Mann Europas geworden?

Karl ist der Sohn von Philip I. und Johanna von Kastilien. Im Jahr 1500 wird er im flandrischen Gent geboren und genießt als Mitglied der bedeutenden Adelsfamilie der Habsburger eine ausgezeichnete Ausbildung. Er wächst bei seiner Tante in den Niederlanden auf und wird unter anderem von Adrian von Utrecht, dem späteren Papst Hadrian VI., unterrichtet. Karl wird so ein gläubiger und tief religiöser Mensch.

Durch den Tod seines Vaters und seiner beiden Großväter wird Karl zum König von Kastilien (heute Spanien), Österreich, Teilen Italiens und Südamerikas, der Niederlande und von Burgund. Als 1519 von den Kurfürsten ein neuer Kaiser für das Heilige Römische Reich Deutscher Nation gewählt werden soll, tritt auch Karl an. Er kann zwar kein Deutsch, doch das spielt für ihn keine Rolle. Er möchte dennoch der mächtigste Mann Europas werden. Allerdings hat er Gegenkandidaten – die Könige von Frankreich und England. Doch dieses Problem löst er mithilfe der Fugger, einer Augsburger Kaufmannsfamilie. Sie versorgen ihn mit Geld, mit dem er die Kurfürsten besticht. Die Fugger erhalten im Gegenzug besondere Rechte in Deutschland.

Tatsächlich wird Karl V. gewählt und gleich zweimal gekrönt; im Jahr nach der Wahl in Aachen vom Kölner Erzbischof und noch einmal zehn Jahre später durch Papst Clemens VII. in Bologna. Er wird der letzte deutsche Kaiser sein, der vom Papst gekrönt wird. Ausgestattet mit enormer Machtfülle, stellt sich

Karl V. den Herausforderungen seiner Regierungszeit.

Und davon hat er schon einige zu bewältigen.

Wer genau fordert denn Karl V. heraus?

Die neue protestantische Bewegung, die durch das Wirken Martin Luthers in Wittenberg rasch wächst und auf die Karl, Kaiser des Heiligen römischen Reichs Deutscher Nation, auf dem Reichstag zu Worms nun reagieren muss.

Karl V. verlangt, dass der Theologe und Mönch Martin Luther seine Kritik an der katholischen Kirche zurücknimmt. Da der Kaiser für politische Maßnahmen innerhalb des Deutschen Reichs die Zustimmung der Reichsstände benötigt, beruft er zur Behandlung dieser Streitfrage den Wormser Reichstag ein. Als Luther sich weigert zu widerrufen, wird über ihn die Reichsacht verhängt: Luther soll aus dem Reich verwiesen und seine Lehre verboten werden. Doch der Kaiser kommt zu spät: Luthers neue protestantische Lehre und seine Schriften haben längst viele Anhänger gefunden. Er genießt den Schutz seines Landesherrn, des Kurfürsten Friedrich des Weisen. Karl versucht trotzdem weiterhin mit allen Mitteln, die drohende Spaltung der Kirche zu verhindern, diese soll auch Thema des Augsburger Reichstags sein. Die protestantischen Fürsten formulieren im Augsburgischen Bekenntnis ihre Glaubensinhalte, doch Karl lehnt die reformatorischen Schriften weiterhin ab und zeigt keine Kompromissbereitschaft. Daraufhin schließen sich die protestantischen Reichsstände im Schmalkaldischen Bund* zusammen, um gegenüber möglichen Angriffen des Kaisers gewappnet zu sein.

Aber auch die Katholiken formieren ihren Widerstand und treffen sich in Trient zu einem Konzil, um gegen die Reformation vorzugehen. Auch Karl schließt sich dieser Gegenreformation genannten Bewegung an und überzeugt mehrere katholische Fürsten, den Glaubenskonflikt militärisch zu entscheiden. In der ersten Schlacht gegen die protestantischen Truppen ist Karl siegreich. Doch schon fünf Jahre später muss er gegen ein neu formiertes protestantisches Heer unter der Führung des Kurfürsten Moritz von Sachsen bei Innsbruck die entscheidende Niederlage hinnehmen. Nur widerwillig gibt er seine Bemühungen um die Einheit der Christenheit auf und gesteht den Protestanten im Augsburger Religionsfrieden von 1555 die freie Religionsausübung zu.

Karls politisches Ziel, ein christliches Großreich nach dem Vorbild Karls des Großen zu errichten, ist gescheitert. Auch die Spaltung der Christen in verschiedene Konfessionen kann er nicht verhindern.

Vor allem dieser Konflikt und die daraus resultierende Niederlage bewegen ihn, neben der Erschöpfung, die 38 Jahre an der Macht nach sich ziehen, zur Abdankung.

Sein ausgedehntes Reich, von dem die Zeitgenossen sagen, es sei so groß, dass darin die Sonne niemals untergehe, teilt er unter seinen Nachfolgern auf. Nachdem er seinen Rücktritt bekannt gegeben hat, schifft sich Karl nach Spanien ein, um sich um seine Gesundheit zu kümmern. Obwohl er ein äußerst zurückgezogenes Leben führt, kann er seinen Ruhestand nur knapp zwei Jahre genießen, bis er 1558 in Spanien stirbt.

748–814 Karl der Große
1459–1523 Hadrian VI.
1463–1525 Friedrich III. der Weise
1478–1506 Philip I. von Kastilien
1478–1534 Clemens VII.
1479–1555 Johanna von Kastilien
1483–1546 Martin Luther
1500–1558 Karl V.
1521–1553 Moritz von Sachsen

1521 Reichstag zu Worms
1530 Augsburgisches Bekenntnis
1545 Beginn der Gegenreformation
1555 Augsburger Religionsfrieden

125

Die Blutnacht von Paris

1572

Tausende Hugenotten abgeschlachtet

Schwer bewaffnete Soldaten schleichen durch das nächtliche Paris. Sie verteilen sich in der ganzen Stadt. Es sind königliche Truppen auf der Suche nach Hugenotten. Um drei Uhr in der Früh schlagen sie los. Ohne Vorwarnungen treten sie Türen und Fenster ein und töten, wen sie antreffen. Auch vor Frauen und Kindern machen sie nicht Halt. Sie kennen keine Gnade. Dabei handeln sie ihrer Aussage nach als Christen: »Wir sind die Verteidiger des wahren Glaubens! Wir sind auf der Seite Gottes. Doch die Hugenotten sind Ketzer. Sie sind des Teufels und werden von uns in die Hölle geschickt!«

Wie viele wehrlose Menschen in dieser Nacht getötet werden, weiß niemand. Offiziere der königlichen Truppen schätzen die Zahl der Opfer auf mindestens 3000 bis 5000 Hugenotten. Es ist zu befürchten, dass es auch in anderen Regionen Frankreichs zu Massakern kommen wird. Noch in der Nacht sollen sich tausende Hugenotten auf die Flucht in protestantische Nachbarländer gemacht haben.

Wer sind die Hugenotten?

In Frankreich werden die Anhänger der Lehren, die auf Martin Luther zurückgehen, Hugenotten genannt.

Wie ein Lauffeuer hat sich die protestantische Bewegung von Deutschland aus bis in die Nachbarländer verbreitet. Der Protestantismus, die evangelische Religion als Gegenbewegung zum Katholizismus, ist nicht mehr aufzuhalten.

In Genf entwickelt Johann Calvin die Ideen Luthers weiter. Bald gilt die Schweizer Stadt als das Zentrum des organisierten Protestantismus. Von hier schwärmen viele Missionare nach Frankreich und Westeuropa aus und sogar in Amerika findet der Calvinismus zahlreiche Anhänger.

Auf der einen Seite spürt man in der Zeit der Renaissance ein humanistisches, menschenfreundliches Denken, auf der anderen Seite tobt ein von beiden Seiten unerbittlich geführter Glaubenskrieg zwischen Katholiken und den von ihnen als Ketzer betrachteten Protestanten. Bald bekennt sich eine ganze Reihe von Fürsten zum Protestantismus. Die Anhänger des neuen Bekenntnisses haben somit eine solide Machtbasis erlangt und können der katholischen Seite ernsthaften Widerstand leisten. Immer mehr Menschen wenden sich vom Katholizismus ab. Deshalb beruft Papst Paul III. in Trient ein Konzil ein, das die katholischen Lehrsätze noch einmal nachdrücklich formuliert, gleichzeitig aber die Voraussetzungen für eine Erneuerung der katholischen Kirche von innen heraus schafft. Diese innere Erneuerung bei gleichzeitigem erbittertem Kampf gegen den erstarkenden Protestantismus nennt man Gegenreformation.

Wie kommt es zum Massaker in der Bartholomäusnacht?

In Frankreich stoßen die Ideen von Luther und Calvin bei König Franz I. und seiner älteren Schwester Margarete von Angoulême, der Königin von Navarra, auf offene Ohren. Da sie gegenüber Luthers und Calvins Reformen sehr tolerant sind, wächst die Zahl der Protestanten in Frankreich schnell. Bis zur Mitte des Jahrhunderts schließen sich der neuen Glaubensrichtung rund die Hälfte des Adels und ein Drittel des städtischen Bürgertums an. Sie werden von den Katholiken geduldet.

Als Heinrich II., der Sohn von Franz I., 1547 zum König von Frankreich gekrönt wird, hat die Toleranz jedoch ein Ende. Denn Heinrich II. ist ein erbitterter Gegner der Reformation. Er lässt die Hugenotten rücksichtslos verfolgen, einsperren und als Ketzer verbrennen. Unter seinem Sohn, Franz II., geht die Verfolgung der Hugenotten weiter. Allerdings regiert er nur ein Jahr und stirbt 1560 mit nur 16 Jahren. Da sein Bruder Karl IX. noch zu jung ist, übernimmt seine Mutter, Katharina de' Medici, die Regierungsgeschäfte. Sie will aus politischen Gründen eine Versöhnung mit den Hugenotten herbeiführen. Dazu verheiratet sie ihre Tochter Margarete von Valois mit dem gleichaltrigen Cousin Heinrich, dem König von Navarra.

Zur Hochzeit des calvinistischen Großneffen von Franz I. mit der katholischen Prinzessin kommen tausende von Protestanten nach Paris und wollen dem Paar zujubeln. Hinter den Kulissen aber rumort es. Fanatische Prediger stacheln die Pariser Bürger gegen diese Versöhnungsheirat auf. Auch Katharina de' Medici, die wieder einmal, wie so oft in ihrem Leben, die Seiten gewechselt hat, spielt eine entscheidende und hinterlistige Rolle. Sie befürchtet inzwischen, dass ihr unmündiger Sohn Karl IX. von dem bekannten und radikalen Hugenottenführer Admiral Coligny zu sehr beeinflusst wird, und schickt königliche Truppen aus. Die überraschen die wehrlosen Hugenotten in der Nacht vom 23. auf den 24. August 1572 und beginnen ein furchtbares Gemetzel. Mindestens 3000 Tote sind nach dem Überfall zu beklagen, darunter Coligny und zahlreiche hugenottische Adelige. Das Massaker wird als »Bartholomäusnacht« oder »Bluthochzeit« bekannt. Auch in vielen Provinzstädten werden insgesamt etwa 30 000 Hugenotten umgebracht. Nach zahlreichen weiteren blutigen Auseinandersetzungen gelingt es erst dem inzwischen zum König von Frankreich gekrönten Heinrich von Navarra, dem grausamen Krieg gegen die Hugenotten ein Ende zu setzen. Es dauert aber noch über ein Vierteljahrhundert, bis er das Edikt von Nantes* erlässt und den Hugenotten ihr Recht auf freie Religionsausübung zurückgibt. Trotzdem kommt es zu immer neuen Konflikten, bis das Gesetz im Jahr 1685 wieder aufgehoben wird. Viele Hugenotten kehren daraufhin Frankreich den Rücken. Ein großer Teil von ihnen lässt sich in Brandenburg nieder. In ihrem Heimatland müssen die Hugenotten bis zur Französischen Revolution* 1789 warten, um endgültig anerkannt zu werden.

1468–1549 Paul III.
1483–1546 Martin Luther
1492–1549 Margarete von Angoulême
1494–1547 Franz I.
1509–1564 Johann Calvin
1519–1559 Heinrich II.
1519–1572 Gaspard II. von Coligny
1519–1589 Katharina de' Medici
1544–1560 Franz II.
1550–1574 Karl IX.
1553–1610 Heinrich IV.
1553–1615 Margarete von Valois

1545 Konzil von Trient
1598 Edikt von Nantes

127

Der Henker braucht drei Beilhiebe

1587

Englische Königin lässt Maria Stuart köpfen

Etwa 300 Menschen haben sich in der großen Halle von Fotheringhay Castle versammelt. Sie alle wollen Zeuge der Hinrichtung von Schottlands Königin Maria Stuart sein. Im Hof des Schlosses brennt bereits ein Feuer, um ihre Kleider und sogar den Richtblock zu verbrennen. Nichts soll von ihr übrig bleiben, nichts mehr an sie erinnern. Da tritt Maria Stuart an den Richtblock und kniet nieder. Als die Henker sie um Verzeihung bitten, antwortet sie: »Ich vergebe euch von ganzem Herzen, denn ich hoffe, ihr werdet nun all meinem Leiden ein Ende bereiten.« Einer der Henker hält sie fest, während der andere mit dem Richtbeil zuschlägt. Die Menge schreit auf. Der Henker ist noch unerfahren, erst mit dem dritten Hieb kann er den Kopf vom Rumpf trennen. Maria Stuart ist tot. Unter ihrem Rock versteckt findet man ihr Schoßhündchen. Es winselt verschreckt und wartet vergeblich darauf, dass sein Frauchen sich wieder erhebt.

Warum hat die englische Königin die schottische Königin hinrichten lassen?

Nach dem Tod ihrer katholischen Halbschwester Maria I. wird Elisabeth I. aus der Familie der Tudors 1558 Königin von England. Sie tritt ein schwieriges Erbe an, denn in England herrschen große Glaubensstreitigkeiten zwischen Katholiken und Protestanten. Ihre Schwester Maria wollte die katholische Kirche in ihrem Land wieder stärken, deshalb ließ sie die Protestanten verfolgen und viele von ihnen auf dem Scheiterhaufen verbrennen.

Elisabeth hat andere Ziele. Sie will den inneren Frieden wiederherstellen und für eine religiöse Einheit in England sorgen. Mithilfe des Parlaments erlässt sie Gesetze, die die von Heinrich VIII. begründete anglikanische Staatskirche endgültig festigen. Nicht der Papst ist Oberhaupt dieser Kirche, sondern die Königin oder der König. Alle Bürger, die ein öffentliches Amt ausüben, müssen von nun an einen Eid auf die Königin ablegen. Die Katholiken im Land werden jedoch geduldet.

Über diesen Schritt ist Papst Pius V. sehr erbost und schließt Elisabeth offiziell aus der katholischen Kirche aus. Außerdem fordert er die englischen Katholiken auf, sie abzusetzen und zu ermorden. Daraufhin verteilt der katholische Jesuitenorden Flugblätter, in denen Elisabeth als Ketzerin und unrechtmäßige Herrscherin beschimpft wird. Als Reaktion darauf verbietet die Königin den Orden und lässt bedeutende Katholiken von ihrem Geheimdienst beobachten.

Eine weitere Bedrohung sieht sie in ihrer Halbschwester Maria Stuart, der sie übrigens nie begegnet ist, der katholischen Königin von Schottland. Weil Maria Stuart ebenfalls aus der Familie Tudor stammt, wird sie von den Katholiken als wahre Thronerbin angesehen.

Aber die Zahl der Protestanten wächst auch in Schottland und 1568 wird Maria Stuart von protestantischen Adeligen gestürzt. Sie muss nach England fliehen, wo sie allerdings von Elisabeths Soldaten gefangen genommen wird. Von diesem Zeitpunkt an bilden sich immer wieder konspirative katholische Gruppen, die das Ziel verfolgen, Maria zu befreien und auf den englischen Thron zu bringen. 18 Jahre ist sie schon in Haft, da fängt der englische Geheimdienst Briefe Marias ab, in denen sie ein Attentat auf Elisabeth begrüßt. Gegen Maria wird Anklage wegen Hochverrats erhoben und sie wird zum Tode verurteilt. Maria Stuart wird am 8. Februar 1587 hingerichtet.

Kann Elisabeth mit dieser Hinrichtung ihre Macht endgültig festigen?

Der Tod Maria Stuarts hat weit reichende Folgen. Seit langem unterstützt die englische Königin Elisabeth I. den Freiheitskampf der Niederländer gegen die Spanier, die das Land besetzt haben. Diplomatisch geschickt betont sie die freundschaftlichen Beziehungen zu Spanien, doch insgeheim erteilt sie den gefürchteten Freibeutern John Hawkins und Francis Drake den Auftrag, spanische Schiffe zu ka-

pern. In Südamerika plündert Drake spanische Siedlungen und überfällt die mit Schätzen beladenen Transportschiffe. Er bringt eine solche Menge an Gold, Silber, Perlen und Edelsteinen nach Hause, dass jeder Teilhaber seines Schiffs 4700 Prozent Gewinn einstreicht. Auch Elisabeth, der die Freibeuter treu ergeben sind, bekommt ihren Anteil.

Die Überfälle auf seine Schiffe und die Nachricht von Maria Stuarts Hinrichtung veranlassen den spanischen König Philipp II. schließlich, gegen England vorzugehen. Im Sommer 1588 schickt er seine Kriegsflotte, die als unbesiegbar geltende Armada, um England zu erobern. Doch nach tagelangen Kämpfen gelingt es den Engländern mithilfe von Francis Drake, die 130 Schiffe der Spanier zu besiegen. Der Rest der flüchtenden Armada versinkt während eines Sturms im Atlantik.

Dieser erste große Erfolg zieht weitere Schritte auf dem Weg Englands zur Seemacht nach sich. Elisabeth I. fördert nun verstärkt den Aufbau von Kolonien sowie den Handel mit den Gebieten in Übersee,

1491–1547 Heinrich VIII.
1504–1572 Pius V.
1516–1558 Maria I.
1527–1598 Philipp II.
1532–1595 John Hawkins
1533–1603 Elisabeth I.
um 1540–1596 Francis Drake
1542–1587 Maria Stuart
um 1552/54–1618 Walter Raleigh

nachdem Walter Raleigh mit Virginia bereits 1584 eine erste nordamerikanische Kolonie Englands gründen konnte. Auch in der Karibik werden Kolonien gewonnen. In vielen Ländern bilden sich Handelsgesellschaften, die Waren aus aller Welt vertreiben. 1600 gründen Londoner Kaufleute die Ostindische Kompanie und bekommen von ihrer Königin das alleinige Recht auf den Handel mit Indien garantiert. Diese Handelsgesellschaft bereitet den Boden für das große britische Reich des 19. Jahrhunderts.

Elisabeth hinterlässt ein befriedetes Land, das sich zu einer unabhängigen europäischen Seemacht entwickelt hat.

Die Flucht aus Dublin Castle

1592

Irische Lords rebellieren gegen die englische Besatzung

Schon einmal war es »Red« Hugh Roe O'Donnell gelungen, aus dem Dublin Castle in Irland zu fliehen. Doch kein Jahr später haben die Engländer den irischen Lord wieder gefasst. Sie wollen damit unterbinden, dass er sich mit anderen Lords gegen sie verbünden kann. Denn solange die irischen Clans untereinander verfeindet sind, ist Irland für das englische Königshaus leicht beherrschbar.

»Das wird sich ändern«, verspricht Hugh O'Donnell und setzt auf die Unterstützung von Lord Hugh O'Neill. »Gemeinsam werden wir eine Armee aufstellen und die Engländer aus Irland vertreiben. Die Spanier werden uns dabei mit Geld und Waffen unterstützen.«

O'Donnell ist nun nach der zweiten Flucht aus dem berüchtigten englischen Gefängnis in Dublin vorerst untergetaucht. Wie wir aus geheimer Quelle erfahren haben, ist er zu seinem Clan zurückgekehrt. Die Engländer sind zwar durch die gut vorbereitete Flucht gewarnt, doch von der Absicht, eine eigene irische Armee aufzustellen, ahnen sie bislang offensichtlich noch nichts. Der Überraschungsschlag der Iren könnte also gelingen.

Warum rebellieren die irischen Lords?

Als Elisabeth I. von England regiert, beherrschen die Engländer nur das »Pale« genannte Gebiet rings um Dublin. Die irischen Lords der übrigen Landstriche erkennen ihre Oberhoheit nur formal an. Seitdem die Engländer 1171 die Insel unterworfen haben, hat sich der irische Hochadel mit den normannischstämmigen englischen Adelshäusern vermischt und fühlt sich gleichberechtigt. Allerdings legt er großen Wert auf seine irischen und katholischen Traditionen. Dazu gehört auch die keltische Sprache, das Gälische. Und in dieser Sprache heißt Hugh Roe O'Donnell »Aodh Rua Ó Domhnaill« und Dublin »Baile Atha Cliath«.

England dagegen ist protestantisch und liegt im Dauerstreit mit dem Papst und dessen katholischem Verbündeten, Philipp II. von Spanien. 1588 müssen die Engländer sogar den Großangriff der spanischen Armada abwehren. Nach dem Sieg fühlen sie sich sicher vor Angriffen aus katholischen Ländern. Nur Irland ist noch eine Gefahr. Denn die katholische Nachbarinsel bleibt eine ständig geöffnete Hintertür für mögliche Invasionen katholischer Mächte nach England.

Um die Lords braucht sich Elisabeth I. lange Zeit keine Sorgen zu machen, denn ihre Familien, die Clans, sind meist untereinander zerstritten. Und die Glaubensfrage lässt sich ihrer Ansicht nach einfach lösen. Elisabeth I. macht sich 1559 im »Akt der Oberhoheit« einfach zum Oberhaupt der irischen Kirche. Die katholische Religion wird verboten und gewaltsam unterdrückt. Dagegen regt sich jedoch bald Widerstand: Elisabeths Statthalter beobachten mit Sorge, dass einstmals verfeindete Familienclans wie die O'Neills und O'Donnells sich verbünden wollen. Um dies zu verhindern, locken sie Hugh O'Donnell in eine Falle.

O'Donnell, genannt »der rote Hugh«, ist gerade mal 16 Jahre alt und Erbe des Grafen von Tyrconnel (Donegal in Nordwest-Irland), als er mit einigen Freunden zu einer Feier auf ein Schiff eingeladen wird. Als er aus seinem Rausch erwacht, findet er sich in Dublin Castle wieder, wohin der englische Statthalter die Adeligen in der Nacht entführen ließ. Nach drei Jahren gelingt ihm die erste Flucht, doch im selben Jahr wird er wieder gefasst.

Als weitere zwei Jahre später sein zweiter Fluchtversuch gelingt, beginnt der Aufstand, vor dem sich die Engländer immer gefürchtet haben. Im Norden des Landes fängt ein erbitterter Kleinkrieg an. Das wald- und seenreiche, gebirgige Ulster (Nordirland) bietet den Rebellen genügend Rückzugsorte und Plätze für Hinterhalte.

Lord Hugh O'Neill stellt zusammen mit Hugh O'Donnell eine Armee aus 10 000 gut bewaffneten Soldaten auf und schlägt die Engländer bei Clontibret und bei Yellow Ford nahe Armagh. Die verhassten englischen Kolonisten, die sich dort als Siedler niedergelassen haben, werden vertrieben.

Das wollen die Engländer nicht hinnehmen und schicken 1599 Robert Devereux, Earl of Essex, mit 20 000 Soldaten nach Irland, die die Unruheprovinz Ulster mit einem System von Forts umgeben und die rebellische Bevölkerung langsam aushungern. Die aufständischen Lords müssen sich daraufhin nach und nach ergeben.

Die Flucht der Lords

Die Iren schöpfen neue Hoffnung, als zwei Jahre später im Süden der Insel, in Kinsale, spanische Truppen landen. O'Donnell und O'Neill brechen sofort auf und greifen das englische Heer nach einem Gewaltmarsch am 24. Dezember 1601 an. Doch im offenen Gelände haben sie keine Chance und werden von der englischen Kavallerie überrannt, bevor die Spanier eingreifen können.

1603 kapitulieren die Rebellenführer bei Mellifont, ohne zu wissen, dass die verhasste Elisabeth fast auf den Tag genau verstorben ist.

> 1527 – 1598 Philipp II.
> 1533 – 1603 Elisabeth I.
> um 1540 – 1616 Hugh O'Neill
> 1566 – 1601 Robert Devereux
> 1571 – 1602 »Red« Hugh Roe O'Donnell

Zwar werden die nordirischen Adeligen noch einmal begnadigt, die Unterdrückung aber wird verschärft: Ab 1605 sind in Irland alle gälischen und katholischen Bräuche verboten, die Teilnahme am protestantischen Gottesdienst wird zur Pflicht.

Den Unzufriedenen bleibt nur noch auszuwandern. Hugh O'Donnell ist schon zuvor nach Spanien geflohen und dort an der Beulenpest gestorben. O'Neill begibt sich nach Italien und stirbt 1616 in Rom. Auch andere Lords verlassen das Land. Deren Ländereien in Nordirland sind nun »frei« und werden an protestantische Siedler aus England oder Schottland vergeben.

Mit der »Flucht der Grafen« ist die konfessionelle Spaltung endgültig, die noch heute im schwelenden Nordirland-Konflikt zu spüren ist und immer wieder zu gewaltsamen Auseinandersetzungen führt.

131

17.
Jahrhundert

Der Streit um den wahren Glauben

Welches ist der wahre Glaube? Der katholische oder der protestantische? Sind alle diejenigen, die nicht der Lehre der katholischen Kirche folgen, Ketzer, die die Botschaft Christi verraten? Oder vertreten etwa die Protestanten das »wahre Christentum«? An solchen Fragen entzünden sich im 17. Jahrhundert Konflikte. Die Gegensätze zwischen den Konfessionen, zwischen Katholiken und Protestanten, prägen das gesamte Jahrhundert.

Die protestantische Glaubensbewegung entsteht im 16. Jahrhundert bei dem Versuch, die katholische Kirche von innen heraus zu reformieren. Weil dies scheitert, kehren die Reformatoren der katholischen Kirche den Rücken. Die Ideen von Martin Luther, Johann Calvin, Jan Hus und anderen gewinnen mit der Zeit immer mehr Anhänger, auch unter den mächtigen Landesfürsten. Diese Landesfürsten beziehen eindeutig Position gegen die katholische Kirche und damit auch gegen den Kaiser. Zum Teil geschieht dies nicht nur aus religiösen, sondern auch aus machtpolitischen Gründen.

1555 kommt es zu einer vorläufigen Einigung zwischen Protestanten und Katholiken: Im Augsburger Religionsfrieden beschließt der deutsche Reichstag, dass der jeweilige Landesherr seine Religion frei wählen darf. Damit bestimmt er auch die Konfession, also die Glaubensrichtung, seiner Untertanen: Ist der Fürst Katholik, so muss auch die Bevölkerung katholisch sein. Ist der Fürst Protestant, so haben auch alle anderen Menschen im Land Protestanten zu sein. »Cuius regio, eius religio« – »Wem das Land gehört, der bestimmt auch die Religion«, lautet der Leitsatz. Immerhin wird Andersgläubigen das Recht zugestanden, in ein Gebiet auszuwandern, in dem ihre eigene Konfession vorherrscht. Ein solches Recht auf Auswanderung hatte es in der Form bisher nicht gegeben.

Ein wirklicher Friede zwischen den Konfessionen hat damit aber nicht eingesetzt. Im Gegenteil, der Kampf um die Gläubigen beginnt erst. Als Reaktion auf die Reformation grenzt sich die katholische Kirche klarer gegen Andersgläubige ab und geht gegen diese vor, soweit sie nicht durch die Bestimmungen des Augsburger Religionsfriedens geschützt sind. Die katholischen Länder setzen zunehmend stärkere Zwangsmaßnahmen ein. Gleichzeitig werden die Bemühungen um Seelsorge und Mission verstärkt. Der Katholizismus erobert immer mehr Gebiete zurück.

Diese Entwicklung sieht die Mehrheit der protestantischen Landesfürsten mit großem Unwillen. Da nun katholische und protestantische Fürsten ähnlich stark vertreten sind, blockiert dieser Gleichstand die politischen Institutionen des Reiches. 1608 verlassen deshalb die Protestanten unter Protest den Regensburger Reichstag und gründen die »Protestantische Union«, ein Jahr später entsteht mit der »Katholischen Liga« ein Gegenbündnis. Die Fronten zwischen den Konfessionen verhärten sich. Der geringste Anlass genügt, um einen Krieg ausbrechen zu lassen.

Krieg um die richtige Religion

Wenige Jahre später ist es so weit: In Böhmen wird Ferdinand, Erzherzog von Innerösterreich, zum König gekrönt. Der Widerspruch der böhmischen Fürsten, die mehrheitlich protestantisch sind und keinen katholischen König wollen, wird übergangen. Als der neue König einen in Prag geplanten Protestantentag verbietet, setzen sich die protestantischen Fürsten zur Wehr: Am 23.

Mai 1618 stürzen sie empört zwei kaiserliche Statthalter aus dem Fenster des Hradschin, der Prager Burg. Mit diesem »Prager Fenstersturz« beginnt der Aufstand der böhmischen Protestanten gegen die katholischen Habsburger Herrscher. Dieser Aufstand markiert den Beginn des größten Glaubenskrieges der europäischen Geschichte: Dreißig Jahre lang werden sich Protestanten und Katholiken in der Folge bekämpfen.

In den Dreißigjährigen Krieg mischen sich fast alle europäischen Staaten ein: In vielen Einzelkriegen tragen unter anderem Frankreich, Italien, Spanien, die Niederlande, Dänemark und Schweden ihre Konflikte auf deutschem Boden aus. Bald schon sind politische Machtfragen wichtiger als religiöse Unterschiede. Letztlich kann keine Seite den Krieg für sich entscheiden. Zermürbt von den jahrelangen Kämpfen versuchen die Gegner, zu einem Ausgleich zu kommen, und schließen 1648 den »Westfälischen Frieden«.

Weder der schwedische König Gustav II. Adolf noch die bedeutenden katholischen Feldherren Wallenstein und Tilly überleben den Krieg. Am meisten aber leidet die Bevölkerung: Söldnerheere ziehen plündernd, brutal mordend und brandschatzend durchs Land. Felder werden verwüstet, sodass Hungersnot herrscht und Seuchen ausbrechen. In manchen der am stärksten vom Krieg heimgesuchten Gebiete überlebt gerade einmal ein Drittel der Bevölkerung den Dreißigjährigen Krieg und seine Folgen.

Liegt der Segen in der Flucht?

Auch in anderen Ländern kommt es im 17. Jahrhundert zu Kämpfen aus religiösen Gründen: In Frankreich zum Beispiel sind die »Hugenotten«, wie man die Protestanten dort nennt, zwar seit dem Edikt von Nantes 1598 geduldet, doch werden ihnen ihre Rechte im Laufe des 17. Jahrhunderts Schritt für Schritt wieder genommen, sodass sie nicht sicher vor Verfolgung sind.

In England stehen die Puritaner den Anglikanern und Katholiken gegenüber. Sie repräsentieren eine radikale protestantische Richtung, die sich nach den Lehren Johann Calvins richtet und die Monarchie ablehnt. Im englischen Bürgerkrieg kommen sie für wenige Jahre an die Macht, dauerhaften Einfluss gewinnen sie aber nicht.

Viele Angehörige religiöser Minderheiten sehen in ihrer europäischen Heimat keine Möglichkeit, ihrem Glauben gemäß zu leben. Manche müssen sogar religiöse Verfolgung fürchten. Darum suchen viele ihr Heil in der Auswanderung und finden in den Kolonien, zum Beispiel in Nordamerika, eine neue Heimat.

1369 – 1415 Jan Hus
1483 – 1546 Martin Luther
1509 – 1564 Johann Calvin
1547 – 1616 Miguel de Cervantes
1559 – 1632 Johann Tserclaes Tilly
1564 – 1642 Galileo Galilei
1571 – 1630 Johannes Kepler
1576 – 1616 William Shakespeare
1578 – 1637 Ferdinand II.
1583 – 1634 Albrecht von Wallenstein, eigentlich Waldstein
1596 – 1650 René Descartes
1597 – 1639 Martin Opitz
1594 – 1632 Gustav II. Adolf
1616 – 1664 Andreas Gryphius
1622 – 1673 Molière, eigentlich Jean-Baptiste Poquelin
um 1622 – 1676 Hans Jakob Christoffel von Grimmelshausen
1635 – 1683 Daniel Caspar von Lohenstein
1643 – 1715 Ludwig XIV.

Wie wirken sich die Glaubenskämpfe auf die Kunst aus?

Nach den grausamen Erfahrungen des Dreißigjährigen Krieges und angesichts der religiösen Auseinandersetzungen beschäftigen sich die Menschen mit ganz existenziellen Fragen: Findet man sein Heil im Jenseits oder doch im Diesseits, soll man sich angesichts der Bedrohung durch

Krieg und Tod entschließen, sein Leben Gott zu weihen oder doch sein Glück im Hier und Jetzt suchen?

Die Künstler dieser Zeit finden ihre eigene Antwort und entscheiden sich dafür, den Realitäten auf Erden etwas entgegenzusetzen. So entstehen prachtvolle, prunkvoll überladene Kirchen, Schlösser und Parks, während die Bevölkerung gleichzeitig unter Krieg, Hunger und Seuchen leidet.

Das Aufeinanderprallen dieser Gegensätze versucht im Nachhinein die im 18. Jahrhundert erstmals für diese Kunstepoche verwendete Bezeichnung »Barock« zu fassen: Der aus dem Portugiesischen stammende Begriff bedeutet »schiefrunde Perle« und meint etwas Unausgewogenes, von der Regel Abweichendes.

In der Dichtung jener Zeit beschäftigt man sich zwar nach wie vor mit religiösen Themen. Doch nach und nach erobern sich die Dichter auch andere Gebiete: Andreas Gryphius und Daniel Caspar von Lohenstein schreiben historische Tragödien nach dem Vorbild des englischen Dichters William Shakespeare. Auch Komödien werden nun in Deutschland bekannt, beeinflusst von Shakespeares Werken ebenso wie von denen des französischen Dichters Molière. Der Roman, der vorher als Literaturgattung keine nennenswerte Rolle gespielt hat, gewinnt an Bedeutung für die Leserschaft. Schelmenromane wie der »Don Quijote« des Spaniers Miguel Cervantes und der im Dreißigjährigen Krieg spielende »Simplicissimus« von Christoffel von Grimmelshausen werden regelrechte Publikumserfolge. Sie wenden sich erstmals Themen zu, die für viele Menschen interessant oder unterhaltsam sind.

Auch in der bildenden Kunst werden neue Themen in den Blick genommen: Bürgerliches Alltagsleben, Porträts reicher Kaufleute und ähnliche Motive sind Ausdruck des gestiegenen Selbstbewusstseins des wirtschaftlich erfolgreichen Bürgertums. Die Art der Darstellung ändert sich ebenfalls: Gesichtsausdruck, Körperhaltung, Bewegungsabläufe, Perspektive – alles soll möglichst »natürlich«, wie aus dem wirklichen Leben wirken.

Ich denke, also bin ich

Der Horizonterweiterung in der Kunst entspricht in der Philosophie das Denken »vom Menschen her«: Nachdem infolge der Reformation und der nachfolgenden Glaubenskämpfe die Religion nicht mehr als alleiniges allgemeinverbindliches Erklärungsmuster gilt, werden nun neue Wege des Denkens beschritten.

»Ich denke, also bin ich«, formuliert der französische Philosoph René Descartes. Er und andere Philosophen seiner Zeit stellen den Menschen und die menschliche Gesellschaft in den Mittelpunkt ihres Denkens. Sie fordern den »mündigen Menschen« und machen sich damit sowohl die katholische Kirche als auch die absolutistischen* Fürsten, deren Allmacht sie anzweifeln, zu Gegnern. Doch die Philosophie der Aufklärung*, die hier ihre Ursprünge hat, ist nicht mehr aufzuhalten.

Auch in der naturwissenschaftlichen Forschung regt sich der Geist der Veränderung: Johannes Kepler erklärt, dass Galileo Galilei Recht hatte, als er behauptete, die Planeten kreisten nicht um die Erde, sondern um die Sonne. Kepler beschreibt sogar die ellipsenförmigen Flugbahnen der Planeten.

Von Herrschern und Kaufleuten

Nur in der Klasse der Regierenden regt sich kein Aufbruchsgeist, im Gegenteil: Nach Ende des Dreißigjährigen Krieges werden die europäischen Staaten durchweg von Herrschern regiert, die nicht mehr bereit sind, ihre Macht zu teilen. Sie leiten diesen Anspruch aus der Überzeugung ab, dass alle staatliche Macht von Gott selbst verliehen sei. Dieser Überzeugung waren zwar auch schon frühere Monarchen gewesen, doch hatten sie ihre Macht mit den niedrigeren Adligen ihres Landes und den freien Städten teilen müssen. Das hat nun ein Ende.

Der französische König Ludwig XIV., der »Sonnenkönig«*, kann als Prototyp eines absolutistischen Herrschers gelten. Mit dem Erheben völlig überhöhter Steuern finanziert er seine persönliche Prunk- und Verschwendungssucht. Das prachtvolle Schloss von Versailles vor den Toren von Paris legt heute noch davon Zeugnis ab. Der französische Königshof gilt damals als großes Vorbild, dem die anderen europäischen, absolutistischen Herrscher nacheifern.

Um dies alles zu finanzieren, werden in vielen Ländern wirtschaftspolitische Reformen nötig: Der so genannte Merkantilismus* versucht, die Steuereinnahmen dadurch zu erhöhen, dass er die gewerbliche Produktion fördert. Immer mehr Manufakturen*, in denen Güter in strenger Arbeitsteilung hergestellt werden, lösen die herkömmlichen Handwerksbetriebe ab, in denen ein Handwerksmeister und seine Gesellen alle Tätigkeiten selbst übernehmen. Ziel ist es, mehr Waren auszuführen als einzuführen. Zu diesem Zweck fördert die Regierung aktiv den Export und dämmt den Import durch Einfuhrzölle ein. Auf diese Weise soll ein Handelsüberschuss erwirtschaftet werden, der letztlich der Staatskasse zugute kommt.

Warum gibt es immer mehr Bücher?

Die tief greifenden wirtschaftspolitischen Veränderungen des Merkantilismus führen auch auf dem Buchmarkt zu einer erhöhten Produktion. Ein reger Handel mit Büchern hat sich entwickelt. Buchhändler, die meist gleichzeitig Verleger sind, ziehen von Markt zu Markt und tauschen ihre Druckerzeugnisse untereinander aus. Die Differenzen, die sich aus ihren Tauschgeschäften ergeben, werden auf der Messe in Frankfurt und bald auch auf der immer wichtiger werdenden Messe in Leipzig abgerechnet.

> 1618–1648 Dreißigjähriger Krieg
> 1642–1649 Englischer Bürgerkrieg

Bücher und Bildung bekommen einen immer höheren Stellenwert. Reformatoren und Gegenreformatoren sehen eine gewisse Bildung als Voraussetzung dafür an, die Menschen von ihren Ideen zu überzeugen. Nur so können sie sie mit ihren Flugschriften überhaupt erreichen. Deshalb gründen sie Schulen, in denen zumindest die reicheren Bürger lesen lernen können. Die Leserschaft sind nun nicht mehr nur Adlige und Geistliche, sondern auch Bürger.

Zudem gibt es immer mehr weltlichen deutschsprachigen Lesestoff: 1624 erscheint das »Buch von der Deutschen Poeterey« von Martin Opitz. Seine Forderungen nach einer deutschsprachigen Dichtung werden von den zahlreichen »Sprachgesellschaften«, in denen sich viele bedeutende und weniger bedeutende Autoren des 17. Jahrhunderts zusammengefunden haben, unterstützt.

Der Entwicklung des Buches zum Massenmedium steht nun nichts mehr im Wege. Im folgenden Jahrhundert wird man sogar schon vor einer grassierenden »Lesewut« warnen.

137

War der Alkohol schuld?

1616

Stratford-upon-Avon trauert um William Shakespeare

Vor wenigen Wochen erst hat er mit zitternder Hand und bei schlechter Gesundheit sein Testament geschrieben. Das wilde und ausschweifende Leben des großen Dichters fordert seinen Tribut. Böse Zungen behaupten sogar, er zahle nun den Preis für seinen Hang zu Alkoholexzessen. Denn von einem Unfall oder einer Krankheit ist nichts weiter bekannt.

»Das sind nur böse Gerüchte«, behauptet der Priester der Holy Trinity Church, der die Trauerandacht halten wird. »Shakespeare war ein Genie und kein Säufer. Niemals wieder wird es in England einen solch bedeutenden Dichter geben. Die Bürger Stratfords sammeln bereits Geld für einen Gedenkstein, der hier in der Kirche angebracht werden soll.«

Inzwischen hat die Nachricht seines Todes auch London erreicht. Einige seiner ehemaligen Theaterkollegen haben zugesichert, zu seinem Ruhm sobald wie möglich eine Gesamtausgabe seiner Werke herauszugeben.

Ist der Sohn Stratfords nun ein Genie oder nicht?

William Shakespeare wird am 26. April 1564 in Stratford-upon-Avon geboren. Er ist der Sohn des Tuchhändlers John Shakespeare und seiner Frau Mary Arden, die aus dem katholischen Landadel stammt. Schon früh erlebt er in seiner Umgebung Trauer und Leid: Seine beiden älteren Schwestern sterben früh und in seinem Geburtsjahr wütet die Pest in Stratford.

William besucht in der ländlichen Kleinstadt Stratford die Lateinschule, wo er Äsops Fabeln, die Dramen der römischen Dichter Terenz und Plautus und Werke von Sallust, Cäsar und Horaz kennen lernt. Besonders gut gefallen ihm die »Metamorphosen« von Ovid, die zu seinem Lieblingsbuch werden und ihm später zahlreiche Anregungen für seine Bühnenstücke geben. Im Alter von 18 Jahren heiratet er die acht Jahre ältere Bauerntochter Anna Hathaway, mit der er drei Kinder hat: Susanna und die Zwillinge Judith und Hamnet. Sein Sohn stirbt allerdings im Alter von nur elf Jahren.

Nach der Geburt der Zwillinge zieht Shakespeare ohne seine Familie nach London. Fasziniert von der Schauspielerei, folgt er einer Gruppe von Theaterleuten.

Nach einigen Jahren wird er tatsächlich als Schauspieler und Dichter bekannt. Zwar spotten berühmte Kollegen über ihn, weil er keine Universität besucht hat, doch das kann ihn nicht bremsen. Mit 26 Jahren findet er dann seine Berufung und fängt an, für das Theater zu schreiben. Die ersten Stücke wie »Heinrich VI.« und »Richard II.« sind ganz der Tradition des historischen Dramas des so genannten elisabethanischen Theaters* verhaftet. Aber nach und nach erweitert Shakespeare dessen Ausdrucksformen um immer vielschichtigere und psychologisch schlüssigere Figuren. Häufig geht es um Macht und ihren Missbrauch, um tragische Konflikte, um Verwechslungen und übersinnliche Erscheinungen. Es entstehen aber auch Komödien voll hintergründigem Witz. Bis zu seinem 30. Lebensjahr verfasst Shakespeare acht Stücke, darunter seine vielleicht berühmtesten: »Der Widerspenstigen Zähmung«, »Romeo und Julia« und »Ein Sommernachtstraum«. Außerdem schreibt er kunstvolle Gedichte wie die »Sonette«, die bis heute als ein Höhepunkt der englischen Dichtung gelten.

Gibt Shakespeare seine Leidenschaft für die Schauspielerei damit auf?

Der Schauspielberuf, den Shakespeare in London zunächst ausübt, ist um 1600 genau geregelt: Die Ausbildung dauert rund sieben Jahre und umfasst nicht nur Sprechunterricht, sondern auch Singen, Tanzen, Fechten und Akrobatik. Etwa acht Personen bilden eine Truppe und besitzen gemeinsam Kostüme, Requisiten und Bücher. Lehrlinge spielen die Frauenrollen, da Frauen auf der Bühne nicht zugelassen sind. Feste Theater als Spielstätten gibt es in London erst seit wenigen Jahren, davor spielte man in Wirtshäusern und Zunfthallen.

Shakespeare gründet eine eigene Theatertruppe, die »Lord Chamberlain's Men«, und wird Mitbesitzer eines neuen Theaters. 1599 wird am Südufer der Themse das »Globe Theatre« eröffnet, ein achteckiger Bau mit drei übereinander liegenden Galerien, die einen Hof umgeben. In ihn hinein ragt als Bühne eine nach drei Seiten offene Plattform. Diese Bühnenform verlangt eine ganz spezielle Spielweise, denn es gibt weder einen Vorhang beim Szenenwechsel noch ein aufwändiges Bühnenbild. Doch sie setzt sich durch und diese Form der Bühne und Spielweise wird richtungweisend für ganz Europa.

Für Shakespeare ist der Besitz eines eigenen Theaters ein großer Fortschritt. Von nun an ist er Theaterleiter, Autor, Regisseur und Schauspieler in einer Person. Er kennt seine Schauspieler genau und kann ihnen seine Stücke auf den Leib schneidern.

Dabei schreibt er nicht in erster Linie, um große Kunst zu schaffen, sondern um sein Publikum zu unterhalten.

Der Erfolg gibt ihm Recht, die »Lord Chamberlain's Men« werden zur gefragtesten Truppe Londons und verdienen gut. Doch nicht nur die einfache Bevölkerung lässt sich von den Stücken des Theatergenies begeistern, auch am Hof von Elisabeth I. und ihrem Nachfolger Jakob I. spielt man ihn weit häufiger als seine berühmten Zeitgenossen Christopher Marlowe oder Ben Jonson.

Doch sein unermüdlicher kreativer Einsatz und das zuweilen ausschweifende Treiben der Theaterszene haben einen hohen Tribut gefordert: Mit 46 Jahren ist Shakespeare zwar ein reicher Mann, aber am Ende seiner Kräfte. Er kehrt zu seiner Familie nach Stratford zurück und verbringt noch einige Jahre mit ihr, bis er 1616 dort stirbt.

Sein literarisches Erbe ist eines der gewaltigsten der Weltliteratur und wird zum Vorbild für Lessing, Goethe und viele andere Schriftsteller. Seine Tragödien und Komödien werden bis heute an Theatern in aller Welt aufgeführt.

um 600 v. Chr. Äsop
um 254 – ca. 184 v. Chr. Plautus
190 – 159 v. Chr. Terenz
100 – 44 v. Chr. Cäsar
86 – ca. 35 v. Chr. Sallust
43 v. Chr. – 14 n. Chr. Horaz
43 v. Chr. – ca. 17 n. Chr. Ovid

1533 – 1603 Elisabeth I.
1556 – 1623 Anna Hathaway
1564 – 1593 Christopher Marlowe
1564 – 1616 William Shakespeare
1566 – 1625 Jakob I.
1572 – 1637 Ben Jonson
1729 – 1781 Gotthold Ephraim Lessing
1749 – 1832 Johann Wolfgang von Goethe

SHAKESPEARE'S GLOBE

139

In Gottes eigenem Land angekommen

1620

Pilgerväter gründen Kolonie in Amerika

Land in Sicht! Fast zwei Monate sind die 120 Auswanderer aus Plymouth und 30 Mann Besatzung auf See. Nun endlich, nach einer stürmischen Überfahrt, hat die *Mayflower* die Küste von Massachusetts erreicht. Niemand weiß, was sie in dem fremden Land erwartet, welche Gefahren dort auf sie lauern. Doch eines wissen sie genau: Einen Weg zurück gibt es nicht.

»Eigentlich war die Mündung des Hudson unser Ziel«, gesteht Kapitän Christopher Jones bei der Landung ein, »aber mir war schon lange klar, dass wir weit vom Kurs abgekommen sind. Wir werden erst mal an Land gehen, um Feuerholz zu holen. Aber was immer auch geschehen mag, wir stehen unter Gottes Schutz.«

Doch auf Gott allein verlassen sich die Auswanderer nicht und haben ihre Waffen griffbereit zur Hand. Denn sie kennen die Geschichten von heimtückischen Indianern und ihren Überfällen. Vorsichtig pirschen sie sich durch den Wald. Nach einer ersten Erkundung kann sich der Kapitän sogar vorstellen, die Kolonie hier zu gründen, um so eine weitere, lange Seereise zu vermeiden.

Warum verlassen die Pilgerväter England?

Im 17. Jahrhundert entwickeln sich verschiedene widerstreitende christliche Glaubensrichtungen in Europa und viele Menschen werden deshalb aufgrund ihres Glaubens verfolgt. Daher ist Nordamerika nicht nur für Pelztierjäger und Missionare interessant. Die Wildnis bietet auch Schutz vor Verfolgung und Aussicht auf ein neues Leben. Davon träumen auch die puritanischen Pilgerväter, die sich gemäß den Lehren Johann Calvins ganz nach den Geboten der Bibel ausrichten. Die Lehre der römisch-katholischen Kirche, Bilderverehrung, Kartenspielen, Rauchen, Tanzen, Theater oder Trinken lehnen sie ab und fordern stattdessen Sittenstrenge in allen Lebensbereichen. In England haben sich die Puritaner während des Konfliktes zwischen schottischen Katholiken und englischen Protestanten radikalisiert und etliche Kirchen verwüstet. Damit haben sie sich den Hass vieler zugezogen und wollen nun das Land verlassen.

Anfang des Jahrhunderts geht eine Gruppe von ihnen, die so genannten Pilgerväter, nach Leiden ins holländische Exil. Dort planen sie eine Ansiedlung in Amerika an der Mündung des Hudson, so benannt nach Henry Hudson, der den Fluss erkundete. Der englische König Jakob I. bewilligt den Puritanern die Auswanderungspläne in der Hoffnung, dass ihnen weitere aus England folgen werden. Die Virginia-Handelsgesellschaft finanziert die Reise.

Im Juli 1620 bringt das Frachtschiff »Speedwell« die Kolonisten nach Southampton in England. Hier treffen sie die »Mayflower« aus London. Die »Speedwell« hat jedoch ein Leck und ist nicht seetüchtig. Nur die »Mayflower« kann auslaufen. Einige der Passagiere geben entnervt auf, dennoch ist die »Mayflower« überfüllt: 102 Pilgerväter drängen sich auf dem Zwischendeck, zudem zwei Hunde. Am 6. September läuft der Dreimaster in Plymouth aus.

Die Überfahrt auf dem Nordatlantik verläuft stürmisch. Aber der ehemalige Holz-, Teer- und Fischtransporter ist robust: Die »Mayflower« hatte auf der Route nach Norwegen öfter mit schlechtem Wetter zu kämpfen gehabt. Die Luft unter Deck ist stickig und schlecht und hölzerne Abtrennungen schaffen nur wenig Privatsphäre. Immer wieder treibt es seekranke Passagiere zur Reling. Am 6. November stirbt der Pilgervater William Butler an einer Lungenentzündung. Dafür wird während der Überfahrt ein Kind geboren, das den Namen »Oceanus« erhält.

Wie sieht das Leben der Neuankömmlinge in Amerika aus?

Am 9. November, bei Sonnenaufgang, sichtet der Ausguck endlich Land. Bald wird den Kolonisten klar, dass sie nicht, wie zunächst geplant, die Mündung des Hudson vor sich haben: Das Schiff hat es 800 Kilometer weiter nach Nordosten verschlagen, zur sandigen Landzunge von Cape Cod. Am 11. November 1620 wirft die »Mayflower« dort Anker.

Einige Männer gehen an Land. Ihr Auftrag: Wacholderholz finden, um damit die stinkenden Unterdecks ihres Schiffes auszuräuchern.

Im »Mayflower Compact«, dem Mayflow-

er-Vertrag, eine der Grundlagen der späteren amerikanischen Demokratie, kommen die Pilgerväter überein, sich in Massachusetts niederzulassen. In freier und geheimer Wahl wird John Carver zum ersten Gouverneur bestimmt. Im Dezember dann finden die Ankömmlinge einen geeigneten Platz für eine neue Siedlung. Sie nennen sie nach ihrem Aufbruchhafen Neu-Plymouth.

Den Puritanern steht ein harter Winter bevor: Durch Hunger, Kälte und Krankheiten erlebt fast die Hälfte von ihnen den Frühling nicht mehr. Erst als die Siedler im darauf folgenden Herbst das Erntedankfest (»Thanksgiving«) feiern – mit dem berühmten Truthahnbraten, einem indianischen Gericht –, ist klar, dass sich die Kolonie behauptet hat.

Der Anfang für die Besiedlung Neu-Englands ist damit gemacht. Vor allem die Puritaner lassen sich in Massachusetts nieder: hauptsächlich in Salem und Boston, dem späteren Verwaltungssitz. Das Leben des Einzelnen wird von der Gemeinschaft streng überwacht. Die Menschen

> 1509–1564 Johann Calvin
> um 1565–ca. 1611 Henry Hudson
> 1566–1625 Jakob I.
> um 1570–1622 Christopher Jones
> um 1575–1621 John Carver

müssen sich zum Beispiel schlicht kleiden und werden für Ehebruch mit Auspeitschen bestraft. Es ist ein hartes Leben, aber die Siedler haben auch eine gewaltige Aufgabe vor sich, deren erfolgreiches Gelingen sich vielleicht nur durch diese außerordentliche Disziplin erklären lässt.

Amerika verdankt seinen Gründervätern einige Eigenschaften, die auch heute noch als »typisch amerikanisch« gelten: den Optimismus, das wirtschaftliche Geschick sowie den ausgeprägten Gerechtigkeitssinn. Bis heute hat sich darum in Amerika der optimistische Glaube erhalten, in »God's Own Country«, »Gottes eigenem Land«, könne durch Arbeit und Frömmigkeit jedermann reich und glücklich werden.

141

Ein David, der zu leben scheint

1623

Bernini vollendet seine sensationelle Skulptur

Jeder Muskel des Körpers ist angespannt. Die Steinschleuder ist nach hinten geschwungen, um im nächsten Augenblick das tödliche Geschoss abzufeuern. Der Blick signalisiert Entschlossenheit und ist auf den für den Betrachter unsichtbaren Feind gerichtet. Keine Frage, dieser David scheint lebendig zu sein. Die lebensgroße Figur, die Gian Lorenzo Bernini geschaffen hat, unterscheidet sich deutlich von allen anderen Statuen der Kunstgeschichte.

Dieser David ist in seiner Bewegung eingefangen und wirkt wie ein echter Mensch. Auch sein Gesicht erscheint lebensecht, denn es hat ein bekanntes Vorbild.

»Ich habe nach einem geeigneten Gesicht gesucht, aber kein passendes gefunden«, sagt der italienische Bildhauer. »Da ich nur sieben Monate Zeit hatte, habe ich der Statue einfach mein Gesicht gegeben.«

Die Betrachter in Rom sind überwältigt. Es ist ganz so, als habe Bernini die Bildhauerei neu erfunden. Staunend betrachten Kunstkenner und Kollegen aus ganz Europa diese sensationelle Skulptur, die, da sind sich alle sicher, in der Kunstgeschichte einen bedeutenden Platz einnehmen wird.

Warum ausgerechnet David?

Innerhalb von knapp 200 Jahren wählen gleich vier namhafte Künstler den biblischen Helden als Motiv für ihre Skulpturen aus. Das ist kein Zufall. Vor etwa 3000 Jahren erlöst David die Israeliten von der Bedrohung durch die Philister*. Nur mit einer Steinschleuder ausgerüstet, stellt er sich im Zweikampf dem Riesen Goliath und erledigt ihn gleich mit dem ersten Wurf. David wird zum König von Israel und für das Judentum bricht in der Folge ein goldenes Zeitalter an. So wird der Hirtenjunge David zum Vorbild für viele Herrscher und zum Motiv für ebenso viele Künstler.

In der Kunst des Mittelalters stellt man David gerne als alten König mit langem Bart dar.

Im 15. und 16. Jahrhundert hingegen setzt man die Figur des Hirtenjungen als Symbol ein. Er verkörpert den Sieg eines scheinbar Schwachen über einen vermeintlich Stärkeren.

In der Renaissance wird David meist unbekleidet dargestellt. Das ist möglich, weil die Kunstwerke überwiegend für private Auftraggeber geschaffen werden. So steht Donatellos aus Bronze gegossener »David« im Hof des Medici-Palastes. Von diesem ersten frei stehenden Akt seit der Antike lässt sich später vermutlich Michelangelo zu seiner über vier Meter großen, aus einem Marmorblock gehauenen David-Skulptur inspirieren. Eine weitere Erklärung für die Nacktheit der Figuren liegt in der Rückbesinnung der Renaissance auf die Kunst der griechischen und römischen Antike. Denn in jener Zeit wurden Menschen und Götter fast immer nackt dargestellt. Zudem rückte die Kunst der Renaissance das Abbild des Menschen in den Mittelpunkt. Der Bronze-David von Verrocchio gilt als ein gutes Beispiel für dieses neue, lebendige Schönheitsideal, für das neue Weltbild.

Was ist so besonders an Berninis »bewegtem« David?

Gian Lorenzo Bernini wird 1598 in Neapel geboren und ist einer der bedeutendsten italienischen Bildhauer und Baumeister. Während Donatello, Verrocchio und Michelangelo ihren David nach dem Kampf zeigen, entschließt er sich, den Moment der Kampfhandlung selbst einzufangen. Seine Skulptur zeigt den biblischen Helden kurz vor dem bevorstehenden Kampf. Die Muskeln sind angespannt, die Steinschleuder bereit, der Blick auf das Ziel gerichtet. Ungewöhnlich ist, dass Bernini mithilfe eines Spiegels seine eigenen Gesichtszüge auf die Skulptur überträgt. Kunsthistoriker sehen darin den Wandel von einer historischen Gestalt hin zu einem durchsetzungsfähigen Individuum. Dieser David könnte jeder sein. Der Kampf, den David vor sich hat, kann auch der Kampf des Einzelnen mit sich selbst sein – eine spannende Skulptur also, mit vielen verschiedenen Deutungsmöglichkeiten. Bernini hat ein für die nun angebrochene Epoche des Barocks und die Kennzeichen barocker Kunst wegweisendes Kunstwerk geschaffen.

Das Charakteristische sind die Bewegtheit der gezeigten Figuren, eine außergewöhnliche Prachtentfaltung und die Handlungsbetontheit. Typisch für die Kunstform des Barocks ist ihre gegenseitige Durchdringung von Architektur, Plastik und Malerei. Eine der Ursachen für diesen Wandel ist der durch zunehmende Aufträge für Kirchen, Paläste, Villen und Klöster ausge-

löste künstlerische Wettbewerb. Dieser veranlasst die Künstler dazu, sich gegenseitig mit immer noch kunstvolleren Verzierungen in den Schatten stellen zu wollen. Bernini zum Beispiel arbeitet für die Mächtigen und Reichen in ganz Europa und schafft Brunnen und Skulpturen.

Unter den Malern seiner Zeit gilt Caravaggio als prägend. Durch einen besonderen Einsatz von Licht und Farbe erscheinen die Hauptfiguren seiner Bilder gerade so, als würden sie von einem Scheinwerfer angeleuchtet. Von seiner Technik profitieren auch andere bekannte Künstler wie die Spanier El Greco und Velázquez oder die niederländischen Maler Rubens und Rembrandt. Schon im Alter von 25 Jahren ist Rembrandt der führende Porträtmaler der reichen Familien Amsterdams.

Im Gegensatz zur Renaissance fällt im Barock die typische Zurschaustellung von Macht und Reichtum besonders in der prunkvollen Architektur und der schöpferischen Ausgestaltung prachtvoller Altaraufbauten ins Auge. Erst um 1750 wird die Stilepoche des Barocks vom Klassizismus abgelöst. Die Kunst und die Architektur wenden sich nun wieder mehr den strengen, klareren Ausdrucksformen der Antike zu.

> um 1386 – 1466 Donatello, eigentlich Donato di Niccolò di Betto Bardi
> um 1435/36 – 1488 Andrea del Verrocchio
> 1475 – 1564 Michelangelo Buonarroti
> um 1541 – 1614 El Greco
> 1573 – 1610 Caravaggio, eigentlich Michelangelo Merisi
> 1577 – 1640 Peter Paul Rubens
> 1598 – 1680 Gian Lorenzo Bernini .
> 1599 – 1660 Diego Velázquez
> 1606 – 1669 Rembrandt van Rijn
>
> 1432 Donatellos David
> 1475 Verrocchios Bronze-David
> 1504 Michelangelos David

143

Die Invasion von Usedom

1630

Schwedenkönig Gustav Adolf greift in den Glaubenskrieg ein

Erste Augenzeugenberichte erreichen soeben die unter dem jahrelang andauernden Krieg leidende Bevölkerung. Es sind Ostseefischer, die am Strand interessante Beobachtungen gemacht haben. »Mit Hunderten von Schiffen sind die Schweden in Usedom gelandet«, berichten sie übereinstimmend. »Die Soldaten sind mit Musketen und Kanonen bewaffnet. Die hält so leicht keiner auf.«

In ihre Schilderungen mischt sich die Hoffnung, dass mit der Invasion der schwedischen Truppen der Glaubenskrieg in Deutschland nun endlich ein Ende finden wird. Es gilt als sicher, dass der Schwedenkönig an der Seite der protestantischen Fürsten von Hessen-Kassel und Sachsen gegen die Truppen des deutschen Kaisers in den Kampf ziehen wird.

Wird in diesem elenden Krieg nun endlich die entscheidende Wende eintreten?

Wer ist Gustav Adolf?

Gustav Adolf, der älteste Sohn von König Karl IX. von Schweden, wird 1594 in Stockholm geboren. Schon als Achtjähriger nimmt er an Sitzungen des Senats teil und lernt so früh die große Politik kennen. Als sein Vater stirbt, wird der 17-jährige Gustav Adolf vorzeitig für mündig erklärt und besteigt als Gustav II. den Thron.

Keine leichte Aufgabe, denn Schweden ist durch zahlreiche Kriege erschöpft und durch innere Unruhen zerrissen. Doch Gustav reorganisiert die Armee, die Verwaltung und das Steuer- und Rechtssystem. Das schwedische Schulwesen macht er schon damals zu einem der besten in Europa. Auch den Handel kann er beleben und die Wirtschaft wieder in Schwung bringen.

Außenpolitisch ist Gustav ebenfalls erfolgreich. Er führt in den ersten zehn Jahren seiner Regierung drei siegreiche Kriege gegen Dänemark, Russland und Polen und macht aus Schweden eine europäische Großmacht, die sich gegen katholische Gegner bestens behaupten kann. Denn Schweden ist seit 1527 protestantisch.

Worum geht es in dem Glaubenskrieg?

In Deutschland werden die Spannungen zwischen Katholiken und Protestanten immer größer, und beide Parteien schließen sich mit Glaubensfreunden zu Bündnissen, die sie »Ligen« nennen, zusammen.

Es fehlt nur noch ein Funken, um den schwelenden Konflikt in einen Krieg zwischen den beiden Glaubensrichtungen münden zu lassen.

Dieser Anlass ist gekommen, als 1618 die protestantischen Stände in Böhmen dem katholischen deutschen Kaiser die Gefolgschaft verweigern. Aus Protest werfen die Protestanten zwei kaiserliche Räte zum Fenster der Prager Burg hinaus.

Die Protestanten wollen unabhängig sein und erklären den katholischen König Ferdinand II. für abgesetzt. Stattdessen wählen sie den Protestanten Friedrich V. von der Pfalz zu ihrem neuen König.

Der abgesetzte König Ferdinand II., der später sogar zum Kaiser gewählt wird, holt sich Hilfe aus Bayern. Am Weißen Berg bei Prag kommt es 1620 zur Schlacht zwischen der Protestantischen und der Katholischen Liga, die am Ende siegt. Daraufhin wird in Böhmen der Katholizismus gewaltsam wieder eingeführt. In der Folge verlieren protestantische Adelige ihren Besitz und etwa 150 000 Protestanten wandern aus.

In den kommenden Jahren werden alle weiteren Aufstände von protestantischen Fürsten durch den Feldherrn der Katholischen Liga, Johann Tserclaes Tilly, niedergeschlagen. Nun fürchten die protestantischen Fürsten in Norddeutschland, auch ihnen drohe die erneute Katholisierung.

Ein Bündnis einiger protestantischer Fürsten mit England, Dänemark und den Niederlanden entsteht, um unter der Führung des dänischen Königs, Christian IV., den deutschen Kaiser entscheidend zu schwächen. Aber die kaiserlichen Truppen erringen unter der Führung des Feldherrn Albrecht von Wallenstein einen entscheidenden Sieg gegen die Verbündeten und besetzen ganz Norddeutschland. Kaiser Ferdinand II. erlässt das so genannte Restitutionsedikt, das die Rückgabe aller kirchlichen Gebiete anordnet, die die Protestanten in den letzten 80 Jahren an sich gerissen haben.

Die Lage der Protestanten scheint hoffnungslos zu sein.

Kann das Eingreifen der Schweden das Blatt noch wenden?

Doch der Zufall kommt ihnen zu Hilfe. Vielen katholischen Fürsten ist der kaiserliche Feldherr Wallenstein zu mächtig geworden. Als sie 1630 erfolgreich seinen Rücktritt fordern, sieht Gustav Adolf seine Stunde gekommen. Der Schwedenkönig landet mit einem gut ausgerüsteten Heer auf Usedom und schlägt los. Verbündet mit den Fürsten von Sachsen und Hessen-Kassel, besiegt er die kaiserlichen Truppen 1631 in der Schlacht bei Breitenfeld und drängt sie bis nach Bayern zurück. Dem daraufhin zurückberufenen Wallenstein gelingt es aber, den Vormarsch der schwedischen Truppen zu stoppen und eine Entscheidungsschlacht bei Lützen zu erzwingen. Die Schweden können trotz schwerer Verluste das Feld behaupten, doch Gustav, der seine Truppen anführt, stirbt bei einem Reiterangriff. Sein nackter, ausgeraubter Leichnam wird auf dem Schlachtfeld geborgen und später in Stockholm beigesetzt. Keine zwei Jahre später fällt sein Widersacher Wallenstein einem Mordanschlag zum Opfer. Der verheerende Krieg geht weiter und weiter und endet erst 1648 mit dem Westfälischen Frieden.

Von den deutschen Protestanten wird Gustav Adolf gern als Vorkämpfer, Held und Retter der evangelischen Territorien angesehen. Welche Vorstellungen der Schwedenkönig letztendlich für die weitere Zukunft Deutschlands hatte, ist unklar, vermutlich strebte er ein Bündnis gegen den Kaiser unter der Führung Schwedens an, dann würden Norddeutsche heute vielleicht Schwedisch sprechen.

1550–1611 Karl IX.
1559–1632 Johann Tserclaes Tilly
1577–1648 Christian IV.
1578–1637 Ferdinand II.
1583–1634 Albrecht von Wallenstein, eigentlich Waldstein
1594–1632 Gustav II. Adolf
1596–1632 Friedrich V. von der Pfalz

1618–1648 Dreißigjähriger Krieg
1631 Schlacht bei Breitenfeld
1632 Schlacht bei Lützen
1648 Westfälischer Frieden

145

Wallenstein heimtückisch ermordet

1634

Lanze als Tatwaffe sichergestellt

Mitten in der Nacht brachen die Männer durch Fenster und Türen in Wallensteins Zimmer. Der Feldherr war offenbar völlig überrascht, denn er stand im Schlafanzug im Zimmer. Der erste Eindringling, der ihn erreichte, bohrte ihm dann die tödliche Lanze in die Brust. Der Feldherr war auf der Stelle tot.

Erste Ermittlungen gehen davon aus, dass es sich bei den Tätern um Vertraute aus Wallensteins Umfeld handelt. Es wird auch ein enger Zusammenhang mit einem Verbrechen vermutet, das sich am Abend bei einer feucht-fröhlichen Feier in Eger ereignet hat. Eingeladen hatten die Schotten Walter Leslie und John Gorden, ein Offizier aus Wallensteins Heer, der Ire Walter Butler und der irische Hauptmann Walter Deveroux, der mit seinen Dragonern in Eger lagert. Die Gäste waren drei Generäle des Fürsten Wallenstein und dessen Rittmeister. Mitten hinein in die ausgelassene Stimmung zogen die Iren und Schotten ihre Schwerter und erstachen ihre ahnungslosen Gäste. Es muss davon ausgegangen werden, dass Deveroux über den Aufenthaltsort Wallensteins Bescheid wusste und die anderen Männer zu dessen Zimmer geführt hat.

Wer ist Fürst Wallenstein?

Der berühmte Feldherr heißt eigentlich Albrecht Wenzel Eusebius von Waldstein, wird aber unter dem Namen Wallenstein bekannt. Er wird 1583 in Böhmen, im heutigen Tschechien, geboren und katholisch erzogen. Nach einem Studium in Italien schlägt er eine militärische Laufbahn ein. Als der Dreißigjährige Krieg ausbricht, flüchtet er aus dem protestantischen Böhmen und schlägt sich auf die Seite der Katholischen Liga. Seine besondere Fähigkeit liegt in der schnellen Organisation von Truppen. Es gelingt ihm, für die erste große Schlacht ein Heer von 100 000 Mann aufzustellen und es auszurüsten, ohne dass es den Kaiser auch nur einen müden Heller kostet: Unter seiner Führung werden alle benötigten Mittel einfach dem Volk gestohlen.

Durch die Unterstützung der hervorragend gerüsteten Truppe Wallensteins erringt das kaiserliche Heer seinen ersten großen Sieg gegen die böhmischen Protestanten in der Schlacht am Weißen Berg nahe Prag. Daraufhin ernennt der Kaiser Ferdinand II. Wallenstein zum militärischen Befehlshaber, der als Erstes seine Stellung nutzt, um die eroberten Gebiete auszuplündern. Denn der große Feldherr hat eine gewaltige Schwäche – er ist habgierig und machthungrig. Von Anfang an nutzt er den Krieg zu seiner persönlichen Bereicherung.

Auch in der zweiten Phase der Auseinandersetzung, im so genannten Niedersächsisch-Dänischen Krieg, ist Wallenstein erfolgreich. Er besiegt sogar das mächtige protestantische Dänemark. Von da an beherrschen die kaiserlichen Armeen das Reich vom Bodensee bis zur Nord- und Ostseeküste und Wallenstein wird vom Kaiser zum General des Ozeanischen und Baltischen Meeres ernannt. Das wiederum provoziert den schwedischen König Gustav II. Adolf, der auf protestantischer Seite steht und sich als Herrscher des Nordens sieht.

Wie kommt es zum Sturz dieses erfolgreichen und mächtigen Mannes?

Aber nicht nur im Ausland rüsten sich erneut protestantische Gegner zum Kampf gegen Wallenstein. Auch in Deutschland formiert sich Widerstand: Die Fürsten betrachten Wallenstein als Emporkömmling, der sich immer rücksichtsloser bereichert und sich angeblich nach dem Kaiserthron sehnt. Als sich Wallenstein der Anordnung des Kaisers widersetzt, die eroberten Gebiete mit Waffengewalt zu rekatholisieren, ist das Maß voll. Wallenstein wird in jenem Moment seines Amtes enthoben, als die Schweden angreifen. Ohne das militärische Genie von Wallenstein kann das Liga-Heer den schwedischen Angriffen nicht wirksam begegnen. Dem Kaiser bleibt nichts anderes übrig, als Wallenstein wieder zum Oberbefehlshaber des Heeres zu machen. Und Wallenstein gelingt es tatsächlich, die Schweden in der Schlacht bei Lützen (Sachsen) zu schlagen. Gustav Adolf fällt im Kampf. Doch die Schweden formieren sich neu und greifen weiter an.

Wallenstein aber ist kriegsmüde geworden. Außerdem plagt ihn die Gicht, die starke Schmerzen verursacht. Da auch seine Armee erschöpft ist, führt er sie zum Jahreswechsel 1633/1634 ins Winterlager. Erneut widersetzt er sich damit dem Befehl des Kaisers, der den Krieg fortsetzen will. Stattdessen beginnt Wallenstein eigenmächtig Friedensverhandlungen mit den Sachsen und Schweden. Ein schwerer Fehler, denn das hat Hetzkampagnen gegen ihn zur Folge. Und sein ärgster Feind sitzt in der eigenen Armee: Octavio Piccolomini, einer von Wallensteins Unterbefehlshabern. Er schickt einen Brief an den Kaiser, in dem er Wallenstein unterstellt, selbst den Kaiserthron beanspruchen zu wollen.

Am kaiserlichen Hof überschlagen sich daraufhin die Ereignisse. Ferdinand II. erklärt Wallenstein zum Reichsrebellen und beschuldigt ihn der Treulosigkeit. Wallenstein plane, den Kaiser zu stürzen, deshalb müsse er, notfalls mit Waffengewalt, verhaftet werden. Die Verhaftung soll Piccolomini übernehmen. Die Verleumdungen gehen so weit, dass in den Zeitungen sogar steht, dass Wallenstein zum evangelischen Glauben übergetreten sei. Wallenstein flieht nach Eger (Böhmen) und erhofft sich Hilfe von seinen einstigen Gegnern. Einige seiner langjährigen Weggefährten begleiten ihn, aber nicht, um ihm zu helfen, sondern um ihn zu ermorden.

1578–1637 Ferdinand II.
1583–1634 Albrecht von Wallenstein, eigentlich Waldstein
unbekannt–1634 Walter Butler
unbekannt–1640 Walter Deveroux
unbekannt–1649 John Gordon
unbekannt Walter Leslie
1594–1632 Gustav II. Adolf
1599–1656 Octavio Piccolomini

1625–1629 Niedersächsisch-Dänischer Krieg

147

Venedig applaudiert!

1637

Erstes Opernhaus erfolgreich eröffnet

Das Risiko ist enorm, denn viel Geld steht auf dem Spiel. Doch schon nach den ersten Takten und dem einsetzenden Applaus des Publikums ist klar, dass die Investition sich gelohnt hat. Auf der Bühne steht Francesco Manelli, Komponist und Sänger. Zwar spürt man die Anspannung in seiner Stimme, doch je weiter der Abend fortschreitet, umso entspannter wirkt er. Auch sein Partner, der Theaterunternehmer Benedetto Ferrari, kann endlich wieder lächeln. »Dieser Erfolg mit der Oper *L'Andromeda* gibt uns Recht. Viele haben daran gezweifelt, ob es tatsächlich möglich ist, ein öffentliches Opernhaus mit Gewinn zu betreiben. Der heutige Abend zeigt, dass wir mit unserer Einschätzung richtig lagen. Wir sind ausverkauft, auch für die nächsten Vorstellungen.«

Wieder stehen die Zuschauer auf und applaudieren den Sängern und Schauspielern in diesem neuen und einmaligen Bau in Venedig. Sollte der Erfolg dieser neuen Theaterform von Dauer sein, gibt es Pläne für weitere Opernhäuser, nicht nur in Venedig, sondern in ganz Italien und womöglich in ganz Europa.

Wie wird die Oper erfunden?

Die Erfindung der Oper ist ein Zufall. Ursprünglich soll nur das alte Theater der Antike neu belebt werden. Um Stücke von Sophokles und Euripides wieder auf die Bühne zu bringen, gründet sich im 16. Jahrhundert in Florenz die »Camerata Fiorentina«, ein Zirkel von Adeligen, Wissenschaftlern und hochgebildeten Bürgern. Die Mitglieder der Camerata gehen irrtümlich davon aus, dass in den antiken Stücken Musik und auch Gesang eine große Rolle gespielt hätten. »Rezitativischer Stil« nennt man die Idee, dramatische Handlungen mit Musik so zu verbinden, dass ganze Partien gesungen werden können. Schließlich, so die Überlegungen, seien Dichtung und Musik Geschwister. Warum solle man sie nicht vereinen?

Aus diesem Missverständnis heraus entwickelt sich eine neue Kunstform, die anfangs »Dramma per musica« genannt wird. Ab 1600 trägt sie dann ihren bis heute gültigen Namen Oper, der einfach »Werk« bedeutet.

Weil es ja nicht selbstverständlich ist, dass Menschen auf der Bühne in Versform miteinander singen, anstatt miteinander zu sprechen, wählen die frühen Opernkomponisten gerne antike oder märchenhafte Stoffe. Die erste Oper trägt den Titel »Daphne«, wird von Jacopo Peri komponiert und Ende des 16. Jahrhunderts in Florenz uraufgeführt. Leider ist von dieser und anderen frühen Opern kaum etwas überliefert. Der erste bedeutende Komponist ist Claudio Monteverdi, der am Hof von Mantua lebt. Seine Oper »L'Orfeo« (»Orpheus«, 1607) ist ein solcher Erfolg, dass die Noten gedruckt werden und das Werk so an anderen Orten nachgespielt werden kann. Monteverdi führt viele Neuerungen ein, die die Oper bis heute prägen: Statt eines kleinen setzt er ein großes Orchester ein, denn er legt großen Wert auf den musikalischen Ausdruck von Gefühlen und Spannungen. Außerdem verfasst er mit dem Vorspiel von »L'Orfeo« die erste Ouvertüre* der Operngeschichte.

Viele seiner Opern werden auch heute noch aufgeführt.

Kann sich die neue Theaterform in Europa durchsetzen?

Anfangs werden Opern nur an den Höfen der Adeligen aufgeführt. Doch mit der Eröffnung der ersten Opernhäuser ändert sich das schnell. Das Teatro San Cassiano, erbaut von der reichen venezianischen Familie Tron, wird von Francesco Manelli und Benedetto Ferrari gepachtet. Im Gegensatz zu früher, als die Opernhäuser von Fürsten getragen und unterstützt wurden, müssen sie ihr Haus nun aus dem Verkauf von Eintrittskarten finanzieren. Dies hat unter anderem zur Folge, dass die Themen und Stoffe sich dem Unterhaltungsbedürfnis des Publikums anpassen.

Schon drei Jahre später gibt es in Venedig drei, kurz darauf sogar sieben konkurrierende Häuser. Opern kommen international in Mode. Man will italienische Opern, wie sie in Venedig, Neapel oder Rom gespielt werden, mitsamt den italienischen Musikern, Sängern und Tänzern auch in anderen Ländern hören und sehen. Doch die riesige Nachfrage nach im-

mer neuen Opern geht zulasten der Qualität, Meisterwerke sind selten. Im 18. Jahrhundert vollzieht sich die vom Schauspiel bekannte Trennung von Tragödie und Komödie auch auf dem Gebiet der Oper. Die leichte und eingängige komische Oper bekommt den Namen »Opera buffa«, während die schwerere Kost »Opera seria« heißt. Die »Stars« der Opera seria sind die Kastraten, bei denen durch einen operativen Eingriff die Geschlechtsreife und damit der Stimmbruch verhindert wird. Man hat nun beides, die Klangfarbe und Stimmhöhe eines Jungen und die Stimmkraft eines Mannes. In dieser Gesangskunst der Opera seria liegt der Ursprung des Belcanto*, des »schönen Gesangs«, der die italienische Oper bis weit ins 19. Jahrhundert hinein prägt. Der berühmteste und bis heute bekannteste Kastratensänger ist Farinelli, ein echter Opernstar, den vor allem die Frauen bejubeln.

Nach und nach werden auch in anderen europäischen Städten Opernhäuser gebaut und Opern aufgeführt. Zunächst importiert man einfach die erfolgreichen italienischen Opern, doch bald komponieren auch Franzosen, Engländer und Deutsche eigene Werke. In London wirkt neben Henry Purcell vorrangig der reisefreudige deutsche Komponist Georg Friedrich Händel, der nach Stationen in Hamburg, Italien und Hannover 1720 in London zum Opernimpresario oder -beauftragten wird. Händel komponiert 40 Opern im Stil der Opera seria. Die Oper hat sich mittlerweile international durchgesetzt und füllt bis heute die Opernhäuser in aller Welt.

496 – ca. 405 v. Chr. Sophokles
um 480 – 406 v. Chr. Euripides
1561 – 1633 Jacopo Peri
1567 – 1643 Claudio Monteverdi
um 1595 – 1667 Francesco Manelli
1603 – 1681 Benedetto Ferrari
1659 – 1695 Henry Purcell
1685 – 1759 Georg Friedrich Händel
1705 – 1782 Farinelli, eigentlich Carlo Broschi

149

Spanier unterzeichnen Rückzugserklärung

1648

Siegreiche Niederländer gründen eigenen Staat

80 Jahre lang haben die Niederländer gekämpft. Tausende sind dabei ums Leben gekommen, tausende gefoltert und hingerichtet worden. Doch die Niederländer haben vor den Spaniern nie kapituliert. Denn ihr Ziel stand von Anfang an fest: »Wir erklären jetzt den König von Spanien verlustig jeden Anspruchs auf die Herrschaft in den Niederlanden; wir entbinden hiermit alle Amtsleute und Einwohner von dem einst dem König von Spanien geleisteten Eid des Gehorsams.«

Und das Ziel der Unabhängigkeit ist endlich erreicht. Im Haager Friedensschluss, feierlich unterzeichnet am 15. Mai 1648, gibt sich Spanien geschlagen und erkennt die Republik der Vereinigten Niederlande als Staat an. Während die Niederländer feiern, verlassen die letzten Spanier das Land. Doch nicht nur für sie geht ein langer Krieg zu Ende, sondern für ganz Europa. Denn mit dem Ende des Achtzigjährigen Krieges ist zugleich der Dreißigjährige Krieg vorüber. Wenn der Frieden Bestand hat, kann nun endlich jeder ohne Angst vor Verfolgung und Unterdrückung seinen Glauben ausüben.

Wie ist es zum Achtzigjährigen Krieg gekommen?

Der Herzog von Burgund, Philipp III., genannt der Gute, regiert die Niederlande zu Beginn des 15. Jahrhunderts. Er pflegt ein gutes Verhältnis zu den Niederländern und gewährt ihnen besondere Vorrechte und Privilegien. Er beschränkt seine Macht vor allem durch die »Blijde Inkomst«, den so genannten feierlichen Einzug. In diesem Dokument, auf das er seinen Eid ablegt, gesteht er den Provinzen das Recht zu, ihm den Gehorsam aufzukündigen, sollte er ihren Interessen bewusst schaden.

Auch Philipps Nachfolger, Karl der Kühne, achtet die Rechte der Niederländer. Er hat jedoch keinen männlichen Thronfolger und so heiratet seine 17-jährige, politisch unerfahrene Erbtochter, Maria von Burgund, den späteren habsburgischen Kaiser Maximilian I. Auf diese Weise geraten die Niederländer unter die Herrschaft der Habsburger, also der Österreicher. In dieser Zeit entwickeln sich die niederländischen Provinzen zu wirtschaftlich äußerst erfolgreichen Gebieten: Weltweiter Handel mit Waren aller Art, die Produktion von Tuchen, der Schiffsbau und eine hoch entwickelte Landwirtschaft gehören zu ihren Markenzeichen. Rotterdam und Antwerpen zählen zu den bedeutendsten Handelsstädten der Welt. Fast die Hälfte aller Handelsgüter wird hier umgeschlagen.

Der Nachfolger von Maximilian I. wird Karl V., der über weite Teile Europas herrscht: das Heilige Römische Reich Deutscher Nation, Spanien und seine Kolonien und eben die Niederlande. Er ist streng katholisch erzogen worden und bekämpft in seinem Herrschaftsgebiet die durch Martin Luther ausgelöste Reformation. Die nördlichen Provinzen der Niederlande aber sind protestantisch und folgen der Lehre des Schweizer Reformators Johann Calvin. Das missfällt dem Kaiser, und er verbietet 1530 kurzerhand den Calvinismus: »Niemand darf eine Schrift Luthers, Zwinglis, Calvins oder anderer von der Kirche verworfener Ketzer drucken, schreiben oder verkaufen. Wer dagegen verstößt, wird mit dem Tod bestraft: Die Männer mit dem Schwert, die Weiber sollen lebendig begraben werden!«

Lassen sich die Niederländer davon einschüchtern?

Auch Philipp II., König von Spanien und der Nachfolger Karls V., bekämpft den Calvinismus in den Niederlanden mit allen Mitteln und droht sogar mit der Inquisition. Zunächst versucht der niederländische Adel, auf diese Drohung friedlich zu reagieren. Die Führer des Hochadels, Wilhelm von Oranien und Egmont von Gavre, verfassen Protestbriefe an den spanischen König, in denen sie sich über die Missachtung ihrer alten Privilegien beschweren und den Abzug der spanischen Truppen fordern. Sie erinnern Philipp vor allem an die zugesicherten Rechte aus der »Blijde Inkomst«. Der spanische König weist den Protest jedoch zurück.

Darüber sind die Niederländer so aufgebracht, dass sie 1567 katholische Kirchen stürmen und die Heiligenbilder zerstören. Der spanische König reagiert mit militärischer Gewalt und schickt den Herzog von Alba mit Truppen in die aufständischen Gebiete. Alba setzt einen obersten Gerichtshof ein, den »Rat der Unruhen«, besser bekannt als »Blutrat«. Wer dort angeklagt wird, ist schon so gut wie tot. Über 100 000 Calvinisten fliehen, mehr als 15 000 werden hingerichtet, darunter auch Graf Egmont.

Doch der Herzog von Alba rechnet nicht mit dem Volk, das nun einen erbitterten Widerstandskampf beginnt. Zu ihrer Verteidigung nutzen sie auch die natürliche Beschaffenheit des Landes geschickt aus, denn weite Teile liegen unter dem Meeresspiegel. Mehrmals öffnen sie Deiche und spülen spanische Angreifer einfach weg. Da sich die Kämpfe immer weiter verschärfen, spalten sich schließlich die Niederlande. Die weithin katholisch gebliebenen Südprovinzen – das heutige Belgien – bilden die Union von Arras, die 1579 mit Spanien Frieden schließt. Dagegen vereinigen sich die Adeligen der sieben nördlichen Provinzen – Holland, Seeland, Utrecht, Friesland, Groningen, Overijssel und Geldern – am 23. Januar 1579 in der Union von Utrecht. Zweieinhalb Jahre später sagen sich diese Provinzen auch offiziell von Spanien los. Doch 60 zermürbende Jahre wird sich der Krieg noch hinziehen, ehe die Spanier endgültig besiegt sind und das Land verlassen. Die Niederländer sind nun endlich frei, vor allem frei im Glauben, und gründen ihren eigenen Staat, der bis heute besteht.

1396 – 1467 Philipp III. der Gute
1433 – 1477 Karl der Kühne
1457 – 1482 Maria von Burgund
1459 – 1519 Maximilian I. von Habsburg
1483 – 1546 Martin Luther
1500 – 1558 Karl V.
1507 – 1582 Herzog von Alba
1509 – 1564 Johann Calvin
1522 – 1586 Graf Egmont von Gavre
1527 – 1598 Philipp II. von Spanien
1533 – 1584 Wilhelm von Oranien

1567 – 1648 Achtzigjähriger Krieg

151

Cromwell lässt den König köpfen!

1649

Steht die Monarchie in England vor dem Aus?

Tausende von Menschen drängen sich auf dem Platz vor dem Banqueting House in Whitehall. Während einige Anhänger des Parlaments jubeln, können viele noch immer nicht glauben, was sie angeblich erwartet. Doch da wird ihr König auch schon von zwei Henkern an den Richtblock geführt. Noch einmal wird das Urteil verlesen. Dann kniet sich Charles I. nieder und der Henker schlägt ihm mit einem Hieb den Kopf ab.

»Aus der tausendköpfigen Menge, die zugegen ist, steigt solch ein Stöhnen auf, wie ich es nie zuvor vernahm und wie ich es nie mehr zu hören begehre«, berichtet ein Augenzeuge.

Unter den Menschen macht sich Unsicherheit breit, denn das Ende von König Charles I. könnte auch das Ende der Monarchie bedeuten. Wer soll jetzt die Regierungsgeschäfte übernehmen? Mit nachdenklichen Gesichtern gehen die meisten Menschen nach Hause. Nur die Anhänger des Parlaments und Oliver Cromwells ziehen triumphierend durch die Straßen.

Welche Ziele hat Charles I.?

Fast überall in Europa befinden sich die Monarchen in der Mitte des 17. Jahrhunderts auf dem Höhepunkt ihrer Macht. Es ist das Zeitalter des Absolutismus. Der berühmteste unter diesen absoluten, uneingeschränkten Herrschern wird im Laufe seiner Regentschaft Ludwig XIV., der als prunkvoller »Sonnenkönig« über Frankreich regiert.

Auch der englische König Charles I. findet nach seiner Heirat mit Henrietta Maria de Bourbon, der Tochter des französischen Königs Heinrich IV., mehr und mehr Gefallen an der diktatorischen Herrschaftsform. Nicht nur damit erregt er das Missfallen seiner Untertanen. Charles I. braucht viel Geld für seine Kriege, das durch neue Steuern eingetrieben werden soll. Als das Parlament sich widersetzt, lässt er es schlichtweg über zehn Jahre hinweg nicht mehr zusammentreten. Einige Parlamentarier landen sogar hinter Gittern. Damit verstößt er gegen die »Petition of Rights«, die Charles selbst unterzeichnet hat. Dieses Gesetz gewährt dem Parlament zwei wichtige Rechte: Zum einen, dass die etwa 500 geadelten oder reichen Bürger, die im Unterhaus (House of Commons) sitzen, über die Einführung und Erhöhung von Steuern entscheiden dürfen. Zum anderen, dass seine Mitglieder vor willkürlicher Verhaftung durch den König geschützt sind. Weitere Mitglieder des Parlaments sind Vertreter des Bürgertums der großen Städte (Cities) und des niederen Landadels (Gentry).

Bei dem Konflikt zwischen König und Parlament spielen auch verschiedene Glaubensrichtungen eine Rolle. So sind die bislang unterdrückten Puritaner, strenggläubige Protestanten, die als einzige Autorität die Bibel anerkennen, entschiedene Gegner des Königs. Da viele Puritaner sehr reich sind, geben puritanische Abgeordnete im Parlament bald den Ton an. Und auf Dauer kann Charles I. nicht auf das Parlament verzichten. So muss er es 1640 wegen eines Aufstands in Schottland erneut einberufen, um die Steuern erhöhen zu können.

Wie kommt es so weit, dass der König hingerichtet wird?

Das Parlament nutzt die Einberufung und fordert vom König, auf einen Teil seiner Macht zu verzichten. Daraufhin dringt der König mit seiner Leibwache gesetzeswidrig ins Parlament ein, um einige Abgeordnete als Aufrührer zu verhaften. Vor allem auf den puritanischen Wortführer John Pym hat er es abgesehen, doch der ist rechtzeitig geflohen. Von den meisten Abgeordneten und den Bürgern von London aber wird diese Willkür des Königs als eine Art Staatsstreich angesehen. Es kommt zu Protesten, sodass Charles aus London fliehen muss. Es gelingt ihm, nach Oxford zu gelangen und dort seine Anhänger um sich zu versammeln. Bald ist England in zwei Lager gespalten. Während der Norden und Westen Englands sowie die Bauern mehrheitlich zum König halten, stehen die Mitte sowie der Süden aufseiten des Parlaments.

Bei den ersten kleineren Kämpfen siegen die Anhänger des Königs. Doch dann stellt Sir Oliver Cromwell, ein Abgeordneter mit militärischer Erfahrung, ein neues Heer auf. Es besteht zum Teil

aus gut ausgerüsteten, disziplinierten und fanatischen Kavalleristen, die »Ironsides« genannt werden. Die nächsten Schlachten gewinnen nun die Parlamentarier. Gleich zweimal, bei Marston Moor und Naseby, schlagen Cromwells gepanzerte Reiter das Heer der Königstreuen. Eine Weile kann Charles I. sich noch halten, doch nach weiteren Kämpfen wird er schließlich 1647 gefangen genommen. Da er sich weiterhin weigert, auf einen Teil seiner Macht zu verzichten, sieht Cromwell, der zum Anführer der Königsgegner aufgestiegen ist, nur eine Lösung, nämlich »seinen Kopf mit der Krone darauf abzuschneiden«.

1553–1610 Heinrich IV.
1584–1643 John Pym
1599–1658 Sir Oliver Cromwell
1600–1649 Charles I.
1609–1669 Henrietta Maria de Bourbon
1626–1658 Richard Cromwell
1630–1685 Charles II.
1638–1715 Ludwig XIV.

1644 Schlacht bei Marston Moor
1645 Schlacht bei Naseby

Cromwell will die Monarchie abschaffen und eine Republik errichten. Kurzerhand entlässt er alle Abgeordneten aus dem Parlament, die nicht seiner radikalen Meinung sind.

Der König wird daraufhin am 19. Januar 1649 in der Londoner Westminster Hall vor Gericht gestellt und von einer Mehrheit der Richter zum Tode verurteilt. Nach seiner Hinrichtung wird Oliver Cromwell zum mächtigsten Mann Englands. Er löst 1653 das noch verbliebene Parlament mit Waffengewalt auf und regiert schließlich als »Lordprotektor« wie ein Diktator.

Nach seinem Tod soll sein Sohn Richard sein Nachfolger werden, kann sich aber nicht durchsetzen und tritt vom Amt zurück. Also kehrt 1660 Charles II., der Sohn Charles' I., aus Frankreich zurück, wo er während des Bürgerkriegs Zuflucht gefunden hatte. Er wird zum englischen König gewählt, und aus der Republik wird wieder eine Monarchie, die sich bis heute erhalten hat.

153

Ludwig XIV. baut das Schloss der Schlösser

1661

Erster Spatenstich in Versailles

Gigantisch, verschwenderisch, imponierend – so erscheint das, was die Architekten auf ihren Plänen vorlegen. Voller Begeisterung schreitet Ludwig XIV. die Tische ab, auf denen sie ausgerollt liegen. Mehrmals streicht sich der erst 22-jährige König das lange schwarze Haar aus dem Gesicht, damit ihm kein Detail entgeht. »Genau so habe ich mir das neue Schloss vorgestellt. Hier werde ich die ehrenwerte Aristokratie versammeln und so beschäftigen, dass ihr nichts anderes mehr in den Sinn kommt. Ich bin nicht der Gimpel, für den die Höflinge mich halten. Ich allein werde regieren und sie werden nach meiner Pfeife tanzen. Fangt an! Baut mir dieses Schloss!«

Die Architekten sind hocherfreut über diese Zustimmung und rollen die Pläne wieder ein. Ein derart prächtiges Schloss ist in ganz Europa niemals zuvor gebaut worden. Mindestens zehn Jahre wird es dauern, bis alle Gebäudeteile fertig gestellt und die prachtvollen Gärten angelegt sind.

Wer ist dieser junge König mit den großen Ambitionen?

Ludwig XIV. ist der Sohn von Ludwig XIII. und Anna von Österreich. Er wird 1638 geboren. Ludwig wird nach dem Tod seines Vaters schon mit vier Jahren König von Frankreich. Deshalb übernimmt seine Mutter, unterstützt von ihrem leitenden Minister, Kardinal Jules Mazarin, die Regierung des Landes. Doch immer wieder versuchen einige Mitglieder des Hochadels und des Parlaments, die Regierung zu stürzen. Als Ludwig zehn Jahre alt ist, kommt es unter der Führung des Prinzen von Condé in Paris zu Aufständen, die unter dem Namen »Fronde«* (Schleuder) bekannt werden. Die königliche Familie ist nicht mehr sicher und flieht aus der Hauptstadt nach Saint-Germain. Seit diesen Tagen hält sich Ludwig nur sehr ungern in Paris auf.

Als Mazarin stirbt, entscheidet sich der nun gut ausgebildete 22-jährige Ludwig, persönlich die Staatsgeschäfte zu übernehmen. Seine Regierung wird zum Inbegriff des Absolutismus. Als absoluter Monarch und Stellvertreter Gottes auf Erden fordert er von seinen Untertanen in allen Bereichen des Lebens unbedingten Gehorsam. Der König beschließt selbst die Gesetze, gewährt Vorrechte, erhebt nach Belieben Steuern und Abgaben. Jederzeit kann er unliebsame Personen ohne Gerichtsverhandlung ins Gefängnis werfen lassen oder aus dem Land verbannen.

Ludwig will, dass seine Untertanen ausschließlich der katholischen Religion angehören. Deshalb hebt er das so genannte Toleranzedikt von Nantes auf, das den französischen Protestanten das Recht auf freie Religionsausübung gewährt. Um der Verfolgung zu entgehen, fliehen viele Hugenotten, wie die Protestanten genannt werden, aus dem Land.

Zugleich erhebt Ludwig für sich den Machtanspruch auf ganz Europa. Deshalb führt er zahlreiche Kriege gegen benachbarte Staaten, in denen er unter anderem Lothringen erobert. Nachdem Ludwigs Heer in der Pfalz und in Süddeutschland einmarschiert ist, verbünden sich seine europäischen Nachbarn gegen ihn und verhindern erfolgreich eine weitere Ausdehnung Frankreichs.

Für seine Kriege und sein glanzvolles Hofleben braucht der König natürlich sehr viel Geld, das ihm sein Finanz- und Wirtschaftsminister Jean-Baptiste Colbert beschaffen muss. Colbert setzt dabei auf den Merkantilismus, eine Wirtschaftsform, bei der vor allem die gewerbliche Produktion im Land und die Ausfuhr der produzierten Waren gefördert werden. Dagegen soll sich die Einfuhr von Gütern verringern, damit das Geld im Land bleibt.

Geht es den Menschen unter dieser Wirtschaftsform gut?

Im Jahr 1682 wird Versailles zur Residenz, also zum ständigen Sitz des königlichen Hofs und der Regierung. Die Baumeister Louis Le Vau und André Le Nôtre haben ein prunkvolles Schloss mit einzigartigen Gartenanlagen geschaffen. Versailles vor den Toren von Paris versinnbildlicht die hervorgehobene Stellung Ludwigs XIV. Das Schloss dient jedoch keineswegs nur dazu, prachtvolle Feste zu feiern. Der König verpflichtet nämlich den Adel dazu,

ständig am Hof anwesend zu sein. So gelingt es ihm, die Aristokraten zu kontrollieren und politisch fast vollkommen zu entmachten. Schon früh hat sich Ludwig die Sonne als Herrschaftssymbol ausgewählt. Genau wie sie ist er der strahlende Mittelpunkt, um den sich bei Hof alles dreht. Tag für Tag läuft Ludwigs Leben nach genauem Plan ab. Seine persönlichen Verrichtungen, wie das Aufstehen oder Zubettgehen, geschehen in aller Öffentlichkeit inmitten seines Hofstaats. Die königlichen Mahlzeiten gleichen Theateraufführungen. Es ist eine Ehre, dem König beim Speisen zusehen zu dürfen, eine große Ehre, von ihm angeredet zu werden, doch am ehrenvollsten ist es, ihm die Mahlzeit zu reichen oder gar gemeinsam mit ihm zu essen. Weil die Nähe zum König über Rang und Ansehen bestimmt, wetteifern die Adeligen um seine Gunst. Um ihm zu gefallen, pflegen sie einen ebenso verschwenderischen Lebensstil. Zahllose Adelige sind deswegen hoch verschuldet.

1601–1643 Ludwig XIII.
1601–1666 Anna von Österreich
1602–1661 Jules Mazarin
1612–1670 Louis Le Vau
1613–1700 André Le Nôtre
1619–1683 Jean-Baptiste Colbert
1621–1686 Prinz von Condé
1638–1715 Ludwig XIV.

Während der König im Luxus lebt, leiden die Bauern unter Missernten, hoher Steuerlast und Frondiensten*. Immer wieder brechen in verschiedenen französischen Regionen Unruhen aus, die von den königlichen Truppen gnadenlos niedergeschlagen werden.

Bei seinem Tod hinterlässt Ludwig XIV. ein wirtschaftlich erschöpftes Land. Das Vorbild Versailles regt zahlreiche europäische Herrscher zum Neubau beziehungsweise zur Neuanlage ihrer Schlösser und Gärten an. Das Hofleben wird ebenso nachgeahmt wie die französische Mode und Sprache.

155

Bombay als Mitgift

1662

Charles II. heiratet portugiesische Prinzessin

Es ist kein gutes Omen, wenn die Braut am Tag der Hochzeit krank im Bett liegt. Schon seit Tagen leidet Katharina von Braganza an einer Erkältung. Doch die Hochzeit wird nicht verschoben. Charles II., der König von England, kniet vor ihr und gibt ihr das Jawort. Seine Braut hat auf einer katholischen Hochzeit bestanden, bevor am Nachmittag die offizielle, anglikanische Hochzeit im königlichen Palast von Portsmouth stattfindet. Bis dahin wird sie wieder auf den Beinen und angekleidet sein.

»Von dieser Hochzeit hängt viel ab«, erklärt der portugiesische Botschafter. »Denn durch diese Verbindung unserer beiden Länder steht Portugal unter dem Schutz Englands, das uns gegen Spanien verteidigen wird.«

Als Gegenleistung erhält England eine stattliche Mitgift: die nordafrikanische Stadt Tanger, das indische Bombay und zwei Millionen portugiesische Kronen. Ohne Frage wird diese Ehe nicht aus Liebe geschlossen, sondern aus politischen Gründen.

Warum ist Bombay so wertvoll für England?

Nachdem Spanier und Portugiesen Afrika umschifft und den Seeweg nach Indien entdeckt haben, setzt seit dem Ende des 15. Jahrhunderts ein blühender Handel zwischen Europa, Afrika und Asien ein. Fast ein Jahrhundert lang kontrolliert und beherrscht Portugal die Seewege bis nach Macao in Südostchina. Doch auch Niederländer, Franzosen und Engländer wollen ihren Anteil an diesem Geschäft haben. Sie bauen sich zur Absicherung ihrer Handelswege ebenfalls Stützpunkte entlang der Küsten auf. Mit Erlaubnis der indischen Mogulherrscher* richten sich die Engländer zu Beginn des 17. Jahrhunderts an der indischen Westküste ein. Von ihrer Königin Elisabeth I. erhalten die Londoner Kaufleute 1600 das Monopol, also das alleinige Vorrecht, auf den Handel mit Indien zugesprochen. Die Kaufleute gründen daraufhin die Ostindische Kompanie und bauen in den nächsten Jahren insgesamt 23 Handelsposten auf.

Als auch die Niederländer 1602 eine Ostindienkompanie gründen, beginnt ein heftiger Konkurrenzkampf und Verdrängungswettbewerb um die Gebiete im südöstlichen Asien. Die Niederländer gehen dabei so rücksichtslos vor, dass sie die Portugiesen binnen zehn Jahren ganz von den Gewürzinseln, dem heutigen Indonesien, vertreiben. Auch den anderen Konkurrenten sind die Portugiesen nicht gewachsen und verlieren nach und nach wichtige Stützpunkte von Gibraltar bis Singapur an England, Frankreich und die Niederlande. Noch dazu wird Portugal von Spanien bedroht. Deshalb jubelt ganz Portugal, als es gelingt, Prinzessin Katharina von Braganza mit

König Charles II. zu verheiraten. England bietet Schutz und erhält im Gegenzug als Mitgift unter anderem das von Portugal kontrollierte Bombay. Für England ist dieses Brautgeschenk äußerst wertvoll: Das von den Portugiesen »Bom Bahia« genannte Fischerdorf mit seinen acht vorgelagerten Inseln und einem natürlichen Tiefseehafen entwickelt sich in der Folgezeit zum größten Hafen im Westen Indiens. Bombay wird so zum Sprungbrett für die Eroberung Indiens durch die Engländer.

Welche Folgen hat die Heirat für Indien?

Obwohl Indien ein großes Land ist und genügend Platz für Händler verschiedener europäischer Länder bietet, gibt es immer wieder teils gewalttätige Auseinandersetzungen unter den konkurrierenden Handelsnationen. Vor allem die Franzosen, die unter ihrem Finanzminister Jean-Baptiste Colbert ebenfalls eine Ostindiengesellschaft gegründet haben, sind hartnäckig. Nachdem sie seit 1674 mit Pondicherry einen wichtigen Stützpunkt besitzen, kommt es ständig zu neuen Kämpfen zwischen England und Frankreich. Und das nicht nur in Indien, sondern weltweit. Zumindest auf indischem Gebiet erweist sich England trotz geringer Truppenstärken als durchsetzungsfähiger. Häufig entscheidet auch eine Verschwörung oder eine geschickte Verhandlungstechnik über den Ausgang eines Feldzuges. Hinzu kommt, dass sich viele indische Fürstentümer gegenseitig bekämpfen und England aus den schwankenden Machtverhältnissen entsprechenden Nutzen zieht. In mehreren Gefechten werden die Franzosen von den Soldaten der Ostindischen Kompanie geschlagen und müssen schließlich aufgeben. Die Provinz Bengalen gerät als Erste von vielen weiteren Gebieten unter die Kontrolle der englischen Ostindiengesellschaft.

Nach und nach dient die Ostindische Gesellschaft nur noch als Verwaltungsbehörde der allmählich von den englischen Truppen eroberten Provinzen. England bringt bis Mitte des 19. Jahrhunderts schließlich ganz Indien direkt oder indirekt unter seine Kontrolle. Trotz der Unterdrückung und Ausbeutung durch die Engländer sehen die Inder auch die Vorteile dieser Entwicklung: Denn mit den neuen Siedlern kommen technische Errungenschaften wie moderne Bewässerungssysteme, Telegrafen- und Eisenbahnnetze, die zur weiteren wirtschaftlichen Entwicklung des Landes beitragen.

1533 – 1603 Elisabeth I.
1619 – 1683 Jean-Baptiste Colbert
1630 – 1685 Charles II.
1638 – 1705 Katharina von Braganza
1819 – 1901 Königin Viktoria
1869 – 1948 Mahatma Gandhi

Dennoch flammen immer wieder Aufstände auf, die von den Engländern blutig niedergeschlagen werden. Als es zu einer großen Rebellion in der Gangesebene zwischen Kalkutta und Delhi kommt und sich die Kämpfe über ein Jahr lang hinziehen, löst England 1858 nach der Niederschlagung des großen Aufstandes seine Ostindische Gesellschaft auf. Die Verwaltung Indiens wird der britischen Krone übertragen. Ab 1877 regiert Königin Viktoria das Land als »Kaiserin von Indien«.

Die britische Herrschaft in Indien endet erst 1947, als die britische Krone ihre Kolonie infolge der friedlichen Protestbewegung um Mahatma Gandhi in die Unabhängigkeit entlässt.

157

Die unglaublichen Abenteuer eines Einfältigen

1669

Grimmelshausen gelingt Bestsellerroman

Der Abentheurliche Simplicissimus Teutsch: Was für ein Roman, was für eine Geschichte! Vor allem die Hauptfigur, ein Viehhirte namens Simplicius, der einfältiger nicht sein kann! Die Abenteuer, die er erlebt, sind einfach unglaublich. Der Bauernhof, auf dem er bescheiden lebt, wird von plündernden Soldaten überfallen: »Sie machten von Tuch, Kleidungen und allerlei Hausrat große Päck zusammen, was sie aber nicht mitzunehmen gedachten, wurde zerschlagen; etliche durchstachen Heu und Stroh mit ihrem Degen; etliche schütteten die Federn aus den Betten und füllten hingegen Speck und Fleisch hinein.«

Simplicius flüchtet zu einem Einsiedler in den Wald, wird später Hofnarr und Jäger, Soldat und Verbrecher. Er reist von Köln nach Paris, wird Opernsänger und Wundarzt. In Moskau wird er Forscher und kehrt über Japan, Ägypten und Rom auf einer Piratengaleere zurück nach Deutschland – die waghalsige Odyssee eines Helden wider Willen, die den Leser sofort begeistert. Denn in keinem anderen Roman sind die Wirren des Krieges besser beschrieben worden als hier.

Wer ist der Autor dieses Romans?

Hans Jakob Christoffel von Grimmelshausen wird um 1622 im hessischen Gelnhausen geboren, mitten im Dreißigjährigen Krieg. Er besucht die evangelische Lateinschule, wo er Unterricht in Religion, Latein und Rhetorik (Redekunst) bekommt und wohl auch die klassische Literatur kennen lernt. Als er zwölf Jahre alt ist, muss er vor angreifenden Soldaten aus seiner Heimatstadt nach Hanau fliehen. Dort verschleppen ihn ein Jahr später kroatische Reiter. In den folgenden zehn Jahren ist Grimmelshausen Soldat, mal auf kaiserlicher, mal auf schwedischer Seite.

Nach dem Ende des Dreißigjährigen Kriegs heiratet er, wird Vater von zehn Kindern und arbeitet als Verwaltungsangestellter auf der Ullenburg bei Gaisbach (Baden). Im Alter von 43 Jahren eröffnet er in Gaisbach das Wirtshaus »Zum silbernen Stern«, gibt dies aber zwei Jahre später wieder auf und wird zum bischöflich straßburgischen Schultheiß (Ortsvorsteher) von Renchen im Badischen. Grimmelshausens Leben ist wie das vieler seiner Zeitgenossen von der Katastrophe des Dreißigjährigen Kriegs geprägt, der große Teile Deutschlands verwüstet und Millionen Menschen das Leben gekostet hat. Erst zehn Jahre nach dem Krieg hat er seine Erlebnisse so weit verarbeitet, dass er zu schreiben beginnt. Zunächst benutzt er allerdings verschiedene Pseudonyme. Mit dem Roman »Der Abentheurliche Simplicissimus Teutsch« gelingt Grimmelshausen 1669 dann ein sensationeller Erfolg. Sein Motto heißt »mit Lachen die Wahrheit sagen«, und so erzählt er in dem umfangreichen Werk mit ironisch-humoristischer Distanz vom Leben eines einfachen Mannes in Kriegszeiten. Viele der geschilderten Einzelheiten hat Grimmelshausen selbst so oder ähnlich erlebt. Für den Aufbau des Romans orientiert er sich an literarischen Vorbildern, zu denen vor allem der spanische Schelmenroman »Don Quijote« von Miguel de Cervantes Saavedra gehört. Aber Grimmelshausen entwickelt seinen ganz eigenen Stil.

»Adieu Welt, denn auf dich ist nicht zu trauen, noch von dir nichts zu hoffen, in deinem Haus ist das Vergangene schon verschwunden, das Gegenwärtige verschwindet uns unter den Händen, das Zukünftige hat nie angefangen, das Allerbeständigste fällt, und das Allerewigste nimmt ein End.« So beginnt das 24. Kapitel des Romans, das ursprünglich das letzte sein soll, bevor sich Grimmelshausen entschließt, eine Fortsetzung zu schreiben. Hier zieht der zum Einsiedler gewordene Simplicius seine Lebensbilanz, die vom Lebensgefühl des barocken Menschen erzählt. Alles ist unbeständig – die andauernde Existenzangst ist sicher eine bestimmende Erfahrung in der Zeit des Dreißigjährigen Kriegs. Der Mensch, gelenkt vom Schicksal, empfindet sich als Spielball eines unbeständigen Glücks inmitten einer ungerechten Weltordnung.

Empfinden die anderen Dichter des Barocks genauso?

Ein anderer bekannter Dichter der Barockzeit zieht aus den Erfahrungen des Krieges andere Schlüsse für seine Dichtung. Andreas Gryphius, dessen Jugend ebenfalls von den Kriegswirren geprägt ist. Nach dem frühen Tod seiner Eltern besucht ab 1634 das Akademische Gymnasium zu Danzig, wo er von Martin Opitz gefördert wird, einem ebenfalls bedeutenden Dichter. Opitz trägt entscheidend dazu bei, dass Deutsch die lateinische Sprache in der Literatur ablöst. Als Hauslehrer des kaiserlichen Pfalzgrafen und Juristen Georg Schönborner wird Gryphius nach der Veröffentlichung eines ersten Bandes mit Sonetten im Alter von 21 Jahren zum Dichter (»poeta laureatus«) gekrönt und erhält den Magistertitel.

1547–1616 Miguel de Cervantes Saavedra
1579–1637 Georg Schönborner
1597–1639 Martin Opitz
1616–1664 Andreas Gryphius
um 1622–1676 Hans Jakob Christoffel von Grimmelshausen

1618–1648 Dreißigjähriger Krieg

Derartige Auszeichnungen sind in dieser Zeit üblich. Im folgenden Jahr begleitet er die Söhne Schönborners an die Universität Leiden, wo er selbst Naturwissenschaften, Medizin und Staatsrecht studiert. Später arbeitet er als Syndikus (Rechtsbeistand) in seiner Heimatstadt Glogau in Schlesien.

Seine Dichtung ist weniger von der Erfahrung der Unsicherheit des Lebens geprägt als vielmehr von der Hinwendung zum Leben im Angesicht der eigenen Sterblichkeit. Seine Leitsätze sind »Memento mori!« (»Gedenke der Sterblichkeit!«) und »Carpe diem!« (»Nutze den Tag!«). Denn im Dreißigjährigen Krieg ist der Tod alltäglich und das Leben oft nur kurz.

159

Der ganz besondere Saft

1673

Das Mikroskop beweist: Blut besteht aus Körperchen

Den Mitgliedern der Royal Society in London ist das Lachen über den Linsenschleifer aus den Niederlanden vergangen. Nun hat Antoni van Leeuwenhoek eine Delegation empfangen, die aus dem Staunen nicht mehr herauskommt. Mit ihren eigenen Augen können sie sehen, dass sich in einem Tropfen Wasser winzige Tiere tummeln oder dass auf den Zähnen Bakterien leben.

»Die Sensation aber ist das Blut«, schwärmt Reinier de Graaf, ein niederländisches Mitglied der Royal Society, der seine Kollegen auf Leeuwenhoek aufmerksam gemacht hat. »Denn das Blut ist nicht nur einfach eine rote Flüssigkeit, sondern besteht aus kleinen Körperchen, die aussehen wie Teller.«

Das müssen nun auch die misstrauischen Londoner Forscher eingestehen. Jeder, der will, kann durch das Mikroskop blicken und diese bislang unsichtbare Welt bewundern. »Dieser Mann muss unbedingt bei uns Mitglied werden!«, ruft schließlich einer aus der Delegation aus.

Was verändert sich in der Forschung dieser Zeit?

Im 17. Jahrhundert setzen sich die Naturwissenschaften immer mehr durch. Altes, überliefertes Wissen und seit Jahrhunderten unkritisch übernommene Ideen werden nun infrage gestellt. In allen Bereichen der Wissenschaft verbreitet sich die Methode des englischen Philosophen Francis Bacon. Der verlangt, dass man durch systematisch geplante Versuchsreihen Erkenntnisse über die Natur gewinnt, statt einfach alte Lehrmeinungen zu übernehmen.

So werden beispielsweise die Lehren des griechisch-römischen Arztes Galen kritisch überprüft, nach denen Blut sich wie Ebbe und Flut im Körper bewegt. Der englische Arzt William Harvey widerlegt diese Behauptung 1616 in seinen Vorlesungen. Er erklärt die Funktion des Herzens und beschreibt, wie es das Blut im Kreislauf wirklich befördert. Zu seinen Kenntnissen gelangt er durch fachgerechtes Zergliedern (Sektion) von Tierkadavern und sorgfältige Beobachtungen der Herz- und Blutbewegungen bei lebenden Versuchstieren.

Zwölf Jahre später veröffentlicht Harvey seine Erkenntnisse über den Blutkreislauf dann in seinem Buch »Exercitatio Anatomica de Motu Cordis et Sanguinis in Animalibus« (»Anatomische Schriften über die Bewegung des Herzens und des Blutes bei Tieren«). Darin beschreibt er die Fließrichtung des Blutes in den Arterien* und Venen*. Er folgert, dass es eine Verbindung zwischen Arterien und Venen gibt. Das Blut, so das Ergebnis, nimmt seinen Weg, ausgehend und angetrieben vom

Herz, zunächst durch die Arterien, dann durch die Kapillaren und Venen und schließlich zurück zum Herzen. Harvey misst bei seinen Untersuchungen den Rauminhalt der Herzkammern und schätzt die durchfließende Blutmenge. Er betrachtet den menschlichen Körper wie ein physikalisches Objekt. Durch eine einfache Rechnung (Volumen der linken Herzkammer mal Anzahl der Herzschläge pro Tag) weist Harvey nach, dass Blut unmöglich aus der Leber nachgeliefert werden kann, was viele Kollegen Harveys nach Galen noch glauben.

Welche bislang unsichtbaren Dinge bringt das Mikroskop noch zutage?

Bei den neuen medizinischen Forschungen spielt das Mikroskop eine wichtige Rolle. Erfunden wird es um 1600 in den Niederlanden. Aber erst die Mikroskope von Antoni van Leeuwenhoek sind für wissenschaftliche Untersuchungen wirklich zu gebrauchen. Leeuwenhoek hat nie eine wissenschaftliche Ausbildung erhalten, sondern ist Tuchhändler in Delft. Das Linsenschleifen und die Beobachtung winziger Objekte sind sein Hobby. Aber Leeuwenhoek betreibt es mit wissenschaftlicher Genauigkeit. Er trennt sorgfältig Beobachtungen von Schlussfolgerungen und arbeitet äußerst akribisch. Wie es bei seinen Untersuchungen zugeht, bleibt allerdings sein Geheimnis.

Er gibt Zeit seines Lebens keines seiner Instrumente aus der Hand.

Wie andere Forscher untersucht auch Leeuwenhoek die Blutkapillaren. Er entdeckt um 1668 als Erster die im Durchmesser nur etwa acht Mikrometer, also achttausendstel Millimeter großen roten Blutkörperchen und beschreibt sie ausführlich. Er sieht, wie sie durch die Kapillaren, also die feinsten aller Blutgefäße, eines Kaninchenohrs und eines Froschbeins zirkulieren.

Bekannt werden seine Erkenntnisse allerdings erst, als er den Wissenschaftlern in London regelmäßig davon berichtet. Für den Amateurforscher ist es eine große Ehre, mit anderen Koryphäen auf dem Gebiet der Naturwissenschaften zu korrespondieren, zumal er selbst noch nicht einmal eine Fremdsprache beherrscht.

Leeuwenhoek entdeckt mit seinem Mikroskop auch die menschlichen Samenzellen. Er beobachtet das Fortpflanzungsverhalten der Flöhe und die Entwicklungsschritte vom befruchteten Ei bis zum fertig entwickelten Floh. Auch bei vielen anderen Arten entdeckt er deren Samen und Fortpflanzungsorgane. Er widerlegt damit die Urzeugungstheorie, die besagt, kleinste Lebewesen entstünden aus Fäulnis, Verwesung und Schlamm. Diese Theorie ist bis dahin noch allgemein verbreitet.

Leeuwenhoek baut seine Mikroskope komplett selbst, das heißt, nicht nur die optischen Teile, sondern auch die mechanischen. Sie sehen unscheinbar aus, aber ihre Linse vergrößert um das 275fache. In der Kunst der Linsenherstellung ist er seinen Zeitgenossen weit überlegen. Er besitzt insgesamt über 500 Mikroskope und führt diese Instrumente zahlreichen Besuchern vor, darunter Gelehrten wie Gottfried Wilhelm Leibniz und Staatsoberhäuptern wie Zar Peter I. von Russland oder der englischen Königin Anne Stuart.

Der Tuchhändler und Linsenschleifer aus den Niederlanden hat wesentlich dazu beigetragen, den Anfängen der modernen Medizin den Weg zu ebnen.

um 129 – ca. 199 Galen
1561 – 1626 Francis Bacon
1578 – 1657 William Harvey
1632 – 1723 Antoni van Leeuwenhoek
1641 – 1673 Reinier de Graaf
1646 – 1716 Gottfried Wilhelm Leibniz
1665 – 1714 Anne Stuart
1672 – 1725 Peter I. von Russland

161

Kommt er wieder?

1682

Astronom Halley sagt Rückkehr eines Kometen voraus

Selbst mit bloßem Auge ist er zu erkennen. Wie aus dem Nichts ist er aufgetaucht und steht plötzlich mit seinem Schweif am Sternenhimmel: ein neuer Komet. Noch immer gelten diese außergewöhnlichen Himmelserscheinungen als Unglücksboten, und die Menschen hoffen, dass er so schnell wie möglich wieder verschwindet. Nur der englische Astronom Edmond Halley, der ihn intensiv beobachtet, sieht das anders.

»Es ist kein neuer Komet«, erklärt Halley, »sondern ein alter Bekannter, der die Erde schon oft besucht hat und sie auch weiterhin besuchen will. Das nächste Mal im Jahr 1758.« Der Astronom wagt diese kühne Prognose, weil er davon überzeugt ist, dass Kometen ähnlichen Gesetzen folgen wie die Planeten. »Nur die Bahn um die Sonne ist eine andere, aber es ist dennoch eine Bahn, die sich berechnen lässt.« Für Halley scheint der Komet ein faszinierender Himmelskörper zu sein. Für viele unter uns aber bleibt er etwas Unbegreifliches und Bedrohliches.

Wie kommt das Weltall zu seinen Gesetzen?

Im 17. und 18. Jahrhundert hat sich das von Kopernikus entwickelte heliozentrische Weltbild endgültig durchgesetzt. Zum einen gibt es immer bessere Teleskope, zum anderen ermöglichten die Bewegungsgesetze Isaac Newtons die genaue Berechnung der Planetenbahnen um die Sonne.

Das ganze Weltall stellt sich nun als ein gigantisches Uhrwerk dar, das von den Gesetzen der Mechanik geleitet wird. Eine rätselhafte Ausnahme gibt es jedoch: Die Kometen, die man wegen ihres Leuchtens auch Schweifsterne nennt, bereiteten den Astronomen noch immer Kopfzerbrechen. Sie verstoßen mit ihrem plötzlichen Auftreten scheinbar gegen die Harmonie der Himmelsbewegungen, die man überall am Himmel festzustellen glaubt.

Ein Astronom, der den Sternenhimmel sehr genau beobachtet, ist der Engländer Edmond Halley. Er interessiert sich dabei nicht nur für Kometen, sondern vergleicht auch Sternkarten aus der Antike mit aktuellen Beobachtungen von John Flamsteed, der die Königliche Sternwarte in Greenwich leitet. Dabei bemerkt Halley, dass die Positionen der Fixsterne gar nicht so »fix« (also fest) sind, denn sie haben sich im Laufe der Jahrhunderte offensichtlich verändert. Diese Veränderungen erregen sowohl das Interesse der Astronomen als auch das der Philosophen, denn der Himmel und seine Konstellationen gelten seit den Griechen bis zum Ende des 16. Jahrhunderts als unveränderlich.

Als Halley nun die Bahnen der Kometen, die seit 1337 beobachtet werden, untersucht, macht er eine weitere aufregende Entdeckung: Der Komet von 1682 stimmt mit Himmelserscheinungen aus den Jahren 1531 und 1607 so weit überein, dass es sich jeweils um denselben Kometen handeln muss! Halley kann dessen Bahn mit den Newton'schen Gesetzen berechnen. Sie verläuft elliptisch um die Sonne, sodass der Komet ungefähr alle 76 Jahre wieder in Sonnennähe erscheint – seinen Berechnungen nach muss er 1758 wieder zu sehen sein. Ob seine Vorhersage eintrifft, wird Halley selbst jedoch nicht mehr erleben.

Am ersten Weihnachtsfeiertag des Jahres 1758 richtet an seiner Stelle der Amateurastronom Johann Georg Palitzsch in der Nähe von Dresden sein Teleskop auf den Stern Mira im Sternbild Walfisch. Er hält auch Ausschau danach, »ob sich nicht etwa der seit längerer Zeit verkündete und sehnlich erwünschte Komet nähere oder zeige«. Und tatsächlich, was Halley vor einem halben Jahrhundert vorausgesagt hat, bewahrheitet sich: Ein Komet erscheint am Himmel. Er erreicht im März 1759 seinen sonnennächsten Punkt und wird später zu Ehren seines Entdeckers »Halley'scher Komet« genannt.

Und wie geht es weiter mit der Astronomie?

Die Wissenschaft macht auf diesem Gebiet nun rasante Fortschritte. Seit Urzeiten kennt man nur sechs Planeten des Sonnensystems. Friedrich Wilhelm Herschel, ein aus Deutschland stammender englischer Astronom, führt mit immer größeren, selbst angefertigten Teleskopen genaue Sternzählungen durch und entdeckt dabei 1781 einen neuen Planeten, den Uranus. In den folgenden Jahren

stellt man in der Bahn des Uranus Unregelmäßigkeiten fest, die sich im Rahmen der Newton'schen Bewegungsgesetze nur durch die Existenz eines weiteren Planeten erklären lassen. Kurz nachdem die Position dieses hypothetischen – also vermuteten – Himmelskörpers berechnet ist, findet man im Jahr 1846 an dieser Stelle tatsächlich einen neuen Planeten, den Neptun. Pluto, der bislang letzte Planet, wird erst 1930 entdeckt.

Im Jahr 1986 – dem der dritten Wiederkehr seit 1758 – beobachten die Astronomen den Halley'schen Kometen nicht nur von der Erde, sondern von insgesamt sechs Sonden aus, die mit Raketen ins All geschossen worden sind. Sie kommen bis auf wenige hundert Kilometer an ihn heran und machen detaillierte Fotografien. Demnach ist der Komet etwa 15 Kilometer lang und acht Kilometer breit. Seine Oberfläche ist nicht eben, sondern weist Krater mit einer Tiefe bis zu 200 Metern und Erhebungen mit einer Höhe bis zu 500 Metern auf. Der Kern besteht hauptsächlich aus gefrorenem Wasser und Staubteilchen. Auf der Seite, die der Sonne zugewandt ist, strömt Staub in Fontänen von der Oberfläche weg – so verliert der Himmelskörper bei jedem seiner Sonnenumläufe eine Staubschicht von etwa sechs Metern Dicke. Nach 700 Umläufen oder 50 000 Jahren wird er demnach auf den halben Durchmesser geschrumpft sein. Aber wiederkehren wird er auch dann noch.

1473–1543 Nikolaus Kopernikus
1643–1727 Isaac Newton
1646–1719 John Flamsteed
1656–1742 Edmond Halley
1723–1788 Johann Georg Palitzsch
1738–1822 Friedrich Wilhelm Herschel

163

Wien vor den Türken gerettet

1683

Der polnische König schlägt die größte Armee der Welt

König Johann III. Sobieski steht an der Spitze seiner Truppen und erteilt die letzten Befehle. Auf dem Kahlenberg bei Wien hat er seine Husaria antreten lassen. Es sind die fähigsten Reiter Europas. Ihre Lanzen sind fünf Meter lang, ihre Panzer kaum zu durchdringen. Dahinter machen sich die übrigen polnischen, deutschen und österreichischen Soldaten bereit. Dann galoppiert sie los, direkt in den Rücken des Feindes, der mit 300 000 Mann Wien belagert. Die erfahrene Husaria hat keine Angst vor der Übermacht. Gnadenlos bahnt sie einen Weg für die nachrückenden christlichen Soldaten. Die Türken sind so überrascht, dass sie Hals über Kopf die Flucht ergreifen. Wien ist gerettet! Noch in der folgenden Nacht schreibt Sobieski: »Gott sei hochgelobt in Ewigkeit! Er hat unserer Nation den Sieg verliehen; er hat ihr einen solchen Triumph gegeben, wie die vergangenen Jahrhunderte nie einen sahen.«

Woher kommen die Türken?

Im 14. Jahrhundert entsteht in der Türkei das Osmanische Reich, das seinen Namen dem Sultan Osman I. verdankt. Unter seinen Nachfolgern wächst das Reich schnell. Mitte des Jahrhunderts dringen türkische Truppen erstmals tief auf europäisches Gebiet vor und besetzen Gallipoli, um sich von hier aus immer weiter auf dem Balkan auszubreiten. Nach der Schlacht auf dem Amselfeld 1389 gerät auch Serbien unter türkische Herrschaft, 1453 wird sogar Konstantinopel erobert. Das Osmanische Reich ist ein Militärstaat, der von einem Sultan regiert wird. Jeder seiner Krieger hat Anspruch auf ein Stück Land und muss im Gegenzug als Soldat dienen. Besonders gefürchtet sind seine Elitekrieger, die Janitscharen, die sich aus zum Islam bekehrten Gefangenen zusammensetzen.

Unter der Herrschaft von Süleyman dem Prächtigen erreicht das Osmanische Reich zu Beginn des 16. Jahrhunderts seine größte Ausdehnung: Es erstreckt sich im Süden vom Persischen Golf bis nach Algerien, im Norden von Georgien bis weit nach Ungarn hinein. Es ist ein Reich, in dem Kunst und Wissenschaft gefördert werden, während der Zwischenhandel mit Gewürzen und Seide aus Indien und Zentralasien floriert. Die osmanische Flotte ist derjenigen Venedigs im östlichen Mittelmeer ebenbürtig, wenn nicht sogar waffentechnisch überlegen.

Wie gelingt dem polnischen Reiterheer diese Überrumpelung?

Im 16. Jahrhundert unternehmen die Türken den ersten Versuch, Wien zu erobern. Die an der Donau gelegene Stadt verspricht reiche

Beute und ist ein ideales Ziel, um das Reich nach Norden hin zu vergrößern. Außerdem ist Wien ein Symbol des christlichen Europa. Nur mit viel Glück können die Österreicher die Türken schlagen.

1683 unternimmt Sultan Mehmed IV. dann einen zweiten Versuch, bei dem nichts schief gehen soll: Er schickt seinen Großwesir Kara Mustafa mit einer über 300 000 Mann starken türkischen Armee nach Österreich. Es ist die größte Armee der Welt. Am 15. Juli treffen die Türken vor Wien ein und fordern die Übergabe der Stadt. Während Kaiser Leopold I. mit seiner Familie flieht, übernimmt Graf Rüdiger von Starhemberg die Verteidigung. Die Türken haben sich auf eine längere Belagerung eingerichtet. Bald hungern die Menschen in der Stadt. Die Befestigungen sind von der türkischen Artillerie schwer beschädigt, die Mauern zum Teil schon gesprengt. Der für seine Überheblichkeit bekannte Großwesir Kara Mustafa rechnet nicht damit, dass seine christlichen Gegner ein Heer aufstellen können, um ihn anzugreifen.

Doch Polen, Bayern, Sachsen und Österreich schaffen es tatsächlich, unter dem Oberkommando des polnischen Königs Johann III. Sobieski, ein Heer von 70 000 Mann aufzustellen und Richtung Wien marschieren zu lassen. Mit dabei ist die polnische Husaria, die beste Kavallerie Europas. Mit ihr greift der polnische König die Türken am 12. September taktisch geschickt an. Dieser Überraschungsangriff ist so wirkungsvoll, dass die Türken in Panik geraten und fliehen. Dabei lassen sie fast ihr gesamtes Kriegsmaterial zurück. Während Johann III. Sobieski in Wien ein triumphaler Empfang bereitet wird, fällt die Rückkehr des geflohenen Kaisers Leopold I. von Österreich drei Tage später wesentlich kühler aus. Erst danach wird die Verfolgung des Türkenheeres aufgenommen, das

am 27. September 1683 bei Parkány an der Donau eine weitere Niederlage erleiden muss. Der unterlegene Feldherr Kara Mustafa wird noch während des Rückzugs in Belgrad auf Befehl des Sultans erdrosselt.

Im darauf folgenden Jahr schließen Österreich, Polen und Venedig, später auch noch Russland, auf Drängen von Papst Innozenz XI. eine Heilige Allianz zur Fortführung des Kriegs. 1687 werden die Türken bei der ungarischen Stadt Mohács erneut besiegt und auf dem Reichstag von Pressburg im gleichen Jahr übertragen die Stände die ungarische Krone dem Hause Habsburg. Damit beginnt der Aufstieg der österreichisch-ungarischen Doppelmonarchie zur europäischen Großmacht. Nach einer Reihe von Niederlagen türkischer Heere schließen Österreich, Polen und Venedig den Frieden von Karlowitz. Die Türken verlieren zwar etliche Gebiete in Ungarn, Dalmatien (heute in Kroatien) und Siebenbürgen (das heute in Rumänien liegt), können aber ihre Herrschaft über fast alle Balkanländer sichern. Trotzdem findet damit die türkische Bedrohung Europas ihr Ende.

Bei ihrer Belagerung haben die Türken nicht nur Waffen vor Wien zurückgelassen, sondern auch Säcke mit Kaffee. Ein Grieche kennt die merkwürdigen Bohnen und gründet zwei Jahre nach dem Ende der Belagerung das erste Kaffeehaus in Wien.

Und damit beginnt dann ein ganz friedlicher Siegeszug in Wien, der des Wiener Kaffeehauses.

um 1258 – 1326 Osman I.
um 1496/97 – 1566 Süleyman
   der Prächtige
1611 – 1689 Innozenz XI.
1629 – 1696 Johann III. Sobieski
um 1630 – 1683 Kara Mustafa
1638 – 1701 Rüdiger von
   Starhemberg
1640 – 1705 Leopold I.
1642 – 1693 Mehmed IV.

1389 Schlacht auf dem
   Amselfeld
1699 Friede von Karlowitz

165

18.
Jahrhundert

Die alten Machtverhältnisse haben ausgedient

Im 18. Jahrhundert sind viele Menschen auf der Suche nach Freiheit. Freiheit von der Unterdrückung, Freiheit für das Denken oder sogar die Freiheit einer neuen Form von Staat. Wer aber Freiheit fordert, muss mit Gegnern rechnen, die ihm diese Freiheit verweigern.

Das erfahren die Bürger der britischen Kronkolonien in Nordamerika, als sie nicht mehr länger von London bevormundet werden wollen und 1776 die Vereinigten Staaten von Amerika gründen. Sie wollen sich von der britischen Monarchie lösen; ihr neuer Staat soll eine Demokratie werden.

Die Briten betrachten dies als Aufstand und versuchen, ihn mit ihrer Armee niederzuwerfen. Doch mit Entschlossenheit und der Hilfe ihrer Verbündeten aus Frankreich gelingt es den Amerikanern, ihren jungen Staat erfolgreich zu verteidigen.

Sie geben sich eine moderne Verfassung und wählen 1789 George Washington zu ihrem ersten Präsidenten. Hauptstadt wird fürs Erste Philadelphia, bevor man 1800 nach Washington umziehen kann.

Die gewonnene Freiheit wird zum wichtigsten Wert der Amerikaner. Daran hat sich bis heute nichts geändert.

Freiheit, Gleichheit, Brüderlichkeit!

Freiheit wollen auch die Franzosen, die von der absolutistischen Herrschaft und der Verschwendungssucht ihrer Könige die Nase voll haben. Als die Steuerlast immer höher wird und Missernten für Armut und Hunger sorgen, ist es so weit. 1789 wird der König entmachtet und die Bastille, ein altes Gefängnis und Symbol der Unterdrückung, zerstört. Freiheit, Gleichheit, Brüderlichkeit! lautet die Parole der Revolution.

Das Volk ist begeistert, zumal es jetzt besser versorgt wird und die Menschenrechte eingehalten werden. Doch die Revolutionäre unter Führung von Robespierre und Danton schießen übers Ziel hinaus und werden immer radikaler. Jeden, den sie für einen Gegner der Revolution halten, lassen sie mit der Guillotine* hinrichten. Zehntausende sterben, ob schuldig oder nicht. Am Ende der Revolution werden Robespierre und Danton selbst geköpft.

Ein General aus Korsika nutzt die Gunst der Stunde und beendet die Revolution: Napoléon Bonaparte, der sich später sogar zum Kaiser krönen lässt.

Revolutionen jedoch wird es von nun an fast überall in Europa und anderen Regionen der Welt geben. Vor allem mit dem Versprechen der Freiheit, das sie allerdings nicht immer einlösen.

»Habe Mut, dich deines eigenen Verstandes zu bedienen!«

Auch in der Philosophie findet im 18. Jahrhundert eine Art Revolution statt, deren Versprechen »Aufklärung« heißt. Was bedeutet dieses Schlagwort?

Die Antwort gibt 1784 der Königsberger Philosoph Immanuel Kant: »Aufklärung ist der Ausgang des Menschen aus seiner selbst verschuldeten Unmündigkeit. Unmündigkeit ist das

Unvermögen, sich seines Verstandes ohne Leitung eines anderen zu bedienen. Selbstverschuldet ist diese Unmündigkeit, wenn die Ursache derselben nicht am Mangel des Verstandes, sondern an der Entschließung und am Mut liegt, sich seiner ohne Leitung eines andern zu bedienen. Sapere aude! Habe Mut, dich deines eigenen Verstandes zu bedienen!« ist also der Wahlspruch der Aufklärung.

Jeder Mensch soll selbst denken, soll seinen eigenen Verstand mutig einsetzen und auf die Vernunft bauen. Das ist das neue Ziel!

Für Kant ist Aufklärung kein Zustand, sondern ein offener Prozess, er spricht davon, im Zeitalter der Aufklärung, nicht aber in einem aufgeklärten Zeitalter zu leben. Wenn der Mensch seine geistigen Möglichkeiten nutzt, wenn er seinen Verstand und sein logisches Denken schult, sein Wissen und seine Erfahrungen vermehrt, dann wird ihm gewissermaßen ein Licht aufgehen. Der Mensch ist ein vernunftbegabtes Wesen – und der Dienst an der Aufklärung deshalb alles andere als seine Privatsache, schließlich geht es um die Aufklärung des ganzen Menschengeschlechts. Und Kant ist bei weitem nicht der einzige Denker, der sich für die Aufklärung einsetzt.

Ebenso berühmt wie er ist der französische Philosoph Voltaire, dem die Freiheit des Geistes über alles geht. Weil er ein Gegner der Kirche ist und radikale Ansichten äußert, befindet er sich des Öfteren auf der Flucht. Auf Einladung Friedrichs II. lebt er so drei Jahre in Potsdam.

Im Gegensatz zu anderen Herrschern ist Friedrich II. ein Anhänger der Aufklärung. Er führt in Preußen wichtige Reformen durch, schafft die Folter ab und setzt sich für die Religionsfreiheit ein.

Aber auch an die profanen leiblichen Bedürfnisse seiner Untertanen denkt er und führt den Kartoffelanbau ein, um gegen mögliche Hungersnöte vorzugehen. Zwar sind die Menschen anfangs skeptisch, aber schließlich finden sie Geschmack an der gelben Knolle aus Südamerika. Außerdem lässt sie sich leicht anbauen und gut lagern.

1658–1759 Georg Friedrich Händel
1685–1750 Johann Sebastian Bach
1694–1778 Voltaire, eigentlich François-Marie Arouet
1712–1786 Friedrich II.
1724–1804 Immanuel Kant
1729–1781 Gotthold Ephraim Lessing
1732–1799 George Washington
1733–1813 Christoph Martin Wieland
1736–1819 James Watt
1740–1810 Michel Joseph Montgolfier

Die »Lesewut« grassiert

Lesen und Schreiben? Im 18. Jahrhundert beherrscht das nur eine Minderheit.

Der Dreißigjährige Krieg hat alle Errungenschaften der Renaissance in Bezug auf Bildung nahezu zunichte gemacht: Um 1770 können nur etwa 15 Prozent der mitteleuropäischen Bevölkerung über sechs Jahre lesen. Bis 1800 steigt diese Zahl auf ein Viertel, aber der Kreis der tatsächlichen Buchleser ist deutlich kleiner.

Trotzdem wächst das Lesepublikum ständig, weil zahlreiche Buchformen auch für weniger gebildete Leser sowie für spezielle Zielgruppen wie Frauen, Jugendliche und Kinder entstehen.

Gegen Ende des 18. Jahrhunderts wird bereits die »Lesewut« kritisiert. Die Mahner befürchten, dass die Leser sich in Fantasiewelten flüchten und darüber ihre sinnvollen Tätigkeiten für die Gesellschaft vernachlässigen. Diese Kritik kann aber nicht verhindern, dass das Buch schnell zu einem Massenprodukt wird.

So entwickelt sich im 18. Jahrhundert der literarische Markt, wie wir ihn heute kennen. Das Buch wird neben Zeitung und Zeitschrift zum wichtigsten Medium der Aufklärung. Damit setzt auch eine Abkehr von religiösen Themen ein. Haben 1625 noch knapp 50 Prozent der Bücher einen theologischen Inhalt, so sind es 1800 nur noch sechs Prozent. Auch der Zuwachs an Veröffentlichungen ist erstaunlich: 1740 erscheinen 1144 neue Buchtitel, 1800 sind es bereits 2569. Da im gleichen Zeitraum die theologischen Inhalte zurückgehen, beschäftigen sich die Neuerscheinungen mit Wissenswertem aus den unterschiedlichsten Gebieten. Es gibt Zeitschriften, die über das Leben am Hof berichten und auch Zeitschriften, die gelehrte Vorträge oder Berichte über Feldzüge abdrucken.

Neueste wissenschaftliche Erkenntnisse werden in den »Gelehrten Zeitschriften« diskutiert, die »Moralischen Wochenschriften« widmen sich der Verbreitung aufklärerischer Ansichten unter ihrem Publikum. Besonders beliebt sind dabei erfundene Gespräche oder Fabeln.

Auch die Unterhaltung kommt nicht zu kurz. Immer mehr Romane und Erzählungen erscheinen.

Bildung für alle

Diese ganze Entwicklung ist natürlich ohne ein verbessertes Bildungssystem nicht denkbar, schließlich soll die Aufklärung ja auch die einfachen Leute erreichen. Das bedeutet, dass mehr Schulen gebaut werden müssen.

Preußen ist einer der Vorreiter und führt 1717 eine lokale Unterrichtspflicht ein, das heißt, dort, wo es Schulen gibt, müssen sie auch besucht werden. Zu den Fächern der Elementarschulen gehören Lesen, Schreiben, Singen und Bibelkunde, manchmal auch Rechnen.

Weiterführende Bildungseinrichtungen, die allerdings der Masse der Bevölkerung versperrt bleiben, sind Realschulen, Gelehrtenschulen, Ritterakademien und schließlich die Universitäten.

Frauen und Mädchen bleiben von der Bildung ausgeschlossen, nur wenn sie dem Adel oder dem gehobenen Bürgertum angehören, erhalten sie Privatunterricht.

Die »Lesewut« beschert der deutschen Literatur eine wahre Blütezeit: der Romanautor Christoph Martin Wieland, der Dramatiker Jakob Michael Reinhold Lenz und der Dichter Friedrich Hölderlin sind zweifellos die produktivsten Autoren dieser Zeit. Die bekanntesten Schriftsteller sind jedoch Gotthold Ephraim Lessing, Friedrich Schiller und Johann Wolfgang von Goethe. Ihnen gelingt es, eine eigenständige deutsche Literatur zu schaffen, die mit der Frankreichs oder Englands vergleichbar ist. Gleichzeitig setzen sie sich für Toleranz und ein friedliches Miteinander der Menschen ein.

Bis heute werden ihre Werke in der ganzen Welt gelesen und ihre Dramen im Theater gespielt.

Aber auch die anderen Künste, wie zum Beispiel die Musik, bringen Meisterwerke hervor. In Salzburg begeistert ein Wunderkind die Musikliebhaber: Wolfgang Amadeus Mozart. Er komponiert Opern und Melodien auf der Höhe der Zeit. Auch Goethe hört ihn Klavier spielen und ist voller Anerkennung für den jungen Meister.

Vor allem Mozarts Oper »Die Zauberflöte« wird ein echter Hit. Dennoch wird er kein reicher Mann, sondern stirbt am Ende in großer Armut, denn eine feste Anstellung am Hof hat er nie bekommen.

Andere Komponisten haben da mehr Glück, etwa Johann Sebastian Bach, Ludwig van Beethoven oder Georg Friedrich Händel. Musiker, die auch heute noch jeder kennt.

Die Vorboten eines neuen Jahrhunderts

Im 18. Jahrhundert werden jede Menge Erfindungen und Entdeckungen gemacht.

Zwei davon sind besonders wichtig: Die eine stammt von den französischen Brüdern Montgolfier. Beide träumen sie einen uralten Menschheitstraum, nämlich den vom Fliegen. Als sie entdecken, dass heiße Luft über einem Feuer aufsteigt, haben sie eine Idee. Sie bauen einen Ballon, der diese heiße Luft einfängt und dadurch nach oben steigt. Ist der Ballon groß genug, kann er sogar Menschen tragen.

Den Brüdern gelingt das Kunststück und der Traum wird Wirklichkeit. Der Mensch kann endlich fliegen. Nachdem sie ihren Ballon in Versailles vorgeführt haben, erfährt es die ganze Welt.

Die andere Erfindung ist die Dampfmaschine. Zwar gibt es sie schon länger, aber erst dem Engländer James Watt gelingt es, aus ihr eine moderne und kraftvolle Maschine zu machen. In großen Stückzahlen wird sie im englischen Bergbau und in den ersten Industriebetrieben eingesetzt. Schnell wird England zum führenden Land einer neuen Art von Revolution, der »industriellen Revolution«.

Nicht mehr die Kraft von Menschen, Tieren oder Mühlen treibt nun Maschinen und Pumpen an, sondern die Dampfmaschine, die Tag und Nacht laufen kann.

Was zu dieser Zeit niemand ahnt: Die industrielle Revolution wird wie kaum etwas anderes das Leben der Menschen verändern und die Gesellschaft, die Familien und auch die Politik kommender Jahrhunderte völlig umkrempeln.

1745–1799 Étienne Jacques Montgolfier
1749–1832 Johann Wolfgang von Goethe
1751–1792 Jakob Michael Reinhold Lenz
1756–1791 Wolfgang Amadeus Mozart
1758–1794 Maximilien de Robespierre
1759–1794 Georges Jacques Danton
1759–1805 Friedrich von Schiller
1769–1821 Napoléon Bonaparte
1770–1827 Ludwig van Beethoven
1770–1843 Friedrich Hölderlin

Die Stadt im Sumpf

1703

Zar Peter I. gründet neue Hauptstadt

Endlich sind die Schweden besiegt! Die Haseninsel ist unser! Das große Sumpfgebiet an der Mündung der Newa in die Ostsee gehört nun zum russischen Reich. Zar Peter I. hat große Pläne für diesen unwirtlichen Ort und verkündet: »Genau hier wird die Hauptstadt Russlands errichtet! Sobald wir eine Festung gebaut haben, um das Gebiet auch verteidigen zu können, wird hier eine Stadt entstehen, wie sie die Welt noch nicht gesehen hat. Goldene Dächer werden sie krönen und glitzernde Kanäle sie durchziehen.«

Kaum einer seiner überraschten Generäle und Beamten kann sich vorstellen, dass an diesem von Moskau weit entfernten Ort, der regelmäßig von der Ostsee überflutet wird, überhaupt ein Haus gebaut werden kann, geschweige denn eine Stadt. Doch der Zar ist fest entschlossen und zeichnet bereits mit großen Gesten Gebäude in die Luft. »Ich brauche jeden Stein! Ab heute dürfen in ganz Russland keine Häuser mehr aus Stein gebaut werden. Alle Steinmetze des Landes sollen hier herbeordert werden!«

Wer ist Peter I. der Große?

Peter I. ist der Sohn des Zaren Alexej I. und wird 1672 in Moskau geboren. Nach dem Tod seines Vaters regiert Peter zunächst gemeinsam mit seinem Bruder Iwan V. das Land, nach dessen Tod wird er Alleinherrscher. Russland ist zu dieser Zeit vergleichsweise rückständig und von Europa isoliert. Peter setzt sich zum Ziel, dies zu ändern. Er schafft es, Russland zu reformieren und nach Westen hin zu öffnen.

Dafür muss er den Westen allerdings erst einmal kennen lernen. Deshalb macht sich Zar Peter im Alter von 26 Jahren als nach außen hin einfaches Mitglied einer Delegation von Kaufleuten und Akademikern auf eine lange Reise durch Europa. Die alten Moskowiter sind bestürzt, denn noch nie hat ein Herrscher Russland verlassen.

Im Westen studiert der wissensdurstige Zar selbst die neuen Ideen und Technologien. Begeistert von Seefahrt und Schiffsbau, arbeitet er in Holland sogar als Zimmermann auf verschiedenen Werften.

Ein Aufstand der Strelitzen, der Moskauer Elitetruppe, zwingt den Zaren jedoch, nach einem Jahr nach Moskau zurückzukehren. Sofort beginnt er, das Land nach westlichem Vorbild zu modernisieren: Seiner adeligen männlichen Gesellschaft verbietet er das Tragen von Bärten. Besonders widerspenstigen Höflingen schneidet er sogar eigenhändig den Bart ab. Nach dem Verständnis der russischen Kirche ist der Bart das Merkmal, das den Mann vom Tier unterscheidet und ihn zum Ebenbild Gottes macht. Peter dagegen sieht Bärte als barbarisches Relikt. Wer seinen Bart unbedingt behalten will, muss von nun an eine Bartsteuer zahlen. Auch die knöchellangen Kaftane sind dem Zaren ein Dorn im Auge. Er befiehlt allen Untertanen, mit Ausnahme der Bauern und der Geistlichen, kurze westliche Jacken zu tragen.

Ein weiteres Ziel Zar Peters ist es, den schlechten Bildungsstand seiner Untertanen zu verbessern. Da es aber in Russland kaum Gelehrte gibt, wirbt er im Westen fast tausend Fachleute an, die ihr Wissen weitergeben sollen. Er gründet zahlreiche Schulen und später, auf Vorschlag des deutschen Philosophen Gottfried Wilhelm Leibniz, die Akademie der Wissenschaften in St. Petersburg. Damit seine Untertanen leichter lesen lernen, lässt er die kyrillische russische Schrift vereinfachen. Zur Jahrhundertwende führt er den modernen julianischen Kalender* ein. Drei Jahre später erscheint zum ersten Mal in Moskau eine russische Zeitung, die Nachrichten und Berichte in der Öffentlichkeit verbreitet. Doch diese und andere Modernisierungen haben auch ihren Preis. Um seine Reformen und auch Kriege zu bezahlen, führt Peter zahlreiche Sondersteuern ein. Zusätzlich müssen die Bauern noch eine Kopfsteuer (Seelensteuer) zahlen, was ihre Not immer weiter vergrößert. Daher flüchten die Bewohner ganzer Dörfer oft in entlegene Gebiete, wo sie sich vor dem Zugriff des Staates sicher fühlen.

Kann Peter den Traum von seiner prächtigen Hauptstadt verwirklichen?

Während der überwiegenden Zeit seiner Herrschaft aber führt der Zar Krieg. In den Anfangsjahren gelingt es Peter unter großen Schwierigkeiten, die türkische Festung Asow am Don einzunehmen und so einen Zugang zum Schwarzen Meer zu erobern. Die Ausweitung seines Reiches bis ins östliche Baltikum und damit zur eisfreien Ostsee scheitert allerdings in der Schlacht bei Narwa, wo er von den Schweden vernichtend geschlagen wird. Doch Peter gibt nicht auf und modernisiert seine Armee und seine

> 1629 – 1676 Alexej I.
> 1646 – 1716 Gottfried Wilhelm Leibniz
> 1666 – 1696 Iwan V.
> 1672 – 1725 Peter I. der Große
> um 1683/84 – 1727 Katharina I.

Flotte. Als erstes Land führt Russland eine Art Wehrpflicht ein. Jeweils 20 Höfe müssen dem Zaren einen Soldaten mit Ausrüstung zur Verfügung stellen. Der zweite Versuch, einen Zugang zur Ostsee zu bekommen, gelingt tatsächlich. Peter stürmt die schwedischen Festungen an der Newa-Mündung. Auf ihren Trümmern lässt er sofort die Arbeiten an der Peter-Pauls-Festung beginnen. Sie soll die Newa-Mündung schützen und den Bau der neuen Hauptstadt ermöglichen. Peter gibt ihr den Namen St. Petersburg.

Peter setzt seinen Krieg gegen Schweden weiter fort und erobert das östliche Baltikum. Damit übernimmt das russische Reich die Vorherrschaft über die Ostsee. Im nachfolgenden Krieg gegen Persien dehnt der Zar sein Herrschaftsgebiet am Kaspischen Meer und im Kaukasus aus. Als Peter der Große stirbt, hinterlässt er seiner zweiten Ehefrau, Kaiserin Katharina I., die Regierung des Landes.

Den Traum einer stolzen, westlichen Hauptstadt für sein großes Reich wird er vorher noch realisieren können. St. Petersburg, sicher eine der schönsten Städte Russlands, bleibt bis zur Russischen Revolution Anfang des 20. Jahrhunderts Hauptstadt und Regierungssitz der russischen Zaren.

173

Temperatur ist Temperatur

1714

Fahrenheit stellt verlässliches Thermometer vor

Wieder einmal hat jemand ein Thermometer erfunden. Das ist eigentlich kaum eine Meldung wert, Temperaturskalen und Messgeräte gibt es viele, zum Beispiel die weit verbreitete Rømer-Skala des dänischen Wissenschaftlers Ole Christensen Rømer. Doch diesmal ist es ein Thermometer, auf das man sich verlassen kann. Das bestätigt auch die bekannte naturwissenschaftliche Zeitschrift *Acta Eruditorum* und schreibt: »Solche Instrumente, deren Übereinstimmung bislang nur ein frommer Wunsch gewesen ist, hat mit außerordentlichem Fleiß ein Danziger namens Daniel Gabriel Fahrenheit hergestellt.«

Dank einer neuartigen Skala zeigen verschiedene Thermometer nun tatsächlich die gleiche Temperatur an. Das war bislang nicht der Fall, denn nahezu jedes Instrument hat seine eigenen Werte gemessen.

Mithilfe des neuen Thermometers wollen Wissenschaftler ihre Experimente entscheidend verbessern und ihre Ergebnisse vergleichbar machen. Vor allem Physiker und Chemiker hoffen auf große Fortschritte bei ihren Forschungen.

Warum ist das genaue Messen der Temperatur so wichtig?

Temperaturen spielen eine bedeutende Rolle in Wissenschaft und Technik, aber auch in der Medizin und sogar beim Kochen. Es ist wichtig, sie möglichst genau messen zu können. Das gelingt, weil sich die Eigenschaften von Stoffen mit der Temperatur ändern. So hat bereits Galileo Galilei um 1600 Thermometer entwickelt, die darauf beruhen, dass sich Luft bei der Erwärmung ausdehnt. Andere Forscher versuchen es mit Flüssigkeiten, weil deren Ausdehnung weitgehend unabhängig vom herrschenden Luftdruck ist. Einer von ihnen ist der aus Danzig stammende Physiker und Instrumentenbauer Daniel Gabriel Fahrenheit. Nach einer Kaufmannslehre in Amsterdam lässt er sich in Den Haag als Glasbläser nieder und konstruiert Thermometer, die Alkohol enthalten. Dieser dehnt sich in dem engen Glasröhrchen aus, steigt also nach oben und zeigt so die Temperatur an. Im Unterschied zu anderen Instrumentenbauern beginnt Fahrenheit, für seine Modelle allgemein verbindliche Bezugspunkte festzulegen, damit er die mit verschiedenen Instrumenten gemessenen Temperaturen vergleichen kann: Zur Orientierung auf einer Temperaturskala eignen sich Vergleichswerte, die in einem Experiment leicht nachgeprüft werden können, etwa der Schmelzpunkt von Eis oder die Temperatur des menschlichen Körpers. Fahrenheit wählt als Nullpunkt seiner Skala die tiefste Temperatur, die im strengen Winter 1708/1709 in seiner Heimatstadt Danzig gemessen wurde. Es gelingt ihm, sie mit einer Mischung aus Eis, Salmiak und Wasser selbst zu erzeugen. Die Körpertemperatur des Menschen setzt er bei 100 Grad an. Daraus ergibt sich, dass auf der nach ihm benannten Skala Wasser bei 32 Grad gefriert und bei 212 Grad den Siedepunkt erreicht. Etwa zehn Jahre später setzt Fahrenheit eine neue Flüssigkeit in seine Thermometer ein: das silbrig glänzende Quecksilber. Jetzt umfassen die Geräte noch größere Temperaturbereiche – Quecksilber bleibt auch an kältesten Wintertagen und im heißesten Sommer flüssig. Darüber hinaus sind sie genauer als die Alkoholthermometer, weil sich das Quecksilbermetall gleichmäßiger ausdehnt.

Fahrenheit wird wegen seiner Verdienste um die Temperaturmessung in die bedeutende wissenschaftliche Gesellschaft der Royal Society aufgenommen. Mit den Thermometern verbreitet sich auch seine Temperaturskala, vor allem in England und Amerika, aber weltweit setzt sie sich nicht durch. Dies bleibt der Skala vorbehalten, die 1742 der schwedische Astronom Anders Celsius vorstellt. Hier wird der Temperaturbereich, in dem Wasser flüssig ist, in 100 Einheiten unterteilt: Wasser gefriert bei null Grad und siedet bei 100 Grad Celsius.

Auch unser heutiges Thermometer misst nach dieser Skala.

Eine andere Erfindung aus dem 18. Jahrhundert, die auch mit Temperaturen und Energie zu tun hat, ist mindestens ebenso revolutionär wie das verlässliche Thermometer: die Dampfmaschine.

Wer hat die Dampfmaschine erfunden?

Die erste halbwegs funktionierende Dampfmaschine baut bereits Ende des 17. Jahrhunderts der französische Arzt Denis Papin. Doch für einen praktischen Einsatz ist sie nicht geeignet. Das glückt erst dem englischen Eisenwarenhändler Thomas Newcomen, dessen Dampfmaschinen ab 1712 in Bergwerken zum Einsatz kommen. Doch auch seine Dampfmaschine hat noch viele Nachteile und liefert nur wenig Energie für die Pumpen, die sie in den Bergwerken antreiben soll.

Die Nachteile werden erst von dem schottischen Maschinenbauer James Watt behoben, der in der Mitte des 18. Jahrhunderts eine äußerst leistungsfähige und für den industriellen Einsatz taugliche Maschine entwickelt. Er erkennt, wie unwirtschaftlich die bis dahin üblichen Maschinen bei der Umwandlung von Wärme in Bewegung arbeiten und wie viel Dampf sie verschwenden. Um diese Dampfmaschinen zu verbessern, experimentiert er mit Wasserdampf und erforscht die Beziehungen zwischen Dichte, Temperatur und Druck. Zu Watts bedeutendster Entwicklung wird eine Maschine, in der der Dampf in einem eigenen Raum kondensiert. Diese 1769 patentierte Maschine erhöht den Wirkungsgrad der bisherigen Maschinen um das Vierfache. Watt verbessert außerdem die Abdichtung von Kolben und Zylindern.

Die Dampfmaschine von James Watt verändert die Arbeitsverhältnisse in den Bergwerken und Fabriken, denen nun eine bislang nicht vorstellbare Energie zur Verfügung steht. Nicht nur Pumpen, auch Hammerwerke und Mahlwerke können nun mühelos betrieben werden. Die Dampfmaschine läutet das industrielle Zeitalter ein. Bald wird sie auch genutzt, um Schiffe, Eisenbahnen und Dampfwagen anzutreiben.

> 1564 - 1642 Galileo Galilei
> 1644 - 1710 Ole Christensen Rømer
> 1647 - 1712 Denis Papin
> 1663 - 1729 Thomas Newcomen
> 1686 - 1736 Daniel Gabriel Fahrenheit
> 1701 - 1744 Anders Celsius
> 1736 - 1819 James Watt

175

Ein unersetzlicher Verlust für die Wissenschaft

1727

Isaac Newton in Westminster Abbey beigesetzt

Der Mann, der heute in London beerdigt wird, war kein König. Dennoch wird ihm die höchste Ehre auf dem Weg zu seiner letzten Ruhestätte zuteil: Die Trauerfeier findet in der Westminster Abbey statt, der Krönungs- und Grabeskirche der englischen Könige. Unzählige Menschen verneigen sich vor dem Sarg. »Isaac Newton hat die Welt verändert, und das mehr als jeder Feldherr und jeder Herrscher«, sagt ein Mitglied der Royal Society, deren Präsident Newton war. »Wie groß aber diese Veränderung ist, werden erst spätere Generationen begreifen, dessen bin ich mir sicher.«

Westminster Abbey ist bis auf den letzten Platz besetzt, als die Trauerandacht beginnt. Alles, was in London und darüber hinaus Rang und Namen besitzt, hat sich eingefunden, um vom größten Wissenschaftler aller Zeiten Abschied zu nehmen. Eine besondere Ehre hatte Königin Anne ihm schon zu Lebzeiten erwiesen und ihn als ersten Wissenschaftler überhaupt zum Ritter geschlagen. Seit 1707 durfte er sich Sir Isaac Newton nennen.

Wer ist dieser große Wissenschaftler Sir Isaac Newton?

Isaac Newton wird als Sohn eines Landwirts in Lincolnshire geboren. Mit 18 Jahren studiert er in Cambridge und befasst sich mit der Frage nach der Anziehungskraft, also der Gravitation. Seine produktivsten und kreativsten Jahre hat er unmittelbar nach seiner Studienzeit.

Newtons Forschungen umfassen viele Gebiete: Physik, Astronomie, Mathematik, aber auch Alchemie, Mystik und Theologie. Das ist zu seiner Zeit kein Widerspruch, denn eine genaue Trennung dieser sehr verschiedenen Bereiche des Denkens und Forschens findet noch nicht statt. So ist es keineswegs ungewöhnlich, dass Newton gleichzeitig nach den Gesetzen der Gravitation und dem Stein der Weisen sucht.

Berühmt wird er jedoch für seine mathematischen und physikalischen Entdeckungen. In seinem Werk »Opticks« zeigt er, dass weißes Licht aus den Farben des Regenbogens besteht, wie man es mit speziellen Glaskörpern in die Regenbogenfarben zerlegen und auch wieder zusammenfügen kann. Sein größtes Werk ist jedoch die »Philosophiae Naturalis Principia Mathematica«. Darin wendet er dieselben mechanischen Gesetze auf den gesamten Kosmos an, fasst also Himmel und Erde, die viele frühere Naturforscher für gänzlich verschieden hielten, zusammen. Die Bewegung der Gestirne, der Planeten, Monde und

Sterne am Himmel, gehorcht demnach denselben Gesetzen wie ein Stein, der auf die Erde fällt. Ebenso die Gezeiten der Meere: Die Anziehungskraft (Gravitation), die zwischen den Körpern wirkt, ist der Antrieb.

Der blinde Glaube an Autoritäten ist zu Newtons Zeit in den Wissenschaften längst überwunden. So steht selbst ein Genie wie er im ständigen Austausch, aber mitunter auch im Streit über neue Erkenntnisse mit anderen Gelehrten. In Frankreich etwa nimmt man Newtons Ideen nicht ohne weiteres auf. Hier vertraut man lieber den Theorien von René Descartes, die ohne die Gravitation auskommen. Tatsächlich haftet der Gravitation als unsichtbarer Kraft etwas Rätselhaftes an. Andererseits lassen sich mit ihr die physikalischen Theorien ungemein vereinfachen und in Einklang mit den Beobachtungen bringen. Erst im Lauf des 18. Jahrhunderts lassen sich auch die letzten Descartes-Anhänger von den Newton'schen Erkenntnissen mittels Experimenten überzeugen. Isaac Newton ist der Begründer der klassischen Physik und damit der exakten Naturwissenschaften.

Auch in der Mathematik hat Newton einen Kontrahenten, nämlich den deutschen Universalgelehrten Gottfried Wilhelm Leibniz. Beide entwickeln unabhängig voneinander den so genannten Infinitesimalkalkül*. Bei dieser mathematischen Methode handelt es sich um eine Vorform der Differenzial- und Integralrechnung, mit der sich zahlreiche physikalische Probleme lösen lassen. Naturvorgänge kann man damit mathematisch exakt beschreiben und jeder Gymnasiast muss sie heute im Mathematikunterricht erlernen.

Während seines Lebens hat Newton viele bedeutende Ämter inne: Mathematikprofessor in Cambridge, Mitglied der Royal Society. Newton ist Mitglied des Parlaments, Direktor der Königlichen Münze in London, leitet die Royal Society ab 1703 bis zu seinem Lebensende als deren Präsident und wird als erster Wissenschaftler überhaupt in den Adelsstand erhoben.

Wie haben Newton und andere zu dieser Zeit die Welt verändert?

In der Folge von Newtons Entdeckungen sind die Fortschritte der Naturwissenschaft beachtlich. Viele Himmelsbeobachtungen bestätigen die von ihm aufgestellten Gravitationsgesetze, so das Erscheinen des Halley'schen Kometen im Jahr 1758. Der Siegeszug der Newton'schen Wissenschaft beherrscht das 18. Jahrhundert und verbindet sich mit einer Bewegung, die das gesamte Geistesleben Europas erfasst: der Aufklärung. Der deutsche Philosoph Immanuel Kant beschreibt das Ziel dieser Bewegung als »Ausgang des Menschen aus seiner selbst verschuldeten Unmündigkeit«. Und er rät jedem Menschen: »Habe den Mut, dich deines eigenen Verstandes zu bedienen.«

Die Aufklärung will die Grenzen, die überkommene Traditionen und Autoritäten setzen, einreißen, sei es in Politik, Religion oder Wissenschaft. Denn längst ist auch auf anderen Gebieten als der Naturwissenschaft der Glaube an Autoritäten erschüttert.

Einer der Ersten, der durch Experimente die Bedeutung eigener Erfahrungen gegenüber dem Vertrauen auf Lehrmeinungen verdeutlicht, ist der Engländer Francis Bacon. Noch deutlicher betonen der englische Philosoph John Locke und sein schottischer Kollege David Hume, dass alles Wissen von unserer Sinneswahrnehmung abhängt. Diese Denker wer-

1561 – 1626 Francis Bacon
1596 – 1650 René Descartes
1632 – 1704 John Locke
1643 – 1727 Isaac Newton
1646 – 1716 Gottfried Wilhelm Leibniz
1665 – 1714 Anne Stuart
1694 – 1778 Voltaire, eigentlich François-Marie Arouet

177

den »Empiristen« genannt, da sie die Erkenntnis auf die Empirie, also die Erfahrung, zurückführen. Sie betrachten das Bewusstsein jedes Menschen bei seiner Geburt als unbeschriebenes Blatt Papier, das erst durch Erfahrungen beschrieben wird. Der Franzose René Descartes ist dagegen der Überzeugung, dass angeborene Ideen unsere Erkenntnis bestimmen. Dennoch gibt es eine wichtige Gemeinsamkeit zwischen den Empiristen und den Anhängern von Descartes: Beide zweifeln an jeder Art angeblich gesicherten Wissens.

Die Ideen der britischen Empiristen werden nach und nach auch in Frankreich aufgenommen, wo man sie gleich zur Verbesserung der Menschheit einsetzen will. Denn wenn alle Menschen von Geburt an gleich, also »unbeschrieben« sind, dann werden sie erst durch Einflüsse von außen wie Gesetze und Erziehung ungleich. Hierin sieht man mehr und mehr die Ursache aller Ungerechtigkeit. Frankreich, genauer Paris, wird zum Zentrum der Aufklärung. In der Hauptstadt treten zugleich die Spannungen zwischen den gebildeten Bürgern und der Regierung am schärfsten hervor.

Zwei besonders schillernde Persönlichkeiten unter den Aufklärern sind die französischen Philosophen Voltaire und Jean-Jacques Rousseau. Voltaire wendet sich gegen unüberprüfte Konventionen, also Festlegungen, auf allen Gebieten. So beschreibt er in seinen »Lettres philosophiques« (»Philosophische Briefe«) die freiheitlichen Zustände in England im Gegensatz zu den französischen Verhältnissen als fortschrittlich. Diese Kritik an Kirche und Regierung macht ihn zwar bekannt, aber zwingt ihn auch, aus Frankreich zu fliehen.

Rousseau zufolge ist ein Gemeinwesen, in dem die Bürger die politischen Entscheidungen treffen, erstrebenswerter als eine Monarchie. Als »Gesellschaftsvertrag« (»Contrat social«) beschreibt Rousseau eine Übereinkunft, nach der sich die Menschen freiwillig und gleichberechtigt zu einem idealen Staatswesen zusammenschließen.

Was unternehmen die Aufklärer, um ihre Ziele zu erreichen?

Die Unzufriedenheit mit den herrschenden Autoritäten regt die Aufklärer zu immer wirkungsvolleren Kampagnen an, um die neuen Ideen zu verbreiten. Ein wichtiges Etappenziel dabei ist es, die Medien ihrer Zeit zu beherrschen, also die Gespräche und die Briefwechsel, Memoranden*, Pamphlete* und vor allem das gedruckte Wort in Büchern und Journalen. Aufklärerische Schriften müssen in Frankreich jedoch meist heimlich erscheinen. Und doch gelingt es 1751, das erfolgreichste und wirkungsvollste Buchprojekt der gesam-

ten Epoche zu veröffentlichen: die »Encyclopédie, ou dictionnaire raisonné des sciences, des arts et des métiers« (»Enzyklopädie oder wohlbegründetes Wörterbuch der Wissenschaften, der Kunst und des Handwerks«) von Denis Diderot und Jean-Baptiste Le Rond. In diesem Werk, das über einen Zeitraum von 30 Jahren in 35 Bänden erscheint und mehrere tausend Einzelbeiträge umfasst, wollen die beiden Herausgeber das gesamte Wissen der Zeit einer breiten Öffentlichkeit zugänglich machen. 200 Wissenschaftler aller Fachgebiete und 1000 Arbeiter (vom Papiermacher bis zum Graveur) arbeiten an dem Großunternehmen, das zum »Schwungrad des Fortschritts« werden soll.

Die »Encyclopédie«, durchdrungen von der neuen Philosophie, erzeugt einen Skandal aus. Gleich der erste Band erzeugt wütende Proteste bei konservativen Parteien und Kirchenkreisen, nach dem zweiten Band wird die »Encyclopédie« verboten, weil ihr Inhalt geeignet sei, »die königliche Autorität zu zerstören und den Geist der Unabhängigkeit und Revolte einzuführen«. Der königliche Direktor des Verlagswesens, Chrétien-Guillaume de Lamoignon de Malesherbes, soll die Manuskripte konfiszieren, doch Malesherbes stellt sich schützend vor die Enzyklopädisten, weil er den Reformen gegenüber aufgeschlossen ist. Auch bei Hof finden sich Fürsprecher, sodass das Verbot wieder aufgehoben wird. Zwar gibt es immer wieder Anfeindungen und das Werk wird vom Papst verdammt, doch die Enzyklopädisten können es abschließen. Bis zur Französischen Revolution 1789 entwickelt sich die »Encyclopédie« zu einem internationalen Bestseller.

Die amerikanische Unabhängigkeitserklärung und die Französische Revolution mit ihrer »Erklärung der Rechte des Menschen und des Bürgers« werden von den Gedanken der Aufklärung bestimmt. Im Preußen Friedrichs II. und im Russland der Zarin Katharina II. regen die Reformen und Ideen immerhin zu Diskussionen an. Man liest Französisch, zieht Aufklärungsphilosophen für Regierungsgeschäfte zurate und hat selbstverständlich die »Encyclopédie« im Bücherschrank stehen.

Hat die Aufklärung nun gesiegt?

Die Geschichte des 19. und 20. Jahrhunderts zeigt leider, dass die Ideale der Aufklärung nicht automatisch bessere Menschen schaffen. Im Gegenteil – im schlimmsten Fall findet die Stimme des Gewissens vor lauter Aufklärung kein Gehör mehr. Nach den Schrecken des Zweiten Weltkriegs benennen die deutschen Philosophen Theodor Adorno und Max Horkheimer diese Widersprüche in ihrem Buch »Dialektik der Aufklärung«.

Auch die Newton'sche Physik erweist sich als nicht unfehlbar. Im 19. Jahrhundert stellen Mathematiker und Physiker fest, dass man nicht ohne weiteres einen dreidimensionalen Raum, der von den materiellen Dingen unabhängig ist und diese enthält, voraussetzen darf. So wird Anfang des 20. Jahrhunderts schließlich die klassische Mechanik durch die Allgemeine Relativitätstheorie von Albert Einstein widerlegt und ersetzt. Das alles schmälert jedoch nicht den Ruhm Newtons, der für die Entwicklung der Physik so fruchtbare Impulse lieferte. Im Jahr 2000 wurde er in Großbritannien zum Mann des Jahrtausends gewählt.

1711–1776 David Hume
1712–1778 Jean-Jacques Rousseau
1712–1786 Friedrich II.
1713–1784 Denis Diderot
1717–1783 Jean-Baptiste Le Rond, genannt d'Alembert
1721–1794 Chrétien-Guillaume de Lamoignon de Malesherbes
1724–1804 Immanuel Kant
1729–1796 Katharina II.
1879–1955 Albert Einstein
1895–1973 Max Horkheimer
1903–1969 Theodor W. Adorno

179

Weber stehen vor der Arbeitslosigkeit

1733

John Kay erfindet neuartigen Webstuhl

Mit bislang unvorstellbarer Geschwindigkeit fliegt das Schiffchen zwischen den Fäden hindurch. Es ist so schnell, dass der Stoff auf dem Webstuhl in der Hälfte der üblichen Zeit entsteht. Das heißt, statt drei Metern Stoff feinster Qualität können auf einem Webstuhl nun sechs Meter am Tag gewoben werden.

»Das nenne ich Fortschritt«, verkündet John Kay, der englische Erfinder. »Jetzt können wir die so dringend benötigten Stoffe endlich schneller und billiger herstellen.«

Während John Kay stolz seine Erfindung vorführt, macht sich bei den Webern und Zunftmeistern Unsicherheit breit. Denn je mehr der Webstuhl zu einer durch die Technik dominierten Maschine wird, umso weniger Weber werden benötigt. Das bedeutet, dass viele Weber arbeitslos werden könnten. Wie sie diese Entwicklung aufhalten können, wissen sie noch nicht.

Welche Folgen hat John Kays Erfindung?

Nahrung und Kleidung – von jeher sind sie für die Menschheit zum Überleben notwendig. Über Jahrhunderte hinweg arbeitet daher etwa die Hälfte der Arbeiter in der Textilerzeugung und -verarbeitung. Bis zum 18. Jahrhundert müssen die Woll- oder Baumwollfasern von Hand mit Spindeln oder mit dem Spinnrad zu Fäden gesponnen werden. Nach dem Spinnen ist das Weben der zweite wichtige Schritt. In diesem Arbeitsschritt verkreuzt man die Fäden zu einem Gewebe. Bis zu zwölf Spinnräder müssen eingesetzt werden, um einen Webstuhl mit Fäden zu versorgen.

Doch dann erfindet der Engländer John Kay das fliegende Schiffchen, auch Schnelllade oder Schnellschütze genannt. Diese Erfindung verdoppelt die Geschwindigkeit beim Weben, sodass die neuen Webstühle auch doppelt so viel Garn benötigen. Das aber ist so schnell nicht lieferbar. Außerdem kommt es zu Protesten der Weber gegen diese technische Neuerung. Sie befürchten, ihre Arbeit zu verlieren. Auch John Kay bekommt den Missmut der Weber zu spüren, als diese sein Haus zerstören. Kay flieht nach Frankreich, wo er später verarmt stirbt.

Von den anhaltenden Protesten lassen sich die Erfinder jedoch nicht abschrecken. Um den Garnhunger der mechanischen Webstühle zu stillen, entwickelt James Hargreaves eine Maschine zur Automatisierung des Spinnens, die er 37 Jahre nach Kays Erfindung patentieren lässt. Eine einzige Person kann mit seiner »Spinning Jenny« genannten Maschine 16 oder mehr Fäden gleichzeitig spinnen. Auch

Hargreaves wird Opfer aufgebrachter Weber, die in sein Haus in Blackburn eindringen und seine Maschine zerstören. Hargreaves muss flüchten und seine Fabrik an einem anderen Ort wieder aufbauen. Dennoch entwickelt er immer neue Spinnmaschinen. Bald lassen sie sich von Dampfmaschinen antreiben und maschinell steuern, was zu einer weiteren Produktivitätssteigerung führt. Ende des 18. Jahrhunderts stehen allein in England 20 000 »Spinning Jennies«. Die größten dieser Maschinen umfassen bis zu 120 Spindeln.

Parallel wird auch das Weben weiter automatisiert: In Frankreich entwickelt Jacques de Vaucanson eine Art Lochkartensteuerung für Webstühle, mit der wechselnde Muster gewebt werden können. Das spart weitere Arbeitskräfte. Joseph-Marie Jacquard, der aus der »Seidenwelthauptstadt« Lyon in Frankreich stammt, entwickelt Anfang des 19. Jahrhunderts den ersten vollautomatischen Webstuhl und perfektioniert darin die Anwendung der Steuerung mit Lochkarten. Zwar ist der französische Kaiser Napoléon I. von Jacquards Steuerungstechnik begeistert, doch wieder gibt es gewaltsame Proteste: Die Zunftmeister der Seidenweber in Lyon zerschlagen und verbrennen die Webstühle, weil auch sie ihre Arbeitsplätze bedroht sehen. Es dauert über zehn Jahre, bis die Maschine tatsächlich in der Lyoner Produktion eingesetzt wird. Erst als englische Seidenfabrikanten den Wert von Jacquards Erfindung erkennen und seine Maschine einführen, beugt man sich auch in Lyon dem Wettbewerbsdruck.

Was wird aus dem automatischen Webstuhl?

Die modernen Dampfmaschinen von James Watt werden im 18. Jahrhundert zum Motor der Industrialisierung. Sie steigern nicht nur die Kohle- und Erzförderung, sondern werden bald auch in Getreidemühlen und Baumwollspinnereien eingesetzt. Als Spinnen und Weben so weit mechanisiert sind, dass in der Tuchindustrie der Einsatz der Dampfmaschine möglich wird, spricht man auch von der Vermählung von Dampf und Baumwolle. Die Maschinen zur Tuchherstellung werden von einer (männlichen) Fachkraft und einigen Hilfskräften (Frauen oder Kindern, die Garn vorbereiten, abgerissene Fäden knüpfen und die Maschine von Fasern säubern) bedient. Weil die großen Maschinen nur in zentralen Werkstätten stehen, verschwindet die bis dahin weit verbreitete Heimarbeit in vielen Bereichen endgültig. Zum ersten Mal in der Geschichte kommt es zu einer Massenarbeitslosigkeit, weil moderne Maschinen nicht mehr so viele Arbeitskräfte benötigen wie die früheren einfachen Geräte. Armut und Hunger sind die Folge.

Die Lochkarten aber, mit denen die automatischen Webmaschinen gesteuert werden, zeigen bereits, wohin sich diese Entwicklung bewegt. Mit ihnen kann man nämlich nicht nur Webmaschinen steuern, sondern jede Art von Maschinen. Sie werden daher im 19. Jahrhundert zu den ersten Vorläufern unserer heutigen modernen Datenverarbeitung.

> 1704 – 1780 John Kay
> 1709 – 1782 Jacques de Vaucanson
> 1721 – 1778 James Hargreaves
> 1736 – 1819 James Watt
> 1752 – 1834 Joseph-Marie Jacquard
> 1769 – 1821 Napoléon Bonaparte

Steht Preußen vor dem Untergang?

1759

Friedrich der Große erleidet Niederlage bei Kunersdorf

Die Schlacht tobt. Verzweifelt rennen die preußischen Soldaten gegen die Übermacht der schwedischen, russischen und französischen Truppen an. Friedrich II. blickt hoffnungslos über das Schlachtfeld, denn seine Regimenter können sich kaum mehr behaupten. Als die Russen weitere Einheiten in die Schlacht werfen, brechen die Verteidigungslinien zusammen. Trotz Verbots lassen immer mehr Soldaten ihre Waffen fallen und ergeben sich oder fliehen. »Jetzt ist alles verloren«, stellt Friedrich II. nüchtern fest, »nicht nur Preußen, sondern auch mein Leben. Denn wenn sich nun keine weitere Hoffnung zeigt, bleibt mir nur eines, nämlich freiwillig aus dem Leben zu scheiden.«

So reitet der König vom Schlachtfeld, dessen Reich seine Gegner bis auf Brandenburg reduzieren wollen. Verzweifelt grübelt Friedrich II. darüber nach, von welcher Seite er noch Hilfe erwarten könnte. Seine Lage scheint hoffnungslos zu sein. Nur noch ein Wunder kann ihn retten.

Welche Ziele hat Friedrich II.?

Friedrich II. wird als Sohn des Preußenkönigs Friedrich Wilhelm I. in Berlin geboren und von seinem Vater außerordentlich streng erzogen. Als Friedrich II. im Alter von 28 Jahren neuer König von Preußen wird, besitzt das Land zwar eine schlagkräftige Armee, aber kein zusammenhängendes Reich. Preußen besteht damals aus den Ländern Ostpreußen, Brandenburg und einigen Besitzungen am Rhein. Von Anfang an ist es Friedrichs Ziel, dies zu ändern. Seine Chance kommt, als die neue österreichische Königin Maria Theresia ihre Erbansprüche gegenüber anderen europäischen Herrschern verteidigen muss. Er marschiert ohne Skrupel in die reiche österreichische Provinz Schlesien ein. Maria Theresia muss hilflos zusehen, weil sie ihre Soldaten an anderen Fronten braucht. Nach diesem Ersten Schlesischen Krieg zettelt Friedrich 1744 einen zweiten an, in dem er Böhmen besetzt und Schlesien erfolgreich gegen Österreich verteidigt. Doch Maria Theresia sinnt auf Rache und sucht nach einer Möglichkeit, ihre Provinz zurückzugewinnen. Ihr Staatskanzler Graf von Kaunitz schmiedet deshalb ein Bündnis mit Frankreich gegen Preußen, während Friedrich zeitgleich England auf seine Seite ziehen kann. Russland, Sachsen und Schweden wiederum schließen ein Bündnis mit Österreich. Friedrich entscheidet sich, seinen Gegnern zuvorzukommen, und besetzt innerhalb weniger Tage Sachsen. Damit beginnt der Siebenjährige Krieg.

Anfangs ist Friedrich sehr erfolgreich, doch

nach einem gewagten Vorstoß auf Prag muss er sich nach Sachsen zurückziehen. Nicht nur die Österreicher, auch deren Bündnispartner verstärken ihren Druck auf Preußen. Die Russen dringen in Ostpreußen ein, die Schweden in Preußisch-Pommern und die Franzosen besiegen den preußischen Bundesgenossen England. Ihr gemeinsames Ziel ist es, Preußen wieder zu einer unbedeutenden Macht herabzustufen. Im Sommer 1759 wird Friedrichs Armee in der entscheidenden Schlacht bei Kunersdorf, östlich von Berlin, fast gänzlich vernichtet. Als zwei Jahre später auch noch England die finanzielle Hilfe einstellt, scheint der Untergang Preußens unabwendbar. Doch seine Feinde können sich über das weitere Vorgehen nicht einigen und verspielen die Chance, Preußen ganz zu unterwerfen. Noch dazu verändern sich plötzlich die Bündnisverhältnisse.

Denn Ende 1761 stirbt die russische Zarin Elisabeth. Ihr Nachfolger Peter III., ein Bewunderer Friedrichs, wechselt sofort auf die Seite Preußens. Nachdem er seine Truppen abzieht, ist Preußen gerettet und behauptet im Frieden von Hubertusburg das schlesische Gebiet. Preußen spielt nun auf der europäischen Bühne eine wichtige politische Rolle. Als neue deutsche Großmacht wetteifert es mit Österreich um die Vorherrschaft in Deutschland.

Wie regiert Friedrich II.?

Schon als Kronprinz beschäftigt sich Friedrich mit den Ideen der französischen Aufklärung und die Ideale der Vernunft, Bildung, Toleranz und Rechtsgleichheit beeinflussen seine späteren Reformen. Er sieht sich als »erster Diener seines Staates«, der für das Wohl und Recht seiner Untertanen zu sorgen hat. Doch trotz dieser »aufgeklärten« Einstellung regiert er als absoluter Herrscher. »Alles für das Volk, nichts durch das Volk!« ist sein Motto.

Gleich zu Regierungsbeginn erregt Friedrich Aufsehen in Europa, weil er die Folter als Beweismittel im Strafprozess weitgehend abschafft und die Pressezensur etwas lockert. Außerdem verkündet er die Religionsfreiheit, die jedoch nicht für die Juden gilt.

In Friedenszeiten lässt Friedrich Kanäle bauen und Straßen anlegen, um den Transport von Waren zu erleichtern. Sümpfe und Brüche wie der Oderbruch werden trockengelegt, neue Dörfer gegründet und freie Bauern angesiedelt. Die Landwirtschaft wird durch Fruchtwechsel, Kartoffelanbau, neue Methoden in der Viehzucht, Baum- und Waldpflege verbessert. Friedrich fördert auch das Seiden-, Glas- und Porzellangewerbe und das Hüttenwesen in Schlesien. Um die Bildung seines Volkes zu heben, führt er nach dem Ende des Siebenjährigen Krieges die allgemeine Schulpflicht für alle Kinder zwischen fünf und 13 Jahren ein.

Die letzten Lebensjahre verbringt der preußische König zurückgezogen und voller Menschenverachtung in seinem Lustschloss Sanssouci, das in der Nähe von Potsdam nach seinen Plänen errichtet worden ist. Friedrich, den man den Großen nennt, hinterlässt seinen Nachfolgern einen mächtigen und modernen Militär- und Beamtenstaat.

Friedrich selbst ist ein begabter Schriftsteller, dessen Bücher in ganz Europa gelesen werden. Außerdem spielt er sehr gut Querflöte und komponiert eigene Musikstücke. Er trifft sogar Johann Sebastian Bach, um mit ihm musikalische Ideen auszutauschen.

1685 – 1750 Johann Sebastian Bach
1688 – 1740 Friedrich Wilhelm I.
1709 – 1761 Elisabeth I.
1711 – 1794 Wenzel Anton Graf von Kaunitz
1712 – 1786 Friedrich II.
1717 – 1780 Maria Theresia
1728 – 1762 Peter III.

1740 – 1742 Erster Schlesischer Krieg
1744 – 1745 Zweiter Schlesischer Krieg
1756 – 1763 Siebenjähriger Krieg

183

Aufstand im Ural

1773

Donkosaken erheben sich gegen Katharina II.

Immer mehr Kosaken versammeln sich hier im abgelegenen südlichen Uralgebiet. Viele von ihnen tragen zerlumpte Kleider, auch leibeigene Bauern und sogar desertierte Soldaten sind unter ihnen. Der Grund für den Auflauf ist ein Mann, der behauptet, Zar Peter III. zu sein, der doch ermordet worden sein soll. »Nein, ich wurde nicht getötet, ich habe das Attentat überlebt und konnte fliehen. Ich bin euer rechtmäßiger Zar und werde euch von allen Fron- und Solda-tendiensten befreien. Auch die hohen Steuern braucht ihr nicht mehr zu fürchten, wenn ihr mir folgt«, verspricht er der Menge, die von seiner Rede begeistert ist.

Dank der herrschenden Unterdrückung in Russland ist es für den selbst ernannten Zaren kein Problem, ein Heer von Aufständischen um sich zu sammeln und Dörfer und Städte im Ural zu besetzen. Ob Katharina II. diesem Treiben tatenlos zuschauen wird, ist allerdings fraglich.

Wer ist Katharina II.?

Sophie Auguste Friederike von Anhalt-Zerbst ist eine preußische Prinzessin und wird in Stettin geboren. Im Alter von 15 Jahren verlässt sie ihre deutsche Heimat, um den russischen Thronfolger Peter III., einen Enkel Peters des Großen, zu heiraten. Sie übernimmt den orthodoxen Glauben und erhält den neuen Namen Katharina Alexejewna. Doch Katharina ist mit ihrem Mann und der Situation in Moskau unzufrieden, und so entschließt sie sich, nach 18 Jahren Ehe zu handeln. Der Zeitpunkt ist günstig, denn Peter hat gerade sein Thronerbe angetreten. Katharina überredet ihren Geliebten Grigori Orlow, Zar Peter III. mithilfe einiger Gardeoffiziere zu stürzen. Ihr Staatsstreich gelingt und Peter III. muss abdanken. Wenige Tage später wird er heimtückisch ermordet. Im Herbst desselben Jahres lässt sie sich in der alten Krönungskirche von Moskau, der Uspenskij-Kathedrale, zur Zarin krönen.

Nach dem Vorbild Peters I. macht sich die energische Herrscherin daran, Russland als europäische Großmacht zu festigen und neue Gebiete hinzuzugewinnen. Zwei Jahre nach Regierungsantritt schließt sie ein Bündnis mit Preußen, das nun die Wahl ihres derzeitigen Geliebten Stanislaw Poniatowski zum polnischen König unterstützt. Indem sie die innenpolitische Schwäche Polens ausnutzt, gelingt es ihr acht Jahre später sogar, zusammen mit Preußen und Österreich einen Teil des Landes zu annektieren. Diese so genannte Erste polnische Teilung setzt sich in zwei weiteren Teilungen unter den gleichen Mächten fort, bis der Staat Polen völlig von der Landkarte verschwunden ist. Russland grenzt nun an Preußen und Österreich.

In zwei Kriegen gegen das Osmanische Reich sichert sich Katharina den nördlichen

Teil des Schwarzen Meers und die Krim. Die Verwaltung »Neurusslands« überträgt sie ihrem ehemaligen Günstling Grigori Alexandrowitsch Potjomkin. Um diese menschenleeren Gebiete zu besiedeln, holt sie Ausländer ins Land. Als Anreiz erhalten die Kolonisten Vergünstigungen wie das Recht auf Selbstverwaltung, Steuerfreiheit und Befreiung vom Militärdienst. Diesem Angebot folgen vor allem deutsche Siedler, die sich an der Wolga sowie am Schwarzen Meer niederlassen.

Um der Welt die Fortschritte in ihrem Land zu demonstrieren, reist sie in Begleitung einer internationalen Gesandtschaft, zu der auch der österreichische Kaiser Joseph II. gehört, auf die Krim.

Von ihrem Schiff auf dem Fluss Dnjepr aus sehen die Mitglieder der vornehmen Reisegesellschaft geschmückte Holzhäuser und jubelnde Untertanen. Die Besucher sind beeindruckt. Böse Zungen behaupten später, Potjomkin habe bemalte Holzkulissen vor ärmlichen Bauernhäusern aufstellen lassen. Doch das ist nur eine Legende. Aber die »Potjomkin'schen Dörfer« sind daraufhin sprichwörtlich geworden.

Wie kommt es zum Aufstand der Donkosaken?

Katharina ist anfangs von den Ideen der Aufklärung begeistert. Von 1765 an arbeitet sie an einer großen »Instruktion«, also einer Anleitung, für die zukünftige Gesetzgebung. Vernunft, Toleranz, Freiheit und Gleichheit vor dem Gesetz für alle Bürger sollen ihre Leitlinien sein. Bevor das Werk veröffentlicht wird, legt Katharina es ihren Beratern und den Vertretern des Adels vor. Diese

sind schockiert. Vor allem der Plan der Zarin, die Leibeigenschaft der Bauern abzumildern, stößt auf heftigen Protest. Der Gesetzesplan scheitert. Stattdessen stärkt Katharina die Vorrechte des Adels, dem sie ihre Herrschaft verdankt: Freiheit von Steuern und Dienstpflicht sowie das Recht auf Erwerb von Grundbesitz und Leibeigenen. Die Lage der Bauern dagegen verschärft sich immer mehr. Unter anderem, weil Katharina ihre Liebhaber mit Staatsländereien belohnt. Dadurch geraten ehemals freie Bauern in die Leibeigenschaft, sie werden an das von ihnen bebaute Land gebunden und sind der Willkür ihres Herrn ausgesetzt.

Als dann auch noch die Zarin den Kosaken das Recht nimmt, sich selbst zu verwalten, kommt es zum Aufstand am Jaik. Jemeljan Pugatschow, der selbst aus dem Dongebiet stammt, gibt sich als Peter III. aus und wird zum Anführer der Kosaken. Bald erfasst der Aufstand die Gebiete des Wolgabeckens und des Uralgebirges. Er weitet sich zu einem Bauernkrieg aus, dem tausende von Gutsbesitzern zum Opfer fallen. Aus Furcht vor einem Umsturz lässt Katharina II. die Rebellion blutig niederschlagen. Pugatschow wird gefangen und zwei Jahre später in Moskau öffentlich hingerichtet. Die Zarin wendet sich nach und nach von dem aufklärerischen Gedankengut ab.

Es gelingt ihr, wenn auch mit Gewalt, das Auseinanderbrechen dieses riesigen Reiches zu verhindern, und sie festigt Russlands Bedeutung als Großmacht in der Welt.

> 1672 – 1725 Peter I. der Große
> 1728 – 1762 Peter III.
> 1729 – 1796 Katharina II.
> 1732 – 1798 Stanislaw II. August Poniatowski
> 1734 – 1783 Grigori Grigorjewitsch Orlow
> 1739 – 1791 Grigori Alexandrowitsch Potjomkin
> 1741 – 1790 Joseph II.
> um 1742 – 1775 Jemeljan Iwanowitsch Pugatschow

185

USA erklären Unabhängigkeit

1776

Wie wird England reagieren?

Thomas Jefferson, John Adams, Benjamin Franklin, Robert Livingston und Roger Sherman haben lange daran gearbeitet. Wie soll sie aussehen, die Unabhängigkeitserklärung der dreizehn amerikanischen Staaten? Welche Vorstellungen und Werte soll sie beinhalten? Doch nun ist sie vollendet und liegt dem Kontinentalkongress zur Abstimmung vor. Beobachter und Abgeordnete warten gespannt auf die Handzeichen. Dann endlich, Jubel bricht aus, die Unabhängigkeitserklärung wird von den Vertretern aller 13 Staaten gebilligt! Die USA sind ein unabhängiger Staat!

Der Revolutionär Thomas Paine hatte vorausgesagt: »Es ist Zeit, voneinander zu scheiden: England zu Europa, Amerika zu Amerika!« Genau das ist jetzt eingetreten. Wie England auf diese Entwicklung reagieren wird, ist ungewiss. Denn von nun an sind die USA keine Kolonie mehr, sondern ein souveräner Handelspartner.

Wie kommt es zu den Kolonien in Übersee?

Viele Seefahrerstaaten wie Spanien, Portugal oder Frankreich betreiben bereits im 16. Jahrhundert eine aktive Kolonialpolitik. Ihnen geht es vor allem um die Einrichtung von Handelsstützpunkten und die Ausbeutung der Rohstoffe der jeweiligen Länder. In Nordamerika geht es jedoch um die Gründung dauerhafter Siedlungen. So fahren zu Beginn des 17. Jahrhunderts von England aus drei Schiffe mit 120 Menschen über den Atlantik zur Küste Virginias. Die Ankömmlinge gründen Jamestown, die erste bedeutende Siedlung in Amerika. Weitere Siedlerschiffe folgen. Das bekannteste, die »Mayflower«, nimmt einige Jahre später eine andere Route und landet weiter nördlich in Massachusetts. Die berühmten Pilgerväter gründen ihre eigene Siedlung und nennen sie Plymouth. Im Lauf der nächsten 120 Jahre wächst deren Bevölkerung auf 1,5 Millionen an. Zu diesem Zeitpunkt gibt es an der nordamerikanischen Atlantikküste bereits 13 englische Kolonien.

Der Entschluss, die Heimat zu verlassen, hängt oft mit den schlimmen Zuständen in Europa zusammen. Die Menschen hoffen, in Amerika ein freies Leben führen zu können. Während der Reise auf überfüllten Schiffen müssen sie dafür viele Unannehmlichkeiten ertragen: Fieber und Seekrankheiten, Hunger und Durst, Hitze und Gestank. Mit den Segelschiffen des 18. Jahrhunderts dauert die Überfahrt bei günstigen Wind- und Wetterverhältnissen etwa zwölf Wochen. Zu Beginn der Auswanderungswelle stirbt fast jeder Zweite auf der Reise. Viele sehen jedoch keinen anderen Ausweg, als diese Risiken auf sich zu nehmen, denn die Verarmung der Bauern, die hohe Steuerlast, erzwungener Kriegsdienst oder die wirtschaftlichen Krisen in Handwerk und Handel machen das Leben in der Heimat nahezu unerträglich. Dazu kommen die Verfolgung und Benachteiligung bestimmter religiöser Gruppen, die besonders Protestanten und später auch Juden in Europa zum Auswandern bewegen.

Die Siedler treffen in Nordamerika auf ungewohnte klimatische und landwirtschaftliche Bedingungen. Auf der Suche nach Gold, Gewürzen und fruchtbarem Land finden sie oftmals nur sumpfige Böden und fremde, zum Teil giftige Pflanzen vor. Daher überleben viele der ersten Auswanderergeneration die Gründerzeit nicht. Den Übrigen gelingt es durch harte Arbeit, Siedlungen zu errichten und die Existenz mit Feldarbeit, Fischen und später Tabakhandel zu sichern.

Zunächst gewährt England den Kolonien großen Spielraum bei der Gestaltung ihrer Selbstverwaltung. Zwar gibt es in jeder Kolonie einen vom König ernannten Gouverneur, doch der kann gegen den Willen der von den Siedlern gewählten Vertreter wenig ausrichten. Diese Vertreter legen die Steuern fest und wirken bei der Gesetzgebung mit. Auch die Städte entscheiden in den »meeting houses« oder »town halls« selbst über ihre Belange. Um notwendige Absprachen in wirtschaftlichen und politischen Fragen zu treffen, wird bereits 1619 in Virginia die erste parlamentarische Siedlervertretung gegründet. Insgesamt können viele Bürger politisch mitbestimmen, obwohl das Wahlrecht an (Land-)Besitz geknüpft und damit nicht wirklich demokratisch ist.

Wie verhalten sich die Siedler gegenüber den Ureinwohnern ihrer neuen Heimat?

In Nordamerika leben Indianer. Das Land, das die Siedler kultivieren wollen, ist also nicht unbewohnt. Wann genau die Indianer aus Asien über die Beringstraße eingewandert sind und sich über den ganzen Kontinent verstreut haben, ist nicht genau bekannt, wahrscheinlich vor rund 50 000 Jahren. Die einzelnen Stämme unterscheiden sich in ihrer Sprache und ihrer Kultur zum Teil grundlegend voneinander. An der Ostküste bauen Indianer als sesshafte Bauern Mais, Gemüse und Tabak an oder leben vom Fischfang sowie von der Jagd. Die Indianer weiter im Landesinneren folgen als Nomaden den Wanderbewegungen der riesigen Bisonherden. Die ersten Begegnungen mit dem »weißen Mann« verlaufen meistens friedlich. Die Indianer treiben anfangs sogar lebhaften Handel mit den Siedlern. Aber der Kontakt bringt ihnen auch bis dahin unbekannte Infektionskrankheiten. Tausende sterben beispielsweise an den Pocken. Die Situation verschlechtert sich dramatisch, als die Zahl der Siedler stark ansteigt und sie immer mehr Land benötigen. Anfangs stehen zehntausende von Indianern an der Ostküste wenigen Siedlern gegenüber, doch bald schon sind die Siedler in der Überzahl. Die Indianer sehen ihre angestammten Jagdgründe und ihre Kultur bedroht. Sie wehren sich, doch gegen die Waffen der Weißen haben sie auf Dauer keine Chance. Sie werden von den Kolonisten beinahe vollständig verdrängt. Um 1830 sind die alten Indianerkulturen an der Atlantikküste fast vollständig verschwunden.

> 1689–1775 Baron de Montesquieu, eigentlich Charles-Louis de Secondat
> 1706–1790 Benjamin Franklin
> 1712–1778 Jean-Jacques Rousseau
> 1721–1793 Roger Sherman
> 1730–1794 Friedrich Wilhelm von Steuben
> 1732–1799 George Washington
> 1735–1826 John Adams
> 1737–1809 Thomas Paine
> 1743–1826 Thomas Jefferson
> 1746–1813 Robert Livingston
> 1757–1834 Marquis de Lafayette

Warum wollen die Kolonisten unabhängig von England werden?

England ist das Mutterland der 13 Kolonien, die sich zum Teil sehr eigenständig entwickeln. So wächst bei den Kolonisten von New Orleans bis hoch nach Boston ein enormes Selbstbewusstsein. Sie haben den alltäglichen Kampf ums Überleben gemeistert und die sich immer verzweifelter wehrenden Indianer erfolgreich zurückgeschlagen. Auch wenn die Startbedingungen für den Einzelnen sehr unterschiedlich sind, hat doch jeder die Chance, sich in der Neuen Welt eine eigene Existenz aufzubauen. Risikobereitschaft und Unternehmungslust zeichnen den Pioniergeist der Kolonisten aus. Die neuen Amerikaner sind mit ihrem Leben zunehmend zufriedener.

Das Verhältnis zwischen England und den Kolonien dagegen verschlechtert sich dramatisch nach dem Siebenjährigen Krieg zwischen Frankreich und England Mitte des 18. Jahrhunderts. Die englische Staatskasse ist leer. Um die Finanzen wieder in Ordnung zu bringen, beschließt man neue Steuern, die vor allem den blühenden Kolonien auferlegt werden, zum Beispiel für Zeitungen, Kalender und Kartenspiele. Die Reaktion folgt sofort: Mit dem Schlachtruf »No taxation without representation!« (»Keine Besteuerung ohne

Vertretung im englischen Parlament!«) protestieren die Kolonisten gegen die Bevormundung. Ihrer Ansicht nach wären sie als freie Bürger nur dann steuerpflichtig, wenn ihre Abgeordneten im Londoner Parlament dem Gesetz zugestimmt hätten. Da dort aber keine von ihnen gewählten Vertreter sitzen, beginnen Vereinigungen wie die »Sons of Liberty« (Söhne der Freiheit) mit dem Boykott englischer Waren.

Nach dem ersten fehlgeschlagenen Versuch nimmt die englische Krone einen zweiten Anlauf: 1767 werden neue Steuern auf die Einfuhr von Tee, Glas, Farben oder Blei erhoben. Wieder muss England wegen der Proteste und des anhaltenden Boykotts britischer Waren die Steuern zurücknehmen, bis auf die unbedeutende Teesteuer. Doch auch die wollen die Kolonisten nicht zahlen und organisieren im Bostoner Hafen eine große Protestaktion. Nachts klettern Mitglieder der »Sons of Liberty«, als Mohikaner verkleidet, auf englische Handelsschiffe und werfen 342 Teekisten ins Meer. Mit dieser Aktion, später scherzhaft als »Boston Tea Party« bezeichnet, wollen sie die Zahlung von Zöllen verhindern.

Als englische Soldaten beginnen, den Bostoner Hafen zu schließen, versammeln sich widerstandsbereite Kolonisten in Philadelphia zum Ersten Kontinentalkongress. Zugleich werden lose organisierte Truppen gebildet, die im Ernstfall gegen englische Angreifer bereitstehen sollen. Dies scheint dringend nötig, denn England erklärt die Nordamerikaner zu Rebellen und droht mit Krieg.

Wie reagiert England auf die Unabhängigkeitserklärung?

Kaum haben die 13 Staaten der USA die Unabhängigkeitserklärung verabschiedet, findet der erste, noch unbedeutende Schusswechsel bei Lexington statt. Daraufhin bildet der Gutsbesitzer George Washington eine schlagkräftige Armee, um gegen die Engländer kämpfen zu können. Glückliche Umstände sorgen dafür, dass sich die zahlenmäßig unterlegenen Kolonisten im Krieg behaupten können.

Geeint im Kampf für Freiheit und Unabhängigkeit, haben die Revolutionäre mit George Washington eine Persönlichkeit, die siegesgewiss eine Armee von 10 000 Mann in die Schlachten führt.

Er hält strengste Disziplin für ebenso wichtig wie einen freundlichen Ton. Schon zu Lebzeiten wird George Washington als Nationalheld gefeiert.

Das Volk dankt ihm später, indem es ihn 1789 zum ersten Präsidenten der Vereinigten Staaten wählt.

Eine wichtige Rolle spielt für die Aufständischen, dass sich die alten Gegner Englands, also Frankreich, Spanien, Holland und Russland, hinter die Kolonisten stellen und sie mit Hilfsgeldern, Waffenlieferungen und Truppen unterstützen.

Militärisch geschult werden sie von europäischen Offizieren wie dem Preußen Friedrich von Steuben oder dem Franzosen Marquis de Lafayette.

Fünf Jahre nach der Erklärung der Unabhängigkeit müssen englische Truppen bei Yorktown in Virginia kapitulieren.

Im Frieden von Versailles bleibt England dann nichts anderes mehr übrig, als die Unabhängigkeit der 13 Kolonien offiziell anzuerkennen.

Wie soll der neue unabhängige Staat aussehen?

Dieser Aufgabe stellen sich 55 Abgesandte aus allen 13 Staaten. Nach langen Verhandlungen schließen sie am 17. September 1787 einen Kompromiss über die gemeinsame Verfassung. Das Ergebnis ist die älteste, aber auch kürzeste demokratische Verfassung der Welt. Stark beeinflusst wird sie von den Ideen der europäischen Aufklärung: Nach Rousseau leitet sich staatliche Macht aus dem Willen des Volkes ab. Nach Montesquieu müssen die drei Bereiche des Staates, gesetzgebende Gewalt (Legislative), richterliche Gewalt (Judikative) und ausübende Gewalt (Exekutive), stets getrennt und kontrollierbar sein, um Machtmissbrauch zu verhindern.

Auf Verlangen verschiedener Bundesstaaten wird die seit 1787 offiziell anerkannte Verfassung im Herbst 1789 durch

1756–1763 Siebenjähriger Krieg
1776–1781 amerikanischer Unabhängigkeitskrieg
1783 Frieden von Versailles

zehn Zusätze erweitert: Die so genannte Bill of Rights garantiert die bis heute gültigen Grundrechte wie Glaubens-, Presse- und Versammlungsfreiheit oder die Unverletzlichkeit der Person. Die Verfassung der Vereinigten Staaten wird damit zum Vorbild für alle demokratischen Verfassungen weltweit. Allein die Frage des allgemeinen Wahlrechts bleibt lange zwischen Nord- und Südstaaten umstritten. Zunächst setzt sich die Auffassung durch, dass nur männliche Weiße mit ausreichend Grundbesitz wählen dürfen. Ausgeschlossen bleiben Indianer, Schwarze und Frauen. Ab 1830 dürfen auch Besitzlose wählen, und erst 1870 beschließt der Kongress, also das Parlament, dass das Wahlrecht »nicht aufgrund von Rasse, Farbe oder vormaliger Unfreiheit versagt werden darf«. Alle später noch bestehenden Einschränkungen des Wahlrechts in einzelnen Bundesstaaten werden allerdings erst 1964 aufgehoben.

189

Theatersensation in Mannheim

1782

Tumulte bei Schillers Die Räuber

Keinen Zuschauer hält es mehr ruhig auf seinem Platz: Die einen drohen mit Fäusten, die anderen schreien und jubeln. Immer wieder fallen sich Menschen weinend in die Arme. Keine Frage, das neue Stück des jungen und unbekannten Dichters Friedrich Schiller ist eine Sensation. Noch nie hat man im Mannheimer Nationaltheater die Zuschauer so aufgewühlt gesehen.

Trotz strengsten Verbotes seines Herzogs ist Friedrich Schiller zusammen mit seinem Freund Andreas Streicher aus Stuttgart angereist.

Aufmerksam verfolgt er die Urauf-führung. Das Publikum ist so begeistert vom Stück wie Schiller von dessen Reaktionen: »Genauso habe ich mir das gewünscht, dass die Zuschauer nicht teilnahmslos auf ihren Stühlen ausharren, sondern mit den Figuren auf der Bühne mitfühlen und Partei ergreifen.«

Getrübt wird die Freude über die Ur-aufführung allerdings von der Sorge um die eigene Zukunft. Denn die Abwesenheit des jungen Militärarztes aus Stuttgart ist in der Militärakademie längst bemerkt worden. Die Behörden sind informiert und fahnden nach ihm.

Warum wird nach Schiller gefahndet?

Friedrich Schiller wird in Marbach am Neckar als Sohn eines Wundarztes geboren. Als Friedrich 14 Jahre alt ist, wird er vom Herzog nach Stuttgart in die dortige Militärakademie befohlen, um Rechtswissenschaften zu studieren. Zwei Jahre später wechselt er zur Medizin und wird schließlich Militärarzt. Dies tut er allerdings keineswegs freiwillig, denn er fühlt sich viel mehr zum Dichter berufen. Doch dazu fehlt ihm das Geld. Schiller stammt nicht, wie beispielsweise sein Dichterkollege Goethe, aus reichem Hause. Deshalb braucht er einen Beruf, der ihm ein sicheres Einkommen garantiert. Wenn ihm neben seinem Studium noch etwas Zeit bleibt, dann liest er die Werke von Shakespeare, Rousseau und Klopstock, obwohl das in der Akademie eigentlich verboten ist. Schiller hat schon in der Schule eigene Stücke geschrieben und will es nun noch einmal versuchen. Das Drama soll »Die Räuber« heißen und von einem schrecklichen Bruderzwist handeln, der eine ganze Familie ins Verderben stürzt.

Im Alter von 21 Jahren beendet Schiller die Akademie und lebt nun als Arzt und Dichter in Stuttgart. Endlich zu etwas Geld gekommen, führt er ein ausschweifendes Leben. »Die Räuber« stellt er ein Jahr später fertig. Als Regimentsarzt an der Akademie ist es ihm allerdings verboten, ohne Erlaubnis der Akademieleitung zu publizieren. Also leiht er sich Geld bei Freunden und lässt das Drama anonym veröffentlichen. Seine Freunde und einige Theaterleute jedoch sind eingeweiht. Noch im selben Jahr wird das Nationaltheater in Mannheim auf das Drama aufmerksam und bringt es zum Jahresbeginn auf die Bühne.

Um bei der Uraufführung seiner »Räuber« dabei zu sein, muss Schiller die württembergische Landesgrenze von Stuttgart nach Mannheim übertreten. Das ist ihm als Arzt an der Militärakademie ebenfalls verboten, aber er tut es trotzdem. Obwohl an dem Stück noch einige Änderungen vorgenommen wurden, ist es ein großer Erfolg. Die Zuschauer sind von der Handlung aufgewühlt, kreischen, schreien und applaudieren, genau wie Schiller es sich gewünscht hat: Sein Drama soll große Gefühle wecken und zum Nachdenken anregen. Über Nacht wird aus dem unbekannten Arzt ein bekannter und erfolgreicher Dichter.

Doch der Ruhm hat auch seine Schattenseiten. Als bekannt wird, dass er unerlaubt die Grenze übertreten hat, lässt ihn sein Herzog für 14 Tage ins Gefängnis sperren und verbietet ihm das »Komödienschreiben«. Jetzt hat Schiller endgültig genug. Er flieht mit seinem Freund Andreas Streicher nach Thüringen. Dort findet er eine Unterkunft und arbeitet vorübergehend als Bibliothekar. Aber vom Schreiben kann ihn nun nichts mehr abhalten: Er produziert ein erfolgreiches Stück nach dem anderen: »Die Verschwörung des Fiesko zu Genua« oder »Dom Karlos«. »Kabale und Liebe« wird wie sein erstes Stück in Mannheim bejubelt.

Neben Schiller feiert zur gleichen Zeit auch Johann Wolfgang von Goethe als Schriftsteller große Erfolge. Ihm begegnet Schiller erstmals 1788. Aus dieser Bekanntschaft entwickelt sich eine Freundschaft zwischen diesen beiden wichtigen Vertretern der Literatur des »Sturm und Drang«, die später die Epoche der Weimarer Klassik* prägen wird.

Was ist der »Sturm und Drang«?

»Sturm und Drang« ist eine kurze Epoche der Literaturgeschichte von 1767 bis 1785. Ihr zugerechnet werden junge Dichter, die unzufrieden mit der Gesellschaft und den Werten der Aufklärung sind. Sie wollen in ihrer Dichtung nicht nur Rationales zum Ausdruck bringen, sondern auch Gefühle. Außerdem kritisieren sie die vielen Regeln, die ein Dichter beachten soll, damit sein Theaterstück als »gut« gilt. Diese

384–322 v. Chr. Aristoteles
1564–1616 William Shakespeare
1712–1778 Jean-Jacques Rousseau
1724–1803 Friedrich Gottlieb Klopstock
1749–1832 Johann Wolfgang von Goethe
1759–1805 Friedrich von Schiller
1761–1833 Andreas Streicher

Regeln stammen fast ausnahmslos von Aristoteles. Die Dichter des »Sturm und Drang« finden schnell ein anderes Vorbild, nämlich William Shakespeare. Seine Theaterstücke halten sich nicht an vorgegebene Regeln. Shakespeare ist für sie ein geniales Vorbild. So entsteht eine neue, offene Form des Dramas in Deutschland. Darin werden hauptsächlich Themen wie tragische Konflikte einzelner Menschen mit sich selbst oder mit anderen, große Gefühle, Probleme mit den vorgegebenen gesellschaftlichen Regeln, die man plötzlich nicht mehr einhalten kann, oder allgemeine und sozialkritische Fragen behandelt.

Schiller und Goethe sind mit ihren Stücken in die Literaturgeschichte eingegangen und gelten heute in aller Welt als die wohl berühmtesten deutschen Dichter.

191

Die Sträflingskolonie

1788

Die ersten Auswandererschiffe landen in Australien

Die Reise hat sie einmal rund um die Welt geführt. Sie haben sie nicht freiwillig angetreten, sondern England hat sie auf Schiffe verfrachtet, um in einem fernen, unerforschten Land eine Sträflingskolonie zu gründen. Vielleicht bedeutet das eine Chance, vielleicht aber auch eine entbehrungsreiche, gefährliche Odyssee. Die ersten elf Schiffe sind vor acht Monaten aufgebrochen: an Deck 736 britische Sträflinge, 294 Seeleute und Kolonisten, das Kommando führt der erfahrene Kapitän Arthur Phillip. Sein Ziel: Botany Bay, Australien. »Diese Bucht hat Kapitän Cook entdeckt und auf seinen Karten eingezeichnet.«

Acht Monate waren sie auf See, nun haben sie endlich die Küste des fremden Kontinents erreicht. Ihre erste Ansiedlung haben sie weiter nördlich errichtet. Der Kapitän hat den Ort Sydney genannt, zu Ehren des britischen Innenministers Thomas Townsend Sydney. Die Männer haben nun eine Menge Arbeit vor sich. Für den Aufbau der Strafkolonie bleibt ihnen nicht viel Zeit. Weitere Schiffe mit Sträflingen sind bereits unterwegs zu dem Kontinent am anderen Ende der Welt.

Wie wird Australien entdeckt?

Australien wird gleich mehrfach entdeckt. Vor etwa 120 000 Jahren ist Australien noch durch eine Landbrücke mit Neuguinea verbunden. Über diese Landbrücke ist die Urbevölkerung eingewandert.

Im Lauf der Zeit entwickeln die Einwanderer eine eigenständige Kultur und leben in einem ausgeklügelten Gleichgewicht mit der Natur. Je nach Zugehörigkeit bezeichnen sie sich noch heute mit bestimmten Clan- oder Stammesnamen und nicht gerne als »Aborigines« (Ureinwohner), wie viel später die weißen Einwanderer sie nennen. Ihre weit zurückliegenden Ursprünge, »Traumzeit« genannt, sind bis heute in den Schöpfungsmythen der Ureinwohner überliefert. Sie werden nie sesshaft, tragen kaum Kleidung und Waffen, bauen keine festen Häuser und legen auch keine Felder an. Sie leben von dem, was die Frauen sammeln und die Männer durch den geschickten Einsatz von Feuer, Wurfspeer und Bumerang gelegentlich jagen.

Eine Schrift kennen sie nicht, aber ihre hoch entwickelte Kultur lebt durch mündliche Überlieferung sowie durch vielfältige Malereien, zumeist mit Erdfarben auf Baumrinden und Felsen, weiter.

Der Engländer James Cook ist sicher der bekannteste europäische Entdecker Australiens und ohne ihn hätte es dort keine englischen Kolonien gegeben. Allerdings ist er nicht der Erste. Die Niederländer erreichen den Kontinent schon im 16. Jahrhundert. Zunächst strandet Willem Jansz an der Nordspitze und erkundet die Küste. Andere Seefahrer folgen, weil sie auf dem neuen Weg nach Java vom Kurs abkommen. Im 17. Jahrhundert werden das heutige Tasmanien angelaufen und ein Teil der Westküste erforscht. Vor den Niederländern haben jedoch schon portugiesische Seeleute Australien erreicht, ihre Entdeckung allerdings geheim gehalten. Auch chinesische, indonesische und indische Segler sind immer wieder auf die große, unbekannte Landmasse gestoßen. Sie alle aber bleiben an den Küsten und wagen es nicht, ins Landesinnere vorzudringen.

Das ändert sich nun. Den Ankömmlingen aus England, die jetzt australischen Boden betreten, gefällt der Ort, den James Cook beschrieben hat. Hier hissen sie ihre Flagge, den Union Jack, und gründen die erste offizielle Siedlung. Man schreibt den 26. Januar und dieser Tag wird alljährlich als »Australia Day« gefeiert. Die Gründung ist nicht einfach, die Sträflinge müssen hart arbeiten. Sie kämpfen gegen den Hunger sowie gegen Einsamkeit und Heimweh, aber sie halten durch.

In den nächsten 80 Jahren erreichen 160 000 Sträflinge und Verbannte die neue Kolonie. Das Landesinnere wird nach und nach auf abenteuerlichen Expeditionen erkundet.

Sind alle Australier also Nachkommen von Sträflingen?

Ab dem Beginn des 19. Jahrhunderts treffen nicht mehr nur Sträflinge ein, sondern auch Auswanderer, unter ihnen Unternehmer mit Kapital.

Von der einst geplanten Sträflingskolonie wird mehr und mehr Abstand genommen.

Um Siedler ins Land zu holen, bekommen sie die Überfahrt bezahlt und müssen den Be-

trag innerhalb einer gewissen Zeit abarbeiten. Auch deutsche Auswanderer gibt es viele.

Schließlich übernehmen es Unternehmer, die weitere Besiedlung zu fördern. Sie suchen in Europa fähige Arbeitskräfte, verpflichten sie für eine bestimmte Zeit und schicken sie auf Schiffen in ihre neue Heimat.

Anfangs sind den Siedlern Grenzen gesetzt. Doch die endlosen Weiten im Landesinneren locken Viehzüchter an, zumal mit Schafwolle viel Geld zu verdienen ist. So lassen sie sich als so genannte Squatter ohne rechtliche Grundlage außerhalb staatlicher Kontrolle auf bis dahin unerforschtem Land nieder.

um 1570 – ca. 1630 Willem Jansz
1728 – 1779 James Cook
1738 – 1814 Arthur Phillip

Den Ureinwohnern begegnen die Neuankömmlinge mit Misstrauen und Verachtung. Sie schwächen sie durch Alkohol, verdrängen sie in entlegene Gegenden und jagen oder töten sie sogar.

Während aus Australien ein aufstrebender weißer Kontinent wird, geht ein großer Teil der alteingesessenen Kultur verloren.

Dies hat sich in der jüngsten Vergangenheit zwar gebessert, doch sind die Ureinwohner in ihrem Land immer noch eine benachteiligte Minderheit.

Als die Weißen eintrafen, lebten in Australien eine halbe bis eine Million Menschen. 1947 sind von dieser Urbevölkerung noch etwa 75 000 übrig geblieben, heute zählt man wieder rund 380 000 – neben rund 18 Millionen Weißen.

193

Das Genie endet im Massengrab

1791

Mozart in Wien gestorben

Der große Komponist ist tot. Mit aller Vorsicht untersucht der Totenbeschauer den Leichnam. Es dauert lange, ehe er eine Todesursache feststellen kann: »Hitziges Fieselfieber.« Doch sicher ist er sich nicht, ihm fehlen die medizinischen Möglichkeiten, den Toten gründlich zu untersuchen. Eins steht fest: Lange war Mozart nicht krank. Erst vor zwei Wochen waren die Symptome aufgetreten. Dabei hatte er sich nicht krank gefühlt, sondern eine ganz andere Ursache für seine Schwäche und Kraftlosigkeit genannt: »Gewiss, man hat mir Gift gegeben.«

Für eine Vergiftung kann der Totenbeschauer jedoch keine Anzeichen finden.

Damit ist der Weg frei für die Bestattung im Massengrab. Denn der berühmte Komponist und Pianist hat zwar viel Geld verdient, besitzt jetzt jedoch keinen Gulden mehr. Weil auch seine Familie so schnell nicht zu erreichen ist, wird Mozart, wie alle Mittellosen, in einem Massengrab beigesetzt.

Wer ist das mittellose Genie Wolfgang Amadeus Mozart?

Wolfgang Amadeus ist der Sohn des Augsburger Kapellmeisters und Violinlehrers Leopold Mozart und wird in Salzburg geboren. Da sein Vater ihn unterrichtet, besucht er nie eine Schule. Schon mit vier Jahren lernt er Violine und Klavier spielen. Mozart ist musikalisch hoch begabt und geht bereits mit fünf Jahren mit seinem Vater Leopold und seiner Schwester Nannerl auf Tournee. Zwischen 1762 und 1769 reisen die Mozarts in eigener Kutsche und mit einem Diener kreuz und quer durch Europa und treten überall mit großem Erfolg auf. Anschließend erhält Mozart eine Anstellung als Konzertmeister der Salzburger Hofkapelle. Das in vielen Städten gefeierte Wunderkind spielt nicht nur Klavier, sondern komponiert auch Opern wie »Die Hochzeit des Figaro«, »Don Giovanni« und »Cosi fan tutte«, deutschsprachige Singspiele* wie »Die Zauberflöte«, Kammermusik, Klaviermusik, Vokalwerke und über 50 Sinfonien. Nach weiteren Reisen und der Rückkehr nach Salzburg wird Mozart die Stadt aber allmählich zu eng. »Ich lebe in einem Lande, wo die Musik kein Glück hat. Mit dem Theater geht es schlecht bei uns. Ich schreibe also für die Kammer und die Kirche«, schreibt er in einem Brief.

Als es dann auch noch zum Bruch mit dem Salzburger Erzbischof Colloredo kommt, zieht Mozart nach Wien. Inzwischen ist er zwar berühmt, doch es gelingt ihm nicht, die gewünschte finanzielle Sicherheit einer Anstellung am Wiener Hof zu erreichen. Stattdessen muss er seinen Lebensunterhalt durch Konzerte, Kompositionen und Unterricht bestreiten. Wider Willen lebt Mozart im teuren Wien als freischaffender Künstler ohne festes Einkommen. Allerdings verdient er nicht schlecht, denn er bekommt rund 1000 Gulden pro Konzert. Erst mit 31 Jahren wird das ehemalige Wunderkind Mozart zum »K. K. Kammermusikus« ernannt und bezieht somit zum ersten Mal ein wenngleich nicht großes, so doch regelmäßiges Gehalt. Mit Geld umgehen kann er jedoch nicht, er verspielt es beim Billard oder Kartenspiel. Auch sein Lebensstil ist ausschweifend. In den letzten Lebensjahren bereiten ihm zudem seine eigene und auch die Gesundheit seiner Ehefrau zum Teil erhebliche finanzielle Sorgen.

Wie leben andere Komponisten in dieser Zeit?

Mozarts Lebensweg ist kein Einzelschicksal. Feste Anstellungen für Musiker am Hof oder bei der Kirche sind selten. Ein unabhängiges Leben als Künstler, Opernkomponist oder Solist ist kaum möglich, weil dieses Leben mit vielen teuren Reisen verbunden ist.

Der Komponist Joseph Haydn, den mit Mozart eine enge Freundschaft verbindet, arbeitet bis zu seinem 27. Lebensjahr als »freier« Musiklehrer, bevor er eine Anstellung als Musikdirektor bei einem Grafen erhält. Die Anstellung in adeligen Häusern bringt zwar finanzielle Sicherheit, ist jedoch kein Zuckerschlecken, weil die angestellten Musiker vielfältigen Pflichten nachzukommen haben. Unter anderem müssen sie nicht nur selbst

komponieren und diverse Aufführungen leiten, sondern auch fremde Kompositionen für die vorhandenen Möglichkeiten vor Ort umarbeiten und sich um die Musiker kümmern.

Auch Johann Sebastian Bach hat seine Probleme mit den vielfältigen Anforderungen seitens seiner Arbeitgeber und reagiert darauf wiederholt mit seiner berühmten Halsstarrigkeit, was zu einer Reihe von Streitereien führt. Seine häufigen Berufswechsel vom Organisten in Arnstadt über den Konzertmeister in Weimar (1714) und den Hofkapellmeister in Köthen bis hin zum Thomaskantor und Musikdirektor in Leipzig sind unter anderem Versuche, sich berufliche Freiräume zu schaffen. Erst Ludwig van Beethoven kann es sich erlauben, als Komponist erfolgreich freischaffend und unabhängig zu arbeiten. Dabei kommt ihm nicht nur zugute, dass die Musiker des 18. Jahrhunderts nachdrücklich für die Verbesserung ihrer Einkommenssituation gekämpft haben, sondern auch die verbreitete romantische Verehrung des Genies, das ohne Kompromisse nur seiner persönlichen Vision folgt.

1685–1750 Johann Sebastian Bach
1719–1787 Leopold Mozart
1732–1809 Joseph Haydn
1732–1812 Hieronymus von Colloredo-Mannsfeld, Fürsterzbischof von Salzburg
1751–1829 Maria Anna Mozart, genannt Nannerl
1756–1791 Wolfgang Amadeus Mozart
1770–1827 Ludwig van Beethoven

Diesen idealistischen musikalischen Genies verdanken wir einige der schönsten Stücke, die die Musikgeschichte zu bieten hat.

Mozarts »Arie der Königin der Nacht« aus der »Zauberflöte« jedenfalls kreist seit 1978 mit anderen Beispielen unserer menschlichen Kultur in einer Kapsel, die von der Raumfähre Voyager auf ihre Reise ins Weltall geschickt wurde, um die Erde. Sollte es fremdes Leben im All geben, wollen die Menschen ihnen diese Arie als Botschaft schicken, die verdeutlicht, was unsere Kultur ausmacht. Sie gehört zum Besten, was wir Menschen anzubieten haben.

Die Revolution hat gesiegt!

1793

Robespierre lässt Ludwig XVI. köpfen

Zu diesem Schauspiel haben sich tausende Menschen auf dem Pariser Place de la Concorde versammelt. Es ist nicht die erste Hinrichtung mit der Guillotine, aber die bislang spektakulärste. Denn kein Geringerer als König Ludwig XVI. ist der Delinquent. Um Zwischenfälle zu vermeiden, wird das Schafott von Soldaten bewacht. Denn trotz der Revolution ist der König im Volk nicht unbeliebt.

»Aus genau diesem Grunde muss der König weg«, verteidigt der Revolutionsführer Robespierre das Todesurteil. »Am Ende wäre es seinetwegen noch zu einer Gegenrevolution gekommen. Doch diese Gefahr ist jetzt gebannt!«

Da fällt auch schon das Beil der Guillotine, einer der Henker packt den Kopf des Königs und präsentiert ihn der Menge. Der König ist tot und mit ihm die Monarchie. Frankreich ist jetzt endgültig eine Republik, gegründet und regiert von Revolutionären. Doch noch lebt Marie Antoinette, die verschwendungssüchtige Königin. Auf sie wartet ebenfalls das Todesurteil.

Warum kommt es in Frankreich zur Revolution?

Als Ludwig XVI. mit 19 Jahren König von Frankreich wird, ist das Land völlig verarmt. Sein verschwenderischer Großvater Ludwig XV. hat ihm eine leere Staatskasse und enorme Schulden hinterlassen. Noch dazu leiden die Bauern unter Missernten, steigenden Preisen sowie unerträglich hohen Steuern. Viele flüchten in die Städte, wo jedoch die wenigsten ein Auskommen finden. Oft verschlingen die Kosten allein für Brot die Hälfte eines durchschnittlichen Familieneinkommens.

Der königliche Hof in Versailles dagegen führt sein luxuriöses Leben ungerührt weiter. Vor allem die vergnügungssüchtige Königin Marie Antoinette gibt Unsummen für den Ausbau ihres Schlösschens Trianon, ihre Garderobe und kostbaren Schmuck aus.

Zwar unternimmt der König mehrere verzweifelte Versuche, den Staatshaushalt zu retten, doch weil die adeligen Parlamentarier ihre Steuervorrechte nicht aufgeben wollen, hat er keinen Erfolg. Daher muss der König 1789 den Staatsbankrott erklären und zur Beratung über eine Steuerreform die Generalstände einberufen. Diese setzen sich aus den Vertretern des Adels, der Geistlichkeit und des Volkes zusammen.

Als der Bankrott bekannt wird, überschwemmt eine Flut von politischen Flugschriften das Land. Besonders die Schrift des Abbé Sieyès, der den dritten Stand, also das Volk, als wichtigste staatliche Macht ansieht, findet großen Zuspruch. In nahezu 40 000 Beschwerdeheften trägt das Volk seine Forderungen vor. Ende April 1789 ziehen 1200 gewählte Abgeordnete, je 300 Vertreter des Adels und der Geistlichkeit sowie 600 Vertreter des Volkes, in Versailles ein. Am 12. Juni erklären sich die Volksvertreter zur Nationalversammlung und verpflichten sich in dem berühmten »Ballhausschwur«, erst nach der Verabschiedung einer Verfassung auseinander zu gehen. Der König sieht seine Macht bedroht und zieht sicherheitshalber Truppen um Paris zusammen. Darüber sind die Bürger so aufgebracht, dass sie am 14. Juli 1789 die Bastille – das Gefängnis für politische Häftlinge – stürmen. Aus Furcht vor einem Komplott des Adels erheben sich überall im Land die Bauern gegen ihre Grundherren. Daraufhin schafft die Nationalversammlung die Ständegesellschaft mit ihren Privilegien ab und verkündet am 26. August 1789 die Menschen- und Bürgerrechte: Freiheit, Gleichheit und Brüderlichkeit werden zu den Idealen der Französischen Revolution.

Warum muss der König sterben?

Am 3. September 1789 veröffentlicht die Nationalversammlung auf den Grundlagen der Volksherrschaft und der Gewaltenteilung die neue Verfassung. Der König soll weiterhin das Staatsoberhaupt sein, wenn auch ein machtloses. Er wird gezwungen, in Paris zu leben. Doch dort fürchtet er um sein Leben. Deshalb versucht er, im Sommer 1791 mit seiner Familie zu fliehen, wird aber gefasst und muss umkehren.

Als er zudem in Verdacht gerät, gegen die Revolution zu kämpfen, wird Ludwig mit seiner Familie inhaftiert. Zeitgleich erzwingt die Pariser Bürgerschaft Neuwahlen. Der neue Nationalkonvent besteht nun vorwiegend aus radikalen Anhängern der Revolution. Die schaffen am 21. September 1792 die Monarchie ab und rufen die Republik aus. Im Herbst wird der »Bürger Capet«, wie man Ludwig jetzt nennt, vor Gericht gestellt und zum Tode verurteilt. Nach seiner Hinrichtung trifft im Oktober desselben Jahres seine Frau Marie Antoinette das gleiche Schicksal.

1710 – 1774 Ludwig XV.
1748 – 1836 Abbé Sieyès
1754 – 1793 Ludwig XVI.
1755 – 1793 Marie Antoinette
1758 – 1794 Maximilien de Robespierre
1759 – 1794 Georges Jacques Danton
1769 – 1821 Napoléon Bonaparte

Im Nationalkonvent kommt es zwischen den Parteien zu immer schärferen Auseinandersetzungen. Unter der Führung Robespierres stürzen die radikalen Jakobiner ihre politischen Gegner, die gemäßigten Girondisten. Die neue Regierungsbehörde, der so genannte Wohlfahrtsausschuss, übernimmt die alleinige Macht. Alle möglichen Widersacher werden vom Revolutionstribunal, dem politischen Gerichtshof, auf der Guillotine hingerichtet. Als Robespierre umfangreiche »Säuberungen« in den eigenen Reihen vornimmt und sogar seinen Freund Danton hinrichten lässt, wird er selbst gestürzt und anschließend geköpft. Mit dem Abschluss der Revolution folgt zunächst die Regierung des Direktoriums, bis 1799 Napoléon, der spätere französische Kaiser, die Macht ergreift.

Die ursprünglichen Ideale der Französischen Revolution bilden einen wichtigen Grundstein für die nach und nach in ganz Europa entstehende demokratische Staatsform.

197

Polen ist ausradiert

1795

Großmächte teilen das Land unter sich auf

Die polnischen Soldaten sind geschlagen. Gegen die Übermacht der Preußen und Russen haben sie keine Chance. Ihnen bleibt nichts anderes übrig, als zu kapitulieren und Warschau den Großmächten zu überlassen. Tadeusz Kosciuszko, der Anführer des Aufstandes gegen die Aufteilung Polens, ist verwundet und von den Russen gefangen genommen worden.

»Was wird nur mit Polen geschehen?«, fragt sich Kosciuszko. »Ich fürchte, nun werden sich die landhungrigen Staaten um uns herum auch noch den Rest aufteilen. Mein geliebtes Polen wird wohl von der Landkarte verschwinden.«

Kosciuszkos Befürchtungen sind begründet, denn schon stellen Preußen, Russland und das an der Niederschlagung des Aufstands unbeteiligte Österreich Gebietsforderungen. Während Preußen die polnische Hauptstadt beansprucht, hat es Österreich auf Nordgalizien abgesehen. Russland ist vor allem an Litauen interessiert. Sollten sich die Großmächte durchsetzen, wird es Polen in Zukunft nicht mehr geben.

Wie kommt es zur Aufteilung Polens unter den Nachbarstaaten?

Lange Zeit ist der polnische Staat, zu dem auch Litauen gehört, den Nachbarstaaten Preußen, Russland und Österreich ein Dorn im Auge. Sie warten nur auf eine günstige Gelegenheit, sich das Land einzuverleiben.

Im Jahr 1764 wird Stanislaw II. August Poniatowski neuer König von Polen. Er ist ein Geliebter der russischen Zarin Katharina II. und ein begeisterter Anhänger vieler liberaler Ideen. Die russische Zarin hat seine Wahl unterstützt, weil sie Polen auf diese Weise weiter unter ihre Kontrolle bringen möchte. Doch das Gegenteil tritt ein. Von Anfang an versucht Stanislaw August, den polnischen Staat grundlegend zu erneuern und gegen die Interessen der Großmächte zu verteidigen.

Diese Entwicklung gefällt Katharina II. nicht. Mit viel Geld unterstützt sie nun die Gegner Stanislaw Augusts, um so ihren Einfluss zu behaupten. Vier Jahre nach seiner Krönung kommt es sogar zu einem Krieg zwischen Russen, verbündeten Polen und den polnischen Reformern unter Stanislaw August. Katharina II. gewinnt den Krieg und besetzt einige Provinzen Polens. Allerdings will sie keinen Konflikt mit Österreich und Preußen riskieren, die auch an Polens Gebieten interessiert sind. Deshalb stimmt sie einem Vorschlag des preußischen Königs Friedrich II. zu, nach dem die drei Großmächte ein Viertel der Gesamtfläche Polens unter sich aufteilen. Das polnische Parlament, der Sejm, muss einen Abtretungsvertrag unterschreiben, der den Schein wahren soll, diese Teilung sei rechtmäßig erfolgt.

Die Polen sind über diese Teilung zwar verbittert, unterstützen aber weiterhin Stanislaw August in seinem Reformwillen. Im folgenden Jahrzehnt setzt er viele seiner Ideen um, zum Beispiel eine Kommission für nationale Erziehung, die Erste dieser Art im damaligen Europa. Diese Kommission hat die Aufgabe, Schulen und Universitäten neu zu ordnen.

Als Nächstes beruft Stanislaw August ein Treffen der wichtigsten Männer des Landes ein, einen »Vierjährigen Reichstag«, der vier Jahre lang über weitergehende Reformen entscheiden soll.

Das wichtigste Ergebnis dieses Reichstags ist eine freiheitliche Verfassung, die am 3. Mai 1791 verabschiedet wird. Es ist die erste schriftlich festgehaltene Verfassung Europas.

Nicht nur Russland, auch dem polnischen Hochadel gehen diese Reformen jedoch zu weit. Sie gründen Ende des darauf folgenden Jahres die »Konföderation von Targowica« und versuchen nun gemeinsam mit Russland, die neue Verfassung mit militärischer Gewalt zu beseitigen. 100 000 russische Soldaten marschieren in Polen ein. König Stanislaw Augusts Truppen leisten erbitterten Widerstand. Doch vergeblich, nach zwei Monaten sind die polnischen Truppen besiegt. Erneut nutzen Russland und Preußen die Gelegenheit, um Polen weiter zu zerstückeln. Österreich geht diesmal allerdings leer aus. Der Sejm muss unter dem Druck Russlands einem weiteren Abtretungsvertrag zustimmen.

Können sich die Polen nicht dagegen wehren?

Der verbleibende Rest Polens ist kein funktionsfähiger Staat mehr. Als dann auch noch die polnischen Truppen auf 15 000 Mann reduziert werden sollen, bricht in Krakau ein Aufstand aus. Anführer und Oberbefehlshaber ist der polnische General und Patriot Tadeusz Kosciuszko, der bereits im amerikanischen Unabhängigkeitskrieg gekämpft hat. Seine Truppen schlagen eine russische Abteilung bei Raclawice.

> 1712–1786 Friedrich II.
> 1729–1796 Katharina II.
> 1732–1798 Stanislaw II. August Poniatowski
> 1746–1817 Tadeusz Kosciuszko

Kurz darauf gelingt es den Aufständischen in Warschau sowie dem damals zu Polen gehörenden Wilna, die dortigen russischen Besatzer in die Flucht zu schlagen.

Auf Dauer sind die russischen und preußischen Truppen jedoch zu stark und erobern die Gebiete zurück. Die Aufständischen müssen aufgeben.

Im russisch-österreichischen Vertrag vom Januar 1795, dem Preußen später beitritt, werden die restlichen Gebiete Polens aufgeteilt.

Knapp zwei Drittel des ursprünglichen polnischen Gebietes hält nun Russland besetzt, den Rest teilen sich Österreich und Preußen.

Erst 1918 wird Polen endlich wieder ein eigenständiger Staat.

Die 123 Jahre Teilung sind von Aufständen und Unterdrückung geprägt. Viele Polen flüchten ins Ausland, besonders nach Frankreich.

Diese Zeit geht in die polnische Geschichte als Epoche des tapferen Kampfes und Widerstandes gegen die Teilungsmächte ein.

199

Der erste Europäer am Niger

1796

Mungo Park erreicht Zentralafrika

In England glaubte man, der schottische Afrikakenner und Abenteurer Mungo Park sei tot. Schon monatelang gab es kein Lebenszeichen mehr, seit er aufgebrochen ist, um den Flusslauf des Niger zu erkunden. Kein Mensch wusste, dass sich Mungo Park volle vier Monate in Gefangenschaft befand. Nur mit viel Glück gelang es ihm, in den Dschungel zu fliehen. Doch statt zum Ausgangspunkt seiner Reise, der britischen Handelsstation Pisania zurückzukehren, setzt er nun entschlossen seine Reise fort. »Auch wenn all die Europäer, die mich begleiten, sterben sollten und ich halbtot wäre, würde ich trotzdem weitermachen, bis ich das Ziel meiner Reise erreichen oder auf dem Niger sterben würde.«

Und das schier Unmögliche ist ihm gelungen. Am 21. Juli hat er als erster Europäer den Niger, den drittlängsten Fluss Afrikas, erreicht. Schottland feiert schon dieser Tage seinen wagemutigen Sohn und blickt dessen ruhmreicher Rückkehr mit Stolz entgegen.

Wann beginnt die Erforschung Afrikas?

Obwohl Afrika nahe bei Europa liegt, wird der riesige Kontinent erst spät erkundet. Denn die ausgedehnte Sahara ist lange Zeit ein unüberwindliches Hindernis. Auch die Küsten werden erst im 15. Jahrhundert von Spaniern und Portugiesen erforscht. Die inneren Landesteile Afrikas bleiben bis zur Ankunft der ersten Europäer unberührt, die erst im 19. Jahrhundert in die Dschungelgebiete Zentralafrikas vordringen. Dort existieren lange Zeit verschiedene Königreiche mit einer hoch entwickelten Kultur. Seit dem Mittelalter gehören dazu Ghana, Mali und Songhai am Mittel- und Oberlauf des Niger. Wohlstand und Macht erlangen sie vor allem durch den Handel mit Salz und Gold. Ghana, das älteste dieser Königreiche, verliert seine Bedeutung im 11. Jahrhundert an Mali, das den Handel entlang den Karawanenrouten ausweitet. Die laufen quer durch die Sahara von der Mündung des Senegals an der Westküste bis östlich der Handelszentren Timbuktu und Gao.

Auf ihren Fahrten entlang der westafrikanischen Küste dringen portugiesische Seefahrer seit 1419 immer weiter bis zur Südspitze Afrikas vor. Nachdem Ende des 15. Jahrhunderts der Seeweg nach Indien gefunden ist, gründen die Europäer an den Küsten zahlreiche Handelsniederlassungen. Außer mit Gold und Elfenbein handeln sie später auch mit Sklaven.

Als erster Europäer, der ins Innere Afrikas vordringt, gilt der schottische Arzt Mungo Park. Er bricht 1795 im Auftrag der in London ansässigen Afrika-Gesellschaft auf, um den Verlauf des Niger zu erkunden. Wie ein Afrikaforscher sieht Mungo Park nicht gerade aus, als er mit Mantel und Hut bekleidet zu seiner ersten Expedition aufbricht. Sogar einen Regenschirm hat er dabei. Dennoch besteht er zahlreiche Abenteuer und kann nach einer viermonatigen Gefangenschaft sogar einem Stamm von Sklavenhändlern entkommen. Allein, nur mit einem Pferd, setzt er seine Reise fort und gelangt schließlich an den nordostwärts fließenden Niger. Er ist überrascht, am Ziel seiner Reise und weit entfernt von der Küste auf ein gebildetes und offenbar wohlhabendes Volk zu treffen: die Haussa. Die Gefahren durch Tropenkrankheiten, wilde Tiere, lästige Insekten und Sklavenhändler halten ihn nicht davon ab, 1805 zu einer weiteren Expedition aufzubrechen. Diesmal befährt er den Niger. Die Mündung am Golf von Guinea aber erreichen weder er noch seine Begleiter. Ihr Boot gerät in einen Hinterhalt kriegerischer Afrikaner und kentert. Mungo Park kann sich nicht retten und ertrinkt.

Wie geht es weiter mit der Erkundung dieses gefahrvollen Kontinents?

Der Deutsche Friedrich Konrad Hornemann bricht 1798 ebenfalls im Auftrag der Afrika-Gesellschaft in die schwer zugänglichen Gebiete von Sudan und Niger auf. Auch für Hornemann endet die Erforschung Afrikas tödlich, allerdings kann er als erster Europäer

konkrete Reiseaufzeichnungen aus Bornu, im Zentrum des heutigen Staates Niger, über die Karawanenrouten in die Heimat senden.

Der bekannteste Erforscher Afrikas ist jedoch der Schotte David Livingstone, der ursprünglich als Missionar nach Südafrika gekommen ist. Er kämpft sich Mitte des 19. Jahrhunderts vier Jahre lang durch den Busch bis nach Angola, befährt als erster Europäer den Sambesi und entdeckt 1855 die Viktoriafälle. Als Freund der Ureinwohner befreit er Sklaven und erntet dadurch entsprechenden Respekt. Eine Folgeexpedition führt Livingstone dann sechs Jahre lang durch Zentralafrika. 1871 verlieren sich seine Spuren während der Erforschung der Seen und Zuflüsse des Nils. Der amerikanische Journalist Henry Morton Stanley spürt ihn zwar wieder auf, 1873 aber stirbt Livingstone an den Folgen eines schweren Fiebers.

1771–1806 Mungo Park
1772–1801 Friedrich Konrad Hornemann
1813–1873 David Livingstone
1841–1904 Henry Morton Stanley

Die zahlreichen Expeditionen ins Innere Afrikas bringen nicht nur wissenschaftliche Erkenntnisse, sie bringen den afrikanischen Ländern auch Sklavenhandel und Kolonisierung. Bevor der US-Kongress Anfang des 19. Jahrhunderts den Handel mit Sklaven verbietet, gehören Menschen zum wichtigsten Handelsgut Afrikas. Die meisten Sklavenhändler sind Portugiesen und Spanier, die sehr oft die Feindschaft zwischen den Sämmen ausnutzen, um an Sklaven zu kommen. Sie kaufen einfach den Siegern der Stammeskriege die Gefangenen ab. Die Sklaven werden dann für viel Geld nach Amerika verkauft, wo sie für reiche Farmer arbeiten müssen. Die Ausbeutung des voller Geheimnisse und Schätze steckenden Erdteils durch europäische Einwanderer hat mit den ursprünglichen Absichten der Forscher nichts mehr zu tun.

201

19.
Jahrhundert

Die Farben der Freiheit

Die Menschen in der ganzen Welt hat kaum etwas so sehr beeindruckt wie die Französische Revolution. Sie erkennen, dass man die Gesellschaft verändern und Freiheit erkämpfen kann. Die Vorstellung, welche Rolle das Volk in einem Staat spielt, hat sich grundsätzlich gewandelt. Noch wollen die Herrschenden dies natürlich nicht wahrhaben, doch der Zug der Demokratie in Europa hat sich unaufhaltsam in Bewegung gesetzt.

Sogar Napoléon, der in Frankreich die alleinige Macht für sich beansprucht, hat auf seinen Feldzügen in halb Europa Spuren der Veränderung hinterlassen, denn er führt in den eroberten Gebieten Reformen durch. Es sind Reformen, die den Menschen zum ersten Mal Bürgerrechte gewähren und die Macht des Adels einschränken. Das bleibt nicht ohne Wirkung.

Viele Bürger und auch manche Adelige in Deutschland wollen noch mehr verändern. Sie fordern die Gründung eines Nationalstaats*, wie ihn Franzosen und Engländer haben. Denn Deutschland besteht zu jener Zeit aus vielen kleinen Fürstentümern und Stadtstaaten. Nur manchmal gibt es auch dort Reformen. In Preußen zum Beispiel dürfen sich die Städte selbst verwalten und die Bauern erhalten Bürgerrechte. Sie brauchen nun nicht mehr ihren Gutsbesitzer zu fragen, ob sie heiraten oder wegziehen dürfen.

Das ist vielen Bürgern und vor allem den Studenten zu wenig. Auf Studentenversammlungen und in Bürgervereinen fordern sie ein geeintes Deutschland und die Einführung der Demokratie. Ihr Zeichen ist eine neue Fahne mit den Farben Schwarz, Rot und Gold, den Farben der Freiheit. Die Fürsten sind strikt gegen diese Forderungen, denn sie wollen ihre Staaten wie bisher allein regieren. Also verfolgen sie die fortschrittlichen Bürger, stecken sie ins Gefängnis, weisen sie aus dem Land und verbieten die Studentenversammlungen. Die Bürger treffen sich dennoch heimlich. Als Tarnung gründen sie nach dem Beispiel des berühmten Turnvaters Jahn* Heimat- oder Turnvereine. Auch Jahn wird bespitzelt und inhaftiert.

Zeitungen, Zeitschriften und Bücher werden von Zensurbehörden streng kontrolliert. Viele Schriftsteller und Journalisten, deren Texte verboten werden, weil sie revolutionäres Gedankengut verbreiten, müssen ins Ausland fliehen.

Die deutsche Revolution

Die Unzufriedenheit der Bürger wächst beständig weiter. 1848 ist die Wut über die Zustände in den Fürstentümern so groß, dass es in vielen deutschen Städten zur Revolution kommt. Anfangs scheinen die Revolutionäre siegreich zu sein. Die Fürsten geben nach und erlauben sogar Wahlen zu einer Nationalversammlung, die sich in der Frankfurter Paulskirche trifft.

Das aber geht schließlich dem preußischen König zu weit und er schickt Soldaten, die die Revolution blutig niederschlagen. Nun beginnt die Zeit der Restauration*: Die alten Zustände werden wiederhergestellt und der Traum vieler Menschen von einem freien, einem geeinten Deutschland ist erst einmal zu Ende.

Erst 1871 werden die deutschen Kleinstaaten zu einem Nationalstaat zusammengeschlossen. Doch nicht etwa Revolutionäre und Demokraten setzen dies durch, sondern Otto von Bismarck, ein konservativer preußischer Politiker. Seine Mittel sind diplomatisches Geschick und militärische Gewalt. Nach dem Sieg der deutschen Truppen über Frankreich ernennt er im Schloss von Versailles den preußischen König Wilhelm I. zum deutschen Kaiser. Er selbst wird erster Reichskanzler des neuen Deutschen Reiches, das zwar ein Parlament erhält, aber eine Monarchie bleibt. Die gewählten Abgeordneten haben keine wirkliche Macht. Deutschland mag nun geeint sein, frei sind seine Bürger gleichwohl nicht.

Eine andere Revolution ist dagegen nicht aufzuhalten, obwohl auch sie viele Gegner hat: Gemeint ist die industrielle Revolution.

Was ist die industrielle Revolution?

Sie beginnt mit dem erfolgreichen Einsatz der Dampfmaschine in England und erfasst bald darauf andere europäische Länder und die USA. Innerhalb weniger Jahrzehnte werden viele Agrarstaaten* zu Industriestaaten*. Da sich dieser Wandel sehr schnell vollzieht und sich das Leben der Menschen ebenso rasch ändert, spricht man zu Recht von einer »Revolution«.

In vielen Städten entstehen nun Fabriken, in denen alle möglichen Produkte mit Maschinenkraft hergestellt werden – die Dampfmaschine macht es möglich. Allerdings werden dafür sehr viele Fabrikarbeiter benötigt. Die meisten kommen vom Land, sodass die Städte schnell wachsen.

Gestern waren sie noch Bauern in der freien Natur, heute arbeiten sie schon in einer Fabrik und schleppen Eisenstangen oder schaufeln Kohle. Ihre Wohnungen sind oft kleine Hütten am Rande der Städte, in denen sie mit ihren Familien auf engstem Raum leben müssen. Denn Industriearbeit ist sehr schlecht bezahlte Knochenarbeit: Bis zu 16 Stunden müssen die Arbeiter am Tag schuften, während ihre Kinder die Kohlenwagen in den Bergwerken ziehen.

1769 – 1821 Napoléon Bonaparte
1778 – 1852 Friedrich Ludwig Jahn
1791 – 1872 Samuel Morse
1797 – 1856 Heinrich Heine
1797 – 1888 Kaiser Wilhelm I.
1813 – 1837 Georg Büchner
1815 – 1898 Otto von Bismarck
1816 – 1892 Werner von Siemens
1818 – 1883 Karl Marx
1820 – 1895 Friedrich Engels

Die Menschen müssen sich schinden wie Sklaven und leben unter menschenunwürdigen Bedingungen. Um dieser Ungerechtigkeit ein Ende zu machen, fordern zwei Deutsche, Karl Marx und Friedrich Engels, eine neue Revolution. Eine, die die Arbeiter zu den Herren im Land machen wird. Die neue Gesellschaftsform, die daraus entstehen soll, nennen sie Kommunismus*.

Entfalten wird sich diese Revolution aber erst zu Beginn des nächsten, des 20. Jahrhunderts.

Mit Volldampf ins nächste Jahrhundert

Die Dampfmaschine treibt nicht nur Fabriken an, sondern auch eine weitere Erfindung des 19. Jahrhunderts, die Eisenbahn. 1835 fährt sie zum ersten Mal in Deutschland von Nürnberg nach Fürth.

Anfangs haben die Menschen noch Angst, dass der Luftdruck sie bei der rasenden Fahrt zerdrücken könnte. Aber diese Sorge erweist sich als unbegründet. Schon 20 Jahre später fahren

205

hunderte Lokomotiven durch Deutschland, ziehen immer längere Züge und befördern Reisende und Waren.

Auf den Wasserstraßen lösen Dampfer die Segelschiffe ab, denn Dampfschiffe sind schneller und können auch bei Flaute fahren. Und trotzdem gehört die Dampfmaschine für viele Erfinder schon zum alten Eisen. Sie wollen neue Maschinen bauen, Maschinen, die weniger Treibstoff benötigen und mehr Leistung erzeugen. Aber ist das überhaupt möglich?

Nikolaus Otto beweist es, indem er den Ottomotor* erfindet, der heute noch die meisten Autos antreibt. Sein Kollege Rudolf Diesel baut wenig später den ersten Dieselmotor*. Fehlt nur noch der Elektromotor*, den Werner von Siemens konstruiert, und, weil sich die Idee anbietet, die elektrische Eisenbahn gleich dazu. Die ersten Autos bauen Carl Benz und Gottlieb Daimler, die 1894 dazu eine Autofabrik gründen. Statt Pferdewagen fahren nun bald Autos auf den Straßen.

Und wie erfahren die Menschen von diesen und anderen Erfindungen?

Durch Zeitungen, die Teil des Alltags geworden sind.

Die Reporter, die in den Redaktionen arbeiten und die Artikel schreiben, erhalten ihre Informationen per elektrischer Telegrafie. Das erste wirklich brauchbare Gerät stellt Samuel Morse 1844 in den USA vor. Den passenden Code erfindet er auch gleich mit: die nach ihm benannten Morsezeichen*. Die muss man jedoch erst erlernen. Einfacher wäre es, die Sprache selbst elektrisch zu übertragen.

Der deutsche Lehrer Philipp Reis stellt 1863 ein Gerät vor, das Schall in Elektrizität umwandelt. Die wird dann wie bei einem Telegrafen per elektrischer Leitung übertragen und beim Empfänger wieder in Schall umgewandelt. Der erste Satz, den er auf diese Weise überträgt, ist: »Das Pferd frisst keinen Gurkensalat.«

Allerdings ist sein Telefon noch unvollkommen. Erst der Amerikaner Alexander Graham Bell verhilft der Erfindung zum Durchbruch. Ihm gelingt es, den Apparat zur technischen Reife zu führen und das Gerät am Markt durchzusetzen.

Bald werden seine Geräte in Deutschland nachgebaut und von Geschäfts- und Privatleuten gleichermaßen genutzt. Und ganz besonders natürlich von Journalisten.

Die elektrischen Telegrafen und das Telefon senden Signale durch Stromkabel, die zwischen allen Sendern und Empfängern verlegt werden müssen. Um wie viel einfacher wäre es, zwischen beliebigen Punkten einfach durch die Luft zu senden!

1887 gelingt dem deutschen Physiker Heinrich Hertz eine bahnbrechende Entdeckung: die Radiowellen. Der italienische Physiker Guglielmo Marconi entwickelt daraus die drahtlose Telegrafie, indem er Signale als Radiowellen überträgt. 1899 schafft er eine erfolgreiche Funkverbindung über den Ärmelkanal.

Da bei den ersten Sendern ebenso helle wie laute Funken entstehen, wird die neue drahtlose Kommunikationstechnik in Deutschland Funk genannt. Dank Telefon und Funk wächst die Welt zusammen, denn Nachrichten brauchen kaum noch Zeit, um von Amerika nach Europa oder von China nach Afrika zu gelangen.

Noch viel beeindruckender für die Menschen sind natürlich Nachrichten, die aus Bildern bestehen. Den ersten Schritt in diese Richtung macht die Fotografie. Nun zeigen nicht mehr Maler Menschen und Landschaften, wie sie sind. Diese Aufgabe übernimmt der Fotoapparat. Am Ende des 19. Jahrhunderts lernen die Bilder sogar das Laufen, und noch dazu gleich an zwei Orten. Denn in Deutschland und in Frankreich werden das Kino und der Fernseher erfunden. 1885 werden in Paris und in Berlin die ersten Kinofilme vorgeführt. Noch schreien manche Zuschauer, wenn ein Zug auf der Leinwand auf sie zurast, so echt wirken die Filme. Die Menschen müssen erst noch lernen, die bewegten Bilder richtig einzuschätzen.

Fortschritt oder Rückschritt?

Schriftsteller und Künstler reagieren sehr unterschiedlich auf diese Entwicklung. Viele Romantiker lehnen sie ab und wenden sich der Natur und dem Mittelalter zu, das sie für ein goldenes Zeitalter halten. Andere begrüßen den technischen Fortschritt und hoffen, dass er auch zu einem sozialen Fortschritt führt.

Die beiden wohl bedeutendsten Schriftsteller dieser Zeit aber sind skeptisch. Heinrich Heine lebt in Paris, da ihm als Anhänger der Revolutionäre von 1848 in Deutschland die Verhaftung droht. Er nennt die neue Zeit »Maschinenzeitalter« und fürchtet, dass es den Menschen nicht gelingen wird, damit vernünftig umzugehen. Georg Büchner, der ebenfalls steckbrieflich gesucht wird, weil er zur Revolution aufgerufen hat, schreibt ein Drama (»Dantons Tod«) über die Französische Revolution, in dem er seine Zweifel an ihrem Erfolg äußert. Heute trägt der wichtigste deutsche Literaturpreis seinen Namen: Georg-Büchner-Preis.

1832–1908 Wilhelm Busch
1832–1891 Nikolaus Otto
1834–1874 Philipp Reis
1834–1900 Gottlieb Daimler
1842–1912 Karl May
1844–1929 Carl Benz
1847–1922 Alexander Graham Bell
1857–1894 Heinrich Hertz
1858–1913 Rudolf Diesel
1874–1937 Guglielmo Marconi

Die am meisten gelesenen deutschen Autoren aber sind Karl May und Wilhelm Busch. Sie entführen ihre Leser in ganz andere Welten, die auf den ersten Blick frei sind von Technik und Fortschritt. Auch wenn in ihr Werk längst der Fortschritt Einzug gehalten hat, erlauben sie am Wendepunkt zum 20. Jahrhundert den Menschen noch einmal die kurze Illusion, ihr Leben könnte von all dem unverändert bleiben.

Fleisch kommt aus der Dose

1812

Pariser Koch macht Lebensmittel haltbar

Zahnräder, Papier, Baumwollstoff – fast alles wird mittlerweile in Fabriken hergestellt oder verarbeitet, nun sogar Lebensmittel. Denn der ehemalige Koch François Nicolas Appert eröffnet in Paris eine neue Fabrik, in der Fleisch und Gemüse in Dosen aus Blech gefüllt, verschlossen und erhitzt werden. »Auf diese Weise bleiben die Lebensmittel für mindestens ein Jahr haltbar«, erklärt der Erfinder sein Verfahren. »Dabei brauchen die Dosen nicht gekühlt oder anderweitig behandelt zu werden.

Diese Lebensmittel sind daher ideal für die Versorgung der Armee oder für lange Winter, in denen Nahrung knapp werden könnte.«

Apperts Dosenfabrik ist eine Revolution in der Geschichte der Lebensmittelkonservierung. Seiner neuen Methode sind keine Grenzen gesetzt. Obst, Gemüse, Fleisch – fast alles kann auf diese Weise eingemacht werden. Noch dazu lassen sich seine Dosen sehr gut transportieren und sind ideal für den Handel.

Von wem stammt die Idee, Lebensmittel einzukochen?

Die erste Idee, Lebensmittel in Gefäßen einzukochen, hat der Erfinder Denis Papin, der auch den Dampfkochtopf entwickelt hat. Er füllt im Jahr 1700 Kochfleisch in Kupfertöpfe und verschließt die Deckel mit Kitt. Seine Experimente bleiben unbeachtet. Erst als die französische Regierung 100 Jahre später einen Preis von 12 000 Goldfrancs für eine Methode aussetzt, mit der Nahrungsmittel für Soldaten haltbar gemacht werden können und dabei nicht an Geschmack und Nährwert verlieren, werden neue Versuche gestartet. Einen vielversprechenden Weg findet schließlich der Pariser Koch François Nicolas Appert: Er erhitzt Lebensmittel in kochendem Wasser und füllt sie sofort luftdicht in Gläser. Napoléon Bonaparte ist von dieser Methode begeistert und Appert erhält den Preis. Am 22. Juli 1810 schreibt die Zeitung »Gazette de Santé«: »Welch ein Vorteil, dem durch schwere Märsche erschöpften Soldaten ein gesundes Stück Fleisch, eine erquickende Kraftbrühe reichen zu können.« Mit dem Preisgeld gründet Appert 1812 eine Fabrik. Statt in Gläsern konserviert er Lebensmittel nun in verlöteten Dosen, die bald auch in England, dem Heimatland der industriellen Revolution, zu einem großen Erfolg werden.

Die industrielle Revolution – Segen oder Plage?

Von der Mitte des 18. Jahrhunderts bis zur Mitte des 19. Jahrhunderts entsteht in Großbritannien die Industriegesellschaft. Ermöglicht wird diese Entwicklung durch Erfindungen wie die Dampfmaschine, neue Web- und Spinnmaschinen sowie neue Verfahren zur Eisen- und Stahlgewinnung. Die Herstellung vieler Produkte findet nun nicht mehr in Werkstätten zu Hause statt, sondern in Fabriken. Die Dampfmaschine, das Symbol dieser Revolution, wird zum Antrieb für Arbeitsmaschinen aller Art, die Menschenkraft in großem Maßstab ersetzen. Begleitet wird die industrielle Revolution von einer landwirtschaftlichen Revolution: Kleine Bauernhöfe werden durch Aufkäufe zusammengelegt und wandeln sich zu größeren und leistungsfähigeren Betrieben. Die Großgrundbesitzer investieren in neue Geräte, um die Produktion dort zu automatisieren. Im Lauf des 19. Jahrhunderts wandeln sich nach Großbritannien die meisten anderen europäischen Staaten sowie die USA und Japan von Agrar- zu Industriegesellschaften. Die neu entstandenen Fabriken konzentrieren sich in Zentren wie zum Beispiel dem Gebiet um Manchester, wo Kohle als Rohstoff für den Antrieb der Dampfmaschinen verfügbar ist. An die Stelle ländlicher Dorfgemeinschaften treten riesige Arbeitersiedlungen und Mietskasernen in den Städten. Ganze Landstriche sind durch Fabriken geprägt und durch den Abbau von Kohle und Erz regelrecht verwüstet. Andererseits trägt die Industrialisierung in England aber auch dazu bei, dass die Bevölkerung, die sich bis zum Anfang des 19. Jahr-

hunderts innerhalb von 50 Jahren zahlenmäßig fast verdoppelt hat, überhaupt ernährt werden kann, während andere Teile Europas noch unter Hungersnöten zu leiden haben.

Vielerorts gibt es Widerstände gegen die Einführung und Verbreitung der neuen Technik. Zuerst durch alteingesessene Handwerker, die auf ihre Rechte pochen, schon bald auch durch Fabrikarbeiter, die bis zu 15 Stunden täglich arbeiten müssen und dafür nur niedrige Löhne und schlechte Wohnungen bekommen. Außerdem müssen Fabrikarbeiter damit leben, dass ihre Wohnungen und ihre Arbeitsstätten weit voneinander entfernt sind. Ihr Arbeitsrhythmus wird von den Fabrikbesitzern und den Maschinen vorgegeben. Sie können nicht mehr wie ein Handwerker selbst bestimmen, wann, wie lange und wie intensiv sie arbeiten.

1647–1712 Denis Papin
1749–1841 François Nicolas Appert
1769–1821 Napoléon Bonaparte

Die industrielle Revolution hat also positive wie negative Seiten. Die Menschen verdanken ihr große technische Fortschritte und Entwicklungen, zu denen neben der Konservendose und der Dampfmaschine auch die Eisenbahn, die Telegrafie und das Gaslicht zählen. Endlich können viele Produkte in großen Stückzahlen kostengünstig hergestellt werden. Andererseits entstehen dadurch auch viele Missstände, wie etwa die Kinderarbeit. Selbst in Bergwerken müssen lange Zeit Kinder schuften, bevor Proteste und neue Gesetze diese und andere Schattenseiten der industriellen Revolution nach und nach beseitigen.

209

Napoléon auf der Flucht

1813

Frankreich verliert die Völkerschlacht bei Leipzig

Napoléon sitzt in der Falle. Noch halten die Franzosen Leipzig, aber schon greifen böhmische, sächsische und württembergische Soldaten von Norden her an.

Zusammen mit den Preußen, Schweden und Russen ist die Streitmacht der Alliierten auf rund 300 000 Mann angewachsen – zu viel für die Franzosen.

»Am Ende werde ich noch in Leipzig eingeschlossen«, fürchtet Napoléon. »Doch eine Gefangennahme kommt für mich natürlich nicht infrage. Das Einzige, was mir bleibt, ist ein Rückzug mit möglichst vielen meiner tapferen Soldaten.«

Die Flucht gelingt in der Nacht zum 19. Oktober. Zurück bleibt eine schreckliche Bilanz: In der Völkerschlacht bei Leipzig werden 30 000 Franzosen getötet, etwa ebenso viele verletzt und 15 000 gefangen genommen. Außerdem muss Napoléon 300 Geschütze und zahlreiche Waffen zurücklassen. Mit dieser schweren Niederlage ist die Vorherrschaft des französischen Eroberers in Europa beendet und die politische Neuordnung kann beginnen.

Wer ist Napoléon?

Napoléon Bonaparte wird in Ajaccio auf Korsika geboren. Seine Eltern gehören dem Kleinadel an und schicken ihren Sohn ins Internat. Anschließend besucht Napoléon eine Militärschule in Paris, um Offizier zu werden. Er wird ein begeisterter Anhänger der Französischen Revolution und macht in der nun neu geordneten Armee schnell Karriere. Mitte der 1790er-Jahre schlägt er den Aufstand der Pariser Royalisten, der Anhänger der Monarchie, nieder. Knapp ein Jahr später zieht er als Oberbefehlshaber der französischen Armee in den ersten der so genannten Koalitionskriege, die sich gegen das revolutionäre Frankreich richten. In diesem stehen sich Frankreich auf der einen und Österreich und Preußen auf der anderen Seite gegenüber. Diese beiden Staaten des Heiligen Römischen Reiches Deutscher Nation sind überzeugte Gegner der Revolution in Frankreich. Und auch um die Monarchie im eigenen Land müssen sie fürchten. Seit dem Ende des Dreißigjährigen Krieges hat die Monarchie in Deutschland einen schweren Stand: Nach dem Westfälischen Frieden ist das Reich in ungefähr 300 kleine, von weltlichen und kirchlichen Fürsten regierte Einzelstaaten zersplittert. Diese Landesherren sind unabhängig und die Kaiser verlieren dadurch mehr und mehr an Macht und Einfluss.

Frankreich dagegen ist stärker denn je, und Napoléon gelingt es, immer mehr Länder zu erobern. Die folgenden drei Koalitionskriege führen ihn gegen wechselnde Gegner bis nach Ägypten und Russland. Im Lauf der Zeit wandelt sich der Revolutionär Napoléon zu einem Machtmenschen, dem es vor allem darum geht,

Europa zu beherrschen und Kaiser zu werden. Nach seiner Rückkehr aus Ägypten setzt er daher das Direktorium, die amtierende französische Regierung, einfach ab und krönt sich schließlich 1804 zum Kaiser der Franzosen. Als mit dem Frieden von Tilsit die Koalitionskriege beendet werden, ist Napoléon der große Sieger und tatsächlich der mächtigste Mann Europas.

Wie geht es weiter mit Napoléons Siegeszug in Europa?

Napoléon hat viele Gebiete des Heiligen Römischen Reiches Deutscher Nation erobert und ordnet dort Politik und Leben neu. Er fasst die kleinen Fürstentümer zu großen zusammen, sodass von den ehemals knapp 300 Einzelstaaten nur noch gut 40 übrig bleiben. Zudem wird auf Betreiben Napoléons der Rheinbund gegründet, ein Zusammenschluss von 16 deutschen Staaten, die aus dem Heiligen Römischen Reich ausgetreten sind. Nur einen Monat später legt Franz II. die deutsche Kaiserkrone ab und besiegelt damit das Ende des Reiches. Mit Ausnahme von Österreich, Preußen, Pommern und Holstein treten die anderen deutschen Staaten nach und nach dem Rheinbund bei.

Bis auf Großbritannien hat Napoléon alle europäischen Länder besiegen können. Deshalb verhängt er die »Kontinentalsperre«. Damit verbietet er allen europäischen Staaten, mit den Briten Handel zu treiben. Diese Maßnahme soll Großbritannien doch noch in die Knie zwingen. Als Zar Alexander I. von Russland diese Sperre missachtet, marschiert Napoléon in Russland ein. Dieser riskante Feldzug markiert die Wende in Napoléons Kriegsglück. Seine Armee ist von den vielen Feldzügen erschöpft und kann die geschickt zurückweichenden russischen Truppen nicht besiegen. Im Winter muss Napoléon den Rückzug befehlen.

Preußen erkennt den günstigen Zeitpunkt, um den geschwächten französischen Eroberer zurückzudrängen, und schließt Anfang 1813 ein Bündnis mit Russland gegen Frankreich. Bayern, Österreich, Großbritannien und Schweden schließen sich an.

Am 16. Oktober treffen bei Leipzig die Armeen aufeinander. Auf preußisch-russischer Seite stehen rund 300 000 Soldaten, auf französischer Seite etwa 210 000. Wegen der Größe der Heere spricht man von einer »Völkerschlacht«. Erst der 18. Oktober bringt die Entscheidung. Napoléon befiehlt den Rückzug und flieht. Doch den Thron hat er damit noch nicht verloren. Deshalb dringen die verbündeten europäischen Truppen ein Jahr später bis nach Paris vor. Des Krieges überdrüssig, verweigern Napoléons Soldaten ihm den Gehorsam. Am 6. April 1814 erklärt er offiziell seinen Rücktritt. Dennoch gelingt dem Korsen noch einmal die Rückkehr an die Macht. In seiner »Herrschaft der hundert Tage« schafft er es erneut, Truppen um sich zu sammeln. Doch die werden im Juni 1815 in der Schlacht von Waterloo (Belgien) endgültig geschlagen. Daraufhin wird Napoléon auf die Atlantikinsel St. Helena verbannt, wo er 1821 stirbt.

Mit seinem Tod endet eine Ära, in der ein außergewöhnlicher Feldherr und Politiker nicht nur halb Europa eroberte, sondern auch für viele Reformen sorgte und mit dem »Code civil« eine Gesetzessammlung schuf, die zur Grundlage auch unserer Rechtsordnung wurde.

1769–1821 Napoléon Bonaparte
1768–1835 Franz II.
1777–1825 Alexander I.

1618–1648 Dreißigjähriger Krieg
1789–1799 Französische Revolution
1792–1797 Erster Koalitionskrieg
1798–1801/02 Zweiter Koalitionskrieg
1805 Dritter Koalitionskrieg
1806/07 Vierter Koalitionskrieg
1806 Rheinbund gegründet
1807 Friede von Tilsit

211

Der »Freischütz« ist ein Volltreffer!

1821

Riesenbeifall für neue Oper von Carl Maria von Weber

Der dritte Akt. Im Wald sind alle Jäger versammelt. Da befiehlt der Fürst dem Jäger Max, auf eine weiße Taube zu schießen. Doch in Wirklichkeit ist diese Taube Agathe, die Braut des Jägers, die verzweifelt singt: »Schieß nicht, ich bin die Taube!« Wird er es tun? Die Spannung steigt. Doch Max kann nicht anders und drückt ab. Die verzauberte Kugel verfehlt Agathe und trifft den bösen Kaspar, der Max die teuflischen Kugeln besorgt hat. Am Ende finden Max und Agathe doch noch zueinander.

Der Vorhang fällt, das Publikum im Berliner Schauspielhaus tobt. So viel Begeisterung hat man lange nicht mehr gesehen. Der Grund ist allein die Musik.

»Ich habe mich für eine romantische, märchenhafte Geschichte entschieden, die jeder Zuschauer versteht«, erklärt Carl Maria von Weber, der Komponist. Der ungeheure Erfolg gibt ihm Recht. Doch ausruhen will er sich auf diesen Lorbeeren nicht, sondern arbeitet bereits an der nächsten Oper, die den Titel *Euryanthe* tragen soll.

Wie entsteht die romantische Oper?

Zu Beginn des 19. Jahrhunderts suchen Komponisten verstärkt nach neuen Stoffen für ihre Opern. Doch die besonders beliebten Stoffe sind eigentlich ganz alte, denn sie stammen aus Märchen, Volkssagen und nordischen Mythen. Die Natur nimmt darin eine ebenso wichtige Rolle ein wie Geister oder Dämonen, die Handlung spielt oft in einem wunderbaren Fantasie-Mittelalter.

Vorlagen für die Opern liefern häufig die Schriftsteller dieser Zeit: So erzählt Friedrich de la Motte-Fouqué in seinem Kunstmärchen »Undine« von der Liebe zwischen der Meerjungfrau Undine und dem jungen Ritter Huldbrand von Ringstetten. Der Schriftsteller und Komponist E.T.A. Hoffmann macht aus diesem Märchen ein Libretto, also den Liedtext, für seine gleichnamige Oper, die den Komponisten Carl Maria von Weber sofort begeistert. Auch der »Faust«-Stoff, die schauerliche Geschichte eines Menschen, der auf der Suche nach Weisheit ist und deshalb einen Pakt mit dem Teufel schließt, wird von Louis Spohr kurz nach Goethes Faust-Veröffentlichung für das Musiktheater entdeckt. Mit der gleichnamigen Oper gelingt dem Komponisten ein großer Erfolg.

Und nun ist die Zeit reif für Carl Maria von Webers »Freischütz«, der, inspiriert durch Ludwig van Beethovens »Fidelio« und Wolfgang Amadeus Mozarts »Die Zauberflöte«, etwas völlig Neues auf die Bühne bringt. Weber setzt ganz auf die unheimliche Handlung, auf volkstümliche Melodien und die Romantik des Waldes, die fast wichtiger als die einzelnen Figuren erscheint. Ihm gelingt es, sowohl die im Wald spürbare Geborgenheit als auch die Bedrohlichkeit in Klänge umzusetzen. In fröhliche Stimmungen mischen sich allein durch die Wahl der Instrumente unheimliche Töne. Wie später Richard Wagner arbeitet Weber bereits mit Leitmotiven, also immer wiederkehrenden Melodien und Klangbildern, die den Gegensatz von Gut und Böse auf vielfältige Weise durch den Lauf der Handlung begleiten.

Der ersten Aufführung seiner Oper fiebert Carl Maria von Weber entgegen. Doch seine Sorgen sind unbegründet: Nicht nur die gruselige Spukszene in der Wolfsschlucht packt das Publikum, es ist von dem ganzen Stück überaus begeistert. Nach der Vorstellung entlädt sich die Spannung der Zuschauer in einem ungeheuren Jubel. Man spricht daher von der Geburtsstunde der »deutschen Nationaloper«.

Die Melodien von Webers Oper werden in der Folgezeit in Deutschland sehr bekannt und beliebt. Diesen Erfolg kann er mit seinen weiteren Opern nicht wiederholen. Der zeit seines Lebens kränkliche Komponist führt über Jahre ein Leben in Armut und stirbt im Alter von nur 39 Jahren in London nach der Uraufführung seiner Oper »Oberon« an Tuberkulose.

Was ist so besonders an der Musik der Romantiker?

Für die Musiker der Klassik* war noch das Ideal der Symmetrie und Harmonie wichtig, für die Romantiker ist es in erster Linie der Ausdruck des Gefühls. Dass dabei die strengen Formen der klassischen Musik gesprengt werden, nehmen sie mit Absicht in Kauf.

1749–1832 Johann Wolfgang von Goethe
1770–1827 Ludwig van Beethoven
1776–1822 E.T.A. Hoffmann
1777–1843 Friedrich de la Motte-Fouqué
1784–1859 Louis Spohr
1786–1826 Carl Maria von Weber
1797–1828 Franz Schubert
1810–1856 Robert Schumann

Zum großen Vorbild vieler Romantiker wird erstaunlicherweise einer der größten unter den Klassikern: Ludwig van Beethoven. Denn er beginnt als einer der Ersten, die engen Regeln der Komposition des 18. Jahrhunderts zu verlassen und eine völlig neue Art von Musik zu schreiben.

Neben Opern schreiben Komponisten der Romantik hauptsächlich Sinfonien und Kunstlieder. Für diese Lieder sind vor allem zwei Musiker berühmt: Franz Schubert und Robert Schumann. Beide Komponisten schaffen neben bedeutenden Liederzyklen wie der »Winterreise« oder »Frauenliebe und -leben« auch Orchesterwerke wie Schuberts berühmte »Sinfonie Nr. 7 h-Moll«, die als die »Unvollendete« bekannt ist.

Die Romantiker und ihre Vorstellungen bestimmen fast 100 Jahre lang die Musik, bis diese dann im 20. Jahrhundert auch die letzten formalen Fesseln und Traditionen in der »Neuen Musik«* von sich wirft.

»Es lebe Mexiko!«

1821

Der erste Staat Mittelamerikas wird unabhängig

Elf Jahre haben die Mexikaner gekämpft, elf Jahre lang hat das spanische Mutterland die Unabhängigkeit verhindert. Vergebens. Nun ist das große Ziel erreicht. Die Befreiungsarmee unter der Führung von General Agustín de Itúrbide marschiert in Mexiko-Stadt ein. Schon kurze Zeit später, am 28. September, erklärt er Mexiko zu einem unabhängigen Staat und zu einem Kaiserreich. »Ich selbst werde der erste Kaiser dieses Landes sein«, bestätigt der General, »und zwar so lange, bis eines der europäischen Herrscherhäuser uns einen geeigneteren Kaiser schickt.«

Als Kaiser Agustín I. will der General zunächst wichtige Reformen durchsetzen und die Ordnung im Land wiederherstellen. Die Macht der Kirche soll unangetastet bleiben. Als unabhängiger Staat will Mexiko nun eine ebensolche Erfolgsgeschichte schreiben wie die Vereinigten Staaten von Amerika.

Wie entsteht der Wunsch nach politischer Unabhängigkeit?

Die Vereinigten Staaten von Amerika haben es vorgemacht. Im Jahr 1776 sagen sich 13 bislang unter britischer Herrschaft stehende Kolonien vom Mutterland los, weil sie nicht einsehen, warum sie weiterhin Steuern an England zahlen sollen. Die Siedler haben das Land urbar gemacht und aufgebaut, im Gegenzug aber kein politisches Mitspracherecht erhalten. Nach einem erfolgreichen Unabhängigkeitskrieg werden 1783 die USA gegründet.

Das Wort von der Unabhängigkeit macht nun die Runde auf dem amerikanischen Kontinent. Vor allem die Menschen in den seit fast 300 Jahren von Spanien und Portugal beherrschten Ländern in Mittel- und Südamerika sind davon wie elektrisiert.

Ein weiterer Impuls kommt aus dem Europa der Kolonialherren selbst: die Philosophie der Aufklärung, die ab Mitte des 18. Jahrhunderts in Europa für gesellschaftliche und politische Veränderungen sorgt und zur Französischen Revolution führt. Der Philosoph Jean-Jacques Rousseau zum Beispiel fordert auch ein Selbstbestimmungsrecht der Völker. In den lateinamerikanischen Kolonien wächst der Mut der Bevölkerung, sich gegen die Unterdrückung durch die Kolonialherrscher zu wehren.

Auch der Venezolaner Simón Bolívar wird ein Anhänger der Französischen Revolution. Seine ursprünglich aus dem Baskenland (heute Spanien) stammenden Eltern schicken ihn für einige Jahre nach Europa, wo er unter anderem Paris besucht. Nach seiner Rückkehr nach Venezuela schließt sich Bolívar der Unabhängigkeitsbewegung seines Landes an. Er wird Mitbegründer der »patriotischen Gesellschaft« und verkündet am 5. Juli 1811 auf einem Kongress in der Hauptstadt Caracas die Unabhängigkeit des Landes Venezuela. Diese Tat bringt Bolívar den Namen »Libertador« (Befreier) ein. Bolívar spielt auch eine große Rolle bei der Unabhängigkeit Kolumbiens, Ecuadors und Perus. Das 1825 befreite Südperu nennt sich Bolívar zu Ehren sogar in Bolivien um.

Um die Unabhängigkeit Chiles und auch Perus macht sich der Argentinier José de San Martín verdient. Er hat als Offizier der spanischen Armee in Ostafrika und Portugal gegen napoléonische Truppen gekämpft. Seine Kriegserfahrungen nutzt er nun zur Befreiung von den Besatzern. Berühmt wird sein legendärer Winterfeldzug von Argentinien über die Anden nach Chile. Auch San Martín erhält von den Südamerikanern einen Spitznamen. Ihn nennen sie »Protector« (Beschützer).

Wie erlangt Mexiko seine Unabhängigkeit?

In Mexiko wird der Priester Miguel Hidalgo y Costilla zum Führer der Unabhängigkeitsbewegung. Er bringt die indianisch-bäuerliche Bevölkerung hinter sich und verbindet seine Forderung nach Unabhängigkeit mit denen nach sozialen Verbesserungen. Hidalgo rechnet damit, dass sich dank der Unterstützung der kreolischen* Mehrheit der Bevölkerung die Spanier bald ergeben werden. Doch die Rebellen schlagen übereilt los und erleiden eine blutige Niederlage. Zur Abschreckung hängen die Spanier die Köpfe der getöteten Rebellenführer, auch den Hidalgos, zehn Jahre lang an einem öffentlichen Platz auf. Bis heute gedenken die Mexikaner jedes Jahr am Unabhängigkeitstag dieses gescheiterten Aufstands. In allen Städten wiederholt der jeweilige Bürgermeister die wortgewaltige, als Freiheitsschrei »Grito de Dolores« bekannt gewordene Revolutionsrede. Sie endet mit dem Ausruf: »Es lebe Mexiko!« Trotz der Niederlage geht der Kampf für die Unabhängigkeit weiter. Immerhin kann der Priester José Maria Morelos auf dem ersten unabhängigen Nationalkongress die Abschaffung der Sklaverei erreichen.

Der entscheidende Schritt zu Mexikos Selbstständigkeit ergibt sich dann aber aus den politischen Veränderungen im Mutterland. Dort kommt es 1820 zum Sturz der Monarchie. Nun fordern auch die kreolische Oberschicht und die Kirchenführer in Mexiko die Unabhängigkeit. Der kreolische General Agustín de Itúrbide nutzt diese Chance und verbündet sich mit den Freiheitskämpfern, die immer noch im Bergland zwischen Mexiko-Stadt und Acapulco kämpfen. Itúrbide fasst den Plan, Mexiko zu einer Monarchie zu machen, doch das lehnt das Parlament in Madrid ab. Itúrbide aber bleibt stur: Mit militärischer

1712 – 1778 Jean-Jacques Rousseau
1753 – 1811 Miguel Hidalgo y Costilla
1765 – 1815 José Maria Morelos
1778 – 1850 José de San Martín
1783 – 1824 Agustín de Itúrbide
1783 – 1830 Simón Bolívar

Rückendeckung erklärt er Mexiko zum unabhängigen Kaiserreich und krönt sich selbst ein Jahr darauf zum Kaiser. Doch schon zwei Jahre später wird er gestürzt und flieht nach England. Die Nationalversammlung ernennt Mexiko später zwar zur Republik, man kann sich lange Zeit aber nicht auf eine Regierung einigen. In den nächsten 40 Jahren wechselt das Staatsoberhaupt insgesamt 56-mal. Auch danach bleibt das Land lange Zeit politisch instabil und verliert durch Kriege zahlreiche Gebiete, darunter Kalifornien und Arizona, an die USA. Bis heute ist das Verhältnis zwischen Mexiko und den USA gleichermaßen durch Freundschaft und Kritik an der Vormachtstellung des mächtigeren Partners geprägt.

215

Der fauchende Adler aus Stahl

1835

Jungfernfahrt der ersten Eisenbahn Deutschlands

In Nürnberg herrscht Volksfeststimmung. Ganze Familien stehen, mit Fähnchen ausgestattet, an den kurz zuvor verlegten Gleisen. Trotz der winterlichen Kälte verfolgen sie gespannt, wie William Wilson, der englische Lokomotivführer, die Dampfmaschine anheizt. Keiner der Zuschauer hat je zuvor eine derartige Maschine gesehen. Sie heißt »Adler« und wurde in England gebaut.

Wilson gibt das Signal und der Eisenbahnzug aus neun Wagen setzt sich in Bewegung. An Bord sind 200 Ehrengäste. Die »Adler« faucht und spuckt graue Dampfwolken in die Luft. Ängstlich weichen einige der Zuschauer zurück. »Keine Angst! Es besteht keine Gefahr«, erklärt ein Mitarbeiter der Bayerischen Ludwigsbahn. »Die Fahrt ist völlig ungefährlich. Weder Ihnen noch den Reisenden kann etwas passieren.« Böllerschüsse und Musik sind zu hören, als der Zug Nürnberg in Richtung Fürth verlässt. Diese Fahrt der »Adler« läutet eine neue Zeit ein, so viel steht schon jetzt fest.

Wer hat die Eisenbahn erfunden?

Bis zur Erfindung der Eisenbahn sind Pferd, Kutsche und Schiff die wichtigsten Transportmittel. Auf einem Pferd ist ein Reiter über Land etwa 30 km/h schnell, eine Kutsche schafft im Schnitt sechs bis zehn Kilometer in der Stunde. Mit der Dampfmaschine steht seit Beginn des 18. Jahrhunderts eine völlig neue Antriebskraft zur Verfügung. Schnell kommen verschiedene Erfinder auf die Idee, auch Fahrzeuge mit Dampf anzutreiben. Einer von ihnen ist Richard Trevithick, der Sohn eines Bergwerksingenieurs. Anfang des 19. Jahrhunderts baut er seinen ersten Dampfwagen für die Straße, bald folgt die erste dampfgetriebene Lokomotive, die zehn beladene Waggons mit acht km/h ziehen kann. Obwohl er noch weitere Lokomotiven konstruiert, gerät er bald in Vergessenheit. Die erste öffentliche Eisenbahn entwickelt George Stephenson, ein Aufseher in einem Kohlebergwerk. Mit seinem Sohn Robert gründet er 1823 die erste Lokomotivenfabrik der Welt, die »Robert Stephenson & Company« in Newcastle. Seine Bahn wird 1825 eingeweiht und verkehrt auf der 39 Kilometer langen Strecke zwischen Stockton und Darlington in England. Er ist auch verantwortlich für die weltweit erste Eisenbahn zur Personenbeförderung auf der rund 50 Kilometer langen Strecke zwischen Liverpool und Manchester, die fünf Jahre später eröffnet wird. Stephensons Lokomotiven erreichen Geschwindigkeiten um die 50 Stundenkilometer und werden in alle Welt exportiert.

Wie kommt die Eisenbahn nach Deutschland?

1831 erscheint in Nürnberg das Buch »Das größte Wunderwerk unserer Zeit«. Mit zahlreichen Abbildungen schildert es die Geschichte der Eisenbahnlinie von Liverpool nach Manchester. Die Begeisterung über das englische Vorbild ist groß und so entschließt man sich zur Nachahmung. Die Strecke für den ersten Versuch ist sorgfältig gewählt: Sie ist kurz, geradlinig angelegt und benötigt keine außergewöhnlichen Bauwerke wie Brücken oder Tunnel. Auf der Landstraße zwischen beiden Städten herrscht ständig ein reger Verkehr, sodass es offensichtlich viele mögliche Fahrgäste gibt.

Der Erfolg der Bahn Nürnberg-Fürth findet bald weitere Nachahmer. Das glänzende Geschäft mit dem Technikimport aus England lässt viele neue Eisenbahngesellschaften entstehen, deren Aktien für Kapitalanleger in ganz Deutschland attraktiv sind. Schon ein Jahr später beginnt der Bau der ersten deutschen Fernbahn zwischen Leipzig und Dresden. Die Strecke von 115 Kilometern wird 1839 eröffnet. Bis 1850 sind in Deutschland schon rund 6000 Kilometer Bahnlinien verlegt. Das ist jedoch wenig gegenüber den 15 000 Schienenkilometern, die zu dieser Zeit bereits in Amerika befahren werden und das weite Land erschließen.

Im Vergleich zur Postkutsche reist es sich mit der Eisenbahn viermal schneller und auch viel bequemer. Die großen Vorteile des neuen Verkehrsmittels zeigen sich, als ab 1850 die Hauptstrecken des Netzes miteinander verbunden werden. Von München nach Berlin braucht man keine Woche mit der Postkutsche mehr, sondern nur noch eine Tagesreise mit der Bahn.

Wie beeinflusst die neue Erfindung das Leben der Menschen?

Die Eisenbahn verändert nicht nur das Gefühl für Raum und Zeit auf Reisen, sondern fordert auch die Einführung einer einheitlichen Zeit. Noch in den 1870er-Jahren existieren innerhalb Deutschlands verschiedene Zeitzonen, so dass man auf der Reise von München nach Straßburg seine Uhr viermal umstellen muss. Erst Ende des 19. Jahrhunderts führen die deutschen Eisenbahnverwaltungen endlich eine einheitliche Zeit ein, die so genannte »Eisenbahnzeit«. Das vereinfacht den Vergleich von Fahr- oder Ankunftszeiten und das Aufstellen von Fahrplänen deutlich.

Stammen die ersten Lokomotiven noch aus England, holt Deutschland im Maschinenbau allmählich auf und wird in der Mitte des 19. Jahrhunderts international konkurrenzfähig. Aus Deutschland kommt dann auch ein völlig neuer Antrieb: Werner von Siemens stellt in Berlin die erste elektrische Lokomotive vor. Die Dampfmaschine muss hier nicht mehr mitfahren, sondern erzeugt an einer Station den Antriebsstrom, der dann über Oberleitungen zur Lokomotive geführt wird.

Wenn auch Dampflokomotiven um 1900 Reisegeschwindigkeiten von 120 Stundenkilometern problemlos leisten und bei späteren Rekordfahrten sogar die Geschwindigkeitsmarke 200 erreichen, so wird die Zukunft der Eisenbahn doch durch die Elektrizität bestimmt. Aber erst nach dem Zweiten Weltkrieg werden die Dampflokomotiven nach und nach vollständig durch Diesellokomotiven und schließlich durch elektrische Lokomotiven ersetzt.

1771 – 1833 Richard Trevithick
1781 – 1848 George Stephenson
1803 – 1859 Robert Stephenson
1809 – 1862 William Wilson
1816 – 1892 Werner von
    Siemens

1939 – 1945 Zweiter Weltkrieg

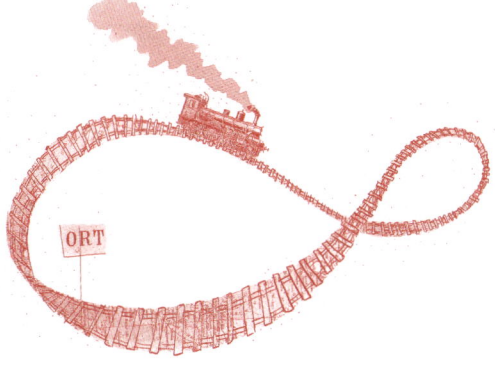

ORT

217

»Proletarier aller Länder, vereinigt euch!«

1848

Ein Manifest für soziale Gerechtigkeit

Ein ganzes Jahr haben die Diskussionen im »Bund der Kommunisten« gedauert. Nun liegt in London die Schrift fertig gedruckt vor: *Manifest der Kommunistischen Partei.* Verfasst haben diesen revolutionären politischen Text die beiden Deutschen Karl Marx und Friedrich Engels.

»Ein Gespenst geht um in Europa – das Gespenst des Kommunismus. Alle Mächte des alten Europa haben sich zu einer heiligen Hetzjagd gegen dies Gespenst verbündet, der Papst und der Zar, Metternich und Guizot, französische Radikale und deutsche Polizisten.« So lauten die ersten Zeilen dieses Manifests.

Das Volk wird aufgefordert, sich an der bevorstehenden Revolution in Deutschland zu beteiligen, weil die Ausbeutung der Arbeiter ein Ende haben muss. So bald wie möglich soll das Manifest in Deutschland verbreitet werden.

Warum entsteht die Idee des Kommunismus?

Die industrielle Revolution verändert die Gesellschaften Europas und Amerikas in rasendem Tempo. In den Städten entstehen schnell viele Arbeitsplätze, sodass immer mehr Menschen vom Land in die Städte ziehen. Während Mitte des 19. Jahrhunderts ein Großteil der Deutschen auf dem Land lebt, geht ihre Zahl in den folgenden Jahren dramatisch zurück. Gleichzeitig verschlechtern sich die Lebensbedingungen in den Städten und die Unzufriedenheit wächst. Die Arbeiter müssen für Hungerlöhne bis zu 16 Stunden am Tag arbeiten. Sie werden von den reichen Fabrikbesitzern ausgebeutet. Denn während deren Einnahmen ständig steigen, geht es den Arbeitern zunehmend schlechter. Immer wieder kommt es sogar zu Hungersnöten. Gesetze aber, die die Ausbeutung der Lohnarbeiter verboten hätten, gibt es nicht.

In dieser angespannten Situation bilden sich in Deutschland erste einheitliche politische Zusammenschlüsse von Arbeitern. Die Ziele dieser Arbeiterbewegung sind Gleichheit, soziale Sicherheit und Gerechtigkeit. Zwei Philosophen setzen sich an die Spitze dieser Bewegung: Karl Marx und Friedrich Engels. Im Oktober 1842 gründet Marx die »Rheinische Zeitung«, in der er regelmäßig seine politischen Beiträge veröffentlicht. Zwei Jahre später lernt er Friedrich Engels kennen, der sich ebenfalls mit den Problemen der Arbeiter beschäftigt. Beide teilen die Ansicht, dass die Gesellschaft aus unterschiedlichen Klassen besteht. Der Unterschied zwischen den Industriellen (den Kapitalisten) auf der einen und den Arbeitern (den Proletariern) auf der anderen Seite ist dabei besonders groß. Marx und Engels sehen als Ziel einer weiteren Entwicklung stattdessen eine klassenlose Gesellschaft, die sie als »Kommunismus« bezeichnen. Im Kommunismus soll es kein Privateigentum an den Produktionsmitteln, also den Fabriken, und somit auch keine Ausbeutung mehr geben. Marx sieht die Zeit bereits gekommen, in der der Kommunismus den Kapitalismus ablöst. Seiner Überzeugung nach ist diese neue Gesellschaftsform allerdings nur über den Klassenkampf, die Revolution des Proletariats, zu erreichen.

Doch die Menschen in Deutschland sind noch nicht bereit dafür. Sie sind über Jahrhunderte hinweg gewohnt, von einem König oder Landesherrn abhängig zu sein und sich an seine Vorgaben zu halten. Trotzdem kommt es vereinzelt zu Aufständen der Arbeiterschaft. Im Juni 1844 erheben sich beispielsweise schlesische Weber gegen ihre Arbeitgeber, weil ihre Löhne sinken und ihre Arbeit mehr und mehr von Maschinen übernommen wird. Nach drei Tagen wird der Aufstand vom preußischen Militär niedergeschlagen. Dennoch wird der Ruf nach sozialen Reformen in Deutschland immer lauter.

Folgen die Bürger dem Aufruf zum Klassenkampf?

Kurz bevor in Frankreich 1848 die Revolution ausbricht, veröffentlichen Karl Marx und Friedrich Engels in London ihre Schrift »Manifest der Kommunistischen Partei«. Es ist das politische Programm des »Bundes der Kommunisten«, einer unter dem Einfluss von Marx und Engels gegründeten politischen Gruppe. In dem nur 30 Seiten umfassenden Manuskript steht, dass die gesamte Weltgeschichte vom Klassenkampf, vom Kampf

zwischen den Besitzenden und den Besitzlosen, zwischen Herren und Sklaven geprägt sei. Überall auf der Welt werde deshalb der Zeitpunkt kommen, an dem die vorherrschende Gesellschaftsform abgelöst werde. Und nun sei es so weit. Der Kapitalismus sei überholt und die Zeit reif für den Kommunismus. Marx' Kampfruf lautet: »Proletarier aller Länder, vereinigt euch!« Er fordert damit die Arbeiter auf, die bevorstehende Revolution zu unterstützen. Und tatsächlich, im März desselben Jahres kommt es – allerdings nicht beeinflusst vom Erscheinen des Kommunistischen Manifestes – überall in Deutschland zu Demonstrationen und Volksversammlungen. Gekämpft wird aber nicht ausschließlich für bessere Lebensbedingungen, sondern vor allem für einen einheitlichen deutschen Staat. In vielen Städten kommt es zu Aufständen, die aber bald von Soldaten niedergeschlagen werden. Die Revolution in Deutschland ist gescheitert. Dennoch ist der Funke übergesprungen und etwa 20 Jahre später werden in ganz Deutschland weitere Arbeiterparteien gegründet. Auch in anderen Ländern folgen immer mehr Menschen dem Aufruf von Marx und Engels. Doch erst 1917 ist eine kommunistische Revolution siegreich, nämlich in Russland. Die von Marx und Engels gehegten Hoffnungen auf eine bessere Gesellschaftsordnung erfüllen sich dort und in den späteren kommunistischen Staaten Osteuropas allerdings nicht.

Das über 80 Jahre während Experiment »Kommunismus« ist in dem überwiegenden Teil der ehemals kommunistischen Staaten Osteuropas Ende des 20. Jahrhunderts für gescheitert erklärt und aufgegeben worden.

1773 – 1859 Klemens Graf von Metternich
1787 – 1874 François Guizot
1818 – 1883 Karl Marx
1820 – 1895 Friedrich Engels

219

Blutige Straßenschlachten zwischen Bürgern und Soldaten

1848

Die Märzrevolution eskaliert in Berlin

Es herrscht Ausnahmezustand in Berlin. Die Straßen sind gesperrt, Soldaten sind aufmarschiert. Tausende Bürger warten vor dem Schloss auf König Friedrich Wilhelm IV. Er hat versprochen, auf die Forderungen der Bürger einzugehen und endlich Reformen durchzusetzen. Der König erscheint mit einiger Verzögerung und beginnt seine lang erwartete Rede: »Mein Volk und die deutsche Nation. Vieles in diesem Lande bedarf der Veränderung, also werde ich den Landtag einberufen und den Deutschen Bund reformieren.«

Da fallen Schüsse. Einige Soldaten haben das Feuer auf Bürger eröffnet, die die Absperrungen überwinden wollten. Panik bricht aus. Während der König den Platz verlässt, rücken mehr und mehr Soldaten an. Viele Bürger fliehen, doch einige greifen zu Steinen und errichten Barrikaden. Stundenlang toben die Straßenkämpfe zwischen den Soldaten und den aufständischen Bürgern. Am Abend dieses 18. März werden mehrere hundert Tote und noch mehr Verletzte gezählt. Die Märzrevolution hat Berlin erreicht.

Wie kommt es zur Märzrevolution in einigen deutschen Staaten?

Seit dem erfolgreichen Befreiungskampf gegen den französischen Kaiser Napoléon I. fühlt sich das deutsche Volk immer mehr als Nation mit einer gemeinsamen Sprache, Kultur und Geschichte. Verstärkt fordern die Bürger daher die nationale Einigung der deutschen Fürstentümer, die mit Österreich im Deutschen Bund* zusammengeschlossen sind. Zeitungen und Vereine werden gegründet, die für ein geeintes Deutschland und politische Freiheit eintreten. Demokratisch und patriotisch gesinnte Professoren und Studenten gründen »Burschenschaften« genannte Studentenverbindungen, die ebenfalls ein geeintes Deutschland fordern. Im Jahr 1817 lädt die Jenaer Burschenschaft zu einem Fest auf der Wartburg ein, um für die Einheit zu demonstrieren. Radikale Gruppen drängen in dessen Folge zur Tat. Als einer der ihren, der Student Karl Ludwig Sand, zwei Jahre später diesem Appell folgt und den konservativen Schriftsteller August von Kotzebue ermordet, ist das für den Deutschen Bund ein willkommener Anlass, die freiheitlichen Bewegungen zu bekämpfen. In den Karlsbader Beschlüssen werden die Burschenschaften verboten. Gleichzeitig werden die Pressezensur verschärft, die Meinungsfreiheit eingeschränkt und die Universitäten überwacht. Doch der nationale Freiheitsgedanke ist damit nicht zu ersticken. Durch die Julirevolution 1830 in

Frankreich erhält er sogar neuen Auftrieb. Zwei Jahre später organisiert der »Deutsche Preß- und Vaterlandsverein«, der zur Unterstützung der Pressefreiheit gegründet wurde, ein Volksfest auf dem Hambacher Schloss. Der Festaufruf wird in vielen deutschen Zeitungen gedruckt und als Flugblatt verteilt. Daraufhin strömen über 25 000 Menschen nach Hambach und hören den Festrednern zu, die nationale Einheit, Presse- und Redefreiheit, Rechtsgleichheit sowie eine demokratische Verfassung fordern. Prompt reagiert der Deutsche Bund mit einer Verhaftungswelle, einer weiteren Verschärfung der Zensur und einem Verbot von Versammlungen, politischen Vereinen und Festen. Trotzdem kämpfen Demokraten und Revolutionäre im Untergrund weiter.

Können sich die Revolutionäre in Deutschland durchsetzen?

Als es 1848 in Paris erneut zu einer Revolution kommt, formieren sich auch in Deutschland viele Bürger zum Protest. Mit Volksversammlungen und Demonstrationen üben sie massiven Druck auf die Regierungen aus, die schließlich nachgeben. So auch in Berlin. Die aufgeregten Berliner Bürger diskutieren seit Tagen in Lesekabinetten und Cafés, in denen auswärtige Zeitungen ausliegen, über die Vorgänge in Paris. Am 7. März findet vor den Toren Berlins die erste große Protestkundgebung statt. Die Bürger verfassen ein Schreiben an König Friedrich Wilhelm IV., die so genannten »Märzforderungen«. Neben der Presse-, Vereins- und Versammlungsfreiheit fordern sie eine Verfassung und die Einberufung einer gesamtdeutschen Volksvertretung. Am 13. März kommt es zu heftigen Straßenkämpfen zwischen Militär und Demonstranten. Als sich die Situation weiter verschärft, verspricht Friedrich Wilhelm IV. schließlich Reformen. Doch bei der Bürgerversammlung vor dem Schloss

| 1761–1819 August von Kotzebue |
| 1769–1821 Napoléon Bonaparte |
| 1795–1820 Karl Ludwig Sand |
| 1795–1861 Friedrich Wilhelm IV. |
| |
| 1819 Karlsbader Beschlüsse |
| 1832 Hambacher Fest |

fallen plötzlich Schüsse. Barrikaden werden errichtet und aufgebrachte Bürger kämpfen gegen Soldaten. Der Höhepunkt der Märzrevolution ist erreicht. Am nächsten Tag zieht der König seine Truppen zurück und gibt sich geschlagen. Die Wahl einer deutschen Nationalversammlung wird beschlossen. Genau zwei Monate später versammeln sich die frei gewählten Abgeordneten in der Frankfurter Paulskirche, um die deutsche Einheit vorzubereiten. Im Frühjahr 1849 verabschieden sie eine Verfassung, die den preußischen König als Kaiser eines deutschen Staates ohne die österreichischen Gebiete vorsieht. Aber Friedrich Wilhelm IV. lehnt ab. Die Frankfurter Nationalversammlung löst sich auf, der Deutsche Bund und die deutschen Fürsten behaupten weiterhin mit Gewalt ihre Herrschaft. Damit ist der Traum von der nationalen Einheit Deutschlands zunächst gescheitert.

221

Japan lenkt ein

1853

Amerikanische Kriegsschiffe erzwingen Handelsvertrag

Der Hafen von Edo ist unbewacht. Ohne Widerstand laufen die amerikanischen Kriegsschiffe *Mississippi*, *Plymouth*, *Saratoga* und *Susquehanna* ein und ankern in der Bucht. Kapitän Matthew Perry ist erleichtert. So einfach hatte er sich die Aktion nicht vorgestellt. Erst jetzt strömen die Menschen im Hafen zusammen und trauen ihren Augen nicht. 250 Jahre lang hatte die herrschende Tokugawa-Familie Japan von der übrigen Welt isoliert.

»Diesen Zustand werden wir beenden«, erklärt Kapitän Perry. »Ich trage einen Brief unseres Präsidenten Millard Fillmore bei mir, in dem er Ihr Land bittet, mit uns einen Handelsvertrag abzuschließen. Diese Kriegsschiffe sollen Ihnen demonstrieren, wie ernst dieses Anliegen ist!«

Noch immer gibt es keine Gegenwehr der Japaner. Im Gegenteil, sie sind neugierig geworden und wollen mehr über die Fremden erfahren. Außerdem ärgern sich viele Japaner, dass sie die Macht der herrschenden Tokugawa-Familie überschätzt haben. Wie sonst konnten diese Kriegsschiffe einfach so in den Hafen von Edo einlaufen? Warum verhinderten die Samurai dies nicht?

Wie gerät Japan in die Isolation?

Als im 13. Jahrhundert nach und nach der Buddhismus den Glauben der Japaner an Naturgötter ablöst, wird Japan von einem Kaiser regiert, doch die wahre Macht haben militärische Dynastien, die Samurai. Die Samurai können ihre Macht allerdings nicht auf Dauer behaupten. An ihre Stelle treten die Daimyo, mächtige Fürsten, die das Land aufteilen und sich gegenseitig mit kleinen Armeen bekriegen. Diese »Zeit der streitenden Reiche«, wie sie in Japan genannt wird, dauert bis ins 16. Jahrhundert.

Doch dann gelingt es dem Daimyo Oda Nobunaga, diesen scheinbar ewig währenden Bürgerkrieg zu beenden. Obwohl er erst 17 Jahre alt ist, tritt er den bewaffneten Banden eines Verwandten entschlossen entgegen und verteidigt seine Stellung als Familienoberhaupt. Er stellt nun selbst eine kleine Armee von nur 4000 Mann auf und besiegt mit ihr 1559 ein fünfmal so großes feindliches Heer. Vom Zentrum des Landes aus bringt er Provinz um Provinz unter seine Kontrolle. Als Nobunaga 1568 auch die damalige Hauptstadt Kyoto erobert, ist Japan wieder geeint.

Mittlerweile haben die Europäer, die eifrig über die Meere segeln, auf ihren Handelsreisen auch Japan erreicht. 1543 landen portugiesische Kaufleute auf der Südinsel Kyushu. Ihnen folgen bald darauf katholische Missionare, von denen sich sogar einige buddhistische Mönche und Samurai taufen lassen. Doch Toyotomi Hideyoshi missfällt die Missionierung seines Landes. Hideyoshi war Nobunagas General gewesen und wurde nach dessen Ermordung der neue

Herrscher im Land der aufgehenden Sonne. 1587 verbietet er das Christentum und verweist alle Missionare des Landes. Auch die europäischen Kaufleute werden nicht mehr geduldet, denn die Japaner fürchten, ebenso kolonisiert zu werden wie Indien oder andere Länder. Als zu Beginn des 17. Jahrhunderts die Tokugawa-Familie die Herrschaft im Land übernimmt, verbietet sie jeglichen Kontakt mit dem Ausland. Die Abschottung geht so weit, dass allen Japanern unter Androhung der Todesstrafe die Ausreise untersagt ist.

Einen Kontakt zur übrigen Welt gibt es nur über die Insel Deshima, deren Hafen jedoch ausschließlich holländische und chinesische Handelsschiffe anlaufen dürfen. Von den Holländern werden die Japaner auch regelmäßig über wissenschaftliche und technische Neuerungen im Westen unterrichtet. In Japan herrscht nun eine lange Friedenszeit, begleitet von einem wirtschaftlichen Aufschwung.

Was bewirkt das Vorpreschen der Amerikaner?

Obwohl Kaufleute bei den Japanern gesellschaftlich weniger angesehen sind als Handwerker und Bauern, geht es ihnen während der Tokugawa-Zeit so gut wie nie zuvor. Durch den steigenden Konsum und die Ablösung des ländlichen Tauschsystems durch die Geldwirtschaft werden sie reich und genießen das Leben: In den Städten haben so zum Beispiel die Stücke des volkstümlichen »Kabuki«-Theaters großen Zulauf.

Doch dann geht am 7. Juli 1853 der amerikanische Kapitän Perry mit zwei Segel- und zwei Dampfschiffen im Hafen von Edo, dem heutigen Tokio, vor Anker. Er überbringt eine Forderung seines Präsidenten Millard Fillmore, schiffbrüchige Seeleute aufzunehmen und die Häfen amerikanischen Schiffen für Handelsbeziehungen zu öffnen.

> 1534–1582 Oda Nobunaga
> 1537–1598 Toyotomi Hideyoshi
> 1794–1858 Matthew C. Perry
> 1800–1874 Millard Fillmore
> 1852–1912 Mutsuhito

Japans Regierung wird überrumpelt und hat keine Wahl, denn Perry droht mit einer ganzen Flotte moderner Kriegsschiffe. So akzeptieren die Japaner fünf Jahre später das Handelsabkommen. Bald darauf beugt sich Japan auch dem Druck Russlands, Hollands, Englands und Frankreichs und öffnet seine Handelsgrenzen auch für diese Länder. Die japanische Bevölkerung steht dieser Entwicklung zwiespältig gegenüber. Die Daimyo, die Samurai und die Bauern fühlen sich von den »Pro-Westlern« verraten. Obwohl in der Unterzahl, gelingt es ihnen, die Herrschaft der Tokugawa-Familie zu beenden, bauen das Land aber dann nach europäischem Vorbild um.

In der nun beginnenden Meiji-Zeit wird der junge Kaiser Mutsuhito Japan innerhalb kürzester Zeit den Weg zur Großmacht ebnen und den Inselstaat zum reichsten Land Asiens machen. Ein Schulsystem nach deutschem und französischem Vorbild wird eingeführt, eine Industrie wie in England errichtet, die Häfen aus- und eine moderne Armee aufgebaut. Nach erfolgreich geführten Kriegen gegen China (1894/95) und Russland (1904/05) erwacht bei den Japanern zudem neuer Nationalstolz.

223

Die Märchenhochzeit

1854

Franz Joseph I. und Sisi sind ein echtes Traumpaar

15 000 Kerzen erleuchten die mit rotem Samt geschmückte Augustinerkirche in Wien, in der sich zahlreiche Gäste aus ganz Europa versammelt haben. Hier und da fließen die ersten Tränen, als Kaiser Franz Joseph I. in seiner Galauniform eintritt. Elisabeth in ihrem kostbaren Hochzeitskleid ist schon jetzt eine wahre Königin. »Keine Frage, sie wird die Herzen nicht nur ihrer österreichischen Untertanen im Sturm erobern«, versichert ihre Mutter. »Eigentlich sollte Franz Joseph ja meine Tochter Helene heiraten, doch mit Sisi wird er ebenso glücklich werden.«

Das Jawort ist gegeben, die Glocken läuten, das Paar tritt vor die Kirche und wird jubelnd empfangen. Wie es sich für eine Märchenhochzeit gehört. Doch hier und da schleichen Männer mit ernsten Mienen durch die Menge. Geheimpolizisten, die jede Art von Protest sofort unterbinden sollen. Denn der Staat, den das junge Paar regieren wird, ist alles andere als eine Demokratie.

Wer ist Franz Joseph, der Bräutigam?

Franz Joseph ist der Sohn des Erzherzogs Franz Karl und der Neffe des Kaisers Ferdinand I. Als Anwärter auf den Thron Österreichs kommt er eigentlich nicht infrage. Doch als sein Onkel nach der bürgerlichen Revolution 1848 zurücktritt und sein Vater, der Bruder des Kaisers, den Thron ablehnt, wird Franz Joseph mit 18 Jahren Kaiser von Österreich. Dieser Thronwechsel soll die österreichische Monarchie retten, denn Österreich ist von den revolutionären Kämpfen schwer erschüttet worden. In allen Ländern des Habsburgerreiches protestieren nationale und demokratische Bewegungen gegen die Zustände in der Monarchie. Ungarn erkennt den Thronwechsel nicht an und ruft die Republik aus. Erst mit russischer Militärhilfe gelingt es dem neuen Kaiser, den Aufstand niederzuschlagen. Franz Joseph denkt in keiner Weise daran, die demokratischen Forderungen der revolutionären Bewegungen zu erfüllen. Drei Jahre nach seiner Krönung hebt er sogar in seinem so genannten »Silvesterpatent« die Verfassung und die Grundrechte auf und regiert nun als absoluter Monarch. Pressezensur und Polizeiaufsicht unterdrücken jede freie Meinungsäußerung und Polizeispitzel überwachen die Bevölkerung.

Wie berechtigt die Ängste des Kaisers sind, zeigt sich am 18. Februar 1853, als Franz Joseph auf der Bastei in Wien einen Spaziergang macht. Ohne jede Vorwarnung stürzt sich plötzlich ein fanatischer ungarischer Schneidergeselle auf ihn und zückt einen Dolch. Nur mit viel Glück überlebt der Kaiser dieses Attentat leicht verletzt, da ein Offizier und ein zufällig vorbeikommender Metzger den Angreifer überwältigen können. Als Dank für die

Rettung wird später in Wien die Votivkirche errichtet werden, um an das missglückte Attentat zu erinnern. Die Vorurteile, die der Kaiser gegenüber den Ungarn hegt, werden durch den weltweit Aufsehen erregenden Zwischenfall noch bestärkt.

Nicht nur der Freiheitswille der Ungarn bereitet Franz Joseph Probleme: In Norditalien lehnt sich 1859 die italienische Einigungsbewegung gegen die österreichische Herrschaft auf. Franz Joseph verliert den folgenden Krieg gegen Sardinien-Piemont und muss auf die Lombardei verzichten.

Die Niederlage wirkt sich auch auf die Innenpolitik aus und hat den Kaiser so weit geschwächt, dass er gezwungen ist, Verfassungsreformen in Angriff zu nehmen. So erhält das neu gewählte Parlament das Recht, Gesetze zu erlassen.

Und die nächste außenpolitische Auseinandersetzung lässt auch nicht lange auf sich warten: 1866 kommt es zwischen Preußen und Österreich zum Streit um die Vormachtstellung in Deutschland. Der Konflikt entbrennt um Schleswig-Holstein, das beide im Jahr zuvor gemeinsam erobert haben. Seitdem verwaltet Österreich Holstein, während Preußen für Schleswig und Lauenburg zuständig ist. Als der holsteinische Landtag den Herzog von Augustenberg zum Landesherrn ausruft, sieht Preußen dies als Verletzung ihrer Vereinbarungen an. Preußische Truppen marschieren in Holstein ein und lösen den Deutschen Krieg aus. Österreich verliert die entscheidende Schlacht bei Königgrätz 1866. Im Prager Frieden muss Österreich Venetien abtreten und auf sein Mitspracherecht in Schleswig-Holstein verzichten. Als in der Folge des Krieges auch der Deutsche Bund aufgelöst

wird, verliert Franz Joseph seinen politischen Einfluss in Deutschland.

Welche Rolle spielt Sisi, die Kaiserin?

Auch an anderer Front hat Franz Joseph zu kämpfen: Das Verhältnis zu seinen ungarischen Untertanen ist seit der Niederwerfung der Revolution von 1848 schwer belastet. Franz Joseph hebt zwar 1865 die Militärgerichtsbarkeit auf, gesteht aber Ungarn keine neue Verfassung zu.

Da mischt sich zum ersten Mal in ihrer Ehe Elisabeth, die große Sympathien für Ungarn hegt, in die Politik ein. Die Kaiserin spricht Ungarisch und pflegt Kontakte zu ungarischen Liberalen, besonders zu Graf Gyula Andrássy, dem späteren Außenminister der Doppelmonarchie. Sisi überzeugt ihren Mann, dass nur eine Verständigung mit Ungarn die Monarchie stärken kann, und organisiert erfolgreiche Treffen mit ungarischen Politikern. Am 27. Mai 1867 wird

1793 – 1875 Ferdinand I.
1802 – 1878 Franz Karl von
 Österreich
1823 – 1890 Gyula Andrássy
1830 – 1916 Franz Joseph I.
1834 – 1890 Helene in Bayern
1837 – 1898 Elisabeth in Bayern

der Ausgleich beschlossen: Ungarn und Österreich sind nun gleichberechtigte selbstständige Staaten unter der Oberhoheit des Kaisers. Außenpolitische, finanzielle und militärische Angelegenheiten entscheiden sie gemeinsam. Im Juni lassen sich in der Mathiaskirche von Buda Franz Joseph zum König und Elisabeth zur Königin von Ungarn krönen.

Über ihre wirkliche politische Bedeutung hinaus hat sich im Lauf der Zeit um die Figur »Sisi« – nicht zuletzt durch die berühmten Filme gleichen Namens – ein verklärter Mythos gerankt.

225

Stammt der Mensch vom Affen ab?

1859

Darwins Evolutionstheorie verblüfft die Welt

Die wissenschaftliche Fachwelt überschlägt sich vor Begeisterung: Das gerade erschienene Buch des englischen Naturforschers Charles Darwin *Der Ursprung der Arten durch natürliche Auslese* findet eine ebenso neue wie schlüssige Erklärung für die Entstehung der Arten.

»Die Natur verändert sich ständig und ist nie fertig. Alle Pflanzen, Tiere und der Mensch haben sich aus einfachen, gemeinsamen Vorfahren entwickelt. Der Mensch ist also mit den Tieren verwandt, und seine nächsten Verwandten sind die Affen«, heißt es darin. Belegt wird das Ganze durch vielerlei Beobachtungen, die Darwin auf seinen Forschungsreisen gemacht hat.

Doch diese Thesen bergen enorme Sprengkraft in sich. Der Mensch soll nicht dank eines göttlichen Willens entstanden sein, sondern ein Ergebnis steter Veränderung? Die Krone der Schöpfung ist reiner Zufall? Die christliche Welt ist schockiert, empört und spricht von Blasphemie.

Wie kommt Charles Darwin auf seine Theorie?

Lange Zeit glaubt man, der Schöpfungsgeschichte der Bibel entnehmen zu können, dass die Erde erst wenige tausend Jahre alt sei und Tiere und Pflanzen so aussähen wie am Tag ihrer Schöpfung. Im 18. Jahrhundert findet der französische Naturforscher Georges Louis Leclerc de Buffon jedoch Hinweise darauf, dass Organismen sich aufgrund von Umwelteinflüssen ändern können und diese Veränderungen an ihre Nachkommen vererben. Er vermutet solch eine Verwandtschaft zwischen Pferd und Esel. Zwar findet er keine zwingenden Beweise dafür, aber die Lehre von der Unveränderlichkeit der Arten gerät ins Wanken. Ebenfalls in Frankreich geht wenig später Jean-Bap-

tiste de Lamarck noch weiter und arbeitet an einem Stammbaum von Kleintieren bis zum Menschen, in dem Arten mit gemeinsamen Vorfahren zusammengefasst sind. Er ist davon überzeugt, dass die Veränderung der Tierarten nur sehr langsam vorangeht. Er nimmt an, dass im Zug dieser Veränderung über Generationen hinweg zum Beispiel häufig genutzte Organe größer werden, während nutzlose verkümmern. Was ein Tier in seinem Leben erlernt und welche Eigenschaften es erwirbt, kann es an seine Nachkommen weitergeben.

Gleichzeitig erforscht die Wissenschaft die tatsächliche Entstehungszeit der Erde. Geologen untersuchen Gesteine und Fossilien* und stellen fest, dass die Erde viel älter sein muss als bislang angenommen.

Die Zeit ist reif für eine neue Theorie, als der

englische Naturforscher Charles Darwin im Dezember 1831 mit dem Forschungsschiff »Beagle« in See sticht. Als Student in Cambridge zeigte er so gute Leistungen, dass seine Lehrer ihn für diese Expedition empfahlen. Die Weltreise dauert fünf Jahre, bringt ihn in verschiedene Klimazonen, nach Südamerika und in den Pazifik. Auf den Galapagosinseln untersucht er die Finkenarten, die sich von Insel zu Insel unterscheiden und ein lebendiger Beweis für seine Theorie werden. Die räumliche Trennung der Inseln, das wird ihm bewusst, ermöglicht erst die Entstehung verschiedener Arten. Darwin sammelt auf der Expedition zahlreiche Gesteine, Pflanzen, Tiere und Fossilien, um seine neue Theorie beweisen zu können.

Zurück in Großbritannien, folgen über 20 Jahre mühevoller Kleinarbeit. Darwin ist von der Evolution der Arten überzeugt, aber kann er auch seine Kollegen überzeugen? Seine beiden wichtigsten Argumente sind: Erstens zeigen Fossilien, welche Arten im Lauf der Zeit ausgestorben sind; zweitens lässt sich die enorme Vielfalt verschiedener Arten auf den einzelnen Erdteilen nur durch einen ständigen Wandel erklären. Dies haben ihm seine Beobachtungen während der »Beagle«-Expedition gezeigt. Wie die Evolution funktioniert, erklärt Darwin durch Mutation und Selektion. Damit sind ständige kleine Veränderungen im Erbgut der Organismen und das Überleben der anpassungsfähigsten Varianten gemeint. Von den Nachkommen können sich nur diejenigen durchsetzen, überleben und fortpflanzen, die gegen Krankheiten und natürliche Feinde am besten gewappnet sind.

Als Darwins Werk endlich erscheint, ist die erste Auflage von 1250 Exemplaren bereits am ersten Tag ausverkauft. In den kommenden Jahren werden noch sechs wei-

tere Auflagen in vielen tausend Exemplaren gedruckt, für ein wissenschaftliches Fachbuch ein Riesenerfolg. Die meisten Kollegen stimmen Darwins Überlegungen zu und feiern sein Werk als Grundstein der modernen Biologie. Viele Gläubige aber sind aufgebracht, weil der Mensch nicht mehr die Krone der Schöpfung, sondern nur ein Glied in einer langen Entwicklungsreihe sein soll.

1707–1788 Georges Louis Leclerc de Buffon
1744–1829 Jean-Baptiste de Lamarck
1809–1882 Charles Darwin
1822–1884 Gregor Mendel

Wie geben die Lebewesen ihre Eigenschaften weiter?

Wie das Erbgut weitergegeben wird und wie es sich verändert, kann Darwin noch nicht erklären. Doch zur selben Zeit, als Darwin seine Theorie veröffentlicht, erarbeitet der Mönch Gregor Mendel die Grundlagen der Vererbungslehre. Wie vererben Pflanzen ihre Eigenschaften, beispielsweise die Farbe ihrer Früchte? Zahlreiche Kreuzungsexperimente im Garten des Augustinerklosters zu Brünn (heute Tschechische Republik) mit Erbsen und Bohnen zeigen ihm, dass nicht die Merkmale selbst, sondern nur die Anlagen dazu vererbt werden. Die jeweils vorherrschende Erbanlage bestimmt die Farbe. So können Nachkommen auch Merkmale aufweisen, die ihre Eltern gar nicht hatten. Im Jahr 1865 trägt Mendel seine Resultate dem Naturforschenden Verein in Brünn vor, findet aber keine große Beachtung. Erst Jahrzehnte später werden seine Arbeiten wieder entdeckt und schließlich mit den Ideen Darwins zusammengebracht.

Die moderne Vererbungslehre (Genetik), die nach und nach das Erbgut des Menschen entschlüsselt und sogar daran geht, Lebewesen zu duplizieren (klonen), nimmt hier ihren Ausgangspunkt.

227

Das Ende der Fremdherrschaft ist besiegelt

1861

Italien ist endlich unabhängig

Das Schicksal des italienischen Volkes liegt in fremder Hand. Süditalien steht unter der Herrschaft Spaniens, Oberitalien unter der Herrschaft Österreichs, nur der päpstliche Kirchenstaat und das Königreich Sardinien-Piemont sind noch italienisch. Gegen die Mächtigen anzukämpfen, fällt schwer. Trotzdem finden sich im Verborgenen Gruppen zusammen, kämpfen für Reformen und Unabhängigkeit. Doch die Besatzer kennen keine Gnade. Jeder Protest wird unbarmherzig niedergeschlagen.

Alle Hoffungen ruhen jetzt auf dem Ministerpräsidenten von Sardinien-Piemont, Camillo Benso Graf Cavour. Unter seiner Führung stehen nun Politiker und Freiheitskämpfer vor einem gemeinsamen Sieg. Italien ist auf dem besten Weg, die Fremdherrschaft von Österreichern, Spaniern und anderen Völkern abzuschütteln und ein unabhängiges Königreich zu werden. »Als König kommt nur einer in Frage, nämlich derjenige, der uns überhaupt zu diesem historischen Sieg geführt hat: Viktor Emanuel II. von Sardinien-Piemont, König von Italien!«, verkündet siegesgewiss Camillo Benso Graf Cavour in Turin, der vorläufigen Hauptstadt des Königreichs.

Warum steht Italien unter Fremdherrschaft?

Nach dem Sieg der europäischen Mächte über den französischen Kaiser Napoléon I. treffen sich die Siegermächte 1815 auf dem Wiener Kongress, um die alte Staatenordnung wiederherzustellen, allerdings mit einigen Veränderungen. Von denen ist auch Italien betroffen. Während Österreich sich die Vorherrschaft über die oberitalienischen Fürstentümer sichert, bleibt Neapel-Sizilien unter bourbonischer Herrschaft. Dazwischen liegen noch der päpstliche Kirchenstaat und das Königreich Sardinien-Piemont. Fast der ganze italienische »Stiefel« ist damit zum Leidwesen der Italiener unter fremder Herrschaft. In vielen Städten werden deshalb Widerstandsorganisationen gegründet. In Neapel etwa fordert der Geheimbund der »Carbonari« die italienische Einheit und demokratische Verfassungen. Er findet schnell viele Anhänger in ganz Italien und versucht mehrmals, durch Aufstände einen Sturz der fremden Machthaber herbeizuführen. Doch alle Unruhen werden von den jeweiligen Regierungstruppen niedergeschlagen.

Der Jurist Giuseppe Mazzini gründet in Marseille einen weiteren Geheimbund, den er »Junges Italien« nennt, sowie eine gleichnamige Zeitung, die heimlich in Italien vertrieben wird. In diesem Blatt fordert er die Italiener auf, sich gegen die Fremdherrschaft zu erheben und für ein demokratisches Italien zu kämpfen.

Mazzinis Geheimbund, dem sich auch der berühmte Freiheitskämpfer Giuseppe Garibaldi anschließt, organisiert mehrere Aufstände in Italien, die aber ebenfalls alle scheitern.

Doch dann kommt es 1848 zu Revolutionen in den Nachbarstaaten nördlich der Alpen. Die Italiener fühlen sich ermutigt und sie demonstrieren landesweit für Demokratie und die Einheit des Landes. Immerhin erhalten der Kirchenstaat, das Königreich Neapel-Sizilien, die Toskana und Sardinien-Piemont nun Verfassungen.

In Oberitalien erheben sich die Städte Mailand, Brescia und Padua gegen die österreichische Herrschaft. Mitte März 1848 erklärt Mailand seine Unabhängigkeit und den Anschluss der (österreichischen) Lombardei an das Königreich Sardinien-Piemont.

Auch das besetzte Venedig revoltiert. König Karl Albert von Sardinien-Piemont ist ein Anhänger der Freiheitsbewegung und will sie unterstützen. Er hält die Zeit für gekommen und beginnt einen Krieg gegen Österreich, den er jedoch verliert. Österreich kann seine Herrschaft in Italien behaupten. Daraufhin überlässt er seinem Sohn Viktor Emanuel II. den Thron und tritt zurück.

Wie erreichen die Italiener die Errichtung ihres Nationalstaates?

Die Hoffnungen der freiheitlichen Bewegungen richten sich auch weiterhin auf das Königreich Sardinien-Piemont, das sich unter dem Ministerpräsidenten Camillo Benso Graf Cavour zu einem fortschrittlichen Staat mit einer freiheitlichen Verfassung entwickelt.

Cavour ist der Meinung, dass eine Einigung Italiens nur mit Unterstützung ausländischer Mächte erreicht werden kann. Es gelingt ihm, den französischen Herrscher Napoléon III. auf seine Seite zu ziehen und Österreich in einen weiteren Krieg zu zwingen.

Diesmal wird Österreich in der Schlacht von Solferino entscheidend geschlagen und die Freiheitsbewegung ist nicht mehr aufzuhalten.

Die Bürger der mittelitalienischen Fürstentümer Parma, Modena und Toskana revoltieren erfolgreich und entscheiden sich für den Anschluss an Sardinien-Piemont.

Als 1860 eine Rebellion im bourbonischen Sizilien scheitert, stellt Giuseppe Garibaldi auf dem Festland eine kleine Truppe zusammen. Unter seinem Oberbefehl landet die nur 1000 Mann starke Streitmacht aus Freiwilligen auf Sizilien und erobert die Insel. Anschließend nimmt Garibaldi Neapel ein. Gleichzeitig besetzen sardische Truppen die restlichen Gebiete Mittelitaliens mit Ausnahme Roms, das unter dem Schutz französischer Truppen steht.

Die Bevölkerung der eroberten Gebiete stimmt mit großer Mehrheit ebenfalls für eine Vereinigung mit dem Königreich Sardinien-Piemont. Schon im Februar 1861 treffen in Turin Abgeordnete aus nahezu ganz Italien ein. Sie rufen Viktor Emanuel II. zum König aus.

Der lang ersehnte Traum von der Einheit Italiens ist endlich Wirklichkeit geworden.

Das noch immer österreichische Venetien wird 1866 nach dem verlorenen Krieg Österreichs gegen Preußen hinzugewonnen. Erst einige Jahre später gelingt es, Rom anzugliedern, das 1871 schließlich Hauptstadt von Italien wird.

1769 – 1821 Napoléon Bonaparte
1798 – 1849 Karl Albert von Sardinien-Piemont
1805 – 1872 Giuseppe Mazzini
1807 – 1882 Giuseppe Garibaldi
1808 – 1873 Napoléon III.
1810 – 1861 Camillo Benso Graf Cavour
1820 – 1878 Viktor Emanuel II.

229

Das Rote Kreuz hilft

1863

Schweizer gründet Hilfsorganisation für verwundete Soldaten

»Die Soldaten auf beiden Seiten kannten keine Gnade. Piemont-Sarden und Franzosen auf der einen und Österreicher auf der anderen schenkten sich nichts. Kugeln pfiffen durch den Pulverdampf, Bajonette und Säbel stießen unerbittlich zu. Immer mehr Soldaten starben oder lagen verwundet und schreiend am Boden. Als sich am Abend des 24. Juni 1859 die Armeen endlich trennten, blieben nicht nur 6000 Tote, sondern auch 25 000 Verletzte zurück, um die sich niemand kümmerte, da sie für die Generäle nutzlos geworden waren. Ein Großteil von ihnen starb qualvoll.«

Noch heute, vier Jahre nach dem Erlebnis, ist dem Schweizer Henri Dunant die Erschütterung anzumerken, wenn er von der Schlacht bei Solferino berichtet. Aber Henri Dunant ist kein Mann, der angesichts des Schreckens erstarrt, er ist ein Mann der Tat. So wie er damals vor Ort spontan half und medizinische Hilfe für die Verwundeten organisierte, hat er auch danach gehandelt. So ist es ihm in einer gewaltigen Kraftanstrengung gelungen, seine Idee, die ihm die Schlacht bei Solferino eingab, umzusetzen: eine internationale Hilfsorganisation für Kriegsopfer ins Leben zu rufen. Und heute ist es endlich soweit: Das »Rote Kreuz« wird in Genf gegründet.

Wie kommt Henri Dunant auf diese Idee?

Der Schweizer Henri Dunant ist ein junger Kaufmann aus Genf, der geschäftlich wiederholt in der französischen Kolonie Algerien zu tun hat. Als die zuständige Kolonialbehörde ihm eine wichtige Genehmigung verweigert, reist er kurzerhand nach Italien, um sich mit seinem Anliegen persönlich an den dort Krieg führenden französischen Kaiser Napoléon III. zu wenden. Kurz nach seiner Ankunft in der norditalienischen Stadt Solferino wird er Zeuge einer der blutigsten Schlachten des 19. Jahrhunderts. Dunant ist darüber schockiert, dass die beteiligten Armeen ihre zahlreichen Verwundeten und Toten einfach auf dem Schlachtfeld zurücklassen. Der Schweizer zögert nicht lange, engagiert Hilfskräfte, kauft Verbandszeug und versorgt die Verwundeten. Zwischen den Nationalitäten macht er dabei keinen Unterschied. Seine Erlebnisse veröffentlicht er in dem Buch »Erinnerungen an Solferino«. Hierin skizziert er auch einen Plan, wie künftig Kriegsverwundeten Hilfe zuteil werden könnte. Der in Genf ansässigen »Gemeinnützigen Gesellschaft« gefallen Henri Dunants Überlegungen so gut, dass sie das »Internationale Komitee der Hilfsgesellschaften für die Verwundetenpflege« gründet.

Aus ihr geht auf der Konferenz der Gesellschaft in Genf das Rote Kreuz hervor. Henri Dunants engagierter Einsatz für seine Idee zahlt sich aus: Der Grundstein für eine weltweit tätige Organisation ist gelegt. Es gilt als sensationell, wie viele Länder sich verpflichten, das Rote Kreuz als neutrale, also unparteiische, Organisation anzuerkennen und ihre Hilfsdienste auf den Schlachtfeldern zuzulassen. Als Erkennungszeichen entscheidet man sich für ein rotes Kreuz auf weißem Untergrund.

Henri Dunant arbeitet weiterhin mit Leib und Seele für die Organisation, wirbt auch außerhalb von Europa für seine Idee. Im Sommer 1864 kann er einen weiteren Erfolg verzeichnen: Vertreter von zwölf Nationen unterschreiben die Genfer Konvention. In diesem Vertrag ist festgelegt, dass in einem Krieg Flüchtlingen, Verwundeten und Kriegsgefangenen geholfen werden muss.

Zeit für seine eigentlichen Geschäfte hat Dunant kaum noch, vier Jahre nach der Gründung des Roten Kreuzes ist er pleite und viele seiner Geldgeber in Genf sind verärgert. Seinen Posten als Generalsekretär des »Internationalen Komitees vom Roten Kreuz« gibt er auf. Trotz der Verleihung des Friedensnobelpreises 1901 und vielen anderen Ehrungen lebt er bis zu seinem Tod 1910 zurückgezogen.

Wie geht es danach mit seiner Organisation weiter?

Das Internationale Rote Kreuz nimmt seither jede Gelegenheit wahr, um zu Frieden und Versöhnung zwischen den Menschen und den Völkern aufzurufen. Den Einsatz von Giftgas- und Massenvernichtungswaffen, wie er erstmals im Ersten Weltkrieg stattfindet, bezeichnet das Internationale Komitee als »kriminell«. Für ihre Hilfsleistungen erhält die Organisation vom Nobelpreiskomitee

in den Jahren 1917, 1944 und 1963 jeweils den Friedensnobelpreis zugesprochen. Trotzdem erntet das Rote Kreuz wiederholt Kritik. Teile der Friedensbewegung bezweifeln, dass der Einsatz des Roten Kreuzes ein Beitrag zur Verbrüderung der Völker und der Verbreitung des Friedensgedankens sei.

Heute sind die Mitgliedsorganisationen des Internationalen Roten Kreuzes und des Internationalen Roten Halbmondes, wie sich die Organisation in den islamischen Staaten nennt, längst nicht nur in Kriegsgebieten im Einsatz. Das Prinzip der humanitären Hilfe stellt zwar die gemeinsame Basis dar, die Organisationen in den inzwischen etwa 180 Mitgliedsländern unterscheiden sich dennoch erheblich voneinander. Übergeordnet wacht das Internationale Komitee vom Roten Kreuz über die Einhaltung und Weiterentwicklung des humanitären Völkerrechts. Die Föderation der Rotkreuz- und Rothalbmondgesellschaften wiederum koordiniert die Einsätze seiner nationalen Mitgliedsorganisationen, zum Beispiel in Afghanistan und im Irakkrieg, in den Bürgerkriegsgebieten in Afrika oder im Balkan. Dabei steht mehr und mehr der Schutz der Zivilbevölkerung im Mittelpunkt. Auch bei Natur- und technischen Katastrophen wie der Tsunami-Flutwelle in Südostasien oder bei Flugzeugabstürzen werden Hilfskräfte in die betroffenen Gebiete geschickt.

Aktuell sind rund 12 000 Mitarbeiter des Roten Kreuzes weltweit in Krisengebieten aktiv. Dafür stehen der Hilfsorganisation 1,05 Milliarden Schweizer Franken jährlich zur Verfügung, die durch Spenden aufgebracht werden.

> 1808 – 1873 Napoléon III.
> 1828 – 1910 Henri Dunant
>
> 1914 – 1918 Erster Weltkrieg

231

Lincoln im Theater erschossen!

1865

Hinterhältiger Mord am US-Präsidenten

Das Ford-Theater in Washington ist bis auf den letzten Platz besetzt. Kein Wunder, denn die Zeitungen haben verkündet, dass Präsident Abraham Lincoln heute zu den Zuschauern zählen wird. Eigentlich wollten auch General Ulysses S. Grant, der Außenminister und der Vizepräsident anwesend sein. Doch sie sind verhindert, sodass der Präsident ohne sie in seiner Loge sitzt. Er ist bester Laune, denn er ist als Präsident wieder gewählt worden, er hat den Bürgerkrieg gewonnen und die Sklaverei abgeschafft, getreu seinem Motto: »Immer wenn ich höre, dass jemand für die Sklaverei eintritt, fühle ich das starke Bedürfnis, sie an ihm selbst auszuprobieren.«

Gegen 22 Uhr schleicht sich der Schauspieler John Wilkes Booth in die Loge, zieht eine kleine Pistole und schießt dem Präsidenten in den Hinterkopf. Die Zuschauer schreien auf. Der Attentäter springt auf die Bühne und bricht sich dabei ein Bein. Trotzdem kann er entkommen. Lincoln erliegt am nächsten Morgen seiner schweren Verletzung.

Wer ist Abraham Lincoln?

Abraham Lincoln ist ein Farmerssohn aus Kentucky, der in seinem ganzen Leben insgesamt nicht einmal ein Jahr zur Schule gegangen ist. Er arbeitet als Farmer, Flößer, Landvermesser und Kaufmann, bevor er sich im Eigenstudium so viel über das Rechtssystem aneignet, dass er von der Anwaltskammer als Rechtsanwalt zugelassen wird. Auch als Politiker macht er sich einen Namen. Abraham Lincoln ist ein gemäßigter Gegner der Sklaverei. Er lehnt sie aus moralischen Gründen ab, akzeptiert aber die Auffassung, dass sie dort beibehalten werden darf, wo sie zur Zeit der Unabhängigkeitserklärung schon existiert hat. Eine Ausweitung der Sklaverei allerdings lehnt er ab.

In der amerikanischen Unabhängigkeitserklärung haben sich die 13 britischen Kolonien 1776 für ihre Loslösung vom englischen Mutterland entschieden. Der Staatenbund der Vereinigten Staaten von Amerika, der nach dem Unabhängigkeitskrieg entsteht, ist kein einheitliches Gebilde. Der Norden und der Süden sind gesellschaftlich, kulturell und wirtschaftlich sehr unterschiedlich. Der Süden ist von der Landwirtschaft geprägt und auf die Ausfuhr seiner Plantagenprodukte angewiesen, vor allem auf Baumwolle. Von Beginn an werden Sklaven als Arbeitskräfte eingesetzt. Im Norden dagegen entwickelt sich zunehmend eine blühende Industrie. Nord- und Südstaaten sind sehr darauf bedacht, auf politischer Ebene gegenüber der anderen Seite nicht in die Minderheit zu geraten. Konflikte entstehen immer dann, wenn ein neuer Staat in den Bund aufgenommen werden soll. Dann stellt sich die Frage: Soll in ihm die Sklaverei gestattet sein oder nicht?

Durch Vortragsreisen ist Lincoln so bekannt geworden, dass er 1860 zum Präsidenten der USA gewählt wird. Nun befürchten die Einwohner der Südstaaten, dass der neue Präsident ein allgemeines Verbot der Sklaverei erlassen könnte und damit ihre Wirtschafts- und Lebensform bedroht wäre. Noch bevor Lincoln sein Amt antreten kann, gibt South Carolina als erster Staat seinen Austritt aus der Union bekannt. Als Nächste folgen Georgia, Florida, Alabama, Louisiana, Mississippi und Texas. In der Hauptstadt von Alabama werden die »Konföderierten Staaten von Amerika« ausgerufen und ein »Gegenpräsident« gewählt, der frühere Kriegsminister Jefferson Davis.

Wie kommt es zum Bürgerkrieg?

Die Situation spitzt sich zu. Im April 1861 eröffnen konföderierte Truppen an der Hafeneinfahrt von Charleston das Feuer auf Soldaten der Nordstaaten in Fort Sumter. Außerdem schließen sich vier weitere Staaten, Virginia, North Carolina, Tennessee und Arkansas, den »Rebellen« an. Präsident Lincoln muss handeln und ruft zur Verteidigung der Union auf. Die Südstaaten-Armee ist zwar zahlenmäßig unterlegen, aber sie hat die besser ausgebildeten Generäle. Das zeigt sich gleich bei der ersten Niederlage der Unionstruppen in der Schlacht am Bull Run im Juli 1861, auf die weitere militärische Katastrophen folgen. Verzweifelt sucht Lincoln geeignete Generäle. Erst mit Ulysses S. Grant und William T. Sherman verfügt der Präsident über fähige Kommandeure, die die Konföderierten in zähen, verlustreichen Kämpfen besiegen und im April 1865 deren Kapitulation erzwingen.

Während des Bürgerkrieges nimmt Lincolns Beliebtheit zunächst ab. Der blutige Krieg hat ihn viel Vertrauen in der Bevölkerung gekostet. Doch nach dem sich abzeichnenden Sieg der Nordstaaten und der versprochenen Abschaffung der Sklaverei wächst sein Ansehen wieder und er wird im November 1864 ein zweites Mal zum Präsidenten gewählt. Nun beabsichtigt er eine Versöhnung mit den Südstaaten und den Wiederaufbau. Denn zahlreiche Städte, darunter auch Atlanta, wurden total zerstört. Außerdem forderte der Bürgerkrieg rund 600 000 Tote unter den Amerikanern, also mehr als der Zweite Weltkrieg, in dem rund 220 000 amerikanische Bürger starben.

Doch dazu kommt er nicht mehr. Denn als sich das Ehepaar Lincoln im Ford-Theater von Washington einen Theaterabend gönnt, schleicht sich unbemerkt der Rassenfanatiker John Wilkes Booth in die Präsidentenloge und gibt einen Schuss ab. Zwar kann er entkommen, doch wenige Tage später wird er von Soldaten aufgespürt und erschossen. Lincoln stirbt am Morgen nach dem Attentat. Sein Nachfolger wird Vizepräsident Andrew Johnson.

Abraham Lincoln aber wird zu einer amerikanischen Legende, zu einem Symbol für die Einheit der Nation, für die demokratischen Traditionen und für die Sklavenbefreiung.

1808–1875 Andrew Johnson
1808–1889 Jefferson Davis
1809–1865 Abraham Lincoln
1820–1891 William T. Sherman
1822–1885 Ulysses S. Grant
1838–1865 John Wilkes Booth

1861–1865 Amerikanischer Bürgerkrieg

233

Versailles ist Geburtsstätte des Deutschen Reiches

1871

Wilhelm I. wird erster Kaiser

Vor wenigen Jahren noch standen sie sich an der Front gegenüber, nun stehen sie Seite an Seite im legendären Spiegelsaal im Schloss von Versailles: Die Vertreter des norddeutschen Staatenbundes und die der süddeutschen Staaten. Der Sieg über Frankreich hat sie vereint. Langsam legt sich eine erwartungsvolle Stille über die Versammlung siegestrunkener Fürsten, Diplomaten und Offiziere.

Da ergreift Otto von Bismarck die Chance und nutzt die Gunst dieses historischen Moments: »Nun haben wir die Gelegenheit, um der Kleinstaaterei in Deutschland ein Ende zu setzen, endlich einen Nationalstaat zu gründen. Lasst uns König Wilhelm I. an seine Spitze stellen: als Kaiser Wilhelm I. des Deutschen Reiches.«

Und seine Rechnung ist aufgegangen: Im Saal bricht Jubel aus, die Säbel werden gezückt und ein Hoch auf den neuen Kaiser wird angestimmt. Der revanchiert sich und ernennt Bismarck zum ersten Kanzler des Deutschen Reiches.

Wie kommt es zur deutschen Staatsgründung?

Nach der gescheiterten Revolution von 1848 bleibt Deutschland ein Staatenbund aus vielen Kleinstaaten und dem Königreich Preußen, die wiederum mit Österreich im Deutschen Bund zusammengeschlossen sind. Doch Preußen und Österreich streiten sich zunehmend um die politische Vorherrschaft.

1862 wird der Jurist und Politiker Otto von Bismarck zum preußischen Ministerpräsidenten ernannt. Von Anfang an hat er das Ziel, Österreich aus Deutschland zu verdrängen und die Führungsmacht Preußens auszubauen. Zunächst jedoch führen Preußen und Österreich einen Krieg gegen Dänemark, das sich das deutsche Herzogtum Schleswig einverleiben will. Nach dem Sieg über Dänemark werden Lauenburg und Schleswig Preußen sowie Holstein Österreich zugesprochen. Mit dieser Aufteilung ist vor allem Österreich nicht einverstanden, sodass es zum Deutschen Krieg zwischen Österreich und den süddeutschen Staaten auf der einen und Preußen und den norddeutschen Staaten auf der anderen Seite kommt. Gegen die starken preußischen Truppen mit ihren modernen Kruppgeschützen hat Österreich allerdings keine Chance und muss Frieden schließen. Der gemeinsame Deutsche Bund mit Preußen wird aufgelöst. Preußen hingegen gewinnt wichtige Gebiete in Norddeutschland hinzu. Daraufhin gründet Preußen mit 22 Mittel- und Kleinstaaten sowie freien Handelsstädten nördlich der Mainlinie den Norddeutschen Bund, dessen Kanzler Bismarck wird. Außerdem schließt Bismarck mit Bayern und den anderen süddeutschen Staaten geheime militärische Verträge ab. Preußen stärkt damit seine Vormachtstellung.

Diese Entwicklung gefällt dem Nachbarn Frankreich nicht. Es will die Entstehung eines deutschen Nationalstaates unter preußischer Führung unbedingt verhindern. Als 1870 das spanische Parlament europaweit nach einem Thronfolger sucht, weil das spanische Königshaus keinen Erben hat, fällt die Wahl auf den Erbprinzen Leopold von Hohenzollern-Sigmaringen. Frankreich sieht sich nun von Deutschen umzingelt und protestiert derart heftig, dass der Hohenzollern-Prinz seine Kandidatur zurückzieht. Damit gibt sich Frankreich jedoch noch nicht zufrieden. Der französische Gesandte Vincent Graf Benedetti fordert vom preußischen König Wilhelm I. bei einem Treffen in Bad Ems die Zusicherung, dass das Haus Hohenzollern für alle Zeiten auf den spanischen Thron verzichtet. Wilhelm lehnt dies ab und telegrafiert einen Bericht nach Berlin. Bismarck nutzt dieses Telegramm geschickt und kürzt den Text. Diese entstellte »Emser Depesche« führt dazu, dass sich die französische Regierung öffentlich gedemütigt fühlt. Bismarcks Plan aber geht auf, denn Frankreich erklärt dem Norddeutschen Bund nun den Krieg. Unter der Führung Preußens ziehen auch die süddeutschen Staaten gegen den gemeinsamen französischen Feind, der die militärische Stärke Deutschlands völlig falsch eingeschätzt hat.

In der Schlacht bei Sedan werden die französischen Truppen geschlagen und Kaiser Napoléon III. gerät in deutsche Gefangenschaft. Aufseiten Deutschlands lösen die schnellen militärischen Erfolge eine nationale Begeisterung aus. Die öffentliche Meinung fordert nun lautstark einen einheitlichen deutschen Staat. Bismarck gelingt es in zähen Verhandlungen, die süddeutschen Staaten für die nationale Einheit zu gewinnen. Daraufhin wird mitten im besetzten Feindesland, im Spiegelsaal des Schlosses von Versailles bei Paris, am 18. Januar 1871 das Deutsche Kaiserreich ausgerufen. Wilhelm I. empfängt die Kaiserkrone aus der Hand Bismarcks.

Was für eine Regierungsform hat das Deutsche Kaiserreich?

Das Deutsche Kaiserreich ist ein Bund aller deutschen Staaten unter preußischer Führung. Regierendes Oberhaupt ist der Kaiser, der auch den Oberbefehl über das Heer hat. Der Reichstag wird nach dem allgemeinen Wahlrecht* gewählt, erlässt die Gesetze und legt den Haushalt fest. Bismarck führt als neuer Reichskanzler die Regierungsgeschäfte. Er ist nur dem Kaiser verantwortlich und hat somit eine starke Machtposition inne.

1797 – 1888 Wilhelm I.
1808 – 1873 Napoléon III.
1815 – 1898 Otto von Bismarck
1817 – 1900 Vincent Graf Benedetti
1831 – 1888 Friedrich III.
1835 – 1905 Leopold von Hohenzollern-Sigmaringen
1859 – 1941 Wilhelm II.

1866 Deutscher Krieg
1870 Schlacht bei Sedan

Nach dem Tod Wilhelms I. und dem seines Sohnes Friedrich III. besteigt sein Enkel Wilhelm II. den deutschen Kaiserthron. Doch zwischen ihm und Bismarck kommt es bald zu Meinungsverschiedenheiten, vor allem in der Sozial- und Außenpolitik. Schließlich verabschiedet der junge Kaiser Bismarck 20 Jahre nach der Reichsgründung aus seinem Amt. Eine neue Ära, das Wilhelminische Zeitalter, beginnt.

235

Das soll Kunst sein?

1874

Impressionistische Maler stoßen auf Ablehnung

Das Bild wirkt wie eine Skizze, als wäre es nicht zu Ende gemalt. Offenbar stellt es einen Hafen dar, dessen Anlagen sich aber nur erahnen lassen. Das Wasser sieht aus wie die zufällige Mischung verschiedener Blau- und Grüntöne auf der Palette eines Malers. Nur die Sonne als roter Fleck ist klar zu erkennen. Die Menschen aber und ihre Boote bleiben dunkle Schemen. »Das ist doch kein Gemälde!«, urteilt der bekannte Kunstkritiker Louis Leroy beim Besuch der Pariser Ausstellung moderner Maler. »Denn wäre es eines, könnte man auch erkennen, was darauf abgebildet ist. Dieses Machwerk dort zeigt aber nichts außer buntem Farbengeflirre. Wie lautet überhaupt der Titel?«

»Impression, soleil levant« (*Eindruck, Sonnenaufgang*), antwortet Claude Monet, der Maler des umstrittenen Bildes.

»Wohl eher die wenig Erfolg versprechende Abenddämmerung der Malerei«, spottet der Kritiker. Die Ablehnung der ausgestellten Bilder durch die Besucher scheint sein Urteil zu bestätigen.

Warum malen die Impressionisten so anders?

Im späten 19. Jahrhundert entscheidet in Frankreich der »Salon«, eine Institution der staatlichen Kunsthochschule École des Beaux-Arts, was als Kunst anerkannt wird. Diese Kunsthochschule hält das genaue Zeichnen für besonders wichtig, während Farben nur zum »Ausmalen« dienen. Maler wie Eugène Delacroix vertreten dagegen den Standpunkt, dass die Farbe wichtiger sei; ihm geht es zudem darum, dem eigenen Gefühl und individuellen Ausdruck in einem Bild Gestalt zu verleihen. Bei diesem Streit um die »richtige« Art der Malerei hat die Kunsthochschule allerdings die herrschenden Vorstellungen und den Kunstmarkt auf ihrer Seite. Dennoch gibt es immer mehr Künstler, die sich nicht mehr an die Regeln der Pariser Schule halten, wie etwa Édouard Manet. Mit leuchtenden Farben – und auch mit herausfordernden Motiven – schockiert er die Öffentlichkeit. Auch Paul Cézanne und Claude Monet gehören zu den »Modernen«, mit deren Werken lange Zeit niemand etwas anzufangen weiß.

Monet hat auf einer London-Reise die Bilder des englischen Malers William Turner kennen gelernt und war sofort begeistert. Turner hat schon Anfang des 19. Jahrhunderts begonnen, sich von der möglichst genauen Wiedergabe von Gegenständen zu lösen. Stattdessen versucht er, einen Gegenstand in seiner augenblicklichen Erscheinung darzustellen und Licht, Atmosphäre und Bewegung zu erfassen. Und das ist nur durch einen ganz besonderen Einsatz der Farben zu verwirklichen. Sein Gemälde »Regen, Dampf und Tempo – Die Great Western-Eisenbahn« ist eines der eindrucksvollsten Vorbilder für die Impressionisten. Denn so werden die Maler nach dem Titel von Monets Bild »Impression« inzwischen genannt.

Turners Art der Darstellung entspricht genau den Vorstellungen der Freilichtmaler, die draußen im Sonnenlicht im Geäst von Büschen und Bäumen, im Wasser, am Himmel, ja sogar an Bauwerken Licht- und Schattenspiele beobachten. Im Freien zu malen ist ebenfalls etwas Neues. Bis zu Beginn des 19. Jahrhunderts wurden draußen allenfalls einige Vorstudien angefertigt, während das Gemälde selbst im Atelier entstand.

Wie kommt es zu dieser »skandalösen« Ausstellung?

In den offiziellen Kunstausstellungen darf natürlich nur das gezeigt werden, was die Kunstschulen als Kunst ansehen. Als immer wieder für diese Ausstellungen eingereichte moderne Bilder abgelehnt werden, schließen sich einige Künstler zusammen und organisieren gemeinsam eine eigene Ausstellung.

Doch auch damit haben sie zunächst keinen Erfolg. Einmal mehr fallen Claude Monet und seine Verbündeten – unter ihnen Paul Cézanne, Camille Pissarro, Edgar Degas und Berthe Morisot – gnadenlos durch. Sie lassen sich trotzdem nicht von ihren Idealen abbringen.

Auf ihrer nächsten Kunstausstellung am 15. April 1874 zeigt Claude Monet ein Bild mit einer Hafenansicht. Der Kritiker Louis Leroy kann mit dem Bild nichts anfangen und überschüttet die Maler samt ihres neuen Stils mit hämischer Kritik. Doch von nun an haben sie wenigstens einen Namen: Man nennt sie spöttisch die »Impressionisten«. Über zwölf Jahre hinweg gehören der losen Künstlervereinigung mehr als 50 Künstlerinnen und Künstler an. Manche von ihnen beteiligen sich nur wenige Male an Ausstellungen, andere regelmäßig. Auch in Cafés sowie in den Räumen fortschrittlich gesinnter Kunsthändler werden Werke von ihnen gezeigt. Einer dieser Kunsthändler ist Theo van Gogh, der Bruder des berühmten Malers Vincent van Gogh.

1775 – 1851	William Turner
1798 – 1863	Eugène Delacroix
1812 – 1885	Louis Leroy
1830 – 1903	Camille Pissarro
1832 – 1883	Édouard Manet
1834 – 1917	Edgar Degas
1839 – 1906	Paul Cézanne
1840 – 1926	Claude Monet
1841 – 1895	Berthe Morisot
1847 – 1935	Max Liebermann
1853 – 1890	Vincent van Gogh
1857 – 1891	Theo van Gogh
1858 – 1925	Lovis Corinth
1868 – 1932	Max Slevogt

Die impressionistischen Bildmotive stammen zum großen Teil aus der Natur. Dort kommen die Wirkungen des natürlichen Lichts am besten zur Geltung. Die Komposition eines Bildes, die Umrisse der dargestellten Dinge und auch die räumliche Wirkung sind dagegen unwichtig. Was die Impressionisten zeigen wollen, haben sie fast ausschließlich durch das Spiel von Licht und Farbe in Kunst umgesetzt.

Der Impressionismus ist zwar eine ursprünglich französische Malrichtung, findet jedoch auch in anderen Ländern viele Anhänger. In Deutschland gelten die Maler Max Liebermann, Lovis Corinth und Max Slevogt als seine Hauptvertreter.

Die Zeit des Impressionismus währt jedoch nicht lange, denn schon bald wird er von einer anderen Stilrichtung abgelöst, die noch viel wagemutiger die Auflösung des Gegenständlichen in der Kunst vorantreibt und endgültig die Moderne in der Malerei einleitet: dem Expressionismus.

237

Der Herr des Rings

1876

Richard Wagner eröffnet Festspielhaus in Bayreuth

Die gesellschaftliche Prominenz aus dem In- und Ausland, unter ihnen Kaiser Wilhelm I. und Kaiser Dom Pedro II. von Brasilien, hat Platz genommen. Sie alle befinden sich in einem monumentalen Opernbau, der nun den grünen Hügel in Bayreuth ziert. Dem Hausherrn, Richard Wagner, ist es nur mühsam gelungen zu verbergen, dass daran noch längst nicht alles vollendet ist. Verschieben wollte er die Uraufführung seines Lebenswerkes allerdings keinesfalls.

»Es war immer mein Traum, ein eigenes Festspielhaus zu besitzen und zu leiten. Ein Haus, in dem nur meine Werke nach meinen künstlerischen Vorstellungen aufgeführt werden.« Und nun ist es soweit: *Der Ring des Nibelungen* erlebt seine Welturaufführung.

Das Musikdrama besteht aus vier Teilen, entsprechend wird die Aufführung ganze vier Tage dauern. Wochenlang haben Musiker, Sänger und Techniker gearbeitet, um diese außergewöhnliche Oper mit vielen Effekten und großer Bilderkraft auf die Bühne zu bringen. Damit sich das Publikum ganz auf die Bühne konzentrieren kann, hat Wagner das Orchester in den Untergrund, einen Graben vor der Bühne, verbannt.

Wer ist Richard Wagner?

Richard Wagner wird in Leipzig als Sohn eines Polizisten geboren. Zwar studiert er Musik, doch bringt er sich sein musikalisches Können und Wissen zum größten Teil selbst bei. Mit seinen frühen Opern »Die Feen« und »Das Liebesverbot« knüpft er an die Tradition der deutschen romantischen Oper an, mischt jedoch auch Einflüsse der italienischen Oper darunter. Von Beginn an schreibt Wagner die Libretti, also die Texte seiner Opern, selbst. Er beschäftigt sich intensiv mit Literatur und studiert die wichtigen Philosophen seiner Zeit. Wagner kümmert sich nicht um die althergebrachten Grenzen zwischen den Kunstgattungen, er fühlt sich gleichzeitig als Dichter, Phi-

losoph und Komponist. Als Gesamtkunstwerk nach antikem Vorbild sollen in seinen Musikdramen sämtliche Künste – Musik, Dichtung, bildende Kunst, Schauspiel und Tanz – zu einer Einheit verschmelzen.

Wagner kämpft lange um die Anerkennung seiner künstlerischen Vision, von deren Größe er selbst völlig überzeugt ist. Als Musikdirektor in Königsberg häuft er große Schulden an, sodass er nach Riga fliehen muss, wo er eine Anstellung als Kapellmeister findet. Zwei Jahre später muss er auch Riga verlassen und segelt nach London. Von dort geht er nach Paris und schließlich nach Dresden. Dort wird er Hofkapellmeister an der Oper und freundet sich mit dem russischen Anarchisten und Revolutionär Michail Bakunin an. 1849 nimmt Wagner auf der Seite der Revolutionäre am

Mai-Aufstand gegen den sächsischen König teil und muss, steckbrieflich gesucht, in die Schweiz fliehen.

Damit ist seine Odyssee mitnichten beendet: Als er in Wien die Chance bekommt, seine Oper »Tristan und Isolde« aufzuführen, erhält er die Partitur nach 77 Proben mit der Begründung des dortigen Musikdirektors zurück, die Musiker seien dem Werk nicht gewachsen. Und so muss Wagner erneut fliehen, um nicht in Schuldhaft genommen zu werden.

Wie kommt Wagner zu seinem eigenen Theater?

Wagners Retter wird der bayerische »Märchenkönig« Ludwig II., der die Kunst liebt und seit Wagners Oper »Lohengrin« ein glühender Verehrer des Komponisten ist. Der König bietet Wagner in München alle Freiheiten und vor allem Geld, womit dieser sich mit einer großartigen Aufführung von »Tristan und Isolde« erkenntlich zeigt. Diesmal können die Musiker das Werk spielen, die Oper wird endlich zum lang ersehnten Erfolg. Die eigentliche Handlung ist kurz und knapp, während die seelischen Konflikte zwischen den beiden Liebenden Tristan und Isolde ausführlich und allein durch die Musik beschrieben werden. Außerdem arbeitet Wagner mit Leitmotiven, also immer wiederkehrenden Melodien und Klangfarben, an denen sich der Zuhörer orientieren kann. Diese Leitmotive setzt Wagner auch in seinem Hauptwerk, dem überlangen »Ring des Nibelungen«, ein, der in Bayreuth uraufgeführt wird.

Inzwischen ist Wagner so bekannt, dass Kaiser Wilhelm I. und Kaiser Dom Pedro II. von Brasilien, mehrere Könige, Fürsten, Politiker und auch allerlei Prominenz aus dem Geistesleben nach Bayreuth reisen. Auf keinen Fall wollen sie sich dieses Ereignis entgehen lassen. Die Aufführung findet in einem nur halb fertig gestellten Festspielhaus statt, das eigens für Wagner auf dem »Grünen Hügel« gebaut wird. Doch das unfertige Gebäude ist nicht das größte Problem für Wagner, sondern die Erkenntnis, dass seine künstlerischen Visionen die Möglichkeiten der Bühnentechnik seiner Zeit überfordern. Weil er gezwungen ist, mit Gaslicht zu arbeiten, ist die Bühne nur schwach beleuchtet. Auch funktionieren einige Theatertricks nicht richtig. Selbst Wagners Frau Cosima kritisiert, dass die nordischen Götter auf der Bühne wie Indianerhäuptlinge aussehen. Trotzdem wird die Oper ein Erfolg und die ersten Bayreuther Festspiele finden weltweite Beachtung. Finanziell gesehen sind sie aber ein Fiasko. Wagner leidet einige Jahre unter der Schuldenlast und erst 1882 ist an eine Fortsetzung der Festspiele mit der Uraufführung des »Parzival« zu denken. Diese Oper ist so

1797 – 1888 Wilhelm I.
1813 – 1883 Richard Wagner
1814 – 1876 Michail Bakunin
1825 – 1891 Dom Pedro II.
1837 – 1930 Cosima Wagner
1845 – 1886 Ludwig II.

erfolgreich, dass sich immer wieder ein Mäzen für nachfolgende wichtige Projekte findet. Inzwischen ist ein wahrer Kult um Richard Wagner entstanden. Überall auf der Welt gilt von nun an die Inszenierung einer Wagner-Oper als künstlerische Herausforderung und die Bayreuther Festspiele sind bis heute ein Höhepunkt des gesellschaftlichen Lebens in Deutschland.

239

Crazy Horse besiegt George A. Custer

1876

US-Armee hat gegen Sioux keine Chance

Oberstleutnant Custer, der erfahrene Bürgerkriegsheld, hat einen einfachen Auftrag: eine Strafexpedition. Der Stamm der Sioux muss zur Räson gebracht werden. Custer weiß, was zu tun ist. Er schart rund 250 Kavalleristen um sich und bricht auf. Seine Angriffsstrategie scheint auch diesmal aufzugehen. Doch das vermeintlich kleine Indianerlager entpuppt sich als Ansammlung mehrerer Stämme mit vielen hundert wild entschlossenen Kriegern. Custers Plan, die Sioux einzukesseln, schlägt fehl, noch bevor er und seine Männer eine Formation gebildet haben. »Ich hatte ihn gewarnt«, sagt Häuptling Crazy Horse. »Ich hatte ihm gesagt, er soll nicht an den Little Big Horn reiten. Doch er hat mir nicht zugehört und nun wird er sterben.« Die Soldaten haben gegen die Übermacht keine Chance. Einer nach dem anderen stirbt im Kugel- und Pfeilhagel der Sioux, zuletzt Oberstleutnant Custer und seine Offiziere.

Wie leben die Indianer, bevor die Siedler kommen?

Bis auf wenige Ausnahmen leben die Indianervölker in Nordamerika friedlich und im Einklang mit der Natur. In den Weiten des Kontinents gehen sie auf Bisonjagd, betreiben Fischfang und Ackerbau. Dank ihres großen Wissens über Pflanzen und Tiere leben sie besser als viele Bauern und Arbeiter in Europa. Manche Stämme regiert ein Ältestenrat, andere haben an ihrer Spitze einen Häuptling. Insgesamt leben etwa 500 Stämme in ganz Nordamerika, als Kolumbus den Kontinent betritt. Die Weißen bemühen sich zunächst darum, friedlich mit den etwa sieben Millionen Indianern auszukommen. Sie treiben regen Tauschhandel und nur gelegentlich kommt es zu bewaffneten Auseinandersetzungen.

Das ändert sich jedoch, als immer mehr weiße Siedler aus Europa nachkommen und Land benötigen. Trotz Versprechungen und Verträgen nehmen die neuen Amerikaner den Ureinwohnern das Land letztendlich einfach weg. Im 18. Jahrhundert wird die Besiedlung Nordamerikas zu einem Eroberungskrieg gegen die Indianer. Weiße Jäger töten etwa 60 Millionen Bisons und zerstören die Lebensgrundlage vieler Indianerstämme. Sie verteilen Alkohol unter den Indianern und durch von den Europäern eingeschleppte Krankheiten wie Pocken oder Masern sterben ganze Stämme aus. Noch schlimmer aber setzen ihnen Vertreibung und Ausrottungsfeldzüge zu. Mit dem 1830 verabschiedeten Umsiedlungsgesetz (»Indian Removal Act«) zwingt die amerikanische Regierung die Indianer zur Herausgabe fast ihres gesamten Landes östlich

240

des Mississippi und zum Rückzug in viel zu kleine Reservate. Doch selbst dort sind sie oft nicht sicher.

Können sich die Indianer nicht wehren?

Die Indianer wehren sich, doch sie haben nie eine echte Chance gegen die modernen Gewehre und Kanonen der Weißen. Nur selten, wie bei der Schlacht am Fluss Little Big Horn um die heiligen Schwarzen Berge im Bundesstaat Montana, siegen die Indianer. Oberstleutnant George A. Custer ist zu einer Strafexpedition aufgebrochen und glaubt, mit seiner Kavallerie leichtes Spiel gegen die Sioux zu haben. Wie schon oft zuvor plant der Bürgerkriegsheld, die Indianer mit der Hammer-und-Amboss-Methode zu zermalmen. Mit einem von vorne und einem im Rücken angreifenden Trupp will er sie einkesseln. Doch die indianischen Führer Sitting Bull und Crazy Horse haben diese Strategie durchschaut und mehrere Sioux-Stämme zum überraschenden Gegenangriff vereint. Keiner von Custers 250 Soldaten kann entkommen. Sitting Bull und seine Leute ziehen nach diesem Sieg nach Kanada, Crazy Horse fällt ein Jahr später einem Verrat zum Opfer. Seine Leiche wird am Wounded Knee begraben, wo es im Dezember 1890 zum letzten Gefecht zwischen der US-Armee und Indianern kommt.

Eine der wenigen Indianerinnen, deren Geschichte wir heute noch kennen, ist Pocahontas, die Tochter des Häuptlings der Powhatan, der sich mit den weißen Siedlern gut versteht. Nachdem Pocahontas einem weißen Gefangenen das Leben gerettet hat, heiratet sie sogar einen Engländer und segelt mit ihm nach London. Bis zum Tod ihres Vaters herrscht zwischen den Briten und den Powhatan Frieden. Friedvolle Gedanken hegt auch Tecumseh, der von einem freien indianischen Staat träumt und dafür eine indianische Liga gründet. Doch seine Träume erfüllen sich nicht, und so greift auch er zu den Waffen, um gegen die weißen Eroberer zu kämpfen.

1451–1506 Christoph Kolumbus
um 1595–1617 Pocahontas
1768–1813 Tecumseh
1829–1909 Geronimo
um 1831–1890 Sitting Bull
1839–1876 George A. Custer
um 1840–1877 Crazy Horse

Ein gefürchteter Gegner der amerikanischen Armee ist der Apache Geronimo, der sich mit seinen Kriegern jahrelang in der mexikanischen Wüste versteckt. Doch schließlich wird er von Soldaten gefangen genommen und ins Gefängnis gesteckt. Trotz mutigen Widerstandes können sie alle den Untergang der Indianerkultur in Nordamerika nicht aufhalten. Bis ins 20. Jahrhundert wird es dauern, ehe Indianer die gleichen Bürgerrechte erhalten wie die Weißen. Heute gibt es noch etwa 2,5 Millionen Indianer, von denen jeder fünfte unter der Armutsgrenze lebt.

In den letzten Jahren hat sich die wirtschaftliche Situation einiger Stämme durch den Betrieb von Spiel-Kasinos in ihren Reservaten beträchtlich gebessert. Viele Stämme lehnen dies allerdings als Absage an ihre eigene Kultur völlig ab.

241

Indien für immer britisch

1877

Königin Viktoria zur Kaiserin von Indien ernannt

Die Wochen der Vorbereitung vergingen wie im Flug, und nun sind die Säle prächtig geschmückt. Zahlreiche indische Fürsten haben sich eingefunden, um der Krönung Ihrer Majestät, Königin Viktoria, zur Kaiserin von Indien beizuwohnen. Niemand, der Rang und Namen hat, fehlt – außer der Königin selbst.

In ihrer Abwesenheit wird die Ernennungsurkunde feierlich verlesen und anschließend ein prunkvolles Fest gefeiert.

»Mir gefällt dieser Entschluss«, erklärt ein indischer Fürst am Rande der Feiern, »denn nun ist unser Land wieder unter einer Krone geeint. Außerdem haben wir eine Herrscherin, die in der ganzen Welt geachtet wird.«

Obwohl sie nicht zugegen ist, liegt Königin Viktoria das Wohl des Landes sehr am Herzen. Im fernen England lernt sie sogar Sanskrit, um ihre Verbundenheit zu demonstrieren.

Welche Bedeutung hat Indien für England?

Für Großbritannien ist Indien mehr als nur eine Kolonie, die verwaltet wird und in der Missionare versuchen, den christlichen Glauben zu verbreiten. Indien ist ein wichtiger Rohstofflieferant und Wirtschaftsraum, auf den die Krone nicht verzichten kann. Seit Beginn des 17. Jahrhunderts haben sich britische Kaufleute zahlreiche Handelsstationen in überseeischen Küstenstädten eingerichtet, darunter auch viele in Indien. Am Anfang verschiffen sie vor allem Baumwolle, Tee und Gewürze. Später besetzt die britische Armee die Hafenstädte und setzt eine eigene britische Verwaltung ein. Im Lauf der Zeit gewinnen die Briten mit weiteren Eroberungen immer mehr politischen Einfluss. Anfang des 19. Jahrhunderts kontrollieren sie alle indischen Territorien, bald darauf löst Englisch als Amtssprache das bisher übliche Persisch ab.

Mitte des 19. Jahrhunderts beherrscht England mit allen seinen Kolonien mehr als ein Viertel des Welthandels und versucht, seine Stellung durch Kriege auszubauen und zu stärken. Beflügelt werden die Handelsbeziehungen zu Indien durch die Einweihung des Suezkanals. Dank dieser Wasserstraße zwischen Mittelmeer und Rotem Meer entfällt der lange und zeitaufwändige Schiffsweg um Afrika herum. Die Frachtkosten sinken erheblich, während die Gewinne der Händler steigen. Diese sind bereits durch den Ausfall der Südstaaten der USA als Baumwolllieferanten während des Amerikanischen Bürgerkrieges in beachtliche Höhen geklettert, denn nun versorgt sich die britische Textilindustrie verstärkt mit indischer Baumwolle. Im Gegenzug werden zahlreiche Waren aus englischen Fabriken auf dem indischen Markt abgesetzt. Weil die Bevölkerungszahl in England aufgrund des zunehmenden Wohlstands förmlich explodiert, die Nahrungsmittel aus eigener Produktion aber nicht mehr ausreichen, wird England mit Weizen aus Indien versorgt. Das aber hat für Indien, das immer wieder von Dürreperioden heimgesucht wird, Hungersnöte zur Folge.

Wie wird Viktoria Kaiserin von Indien?

Diese und andere Probleme sorgen dafür, dass Mitte des 19. Jahrhunderts in der britischen Regierung der Plan reift, Indien zu modernisieren. Die Verwaltung, das Bildungs- und Rechtswesen, der Finanz- und der Steuerapparat sollen so fortschrittlich werden wie das englische Vorbild. Doch dieses Vorhaben kostet viel Geld und ist überhaupt erst durchführbar, wenn Indien stärker als bisher an das Königreich gebunden wird. Nur so kann der Einfluss auf den weit entfernten Subkontinent erhöht werden. Wirtschaftlich und politisch ist dieses Vorhaben kein Problem, was fehlt, ist ein Symbol, das diese neue Bindung in aller Welt deutlich macht. Benjamin Disraeli, der zuständige Premierminister, hat die passende Idee. Er macht seiner Königin Viktoria den Vorschlag, sich zur Kaiserin von Indien ernennen zu lassen. Viktoria ist begeistert und fühlt sich geschmeichelt, denn der Titel vergrößert ihr Ansehen als »Mutter der Nation«. Gleichzeitig erhalten die Inder damit etwas von ihrer kulturellen Identität zurück, lässt sich mit diesem Akt doch an die vergangen geglaubte Zeit der indischen Herrscherdynastie der Großmogule anknüpfen.

Entsprechend prunkvoll findet dann auch die Krönungszeremonie im Beisein zahlreicher indischer Fürsten statt. Die neue Kaiserin allerdings fehlt bei diesen Feierlichkeiten, sie bleibt in ihrem Palast in England. Trotzdem nimmt Viktoria ihre neue Aufgabe sehr ernst. Sie hat einen indischen Privatsekretär und lässt sich von Friedrich Max Müller, einem an der Universität Oxford lehrenden deutschen Sprachforscher, Privatunterricht in der indischen Sprache Sanskrit geben.

In Indien setzt Großbritannien alles daran, seinen Einfluss noch weiter auszudehnen und zu festigen. So unternimmt die Britisch-Indische Armee den Versuch, Afghanistan im Norden Indiens zu erobern. Sie will damit eine Pufferzone einrichten und das befürchtete Vordringen russischer Truppen nach Mittelasien erschweren. Der Versuch scheitert jedoch. Dafür erobert der in Indien eingesetzte Vizekönig Lord Dufferin in einem Blitzkrieg das bereits zu Teilen besetzte und wegen seines Reisanbaus wichtige Birma (heute Myanmar). Diese und andere Militäraktionen kosten Großbritannien jedoch sehr viel Geld. Durch höhere Steuereinnahmen, auch in Indien, sollen diese finanziellen Löcher wieder gestopft werden. Immer neue Steuern lassen sich die Briten einfallen, sogar eine Salzsteuer.

Nach und nach wird den Indern ihre Abhängigkeit von Großbritannien bewusst. Obwohl sie die britischen Gesetze bislang treu befolgten, geht die Geduld der Inder nun langsam zur Neige. Mehr und mehr besinnen sie sich ihrer Wurzeln, der politischen und religiösen ebenso wie der kulturellen. Die zunehmenden Proteste der indischen Bevölkerung bewegen Großbritannien schließlich 60 Jahre nach der Krönung dazu, Indien in die Unabhängigkeit zu entlassen.

1804 – 1881 Benjamin Disraeli
1819 – 1901 Viktoria I.
1823 – 1900 Friedrich Max Müller
1826 – 1902 Lord Dufferin

1861 – 1865 Amerikanischer Bürgerkrieg
1869 Einweihung des Sueskanals

243

Himmelsstürmer in Chicago

1885

Erstes Hochhaus der Welt fertig gestellt

Die Höhe ist Schwindel erregend. Das Flachdach des Home Insurance Building in Chicago liegt 55 Meter über der Straße. Die Menschen darauf wirken wie Zwerge. Noch nie ist es einem Architekten gelungen, ein zehnstöckiges Haus in dieser völlig neuen Bauweise zu errichten.

»Das Haus besteht nicht aus tragenden Mauern und Wänden, wie bislang üblich, sondern aus einem Stahlskelett«, erklärt William Le Baron Jenney, der das Hochhaus entworfen hat. »Mit dieser neuen Technik wird man bald noch höhere Häuser bauen können.«

Wer vor dem Gebäude steht, hat keinen Zweifel an Jenneys Prognose, zumal die Grundstückspreise noch schneller in die Höhe schnellen als die Bauwerke. Nur wer sich für diese neuen Hochhäuser entscheidet, wird in den großen Städten überhaupt noch Baugrund finanzieren können. Diese Bauform wird in Zukunft das Gesicht der amerikanischen Städte bestimmen.

Warum wachsen die Häuser in Chicago und anderen amerikanischen Städten?

Im Jahr 1833 leben nur 350 Menschen in Chicago, 1840 sind es schon 4470, 1870 fast 300 000. Durch seine günstige geografische Lage im Mittleren Westen Nordamerikas ist die Stadt ein idealer Umschlagplatz für Waren und Güter und wächst dementsprechend schnell. Doch es gibt auch Rückschläge. Am 8. Oktober 1871 erlebt Chicago eine Katastrophe. Seit mehreren Monaten hat es nicht mehr geregnet, als eine Kuh in ihrem Stall eine Laterne umstößt und damit ein Feuer entfacht, das erst zwei Tage später unter Kontrolle gebracht werden kann. Begünstigt durch starken Wind, brennen mehr als 17 000 Gebäude nieder. 90 000 Menschen, fast ein Drittel der Einwohner Chicagos, verlieren Hab und Gut und sind zum Teil für längere Zeit obdachlos.

Der Wiederaufbau beginnt zwar unverzüglich, doch sind Grund und Boden im Stadtzentrum begrenzt und ebenso begehrt. Die Stadtplaner setzen deshalb, vor allem bei der Neuerrichtung von Geschäfts- und Bürohäusern, nun auf mehrgeschossige Bauten. Vereinzelt sind solche Häuser bereits an verschiedenen Orten der Vereinigten Staaten von Amerika entstanden: das Jayne Building in Philadelphia etwa oder das in New York errichtete Tribune Building.

Um höhere Häuser als früher zu bauen, müssen verschiedene Probleme gelöst werden. So halten es viele Menschen für eine Zumutung, täglich hunderte von Treppenstufen zu bewältigen. Die Lösung für dieses Probem hat Elisha Graves Otis, der den Aufzug erfindet und erstmals 1853 auf der Weltausstellung in New York präsentiert. Der deutsche Ingenieur Werner von Siemens entwickelt das ursprünglich von Dampfkraft angetriebene System weiter, sodass die Aufzüge bald elektrisch betrieben werden können. Bis 1873 sind bereits 2000 Personenaufzüge im Einsatz. Eine weitere Voraussetzung für den Bau mehrgeschossiger Gebäude ist die Sicherheit. Je höher die Häuser in den Himmel ragen, umso stabiler müssen sie gebaut sein. Außerdem müssen die Gebäude einem eventuell ausbrechenden Feuer standhalten können.

Wie schafft man es, so hohe Gebäude zu bauen?

Der Architekt William Le Baron Jenney präsentiert dafür eine Lösung. Statt des bisher üblichen Gusseisens verwendet er wesentlich stabilere Stahlträger. Wie bei einem Palast setzt er für jedes Stockwerk Säulen übereinander und errichtet damit Gebäude, die höher als die bislang üblichen fünf oder sechs gemauerten Etagen sind, überdies auf eher kleinen Flächen. Das so genannte tragende Skelett verkleidet er mit einem Mauerwerk, das den Stahl im Brandfall schützen soll. Nach knapp drei Jahren Bauzeit ist das Home Insurance Building mit seinen zehn Geschossen fertig – ein Meilenstein in der Geschichte der Architektur.

In den folgenden Jahren machen weitere Architekten von sich reden. Dank ihrer schlichten und auf Funktionalität setzenden Bauweise werden sie als »Chicagoer Schule« bezeichnet. Einige von ihnen haben in Paris studiert und bringen von dort auch Einflüsse der klassischen Baustile mit. Insbesondere lehnen sie sich beim Bau der Hochhäuser

an die großen europäischen Bahnhofsbauten an. Später kommen immer mehr Glas und großflächige Fenster ins Spiel, Verzierungen am Mauerwerk hingegen verschwinden.

Die Geschichte des Wolkenkratzerbaus ist immer auch eine Geschichte des Wetteiferns um das höchste Gebäude der Welt. 1913 klettert das New Yorker Woolworth Building mit einer Höhe von 241 Metern an die Spitze dieser Rangliste. Ermöglicht wird diese Höhe durch Fortschritte im Fundamentbau. Gebäude werden im wortwörtlichen Sinne im Boden verankert. Bis hinunter zum Felsuntergrund, oft noch unter dem Grundwasserspiegel gelegen, reichen die stützenden Betonpfeiler. Als besonderes Merkmal setzt Architekt Cass Gilbert dem 55-geschossigen und an den Außenmauern mit Tonziegeln verkleideten Gebäude eine gotische Spitze auf. Ein Geistlicher nennt das Woolworth Building, nicht zuletzt wegen seiner Nutzung als Kaufhaus, eine »Kathedrale des Kommerzes«. Allein schon die dreistöckige Eingangshalle mit ihrer in Blau, Gold und Grün gehaltenen Mosaikdecke lässt ahnen, wie viel Geld in seine Errichtung geflossen ist.

Heute gilt der 2001 fertig gestellte Taipeh Tower mit 101 Stockwerken und 508 Metern Höhe als höchstes Hochhaus. Dieser Rekord wird nur kurze Zeit währen: Schon 2008 soll in Dubai das mit Abstand höchste Gebäude der Welt errichtet werden. Die endgültige Höhe wird noch geheim gehalten, Gerüchten zufolge soll sie 705 Meter betragen.

> 1811 – 1861 Elisha Graves Otis
> 1816 – 1892 Werner von Siemens
> 1832 – 1907 William Le Baron Jenney
> 1859 – 1934 Cass Gilbert

245

Kaiser boykottiert das Deutsche Theater

1894

Wilhelm II. ist empört über Hauptmanns Stück »Die Weber«

»Das muss anders werden, jetzt auf der Stelle!«, ruft einer der Weber in Gerhard Hauptmanns neuem Theaterstück. Die aufgewühlte Menge marschiert zum Haus des Fabrikanten Dreißiger. Die ersten Steine fliegen, dann stürmen die Weber in die Wohnung. Von draußen nähern sich Soldaten, um den Aufstand niederzuschlagen, doch die Weber sind in der Überzahl und können sich durchsetzen. Sie scheinen Erfolg zu haben.

Nicht so das Drama von Gerhart Hauptmann, jedenfalls nicht beim Kaiser. Der erhebt sich empört in seiner Loge. »Das ist ein Ekel erregendes Raustück mit einer demoralisierenden Tendenz. Ich werde alle Bürger, denen die Erhaltung des Staates wirklich am Herzen liegt, auffordern, dieses Machwerk zu boykottieren. Ich kündige meine Loge, und zwar auf der Stelle!«

Der Skandal ist perfekt. Dabei war das Stück bei seiner Uraufführung ein Riesenerfolg. Doch scheint es der Obrigkeit weitaus weniger zu gefallen als den begeisterten Bürgern.

Wie kommt es zum Theaterskandal in Berlin?

Die Uraufführung von Gerhart Hauptmanns »Die Weber« findet als geschlossene Vereinsveranstaltung der »Freien Bühne« am 26. Februar 1893 in Berlin statt. Die Aufführung ist ein Riesenerfolg. Dem Stück eilt bald der Ruf voraus, für eine Revolution zu werben und auf Arbeitslose »aufreizender« zu wirken als die »wildeste Anarchistenrede«. Daher wird das Drama zum Politikum und zunächst von der Zensurbehörde verboten. Gerhart Hauptmann selbst ist über die Wirkung der »Weber« erschrocken und bestreitet energisch, eine »sozialdemokratische Parteischrift« verfasst zu haben. Er erklärt, »dass die christliche und allgemein menschliche Empfindung, die man Mitleid nennt, mein Drama hat schaffen lassen«. Nach dieser Erklärung des Schriftstellers wird das Stück dann doch für öffentliche Aufführungen freigegeben. Auch Kaiser Wilhelm II. liest Hauptmanns heftig umstrittenes Theaterstück und akzeptiert auch das Urteil des Königlich Preußischen Oberverwaltungsgerichts vom 2. Juli 1894, das die Aufführungen erlaubt. Dennoch ist er empört und entsetzt, als er das Stück auf der Bühne sieht, und ruft zum Boykott auf. Nur um das Gericht nicht öffentlich bloßzustellen, lässt er das Stück nicht verbieten.

Wer ist der Dichter dieses revolutionären Stückes?

Der in Schlesien geborene Gerhart Hauptmann ist der wichtigste Dramatiker des Naturalismus, einer zwischen 1880 bis 1900 vorherrschenden literarischen Strömung. Die Naturalisten, zu denen in Deutschland auch noch Arno Holz und Max Halbe gehören, wollen die Kunst möglichst der Natur annähern. Holz erfindet dafür die berühmte Formel: Kunst = Natur – x. Damit wollte er ausdrücken, dass die Kunst soweit wie möglich der Natur entsprechen sollte. Die Aufgabe des Künstlers sei es, das »x« aus der Formel möglichst klein sein zu lassen. Das Ideal des Naturalismus ist daher auch die exakt abbildende Fotografie. Außerdem beschäftigen sie sich intensiv mit der Milieutheorie, nach der das Handeln des Menschen ausschließlich von der Umwelt und der Vererbung abhängig ist. Demnach existiert kein freier Wille und der Mensch ist dementsprechend auch nicht verantwortlich für seine Taten. Die Kunst soll menschliches Handeln objektiv beobachten, aber nicht moralisch werten. Aus dieser Theorie heraus entsteht ein starkes Interesse an der möglichst genauen Darstellung des Milieus, um die Zwänge zu zeigen, denen die Figuren ausgesetzt sind. Der Naturalismus beschreibt gerne die negativen Seiten des Lebens wie Krankheit, Wahnsinn, Alkoholismus, Armut und Brutalität. Dennoch sind die Naturalisten keine Revolutionäre. Sie interessieren sich viel mehr für die Erforschung der herrschenden Verhältnisse als für die Veränderung derselben.

Wovon handelt Hauptmanns Stück?

Gerhart Hauptmann behandelt mit seinem sozialen Drama »Die Weber« das Elend und die politische Hilflosigkeit der schlesischen Weber im so genannten Weberaufstand 1844. Mit der Erfindung der mechanischen Webstühle und der damit einhergehenden industriellen Produktion ist die bisherige Heimarbeit der Weber ruiniert. Die Preise sinken dramatisch, und die Arbeiter müssen für einen Hungerlohn schuften, von dem sie kaum leben können. Es kommt zu einem Aufstand der schlesischen Weber, doch der wird vom preußischen Militär brutal niedergeschlagen. Obwohl diese Ereignisse bereits 50 Jahre zurückliegen, hat sich an der Situation der Weber in der Zwischenzeit wenig geändert. Zudem hat Hauptmann persönliche Beziehungen zum Thema: Sein eigener Großvater hatte noch zwölf Stunden täglich am Webstuhl gesessen. Wie ein moderner Journalist unternimmt der Dichter zur Vorbereitung seines Stückes Reisen zu den Webern nach Schlesien, um die Menschen und ihre Nöte persönlich kennen zu lernen.

Hauptmann verlässt sich in »Die Weber« auf den traditionellen Aufbau in fünf Akten, verzichtet aber auf eine zentrale Hauptfigur, mit der das Publikum sich identifizieren kann. Der eigentliche Hauptdarsteller ist die Masse der verelendeten Weber, die mit ihrer Revolte politisch nichts erreichen kann und am Ende lediglich hilflos die Webstühle zerstört. Von einem Aufruf zur Revolution im Theater kann jedenfalls keine Rede sein. Dennoch erobert Hauptmanns erfolgreichstes Drama Neuland, indem es mit seinen Massenszenen das Proletariat nicht länger nur als Leidende, sondern auch als Aufbegehrende zeigt. Bis heute wird das Stück in den Theatern aufgeführt.

1859–1941 Wilhelm II.
1862–1946 Gerhart Hauptmann
1863–1929 Arno Holz
1865–1944 Max Halbe

247

Pferdewagen sind überholt

1894

Sensationelle Rekordfahrt mit dem Automobil gelingt

Tausende Menschen stehen jubelnd am Straßenrand und winken dem deutschen Automobilpionier Freiherr von Liebieg zu, der vom Steuer seines Fahrzeuges aus ihr Winken siegessicher erwidert. Die letzten Kilometer bis nach Reims werden zu einer Triumphfahrt. Es ist schier unglaublich. Rund 2500 Kilometer hat er zurückgelegt, nur noch wenige Meter sind es jetzt bis zum Ziel seiner Rekordfahrt. Gestartet ist er mit seinem von Carl Benz gebauten Automobil namens Viktoria im böhmischen Reichenberg und demonstriert mit dieser Fahrt eindrucksvoll die enorme Leistungsfähigkeit der neuen motorisierten Fahrzeuge.

Pferde scheuen, Hunde kläffen und Menschen springen beim Anblick des Automobils entsetzt zur Seite oder reagieren mit Spott. »Soll das die Zukunft sein? Ein knatternder Motor und schreckliche Abgase?«, fragen diese Kritiker.

Wie wird das Auto erfunden?

Kaum ist die Dampfmaschine dank James Watt ausgereift, tauchen auch schon die ersten Ideen auf, Fahrzeuge mit Dampfkraft anzutreiben. Bereits im 18. Jahrhundert baut der Franzose Nicholas Joseph Cugnot den ersten funktionsfähigen Dampfwagen, der Kanonen in die Schlacht ziehen soll. Auch sein englischer Kollege Richard Trevithick, der Erfinder der Eisenbahn, baut einen dampfgetriebenen Wagen. Bald folgen Dampfomnibusse, die bis zu 18 Passagiere aufnehmen können und mit 15 km/h durch die Straßen Londons fahren. Sogar richtige Buslinien werden eingerichtet. Doch auf Dauer bewähren sich diese Ungeheuer nicht, vor allem weil die Dampfmaschine zu groß und zu schwer ist.

Einen leichteren Antrieb bietet dagegen der Motor, den der deutsche Maschinenbauer Nikolaus Otto im Jahr 1876 vorstellt. Im Vergleich zu den Dampfmaschinen ist der Ottomotor klein und leise. Die Konstrukteure Gottlieb Daimler und Wilhelm Maybach setzen diesen neuen »Ottomotor« als Antrieb für Kutschen und Fahrräder ein. Unabhängig von Daimler und Maybach konstruiert auch der aus Karlsruhe stammende Ingenieur Carl Benz einen eigenen Motor und baut ihn in ein dreirädriges Fahrzeug ein, das er »Patent-Motorwagen« nennt. Zwar machen sich manche Zeitungen über diesen »Wagen ohne Pferde« lustig, doch ist diese Erfindung des Jahres 1885 das erste richtige Auto mit Benzinmotor. Um mehr Aufmerksamkeit für das neuartige Fahrzeug zu erzielen, setzt sich Bertha Benz, die Frau des Erfinders, ans Steuer und fährt die 106 Kilometer von Mannheim nach Pforzheim. Da es noch keine Tankstellen gibt, muss sie das Benzin in der Apotheke kaufen.

Mit seiner sensationellen Fernfahrt von Reichenberg nach Reims sorgt schließlich Freiherr von Liebieg für eine Weltsensation. Zunächst setzt sich das Automobil in Frankreich besonders gut durch. Das Eisenbahnnetz in Deutschland ist sehr gut ausgebaut und der Bedarf an Mobilität damit zunächst abgedeckt. In Frankreich dagegen verlaufen alle Bahnlinien auf Paris zu, es fehlen Querverbindungen. Dafür sind jedoch die Straßen gut ausgebaut und ideal zum Autofahren. Die noch junge Automobilindustrie nutzt auch Rennen, um für ihre Autos zu werben. 1891 lässt Peugeot beim Radrennen Paris–Brest einen Wagen mit Benzinmotor mitfahren. Der kann zwar nicht mit den schnellsten Radfahrern mithalten, erregt aber umso mehr Aufsehen beim Publikum. Allein um Geschwindigkeit geht es 1895 beim Rennen von Paris nach Bordeaux und zurück. Knapp 1200 Kilometer müssen in 100 Stunden zurückgelegt werden. Die Fahrzeuge mit Benzinmotoren haben starke Konkurrenten, nämlich die Dampfwagen. Die müssen zwar vorgeheizt werden, bringen jedoch eine höhere Leistung. So erreicht 1906 ein Stanley-Steamer eine Geschwindigkeit von 205 Kilometern in der Stunde. Dieser Weltrekord zeigt, warum es Autos mit Ottomotor so schwer haben, sich auf dem Markt durchzusetzen.

Bleiben die Dampfwagen trotzdem auf der Strecke?

Das Automobil hat in seiner Anfangszeit bei einem Großteil der Bevölkerung

einen eher schlechten Ruf: Die Raserei bei den Sportrennen, spektakuläre Unfälle mit Toten, vor allem aber Lärm und Gestank lassen zunächst wenig Begeisterung aufkommen. Im Lauf der Zeit werden für die meisten die Nachteile durch das Maß an neuer Bewegungsfreiheit aufgewogen, die das Auto verspricht. Außerdem können mit dem Auto viele Verkehrsprobleme gelöst werden, da Großstädte wie London oder New York um 1900 im Pferdemist zu ersticken drohen. Denn für die gesamte Versorgung von Millionen von Bürgern stehen in den Städten nur Pferdewagen zur Verfügung, bis das Auto diese Aufgabe übernimmt.

Besonders in Amerika wird das Auto rasch zu einem großen Erfolg. Hier sorgt der Unternehmer Henry Ford Anfang des 20. Jahrhunderts durch Fließbandmontage dafür, dass das Auto in großer Stückzahl zu günstigen Preisen produziert wird. Sein berühmtes »Modell T« wird in 19 Jahren insgesamt 15 Millionen Mal gebaut. Viele Farmer kaufen das robuste Auto, das sich auf holprigen Wegen gut einsetzen lässt.

Das Auto als Fortbewegungs- und Transportmittel ist aus

1725 – 1804 Nicholas Joseph Cugnot
1736 – 1819 James Watt
1771 – 1833 Richard Trevithick
1832 – 1891 Nikolaus Otto
1834 – 1900 Gottlieb Daimler
1844 – 1929 Carl Benz
1846 – 1929 Wilhelm Maybach
1849 – 1944 Bertha Benz
1863 – 1947 Henry Ford
1872 – 1939 Theodor Freiherr von Liebieg

dem Leben der Bewohner der Industriestaaten heute nicht mehr wegzudenken. Es schafft ihnen einerseits große Bewegungsfreiheit, andererseits macht es sie aber auch abhängig von einer kostbaren Ressource unserer Erde: dem Erdöl.

249

X-Strahlen machen das Innere des Körpers sichtbar

1895

Röntgen revolutioniert die Medizin

Wilhelm Conrad Röntgen ist in seinem Element. Der Professor für Physik an der Universität Würzburg mit dem Fachgebiet Licht hat eine Kathodenstrahlröhre aufgebaut … Er verändert die Röhre, deckt sie ab und bestrahlt verschiedene Gegenstände. Nichts passiert. Doch beim nächsten Versuch traut er seinen Augen nicht. »Die Strahlen der Röhren durchdringen Karton und Holz. Und mit ihnen lässt sich sogar Fotopapier belichten. Ich bin gespannt, was sie noch alles können. Vielleicht kann man mit ihnen sogar Aufnahmen vom Inneren des Körpers machen.«

Dieses Experiment gelingt tatsächlich, denn die Strahlen durchdringen auch menschliches Gewebe, Muskeln und Organe sehr leicht, Knochen hingegen nicht. Daher heben sie sich auf den Röntgenbildern sehr gut vom umliegenden Gewebe ab. Zum ersten Mal kann man die Knochen in einem lebenden menschlichen Körper betrachten. Man kann daher gut erkennen, ob sie gebrochen sind. Auch das schlagende Herz oder verschluckte Gegenstände im Magen kann man mühelos beobachten.

»Ich werde diese neuen Strahlen X-Strahlen nennen«, beschließt Professor Röntgen, »und sie schnellstmöglich der Medizin zur Verfügung stellen.«

Wer ist Professor Röntgen?

Wilhelm Conrad Röntgen wird in Remscheid geboren und studiert später, obwohl er kein Abitur hat, in Zürich Maschinenbau. Anschließend wird er in Würzburg Professor für Physik und arbeitet mit Elektronenstrahlen in Gasentladungsröhren*. Bei einem seiner zahlreichen Experimente entdeckt er die besonderen Eigenschaften bislang unbekannter Strahlen: Sie dringen – anders als sichtbares Licht, Elektronen oder andere Materiestrahlen – durch Papier, Holz und sogar durch einige Metalle. Nur wenige Materialien wie Blei können sie zurückhalten. Auch Fotoplatten lassen sich von den Strahlen belichten. Als Demonstration seines Experiments durchleuchtet Röntgen die Hand seiner Frau. Auf der Fotoplatte lassen sich die einzelnen Knochen erkennen. Was vielen noch gespenstisch erscheint, hat großen Nutzen in der Medizin.

Im Jahr 1901 erhält Röntgen für seine Entdeckung den Nobelpreis für Physik, den ersten, der überhaupt vergeben wird. Röntgen verzichtet auf ein Patent für seine Erfindung, das ihm viel Geld eingebracht hätte. So können schnell und ohne Probleme überall auf der Welt Röntgenapparate gebaut werden, die einen echten Fortschritt in der Medizin bedeuten.

Welche Fortschritte werden noch in der Medizin gemacht?

Ebenso wichtig wie der Röntgenapparat sind neue und bessere Mikroskope. Mit ihnen entdeckt der deutsche Arzt Robert Koch, dass Bakterien die Verursacher der schlimmen Infektionskrankheiten Milzbrand, Tuberkulose und Cholera sind. Koch sowie der französische Chemiker und Biologe Louis Pasteur begründen, unabhängig voneinander, eine neue medizinische Wissenschaft, die Bakteriologie. Sie untersuchen einzelne Bakterienarten und erforschen deren Wirkungen.

Pasteur interessiert sich aber nicht nur für Krankheiten, sondern sucht und findet Bakterien überall. Er beobachtet sie unter dem Mikroskop und erkennt, welche nützliche Rolle sie spielen können, etwa bei der Gärung. Von großer praktischer Bedeutung wird ein Verfahren, das bald seinen Namen trägt: die Pasteurisierung. Hierbei geht es um unerwünschte Bakterien, die etwa zum Gären von Fruchtsäften oder zum Sauerwerden von Milch führen. Wenn solche Getränke ein paar Minuten schonend auf nahezu 100 Grad Celsius erhitzt werden, sterben diese Keime ab. Milch und Saft können so in einer geeigneten Verpackung viel länger gelagert werden.

Die Impfung wird ebenfalls von Pasteur erfunden. Er beobachtet, dass von bestimmten Krankheiten betroffene und wieder gesundete Tiere eine erneute Infektion unbeschadet überstehen. So kommt Pasteur auf die Idee, Abwehrstoffe gegen Krankheitserreger in Tieren und Menschen zu aktivieren, indem er sie mit geringen Mengen abgeschwächter Krankheitserreger impft. Wenn dann »echte« Krankheitserreger den Körper befallen, ist er gegen sie gewappnet. Durch geeignete Impfstoffe verlieren Krankheiten wie Tollwut, Pocken oder Milzbrand viel von ihrem früheren Schrecken.

Die neu begründete Bakteriologie treibt auch die Entwicklung der Hygiene voran. Durch Sauberkeit und Desinfektion können manche Krankheiten endlich wirkungsvoll verhindert werden. Diese Erkenntnis muss sich allerdings erst durchsetzen. Bis in die erste Hälfte des 19. Jahrhunderts wird Sauberkeit in der Medizin als nicht besonders wichtig angesehen. Die Operationsschürzen der Chirurgen werden selten gewaschen, medizinische Instrumente vor dem Gebrauch nicht gereinigt. Auf diese Weise übertragen sich in Krankenhäusern oft Krankheiten. Als die Bakteriologen aber beweisen, dass Infektionen hauptsächlich von Händen und Gegenständen ausgehen, die in Kontakt mit Wunden gekommen sind, beginnt das Zeitalter der keimfreien Chirurgie. Wunden werden nun bei Operationen gezielt desinfiziert, das Klinikpersonal reinigt sich regelmäßig die Hände.

Ein weiterer großer Fortschritt der Medizin im 19. Jahrhundert ist schließlich die Einführung der Narkose. Die erste Narkose gelingt Horace Wells, einem amerikanischen Zahnarzt, im Jahr 1844 mit Lachgas. Erst wenige Jahre zuvor war es von Chemikern entdeckt worden. Mitte des 19. Jahrhunderts können so die ersten Operationen unter Betäubung ausgeführt werden. Bis dahin mussten die Patienten mitunter unvorstellbare Schmerzen

> 1815 – 1848 Horace Wells
> 1822 – 1895 Louis Pasteur
> 1843 – 1910 Robert Koch
> 1845 – 1923 Wilhelm Conrad Röntgen

erleiden. Äther und Chloroform erweisen sich ebenfalls als geeignete Narkosemittel und lindern die Schmerzen bei chirurgischen Eingriffen oder beim Ziehen von Zähnen.

Diesen engagierten Wissenschaftlern ist es zu verdanken, dass die Entwicklung in der modernen Medizin mit Siebenmeilenstiefeln voranschreitet und das Leben der Menschen in Bezug auf Krankheiten immer angenehmer und länger wird.

251

whites

nonwhites

blankes

nie.blankes

20.
Jahrhundert

Die Welt von Gestern

»Die Welt von Gestern« – diesen Titel gab 1942 der Schriftsteller Stefan Zweig seiner Auto-biografie. Der Titel drückt sehr deutlich das Grundgefühl aus, welches das zwanzigste Jahrhundert, zumindest in seiner ersten Hälfte, bestimmte: Verlust alles Vertrauten.

Anfang des 20. Jahrhunderts fühlen sich die Europäer nach einer langen Friedensperiode – in Mittel- und Westeuropa hatte es seit über vierzig Jahren keinen Krieg mehr gegeben – relativ sicher. In dieser Zeit ist viel die Rede von den kulturellen und humanistischen Segnungen Europas. Dass der Wohlstand nur einem kleinen Teil der Bevölkerung zugute kommt, wird in Kreisen des wohlhabenden Bürgertums und des Adels gerne verdrängt.

Trotz des Flotten-Wettrüstens zwischen England und Deutschland und der offensichtlichen Konkurrenz zwischen den europäischen Staaten machen sich nur wenige Menschen klar, wie brüchig der Friede in Europa tatsächlich ist.

Als 1914 in Sarajewo der österreichische Thronfolger ermordet wird, erklärt Österreich Serbien den Krieg, da es in ihm den Anstifter des Anschlags vermutet. Das Deutsche Reich hat Österreich zuvor seine bedingungslose Unterstützung zugesagt. Infolge der arroganten und ungeschickten Außen- und Bündnispolitik des deutschen Kaisers Wilhelm II. stehen kurz darauf Deutschland und Österreich-Ungarn mit Frankreich, England und Russland im Krieg.

Bei allen am Krieg beteiligten Nationen hatte sich in den Jahren zuvor ein ausgeprägter Nationalstolz entwickelt, der nun dazu führt, dass nicht nur die Regierenden, sondern auch die Soldaten und die Bevölkerung den Krieg zunächst voller Begeisterung begrüßen. Doch diese Euphorie verfliegt im Laufe des Krieges rasch: An der Front toben grausame »Material-schlachten«, in denen Panzer, Flugzeuge und Giftgasgranaten eingesetzt werden. Die Gegner stehen einander nicht mehr Auge in Auge gegenüber wie noch im deutsch-französischen Krieg vierzig Jahre zuvor. Der Feind bleibt anonym. Monatelang wird vor Verdun erbittert um jeden Meter Boden gekämpft, unzählige Soldaten werden verschüttet, verletzt und getötet, ohne dass sich die Front zwischen Deutschen und Franzosen mehr als wenige Kilometer in die eine oder andere Richtung verschiebt.

Lange Zeit versuchen die USA vergeblich zu vermitteln. Wegen der wiederholten Beschießung amerikanischer Passagier- und Handelsschiffe durch deutsche U-Boote treten danach auch die USA 1917 in den Krieg gegen das Deutsche Reich ein. Nun hat dieser Krieg die ganze Welt erfasst. Der Erste »Welt«-krieg ist in vollem Gange.

Im Oktober 1918 macht die deutsche Oberste Heeresleitung den Gegnern ein Waffenstillstandsangebot, das diese mit eigenen Forderungen beantworten. Die deutschen Generäle wollen diese nicht akzeptieren und befehlen ihren Truppen, den Kampf wieder aufzunehmen. Doch die deutschen Soldaten und die Bevölkerung sehnen sich inzwischen nach einem Ende dieses sinnlosen Krieges. Die Matrosen der Marine verweigern den Befehl. Andere Soldaten und Arbeiter schließen sich an. Es kommt zur deutschen Novemberrevolution, in deren Verlauf das Volk die Abdankung des Kaisers und der Landesfürsten erzwingt. Deutschland und auch Österreich werden Demokratien.

In Russland ist es bereits 1917 zur Februar- und zur Oktoberrevolution gekommen. Arbeiter- und Soldatenräte, »Sowjets« genannt, werden ins Leben gerufen und erzwingen die Abdankung des Zaren. Unter der Führung von Wladimir Iljitsch Lenin entsteht die Sowjetunion. Sie ist der erste kommunistische Staat, der sich auf die Thesen von Karl Marx und Friedrich Engels, die »Väter« des Kommunismus beruft. Allerdings nimmt der neue Staat bereits unter Lenin diktatorische Züge an. Sein Nachfolger, Joseph Stalin, macht die Sowjetunion vollends zu einem totalitären Staat.

Der Weg in den Nationalsozialismus

Die junge deutsche Demokratie, die nach dem Tagungsort ihrer verfassungsgebenden Nationalversammlung »Weimarer Republik« genannt wird, hat keine guten Startbedingungen. Nach der Niederlage im Ersten Weltkrieg müssen ihre Vertreter den Friedensvertrag von Versailles unterzeichnen, in dem Deutschland etliche Gebiete abtreten und sich zudem verpflichten muss, eine hohe Kriegsentschädigung an die Sieger zu zahlen. Zudem lehnen nicht wenige Deutsche die parlamentarische Demokratie als Staatsform ab und schließen sich in antidemokratischen Parteien zusammen.

Zusätzlich erschwert wird die Situation der jungen deutschen Demokratie durch Inflation und Weltwirtschaftskrise: Das Geld verliert in der ersten Hälfte der 1920er-Jahre so schnell an Wert, dass viele Menschen bald nicht mehr wissen, wovon sie leben sollen. Besonders hart trifft es die Arbeitslosen, deren Zahl rasant steigt. Die politische Situation wird dadurch immer instabiler. In den etwas mehr als vierzehn Jahren von November 1918 bis Januar 1933 wird mehr als zwanzig Mal eine neue Regierung gebildet. Immer mehr Menschen geben ihre Stimme verfassungsfeindlichen Parteien.

Am 30. Januar 1933 wird Adolf Hitler, der Führer der Nationalsozialistischen Deutschen Arbeiterpartei (NSDAP), neuer Reichskanzler. Damit ist das Ende der Weimarer Republik besiegelt. Getreu der Ideologie des Faschismus*, deren besonders extreme Ausprägung der Nationalsozialismus ist, organisiert Hitler den Staat streng nach dem »Führerprinzip«: Es gibt nur noch eine Partei, nämlich die NSDAP. An ihrer Spitze steht, ebenso wie an der Spitze des Staates, Hitler selbst. Im totalitären Terrorsystem des nationalsozialistischen Staates gelten keine Menschen- und Bürgerrechte mehr. Jeder Lebensbereich,

1818–1883 Karl Marx
1820–1895 Friedrich Engels
1859–1941 Wilhelm II.
1866–1944 Wassily Kandinsky
1874–1951 Arnold Schönberg
1870–1924 Wladimir Iljitsch Lenin
1871–1948 Orville Wright
1879–1953 Josef Stalin
1880–1916 Franz Marc
1881–1941 Stefan Zweig
1886–1956 Gottfried Benn
1887–1914 Georg Trakl
1889–1945 Adolf Hitler
geb. 1937 Saddam Hussein

jeder noch so kleine Verein wird »gleichgeschaltet«, d. h. systematisch erfasst und durch ein weit verzweigtes Spitzelsystem kontrolliert. Jeder, der etwas gegen das Regime sagt, muss damit rechnen, verhaftet, eingesperrt, gefoltert oder gar getötet zu werden.

Aber nicht nur das hindert die Menschen daran, aktiven Widerstand gegen das Regime zu leisten: Nicht wenige sind begeistert davon, dass Deutschland nach dem verlorenen Ersten Weltkrieg und den schweren Jahren danach wieder an Einfluss gewinnt.

Kranke, Behinderte, Homosexuelle, Sinti und Roma und vor allem Juden sind der Rassentheorie der Nationalsozialisten zufolge »minderwertig« und werden unbarmherzig verfolgt und systematisch umgebracht. In den Vernichtungslagern, die während des Zweiten Weltkrieges in den besetzten Gebieten Osteuropas entstehen, werden über sechs Millionen Juden ermordet.

Hitlers Ziel ist es, »neuen Lebensraum« zu erobern. Der deutsche Überfall auf Polen löst am

1. September 1939 den Zweiten Weltkrieg aus. Als Deutschland am 8. Mai 1945 kapituliert, liegt halb Europa in Trümmern. Das mit Deutschland verbündete Japan kapituliert erst einige Monate später, nachdem die Amerikaner über Hiroshima und Nagasaki die beiden ersten Atombomben abgeworfen haben. Über fünfzig Millionen Menschen sind in diesem Krieg ums Leben gekommen.

Ein neuer Anfang?

Die vier Siegermächte England, Frankreich, USA und Sowjetunion teilen Deutschland in vier Sektoren. Im Juli 1945 einigen sie sich während der Potsdamer Konferenz auf eine gemeinsame Politik: Die Reste des nationalsozialistischen Systems sollen beseitigt und demokratische Strukturen geschaffen werden. Aus den Fehlern von Versailles hat man gelernt, dass ein Übermaß an Demütigung nur neuen Hass provoziert. So wird zwar den großen Führern der Nationalsozialisten in Nürnberg der Prozess gemacht, aber dem Großteil der Bevölkerung begegnet man eher versöhnlich.

Die Koalition der Siegermächte zerbricht schon bald: Zu unterschiedlich sind die politischen Systeme der Sowjetunion und der westlichen Demokratien. So kommt es, dass 1949 zwei deutsche Staaten gegründet werden: die Bundesrepublik Deutschland (BRD) als westlich orientierte parlamentarische Demokratie und die Deutsche Demokratische Republik (DDR) als zum Ostblock gehörender sozialistischer Staat.

Die Fronten zwischen den beiden Machtblöcken verhärten sich immer mehr. Mit dem westlichen Militärbündnis der NATO und dem östlichen des Warschauer Paktes wird diese Blockbildung zementiert. In den kommunistischen Staaten des Ostblocks verschärfen sich im Lauf der Zeit die wirtschaftlichen und gesellschaftlichen Probleme.

In der zweiten Hälfte der 1980er-Jahre demonstrieren in fast allen Ostblockstaaten die Menschen für mehr Freiheit und Demokratie. Die Regierungen geben fast überall nach. Der Ostblock zerfällt. 1989 wird die Grenze, die jahrzehntelang die beiden deutschen Staaten voneinander trennte, geöffnet, und schon ein Jahr später wird Deutschland wiedervereinigt.

Nach dem Zusammenbruch des Warschauer Paktes hoffen die Menschen in vielen Staaten der Erde auf eine lang dauernde Friedensperiode. Doch bald schon machen schwere Bürgerkriege und nationale Konflikte im ehemaligen Jugoslawien diese Hoffnungen zunichte.

Eine weitere Konfliktlinie zeigt sich am 11. September 2001. An diesem Tag verübt die islamistische Terrororganisation al-Quaida zeitgleich verschiedene Attentate in den USA, bei denen mehrere tausend Menschen ums Leben kommen. Die USA rufen daraufhin zum weltweiten Kampf gegen den Terror auf und führen zum zweiten Mal Krieg gegen den Irak und seinen Diktator Saddam Hussein.

Mit Hochgeschwindigkeit dem neuen Jahrtausend entgegen

Im 20. Jahrhundert gelingen viele Erfindungen und technische Neuerungen: Seit Orville Wright 1903 den ersten Motorflug unternahm, haben sich Luft- und Raumfahrttechnik rasant weiterentwickelt. Mit dem ersten bemannten Flug zum Mond verwirklichen die USA 1969 einen

Menschheitstraum. Von technisch perfektionierten Autos über »intelligente« Geräte bis hin zur Multimediatechnik reichen die Entwicklungen, die den Menschen ungeahnte Erleichterungen ihres Alltagslebens bescheren.

Grundlage für die Vielzahl der technischen Neuerungen sind gewaltige Fortschritte in den Naturwissenschaften. Allerdings finden viele Menschen diese Fortschritte nicht nur erfreulich, sondern auch beängstigend. So bergen zum Beispiel Kernenergie und Gentechnik auch Risiken für die Menschen.

Abschied von Altvertrautem in der Kunst

Durch die politischen und sozialen Entwicklungen haben sich die gesellschaftlichen Strukturen grundlegend verändert. Die naturwissenschaftliche Forschung hat die vertraute Sichtweise des Lebens infrage gestellt und damit das Altvertraute aufgelöst.

Die Kunst als Spiegel ihrer Zeit nimmt solche Veränderungen auf und interpretiert sie auf ihre Weise. So ist es nicht überraschend, dass sich im 20. Jahrhundert Malerei, Musik und Literatur zum Abstrakten hin verändern. Expressionistische Maler wie Wassily Kandinsky und Franz Marc, expressionistische Dichter wie Gottfried Benn und Georg Trakl, Komponisten wie der Schöpfer der Zwölftonmusik*, Arnold Schönberg: Sie alle stehen für eine kreative Befreiung von überkommenen Regeln.

1914–1918 Erster Weltkrieg
1939–1945 Zweiter Weltkrieg

Traumfabrik oder politische Waffe?

Das zwanzigste Jahrhundert ist auch das Jahrhundert der Massenmedien: Radio, Film, Fernsehen und Internet dienen sowohl der Unterhaltung als auch der Information. Über Ereignisse, die in abgelegenen Gegenden tausende von Kilometern von uns entfernt geschehen sind, erhalten wir in kürzester Zeit Nachrichtenmeldungen. So schrumpft die Welt zum »globalen Dorf«.

Diese Flut von Informationen bringt aber auch einige Probleme mit sich: Zum einen wird es schwieriger, die verlässlichen Nachrichten von den unzuverlässigen zu unterscheiden. Wer etwa im Internet zu einem bestimmten Thema recherchiert, hat häufig Schwierigkeiten, sich über die Seriosität der Quelle kundig zu machen.

Zum anderen muss man auch damit rechnen, durch bewusste Fehlinformationen manipuliert zu werden. Manipulation durch Medien findet auch bei uns tagtäglich statt. Sei es das geschickte »Product Placement«, also in scheinbar harmlosen Unterhaltungssendungen versteckte Werbung für Produkte, sei es gezielt politische Desinformation wie zum Beispiel in den offiziellen Begründungen für den zweiten Irakkrieg der USA: Der verantwortungsvolle Umgang mit den Medien verlangt ständige Aufmerksamkeit.

Träume – der Spiegel unserer Seele?

1900

Sigmund Freud stellt revolutionäre Theorie vor

Endlich hat Sigmund Freud sein neues Buch abgeschlossen. Es trägt den Titel *Die Traumdeutung* und zeigt völlig neue Wege bei der Behandlung von psychischen Störungen auf.

»Der Traum ist die (verkleidete) Erfüllung eines unterdrückten, verdrängten Wunsches.« So lautet der erste allgemeine Lehrsatz der Theorie von Sigmund Freud. Für ihn stellen die Träume den besten Zugang zum Unbewussten dar, wenn man sie mit viel Geduld zu »deuten« versteht. Diesen Vorgang nennt er *Psychoanalyse*. Gelingt diese, kann man die Ursachen für zahlreiche Ängste und Verhaltensweisen eines Menschen erkennen und ihm bei der Lösung seelischer Probleme helfen. Viele Mediziner sind noch sehr skeptisch, doch Freud ist von seiner Methode überzeugt.

Wer ist Sigmund Freud?

Sigismund Schlomo Freud kommt als Sohn eines Wollhändlers aus Freiberg (heute Pribor, Tschechische Republik) zur Welt. Drei Jahre später zieht die Familie Freud nach Wien, wo Sigmund später ein Medizinstudium aufnimmt.

Nach dem Examen arbeitet er in einem Krankenhaus und eröffnet schließlich eine Praxis als Nervenarzt. Bei seiner Arbeit stellt Freud erstmals fest, dass sich nervöse Nervenleiden durch Gespräche über die Hintergründe in der Lebensgeschichte der Patienten bessern lassen.

Erste öffentliche Vorträge Freuds stoßen bei seinen Kollegen jedoch auf heftige Ablehnung.

Durch seine eigenen gesundheitlichen Probleme, er leidet unter Kopfschmerzen und Müdigkeit, wird Freud zur genauen Selbstbeobachtung getrieben. Solche »nervösen Leiden« werden zur Zeit Freuds mit Elektroschocktherapie und Hypnose behandelt, was aber zu keiner entscheidenden Verbesserung führt. Als seine gesundheitlichen Probleme zunehmen, entschließt er sich 1897 zu einer Selbstanalyse.

Die Grundlagen der Psychoanalyse entstehen also gewissermaßen im Selbstversuch.

Freud macht sich auf, die Geheimnisse des Seelisch-Unbewussten zu erforschen und stößt dabei auf einen unbekannten, geheimnisvollen Bereich.

Bei seiner Selbstbefragung legt Freud weit zurückliegende »traurige Lebensgeheimnisse« aus der eigenen Kindheit offen. Er achtet auf das scheinbar unsinnigste Wort, auf jedes Bild und jeden Traum, und kommt so wie ein Detektiv hinter die Geheimnisse der Psyche und ihre Bedeutung für die aktuelle Lebenssituation.

In der von Freud entwickelten psychoanalytischen Traumdeutung wird der Traum entschlüsselt und als unbewusster oder verdrängter Wunsch gelesen.

Zu dieser Entschlüsselung gelangt er durch die »freie Assoziation«, eine Methode, bei der der Patient alles aussprechen darf, was ihm gerade in den Sinn kommt.

Freud erkennt im Lauf seiner Untersuchungen, dass nervöse Störungen (wie zum Beispiel Angstzustände) ihre Ursachen oft in der frühkindlichen Sexualität haben. Der Patient unternimmt also eine Reise in seine unbewussten Seelenregionen, um den Schlüssel zu seinem seelischen Leiden zu finden.

Ist Freuds Theorie wirklich »revolutionär«?

In seinen Vorlesungen zur Einführung in die Psychoanalyse, die Freud 1916/17 in Wien hält, stellt er seine eigenen Forschungsergebnisse selbstbewusst neben diejenigen des Astronomen Nikolaus Kopernikus und des Naturforschers Charles Darwin.

»Große Kränkungen« habe »die naive Eigenliebe der Menschheit im Lauf der Zeiten durch die Wissenschaft erdulden müssen«. Zunächst habe Kopernikus bewiesen, dass die Erde nicht Mittelpunkt des Weltalls sei. Dann habe Darwin das »Schöpfungsvorrecht des Menschen« infrage gestellt, indem er die Abstammung aus dem Tierreich nachwies. Und nun werde mit der Psychoanalyse auch noch nachgewiesen, dass das »Ich (…) nicht einmal Herr ist im eigenen Haus, sondern auf kärgliche Nachrichten angewiesen bleibt von dem, was unbewusst in seinem Seelenleben vorgeht«.

Freuds Psychoanalyse setzt sich als Heilverfahren nur sehr langsam durch und stößt immer wieder auf Kritik.

Erst in der zweiten Hälfte des 20. Jahrhunderts wird klar, wie sehr Sigmund Freud das Bild vom Menschen verändert hat. Bestimmte Teile seiner Theorie wie der »Ödipuskomplex«* oder die Tendenz, Träume ernst zu nehmen, werden sogar Teil des Alltagswissens.

Freuds Lehre hat weltweit großen Einfluss nicht nur auf die Entwicklung der Anthropologie*, Psychologie, Psychatrie und Psychotherapie genommen, sondern auch auf Philosophie, Kunst und Literatur. So berufen sich Maler wie Salvador Dalí und Max Ernst auf Freuds Theorie, wenn sie in ihren surrealistischen Bildern Landschaften zeigen, die geradewegs einem ihrer Träume zu entstammen scheinen.

1473–1543 Nikolaus Kopernikus
1809–1882 Charles Darwin
1856–1939 Sigmund Freud
1891–1976 Max Ernst
1899–1980 Alfred Hitchcock
1904–1989 Salvador Dalí

Auch der Regisseur Alfred Hitchcock greift in Filmen wie »Psycho« oder »Marnie« immer wieder den Gedanken auf, dass zum Beispiel Verbrechen mit den Zwängen des Unbewussten zu tun haben.

Freuds Selbsteinschätzung, in der er sich auf einer Stufe sieht mit Kopernikus und Darwin, war also durchaus zutreffend. Seine Theorien haben das Bild des Menschen sicherlich genauso revolutioniert.

Nur wüste Schmierereien?

1905

Die »wilden« Maler stellen in Paris aus

Der Pariser Herbstsalon, eine der angesehensten Kunstausstellungen der Welt, ist eröffnet. Er ist ein Muss für jeden Kunstkenner. Doch der sonst so besinnliche Rundgang durch die Ausstellungsräume wird jäh unterbrochen. Neben den Gemälden mit der üblichen Qualität hängen Bilder, deren grelle Farben und verzerrte Formen den Betrachter regelrecht anschreien. Nicht nur die Kritiker, auch die Besucher sind empört: »Das sind doch bloß wilde Schmierereien. Mit Kunst hat das nichts zu tun«, beschwert sich ein Besucher. Und ein Kritiker schimpft: »Eine Frechheit! Das ist, als ob man dem Publikum einen Topf Farbe ins Gesicht schüttet!«

Wer aber die Bilder auf sich wirken lässt, der erkennt, worauf es den Malern ankommt. Sie wollen ihre Empfindungen mit schnellen Pinselstrichen und kräftigen Farben zum Ausdruck bringen.

Ist die Kunst am Ende?

Zu Beginn des 20. Jahrhunderts hat sich der Impressionismus durchgesetzt und Maler wie Claude Monet sind inzwischen weithin anerkannt. Georges Seurat hat mit seinem Pointillismus den Impressionismus und somit die moderne Malerei noch einen Schritt weiterentwickelt. Seurat mischt die Farben nicht mehr, sondern setzt einzelne kurze Pinselstriche nebeneinander. Seine Bilder bestehen also aus unzähligen Farbpunkten wie die Pixel eines Computerbildes. Mit dieser Weiterentwicklung des Impressionismus, so meinen viele Zeitgenossen, seien die Ausdrucksmöglichkeiten der modernen Kunst erst einmal erschöpft.

Doch sie haben sich geirrt, denn längst suchen Künstler einer neuen Generation nach ebenso neuen, noch nie da gewesenen Ausdrucksformen. Zu diesen Malern gehören Henri Matisse, Albert Marquet, Georges Rouault und andere, die ihre Bilder erstmals im Pariser Herbstsalon zeigen. Das Publikum ist schockiert von den auffälligen und ungewöhnlichen Bildern. Die Farben sind kräftig und rein, schroff nebeneinander gesetzt, als Block oder Fleck. Licht und Schatten, um Räumlichkeit zu erzeugen, gibt es nicht. Zusätzlich sind die »natürlichen« Formen oft stark vereinfacht, sie wirken unbeholfen, verzerrt und übersteigert. Die Künstler wollen dadurch ihre persönlichen Gefühle umso intensiver zum Ausdruck bringen. All dies wird als Beleidigung des Kunstempfindens angesehen. Die Bilder gelten nicht als schön oder geistvoll, sondern als roh und hässlich. Schon oft haben Künstler die traditionellen Regeln der Malerei missachtet, aber diese Bilder sind eine Revolution. Das Publikum betrachtet die Bilder als Werke von »Wilden«. Damit kommt die Künstlergruppe um Henri Matisse zu ihrem Namen: »Die Wilden« heißt auf Französisch »Les Fauves«.

Auch in Deutschland revoltieren junge Künstler. Ernst Ludwig Kirchner, Karl

Schmidt-Rottluff und Erich Heckel gründen in Dresden die Künstlergemeinschaft »Die Brücke«. Sie alle wollen »unmittelbar und unverfälscht« wiedergeben, was sie bewegt. Die Brücke-Maler gehen mit Farben und Formen ebenfalls ungewöhnlich um. Da gibt es knallgelbe Gesichter, blaue Menschen und rote Rehe, und alles sieht aus, als könne der Künstler gar nicht richtig zeichnen und malen. Dazu kommt eine wilde, leidenschaftliche Malweise. Zu ihren Motiven zählen vor allem Menschen und die Großstadt, die mal als abstoßender, dann wieder als anziehender Lebensraum dargestellt wird. Dabei streben sie eine spontane, persönliche Wiedergabe eines Eindrucks an.

Können sich die »Wilden« durchsetzen?

Aus Frankreich kommt ein weiterer empörender Trend. Auch dieser erhält seinen Namen durch einen Kritiker: der Kubismus, vom französischen Wort »cube« – Würfel. Der Maler Paul Cézanne hat die Theorie aufgestellt, dass sich alle Formen in der Natur auf Würfel, Kegel und Kugel zurückführen lassen. Dieser Idee folgend, zerlegt Georges Braque in seinen Bildern alle Gegenstände in ihre Grundformen und löst Geigen, Vasen, Stühle und sogar Menschen kurzerhand in geometrische Formen auf. Und wieder stöhnt das Publikum: Was soll denn das schon wieder? Zu allem Übel benutzt

er auch kaum noch Farben: Bei ihm sieht man nur noch Schwarz, Grau, Braun und Weiß.

Die neuen Malstile der »Fauves«, der Brücke-Maler sowie des Kubismus werden zu Vorläufern des Expressionismus. Der eigentliche Wegbereiter dieser neuen Kunstrichtung ist aber ein Maler aus Norwegen gewesen: Edvard Munch. Sein berühmtestes Werk, »Der Schrei«, wird zum Urbild expressionistischer Malerei. Expressionismus heißt so viel wie »etwas zum Ausdruck bringen«. Hat Munch zunächst noch nach der Natur gemalt, fasst er schon bald Menschen und ihre Gefühle in Farben und Formen. Vor allem Bedrängendes wie Angst und Einsamkeit, Hass und Eifersucht stellt er in fahl leuchtenden Farben und erregten Wellenlinien dar.

1839–1906 Paul Cézanne
1840–1926 Claude Monet
1859–1891 Georges Seurat
1863–1944 Edvard Munch
1866–1944 Wassily Kandinsky
1869–1954 Henri Matisse
1871–1958 Georges Rouault
1875–1947 Albert Marquet
1879–1940 Paul Klee
1880–1916 Franz Marc
1880–1938 Ernst Ludwig Kirchner
1882–1963 Georges Braque
1883–1970 Erich Heckel
1884–1950 Max Beckmann
1884–1976 Karl Schmidt-Rottluff

Typisch für diese Zeit ist es auch, dass sich die Künstler in Gruppen zusammenschließen. So bildet sich auch in München eine weitere Künstlergruppe, der »Blaue Reiter«, der Franz Marc, Paul Klee, Wassily Kandinsky und andere Maler angehören.

Der Expressionismus hat viele Formen. Max Beckmann findet nach den Schrecken des Ersten Weltkriegs eine eigene Bildsprache für die Ohnmacht der Menschen angesichts der heillosen Gewalt. Auch andere Expressionisten zeigen nach 1918 das Grauen des Kriegs und die radikale Modernisierung und Beschleunigung des Lebens, die typisch für das 20. Jahrhundert sind. Allerdings dauert es lange, bis sich das Publikum an diese radikal andere Bildsprache gewöhnt und diese als Kunst anerkennt. Noch in der Zeit des Nationalsozialismus wird diese Kunst als »entartet« gebrandmarkt und aus den Museen verbannt.

261

Autos werden erschwinglich

1913

Ford entwickelt neues Produktionsverfahren

Autos sind unbezahlbar. Jedenfalls für den Normalbürger. Nur Ärzte, Unternehmer und gehobene Beamte können sich den Traum vom eigenen Auto erfüllen. Das weiß auch der amerikanische Autoproduzent Henry Ford: »So kann es nicht weitergehen. Wir stellen zu wenig Autos für zu wenig Kunden her. Lange habe ich nach einer Möglichkeit gesucht, sehr viele Autos zu produzieren, und zwar so kostengünstig, dass sie sich fast jeder leisten kann. Jetzt habe ich endlich die Lösung gefunden: Das Fließband. Damit werde ich den amerikanischen Automarkt aufrollen.

Mein *Model T* wird die Nummer Eins werden!« Auch die Farbe spielt bei der Kostensenkung eine große Rolle: »Jeder Kunde kann einen Ford in der Farbe seiner Wahl bekommen – solange die Farbe Schwarz ist«, meint Henry Ford lachend.

Doch nicht nur er hat gut lachen, sondern auch seine Fabrikarbeiter. Zum einen erhalten sie einen guten Lohn, zum anderen können sie das *Model T* besonders günstig kaufen. Viele der Arbeiter haben bereits ein Auto bestellt. Ein Auto, das sie selbst am Fließband zusammensetzen werden.

Wie wird das Auto ein Massenprodukt?

Bereits in den Manufakturen (Herstellungsbetrieben) des 18. Jahrhunderts wird der Produktionsablauf in einzelne Schritte zerlegt, die von jeweils darauf spezialisierten Arbeitern ausgeführt werden. Diese Arbeitsteilung und Spezialisierung vereinfacht die Arbeit und erhöht die Leistung jedes Arbeiters. Die Manufaktur kann auf diese Weise schnell viele Produkte herstellen. Als der Schotte James Watt Mitte des 18. Jahrhunderts die Dampfmaschine entscheidend verbessert, beginnt das Industriezeitalter. Ab jetzt werden die Produkte nach dem Prinzip »Muskelkraft wird durch Maschinenkraft ersetzt« hergestellt. Als Antrieb für Maschinen aller Art wird nun über-

all die Dampfmaschine eingesetzt. Aus Manufakturen werden Fabriken, die immer mehr Produkte industriell herstellen.

Auch das erste Auto mit Benzinmotor wird nach seiner Präsentation auf der Pariser Weltausstellung 1889 schon in größerem Stil produziert. Allerdings werden die Wagen von vielen Arbeitern aufwendig einzeln montiert. Auch das in den USA so beliebte »Model T« des Automobilherstellers Henry Ford wird seit seiner Vorstellung im Jahr 1908 auf diese Weise gebaut. Henry Ford ist mit diesem Produktionsverfahren jedoch sehr unzufrieden, weil es teuer ist und die Autos für die meisten Menschen unerschwinglich macht. Ein einfacher Arbeiter wird sich das Auto, das er baut, so nie leisten können.

Die Lösung für dieses Problem findet Henry

Ford zufällig, als er den riesigen Schlachthöfen in Chicago einen Besuch abstattet. Dort hängen nämlich die geschlachteten Tiere an Haken und werden von einer Kette durch den Betrieb gezogen. Während ihrer »Reise« werden sie von den Metzgern zerteilt, wobei jeder von ihnen nur ganz bestimmte Schnitte und Handgriffe vornimmt. Auf diese Weise können die Schlachthöfe schnell und wirtschaftlich arbeiten. Diese Methode, die den Aufwand verringert und die Wirtschaftlichkeit steigert, nennt man »Rationalisierung«. Henry Ford folgt diesem Vorbild und entwickelt aus der Idee mit der Förderkette in den Schlachthöfen seine eigene vom Fließband in der Autofabrik.

Henry Ford setzt das Fließband am 7. Oktober 1913 in seiner Fabrik in Detroit erstmals in Gang. Wie von Geisterhand bewegt, ziehen die Autokarosserien an den Arbeitern vorbei. Jeder Arbeiter muss jeweils nur noch einen ganz bestimmten Handgriff ausführen, diesen dafür immer wieder. Beschwerden über den Stumpfsinn ihrer eintönigen Aufgabe begegnet Ford mit der Erhöhung des Tageslohns von zwei auf fünf Dollar. Einen Vorteil haben auch künftige Kunden. Weil sich die Zeit für den Zusammenbau von über zwölf Stunden auf knapp 90 Minuten reduziert, können pro Tag mehr Fahrzeuge vom Fließband rollen und günstiger angeboten werden. Statt 850 Dollar kosten die Ford-Autos jetzt nur noch 440 Dollar. Bis 1927 werden über 15 Millionen Stück des T-Modells verkauft. Henry Ford kann sich da durchaus einen kleinen Scherz erlauben, als er erklärt: »Warum einen Ford überholen? Es wird immer einer vor Ihnen fahren.«

Wie werden heute Autos gebaut?

Andere Autohersteller folgen Henry Ford, und bald werden nicht nur Autos am Fließband hergestellt, sondern auch andere Industrieprodukte. Denn dieses moderne Produktionsverfahren hat den Vorteil, dass sich sehr viele Produkte in kurzer Zeit bei niedrigen Kosten herstellen lassen. Der Hersteller kann sie also auch zu einem niedrigen Preis anbieten und entsprechend große Stückzahlen verkaufen. Zwar verdient er so pro Stück nur sehr wenig, doch sorgt letztlich die hohe Verkaufszahl für einen guten Gewinn.

Dieses Produktionsverfahren wird immer weiter entwickelt und modernisiert.

Die Automobilindustrie ist nach wie vor ein sehr gutes Beispiel dafür, wie sich Produktionsabläufe verbessern und perfektionieren lassen. Was Henry Ford sich wohl nie hätte träumen lassen – heute funktionieren Autofabriken zum Teil schon ganz ohne Menschen: In den Fabriken werden viele Abläufe vollkommen eigenständig, also automatisch, von computergesteuerten Maschinen erledigt.

1736–1819 James Watt
1863–1947 Henry Ford

Diese immer intelligenter werdenden Arbeitsgehilfen nennt man Roboter. Ein Roboter tut das, was man ihm über programmierte Steuerbefehle aufgetragen hat. Vor allem dort, wo Arbeitsabläufe ständig wiederholt werden müssen, es auf eine große Genauigkeit ankommt oder eine Aufgabe für Menschen zu schwierig oder zu gefährlich ist, kommen Roboter zum Einsatz. Aber auch bei den Arbeitsabläufen hat die Rationalisierung sich weiter verfeinert, so wird heute vielfach nach dem »Just in time«-Prinzip gefertigt. Der englische Begriff bedeutet, dass die für den Fertigungsprozess notwendigen Teile genau zu jenem Zeitpunkt an der entsprechenden Maschine eintreffen, zu dem sie benötigt werden. Damit können Lagerhaltungs- und Transportkosten zwischen Lager und Produktion eingespart werden.

263

Es ist Krieg! Es ist Krieg!

1914

Deutsche feiern die Mobilmachung

Das Deutsche Reich hat am 1. August Russland den Krieg erklärt. »So muss denn das Schwert entscheiden. Mitten im Frieden überfällt uns der Feind. Darum auf! Zu den Waffen! Jedes Schwanken, jedes Zögern wäre Verrat am Vaterlande. Um Sein oder Nichtsein unseres Reiches handelt es sich, das unsere Väter neu sich gründeten. Um Sein oder Nichtsein deutscher Macht und deutschen Wesens«, heißt es im Kriegsaufruf des Kaisers an das deutsche Volk. Daraufhin ist kein Halten mehr. Überall hört man den Jubel und die Begeisterung, ein »Hurra!« und

»Es ist Krieg!«. Hunderttausende junger Männer melden sich sofort freiwillig. Sie sind bereit, ihr Leben für ihr Vaterland zu opfern. Fahnen wehen, die Menge winkt den an die Front abreisenden Soldaten zu. Sie zweifeln nicht daran, an Weihnachten wieder zu Hause zu sein.

Nicht nur das mit Serbien verbündete Russland soll möglichst schnell besiegt werden, sondern auch Belgien, Frankreich und England. Die Pläne für diesen bislang größten Krieg in der Geschichte liegen schon lange in den Schubläden der Generäle.

Wie kommt es zum Ersten Weltkrieg?

Nachdem Wilhelm II. im Alter von 29 Jahren deutscher Kaiser geworden ist, hat er ein großes Ziel. Er will dem Deutschen Reich, wie er es nennt, »Weltgeltung« verschaffen. Dabei ist ihm eine Führungsrolle in den Bereichen Wirtschaft, Technik, Wissenschaft und Bildungswesen nicht genug. Wilhelm II. will aus Deutschland eine führende Weltmacht machen. Diesem Ziel ordnet er alle Entscheidungen unter. Doch er ist kein so geschickter Politiker, wie es der erste Reichskanzler Otto von Bismarck mit seiner erfolgreichen Bündnispolitik war. Wilhelm lehnt 1890 beispielsweise eine Verlängerung des Rückversicherungsvertrags* mit Russland ab. Daraufhin schließt das Zarenreich ein militärisches Bündnis mit Frankreich. Im Falle eines Krieges ist Deutschland damit im Westen wie im Osten von miteinander verbündeten Mächten bedroht.

Auch an anderer Front macht sich der Kaiser Feinde: Der Aufbau seiner schlagkräftigen deutschen Flotte ist der Seemacht England ein Dorn im Auge. Zwischen den beiden Mächten beginnt ein Wettrüsten, die politischen Beziehungen verschlechtern sich zunehmend. Als 1904 England mit Frankreich ein Bündnis schließt, dem drei Jahre später auch Russland beitritt, ist das Kaiserreich nur noch mit Österreich-Ungarn verbündet. Deutschland hat sich aufgrund seiner unbedachten Außenpolitik isoliert und sieht sich mehr und mehr von feindlichen Mächten bedroht. Wie so häufig bei Staaten bewirkt auch hier die Bedrohung von außen eine Stärkung im Inneren und so wächst das Nationalgefühl innerhalb Deutschlands.

264

Den Anlass für den Krieg liefert schließlich ein politisches Attentat. Am 28. Juni 1914 werden der österreichische Thronfolger Franz Ferdinand und seine Frau von einem serbischen Nationalisten in Sarajewo (heute Bosnien-Herzegowina) ermordet. Daraufhin erklärt der österreichische Kaiser Serbien den Krieg. Doch Serbien ist mit Russland verbündet und Russland mit Frankreich, während Deutschland wiederum Österreich verpflichtet ist. Am 1. August beginnt der Krieg.

In den Großstädten Deutschlands jubeln die konservativen Bürger und Studenten. Das deutsche Nationalgefühl entlädt sich in Kriegsbegeisterung. Zahlreiche Männer melden sich freiwillig und ziehen frohgemut mit Sommerblumen in den Gewehrläufen in den Krieg.

Wohin führt Deutschland die Nationalbegeisterung?

Nach der Kriegserklärung besetzen deutsche Truppen Luxemburg und marschieren völkerrechtswidrig in das neutrale Belgien ein. Daraufhin erklärt auch England dem Deutschen Kaiserreich den Krieg. An dem französischen Fluss Marne kommt es zur ersten großen Schlacht zwischen deutschen und französischen Truppen. Der deutsche Vormarsch wird gestoppt und ein erbarmungsloser Stellungskrieg beginnt. Von der schweizerischen Grenze bis zur belgischen Küste zieht sich eine 700 km lange Frontlinie mit Festungen und weit verzweigten Schützengräben. Jahrelang hausen die Soldaten in feuchten Erdlöchern und sind ständig den gegnerischen Granaten, Minen, Bomben und Giftgasattacken ausgesetzt. Ehemals blühende

Gegenden gleichen nun der wüsten Kraterlandschaft des Mondes. Die Schlachten von Verdun und an der Somme, bei denen nur wenige hundert Meter Gelände gewonnen werden, kosten hunderttausende von Soldaten das Leben.

Im Osten sind die deutschen Truppen nach anfänglichen Niederlagen erfolgreich. Bis 1917 erobern sie riesige Gebiete im Nordwesten Russlands. Durch die Oktoberrevolution 1918 militärisch geschwächt, unterschreibt Russland noch im selben Jahr den Friedensvertrag von Brest-Litowsk.

1815–1898 Otto von Bismarck
1859–1941 Wilhelm II.
1863–1914 Franz Ferdinand

1914–1918 Erster Weltkrieg

Um den Nachschub an Lebensmitteln und Rohstoffen aus den neutralen skandinavischen Ländern zu unterbinden, blockiert die britische Kriegsmarine alle deutschen Nordseehäfen. Daraufhin beschließt die deutsche Reichsleitung 1917 den uneingeschränkten U-Boot-Krieg, der auch auf zivile Schiffe keine Rücksicht nimmt. Als ein britisches Passagierschiff mit 120 amerikanischen Staatsbürgern an Bord versenkt wird, treten auch die USA in den Krieg ein. Der europäische Krieg wird zum Weltkrieg.

Angesichts dieser feindlichen Übermacht muss die Oberste Heeresleitung Deutschlands schließlich einsehen, dass der Krieg nicht zu gewinnen ist, und fordert im September 1918, Waffenstillstandsverhandlungen einzuleiten. Kaiser Wilhelm II. muss schließlich am 9. November abdanken. Am 11. November 1918 unterzeichnet die neue Regierung den Waffenstillstand. Der Erste Weltkrieg ist zu Ende. Seine grausame Bilanz: 20 Millionen Verwundete und 10 Millionen Tote.

265

Der Zar ist gestürzt

1917

Wer übernimmt jetzt die Macht in Russland?

Die Versorgungslage ist schlecht, Hungersnöte überziehen das Land, die Niederlage im ersten Weltkrieg verschlimmert die Situation zusätzlich. Das einst blühende Russland ist marode und steht kurz vor dem Zusammenbruch. Doch der machtbesessene und misstrauische Zar Nikolaus II. hat kein Einsehen gezeigt.

»Wir müssen schnellstmöglich umfassende Reformen einleiten«, forderte der Finanzminister, doch Nikolaus ist bei seiner harten Linie geblieben. Der Unmut in der Bevölkerung wächst, insbesondere bei den Bolschewiki und ihrem Führer Lenin. So kommt es, wie es kommen muss: Nun haben sie ihre Chance ergriffen und den Zaren mit der Februarrevolution in die Knie gezwungen. Zar Nikolaus II. hat abgedankt und wird mit seiner Familie nach Sibirien in die Verbannung geschickt. Der neue starke Mann ist jetzt Lenin. Aber Wunder kann auch er nicht versprechen: »Die Sowjetmacht ist kein wundertätiger Talisman. Sie kann nicht mit einem Schlage die Missstände der Vergangenheit beseitigen. Dafür gibt sie uns aber die große Möglichkeit, zum Sozialismus überzugehen.«

Was führt zum Untergang des Zarenreiches?

Der Niedergang des einst so mächtigen russischen Zarenreiches beginnt mit Zar Alexander III. Alexandrowitsch, der die vorsichtige Reformpolitik seines Vaters nicht fortsetzt. Statt das rückständige Land zu modernisieren und die Korruption zu bekämpfen, unterdrückt er jeden Widerstand. Der Unmut im Volk wächst. Es will sich nicht damit abfinden, dass seine Rechte und Freiheiten weiter eingeschränkt werden. Widerstandsgruppen und revolutionäre Vereinigungen gründen sich mit dem Ziel, die Zarenherrschaft zu beseitigen. Mit Gewalt wollen sie die Probleme des Landes lösen. So entgeht Alexander III. 1887 nur knapp einem Attentat. Als er wenige Jahre später stirbt, hinterlässt er seinem Sohn und Nachfolger ein schwieriges Erbe.

Nikolaus II. Alexandrowitsch ist seiner Aufgabe nicht gewachsen: Er ist ein schwacher Herrscher.

Die Niederlage gegen das japanische Kaiserreich im Kampf um die Mandschurei schwächt seine Position zusätzlich. Dazu hat Russland mit großen wirtschaftlichen Problemen zu kämpfen. Die Industrialisierung und der Eisenbahnbau kommen zwar langsam voran, doch wächst die städtische Bevölkerung schneller als erwartet. Bald sind die Bauern nicht mehr in der Lage, genügend Nahrungsmittel für die Städte zu produzieren.

Am so genannten Blutsonntag, dem 22. Januar 1905, machen Arbeiter in der Hauptstadt Sankt Petersburg ihrem Unmut über die schlechten Lebensbedingungen Luft und ziehen zum Winterpalast des Zaren. Die Menschen demonstrieren friedlich. Doch plötzlich richten die Soldaten des Zaren ihre Waffen auf die Menge und eröffnen das Feuer. Hunderte Demonstranten sterben. Nun tobt das Volk und der Zar muss seinen Fehler erkennen. Um die Stimmung im Land zu beruhigen, beruft er eine Volksvertretung ein, die Duma. Doch er kann das Vertrauen der Menschen nicht mehr für sich gewinnen. Unter Führung des neu gegründeten Arbeiterrats (Sowjet) in Sankt Petersburg kommt es in der Hauptstadt zum Generalstreik. Wieder reagiert der Zar mit Gewalt und lässt den Arbeiterrat auflösen. Kurz darauf kommt es in Moskau zu einem Arbeiteraufstand, der ebenfalls niedergeschlagen wird. Schließlich entspannt sich die Lage etwas und so kann sich die Duma 1906 erstmals versammeln. Gemeinsam mit Zar Nikolaus II. suchen die Abgeordneten nach einer Lösung, um die wirtschaftliche Lage in Russland zu verbessern. Die Duma fordert Reformen, vor allem für die rückständige Landwirtschaft. Der Zar aber sieht seine Macht gefährdet und zögert.

Wie wirkt sich der Ausbruch des Ersten Weltkriegs in Russland aus?

Das russische Volk wartet also weiterhin vergeblich auf Veränderungen. Sowohl die wirtschaftliche als auch die soziale Situation im Land spitzen sich zu. Immer mehr Menschen leiden Hunger. Mit Ausbruch des Ersten Weltkriegs verschärft sich diese Situation dramatisch. Jetzt hungern nicht mehr nur die Menschen im Land, sondern auch die Soldaten an der Front. Ihnen mangelt es zudem an Munition und warmer Kleidung. Bald wird deutlich, dass die russische Armee nicht in der Lage ist, den Krieg zu überstehen, geschweige denn zu gewinnen. Daraufhin verweigern immer mehr Soldaten den Dienst. Weite Teile der Bevölkerung glauben, dass nur die Beseitigung der Zarenherrschaft Besserung bringen kann. Studenten, Bauern, Adelige – alle sind zum Aufstand bereit.

Im Februar 1917 kommt es in der Hauptstadt Petrograd, dem ehemaligen Sankt Petersburg, erneut zum Generalstreik. Dieser Streik weitet sich aus und geht in die Geschichte unter dem Namen »Februarrevolution« ein. Die wütenden Menschen fordern die Absetzung des Zaren und die sofortige Beendigung des Krieges. Zunächst können Truppen des Zaren einen Teil der Unruhen eindämmen. Der Versuch des Zaren, die Duma aufzulösen, scheitert allerdings: Die Abgeordneten schließen sich kurzerhand unter dem Namen »Provisorisches Komitee« zusammen, um weiterhin die Geschehnisse im Land mitbestimmen zu können. Das Provisorische Komitee ist nun so eine Art inoffizielle Nachfolgerin der Duma. Als Erstes versuchen die ehemaligen Abgeordneten, die öffentliche Ordnung wiederherzustellen, allerdings ohne Erfolg. Immer mehr Soldaten verlassen die Armee und schließen sich den Aufständischen an. Gemeinsam wählen Arbeiter und Soldaten den russischen Sowjet, der neben dem Provisorischen Komitee nun ebenfalls Macht und Einfluss besitzt.

Wie geht es weiter mit Nikolaus II.?

Für Zar Nikolaus II. ist die Lage inzwischen aussichtslos. Von seinen Generälen bedrängt, unterzeichnet er am 2. März 1917 die Abdankungsurkunde. Doch das ist den Revolutionären noch nicht genug. Sie lassen den Zaren verhaften und verbannen ihn mit Frau und Kindern nach Sibirien. Im Juli 1918 wird die

267

komplette Zarenfamilie in der sibirischen Stadt Jekaterinenburg erschossen. Damit ist das Ende des Zarenreichs besiegelt.

Nach der Februarrevolution beginnen der russische Sowjet und das Provisorische Komitee zunächst mit der Neuordnung des Landes. Sie versuchen, die Menschen wieder ausreichend mit Lebensmitteln zu versorgen. Unmittelbar darauf wird vom Sowjet der »Befehl Nummer 1« erlassen, der Anweisung erteilt, die bei den Truppen herrschenden unmenschlichen Bedingungen zu verbessern. Mit diesem Zugeständnis soll sichergestellt werden, dass die Soldaten und Offiziere sich dem Sowjet unterwerfen. Unterstützung bekommt der Arbeiter- und Soldatenrat vom Führer der Bolschewiki – also der Mitglieder des radikaleren Flügels der Sozialdemokratischen Arbeiterpartei Russlands –, Wladimir Iljitsch Uljanow, bekannt unter dem Namen Lenin. Die Bolschewiki stellen die Mehrheit in ihrer Partei, daher ihr Name, der so viel wie »Mehrheitler« bedeutet. Entsprechend nennen sich die anderen Parteimitglieder Menschewiki (»Minderheitler«).

Die zentrale Forderung der Bolschewiki lautet: Alle Macht den Sowjets! Darüber hinaus verlangen sie die sofortige Beendigung des Kriegs und die Enteignung aller Grundbesitzer zugunsten der besitzlosen Arbeiter und Bauern. Aber noch können sich die Bolschewiki im russischen Sowjet nicht durchsetzen. Deshalb sorgen die Menschewiki dafür, dass der Sowjet mit dem Provisorischen Komitee, also der Provisorischen Regierung, zusammenarbeitet.

Die wirtschaftliche Lage im Land hat sich nicht gebessert. Immer mehr Arbeiter und Bauern sind überzeugt, dass ihnen nicht die Provisorische Regierung, sondern nur der russische Sowjet helfen kann. Nun sieht Lenin die Zeit für die revolutionären Bolschewiki gekommen. Im April 1917 stellt er seine »Aprilthesen« auf. Darin fordert er unter anderem, dass der Sowjet die Zusammenarbeit mit der Provisorischen Regierung sofort beendet und die volle Regierungsgewalt übernimmt. Die wichtigsten weiteren Ziele der Bolschewiki sind der Sturz der Übergangsregierung, die Beseitigung des

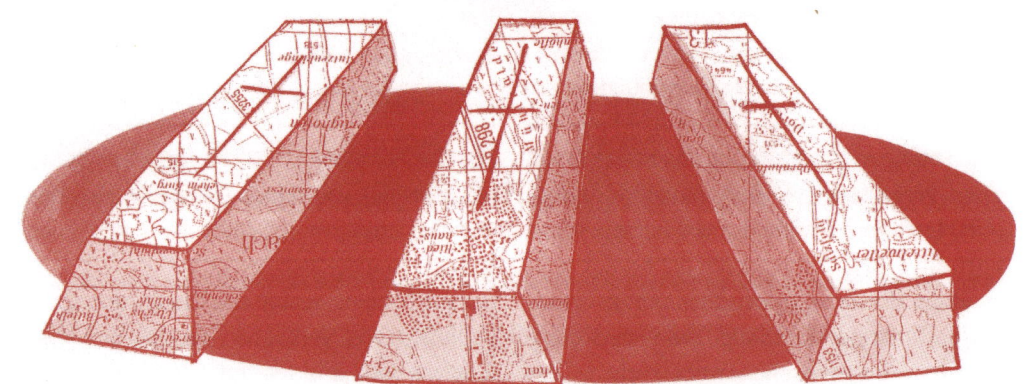

Kapitalismus und die Einführung des Sozialismus als Zwischenstadium bis zur Verwirklichung der kommunistischen Idee der klassenlosen Gesellschaft. Im Oktober wird vom russischen Sowjet das Revolutionäre Militärkomitee gegründet, dessen Leitung Leo Bronstein, genannt Trotzki, übernimmt. Als Gegner des Zaren hat er sich viele Jahre im Ausland aufhalten müssen und ist erst im Mai nach Russland zurückgekehrt.

Kehrt nun Ruhe ein im Land?

Ab Mitte Oktober ist die Stimmung in Petrograd bis aufs Äußerste angespannt. Zu allem Überfluss lässt die Provisorische Regierung auch noch das Gebäude besetzen, in dem verschiedene bolschewistische Zeitungen verlegt werden. Damit ist für die Revolutionsführer Lenin und Trotzki das Maß voll. Am 24. Oktober befiehlt Trotzki den Aufstand. In der Nacht zum 25. Oktober beginnt das Revolutionäre Militärkomitee mit der Besetzung aller wichtigen Regierungsgebäude, und schon in der folgenden Nacht versammelt sich der Sowjetkongress, um die Absetzung der Provisorischen Regierung zu verkünden. Zur selben Zeit stürmen bewaffnete Soldaten das Regierungsgebäude der Provisorischen Regierung, den ehemaligen Winterpalast. Die Minister werden verhaftet.

Am 26. Oktober gründen die Sowjets den Rat der Volkskommissare, eine provisorische Arbeiter- und Bauernregierung. Lenin übernimmt den Vorsitz, Trotzki wird Volkskommissar für Äußeres, also Außenminister. Zu den Zielen des Rats gehören die Wahl einer neuen Regierung, Friedensverhandlungen sowie die Sicherung von Grund und Boden für alle. Deshalb bietet man zunächst allen am Ersten Weltkrieg beteiligten Staaten sofortigen Frieden an.

Als erste innenpolitische Handlung wird beschlossen, jeglichen privaten Grundbesitz einzuziehen. Nur Kleinbauern, die ihr Land selbst bestellen, sind von dieser Regelung ausgeschlossen. Sie dürfen ihr Land behalten.

Doch noch bevor mit der Bildung einer neuen Regierung begonnen werden kann, lösen die Bolschewiki im Januar 1918 die verfassunggebende Versammlung gewaltsam auf. Lenin will die alleinige Macht. Deshalb bekämpft er alle nichtbolschewistischen Strömungen im Land. Lenin selbst nennt diese Aktionen den »Roten Terror«. Die vorherrschende Partei in Russland wird die Partei der Bolschewiki, die Kommunistische Partei Russlands. Im März endet für Russland mit dem Frieden von Brest-Litowsk der Erste Weltkrieg. Kurz darauf erklärt die Kommunistische Partei Russlands Moskau zur neuen Hauptstadt und verlegt den Regierungssitz in den dortigen Kreml. Im Juli 1918 wird die Verfassung der Russischen Sozialistischen Föderativen Sowjetrepublik (RSFSR) verabschiedet.

> 1845 – 1894 Alexander III. Alexandrowitsch
> 1868 – 1918 Nikolaus II. Alexandrowitsch
> 1870 – 1924 Lenin, eigentlich Wladimir Iljitsch Uljanow
> 1879 – 1940 Trotzki, eigentlich Leo Bronstein
> geb. 1931 Michail Gorbatschow
>
> 1914 – 1918 Erster Weltkrieg

Die Revolution ist zwar vorbei, die Unruhen aber gehen weiter. Unzufriedenheit über den Friedenschluss von Brest-Litowsk sowie der Machtverlust der Menschewiki und der Anhänger der Monarchie führen zum Bürgerkrieg. Dieser Krieg erschüttert das Land weitere fünf Jahre, bis sich die Sowjets endgültig durchsetzen und 1922 die Union der Sozialistischen Sowjetrepubliken (UdSSR) gründen. Das Land steigt in den folgenden Jahren zur zweiten Supermacht neben den USA auf. Knapp 70 Jahre nach ihrer Gründung wird sie unter der Regierung von Michail Gorbatschow aufgelöst werden.

269

Frauen an die Urnen!

1918

Deutsche Frauen erhalten das Wahlrecht

Der 29. November 1918 ist ein trüber, grauer Herbsttag. Der Rat der Volksbeauftragten ist zusammengekommen, um die »Verordnung über die Wahlen zur verfassunggebenden deutschen Nationalversammlung« zu erlassen.

Die Stimmung im sechsköpfigen Rat ist angespannt, denn eine wichtige Entscheidung steht heute an. Sollen Frauen ebenfalls wahlberechtigt sein und gewählt werden dürfen? Für die sozialdemokratischen Ratsmitglieder steht das außer Frage. Gleichheit und Brüderlichkeit ohne die Beteiligung der Frauen? Das kann nicht im Sinne der fortschrittlichen Politik sein. Der Rat entscheidet: Ja, von nun an soll es so sein – laut Gesetz bekommen Frauen das aktive und passive Wahlrecht.

»Wir werden uns wohl umstellen müssen«, sagt Friedrich Ebert zuversichtlich, auch wenn konservative Politiker Vorbehalte äußern. »Jetzt wird sich in der Politik alles ändern«, fürchten sie.

Woher kommt die Bewegung der Frauenrechtlerinnen?

Zu Beginn des 20. Jahrhunderts wird in England die Frauenbewegung immer aktiver und einflussreicher. Eine der wohl bekanntesten englischen Frauenrechtlerinnen dieser Zeit ist Emmeline Pankhurst. Sie ist maßgeblich an der Gründung der »Women's Social and Political Union« (WSPU) beteiligt, der führenden Frauenrechts-Organisation in Großbritannien. Die WSPU setzt sich hauptsächlich für die Ausweitung der Rechte der Frau und das Frauenwahlrecht ein. Denn bislang dürfen Frauen in keinem europäischen Land an Wahlen teilnehmen. Daher nennen sich die Frauenrechtlerinnen nach einer Ableitung aus dem Lateinischen auch Suffragetten: »Suffragium« bedeutet »Stimmrecht«.

1905 scheint ein Durchbruch erreicht. Das britische Parlament stellt einen Gesetzentwurf zum Frauenwahlrecht in Aussicht. Doch der Entwurf scheitert. Aber der Bekanntheitsgrad der Organisation steigt dadurch erheblich und die Zahl der Mitglieder ebenfalls. In den folgenden Jahren machen die Suffragetten vor allem durch Demonstrationen auf sich aufmerksam. 1908 nehmen an einer von der WSPU organisierten Demonstration in London rund 500 000 Menschen teil. Außerdem veröffentlichen die Suffragetten ein Magazin mit dem Titel »Votes for Women« (Wahlrecht für Frauen).

Um ihren Forderungen im Königreich Ausdruck zu verleihen, schrecken Emmeline Pankhurst und ihre Anhängerinnen vor nichts zurück. Bei ihren Demonstrationen werden Fensterscheiben von Kaufhäusern eingeschlagen und sogar öffentliche Gebäude angezündet. Am 19. Februar 1913 sprengen sie das Landhaus des amtierenden Schatzkanzlers David Lloyd George in die Luft. Rund 200

Frauenrechtlerinnen werden verhaftet und ins Gefängnis gesteckt, darunter Emmeline Pankhurst selbst, die drei Jahre Haft absitzen muss. Die Inhaftierten untermauern ihren Protest mit Hungerstreiks. Um einer weiteren Verhaftung zu entgehen, reist Emmeline nach Kanada, Russland und in die USA und organisiert von dort aus Proteste. Der Ausbruch des Ersten Weltkriegs verhindert jedoch weitere Aktionen, 1917 löst sich die Organisation sogar auf.

In Deutschland verläuft die Frauenbewegung eher ruhig. 1865 wird der »Allgemeine Deutsche Frauenverein« gegründet, der unter anderem eine Reform der Mädchenschulen, Zulassung zum Studium für Frauen und die Gleichstellung lediger Mütter und ihrer Kinder fordert. Der Verein »Frauenwohl«, die erste Organisation, die sich für das Frauenwahlrecht stark macht, entsteht 1888. Auch in Deutschland bildet sich eine führende Persönlichkeit der Frauenbewegung heraus: Clara Zetkin. Sie ist seit 1891 Herausgeberin der SPD-Frauenzeitung »Die Gleichheit« und leitet ab 1907 auch das SPD-Frauensekretariat.

Wie kommen die deutschen Frauen zu ihrem Wahlrecht?

Im November 1918, kurz nach dem Ende des Ersten Weltkriegs, ist es so weit. Die Nationalversammlung soll in Weimar über die Zukunft und die Gestaltung eines neuen deutschen Staates entscheiden. Um dies zu veranlassen, wird am 29. November 1918 vom Rat der Volksbeauftragten das so genannte Gesetz zur Einberufung der Nationalversammlung erlassen. Für die Frauen in Deutschland ist eine Bestimmung in diesem Gesetz von besonderer Bedeutung: Nachdem sie bis zum Ende des Deutschen Kaiserreichs nicht wählen durften, erhalten sie nun das von vielen lang ersehnte Wahlrecht. Was die Engländerinnen in harten und schweren Kämpfen bislang nicht erreichen konnten, wird für die Frauen gleich zu Beginn der Weimarer Republik gesetzlich verankert.

1858 – 1928 Emmeline Pankhurst
1857 – 1933 Clara Zetkin
1863 – 1945 David Lloyd George
1871 – 1925 Friedrich Ebert
geb. 1942 Alice Schwarzer
1914 – 1918 Erster Weltkrieg

Doch dann beendet der heraufziehende Nationalsozialismus die neue Gleichberechtigung. Das weibliche Ideal des NS-Regimes ist die perfekte Mutter und Hausfrau. Nach dem Ausbruch des Zweiten Weltkriegs werden deshalb nach und nach alle deutschen Frauenverbände aufgelöst.

Nach 1945 entwickelt sich eine zweite Welle der Frauenbewegung. Die Frauen, die sie prägen, nennt man Feministinnen. »Emanzipation« (Befreiung) ist ihr Schlagwort. Die Feministinnen im Deutschland des 20. Jahrhunderts fordern die Befreiung der Frau aus der Bevormundung durch den Mann sowie die berufliche, gesellschaftliche und rechtliche Gleichstellung. Symbolfigur dieser zweiten Welle wird die Journalistin und Herausgeberin der feministischen Frauenzeitschrift »Emma«, Alice Schwarzer.

271

Wilhelm II. dankt ab

1918

Das Deutsche Kaiserreich wird zur Republik

Der Krieg ist verloren. Der Matrosenaufstand in Kiel und die Unruhen in ganz Deutschland stürzen das Land ins Chaos. Der Kaiser wird zum Rücktritt gezwungen und ins Exil in die Niederlande geschickt. Das Deutsche Kaiserreich existiert nicht mehr. Doch welchen Weg wird Deutschland jetzt einschlagen?

»Deutschland wird eine sozialistische Republik nach dem Vorbild Russlands!«, verkündet der Revolutionär Karl Liebknecht.

»Auf keinen Fall«, versichert der Sozialdemokrat Philipp Scheidemann, »denn wir machen aus Deutschland eine Republik und sorgen für demokratische Wahlen! Es wird weder eine Rückkehr zur Monarchie noch irgendeine andere Art von Diktatur geben!«

Ein gewichtiges Wort haben auch die Siegermächte mitzureden, denn im Friedensvertrag sind viele wichtige Entscheidungen über die Zukunft Deutschlands enthalten. Hauptsache ist, dass die Verhältnisse sich rasch klären, damit in Deutschland wieder eine staatliche Ordnung hergestellt werden kann.

Wie kommt es zur Ausrufung der Republik?

Im vierten Jahr des Ersten Weltkriegs sind die Deutschen kriegsmüde. Viele Soldaten meutern und wollen nicht mehr kämpfen. In Kiel bricht ein Matrosenaufstand aus, der zu revolutionären Unruhen im ganzen Deutschen Kaiserreich führt. Radikale kommunistische Soldaten- und Arbeiterräte werden gegründet und versuchen, die politische Macht an sich zu reißen. Daraufhin verkündet am 9. November 1918 der letzte kaiserliche Reichskanzler, Prinz Max von Baden, eigenmächtig die Abdankung Wilhelms II. und übergibt dem Vorsitzenden der Mehrheitssozialdemokratischen Partei Deutschlands (MSPD), Friedrich Ebert, die Regierungsgeschäfte.

Am gleichen Tag fordern zehntausende Demonstranten in Berlin: »Alle Macht dem Volk!« In dieser aufgeheizten Atmosphäre ruft der Sozialdemokrat Philipp Scheidemann vom Balkon des Reichstags die »Deutsche Republik« aus. Kurze Zeit später verkündet vor dem Berliner Schloss der Sozialist Karl Liebknecht die »Freie sozialistische Republik Deutschland«. Die Situation ist hochexplosiv, manche Politiker befürchten sogar einen Bürgerkrieg. Gemäßigte Politiker wie Ebert und Scheidemann sehen nur einen Weg und verbünden sich mit der Heeresleitung gegen die radikalen Kommunisten.

Am 19. Januar 1919 findet zum ersten Mal in der deutschen Geschichte eine demokratische Wahl zur verfassunggebenden Nationalversammlung statt. Die Sozialdemokraten (SPD), die katholische Zentrumspartei und die linksliberale Deutsche Demokratische

Partei (DDP) erhalten zusammen 76 Prozent der Stimmen und bilden die Regierung. Aus Furcht vor neuen Unruhen in Berlin tritt die neu gewählte Nationalversammlung in der Stadt Weimar zusammen, die der jungen Republik ihren Namen gibt.

Kann sich die »Weimarer« Republik bewähren?

Die Verfassung der Weimarer Republik begründet die erste parlamentarische Demokratie Deutschlands. Frauen und Männer wählen nach dem allgemeinen, gleichen, unmittelbaren und geheimen Wahlrecht ihre politischen Vertreter in den Reichstag (Parlament). Die Regierung ist nun erstmals dem Reichstag verantwortlich. Der Reichspräsident wird vom Volk direkt gewählt. Er besitzt eine starke Stellung, denn er kann in Krisenzeiten Notverordnungen erlassen, Grundrechte außer Kraft setzen und allein, ohne das Parlament, regieren.

Von entscheidender Bedeutung für die weitere Entwicklung der Weimarer Republik werden die Bedingungen des Friedensvertrages von Versailles, der dem Deutschen Reich die alleinige Kriegsschuld zuspricht. Als Verlierer des Ersten Weltkriegs soll das Deutsche Reich ein Siebtel seines Gebietes, alle Kolonien und ein Großteil der Erz- und Steinkohleförderung an die Siegermächte abtreten. Dazu kommen Reparationszahlungen für alle materiellen Verluste und Kriegsschäden. Diese Forderungen lösen im deutschen Volk einen Sturm der Entrüstung aus.

Die junge Republik hat viele weitere Probleme zu meistern. Neben den Aufständen und Putschversuchen linker und rechter Gruppierungen erweist sich auch die Regierungsarbeit als schwierig. Da bei den Reichstagswahlen keine der zahlreichen Parteien die Stimmenmehrheit erreicht, bilden sie Regierungskoalitionen. Doch diese Bündnisse brechen häufig auseinander, durchschnittlich etwa alle acht Monate wechselt die Zusammensetzung der Regierung.

Neben den politischen Konflikten kämpft die Republik auch mit wirtschaftlichen Schwierigkeiten. Um die hohen Kriegsentschädigungen zahlen zu können, lässt die Regierung immer mehr Geld drucken. Dadurch verliert es ständig an Wert. Dieser Geldentwertungsprozess (Inflation) beschleunigt sich: 1919 kostet ein Brot 80 Pfennige, vier Jahre später unglaubliche 400 Milliarden Reichsmark. Viele Menschen verarmen. Durch die Einführung einer neuen Währung und rigoroser Sparmaßnahmen erfolgt endlich ein wirtschaftlicher Aufschwung. Die Jahre der »Goldenen Zwanziger« beginnen, die im Herbst 1929 jedoch mit einem Paukenschlag enden. Der völlige Kurszusammenbruch an der New Yorker Börse löst eine weltweite Wirtschaftskrise aus, die auch die deutsche Wirtschaft in Mitleidenschaft zieht. Die Arbeitslosenzahlen steigen rasant. 1932 sind über sechs Millionen Menschen ohne Arbeit. Viele verlieren das Vertrauen in die Demokratie und wenden sich den radikalen rechten und linken Parteien zu, die ihnen eine bessere Zukunft versprechen. Die Ernennung Adolf Hitlers am 30. Januar 1933 zum Reichskanzler besiegelt schließlich das Ende der Weimarer Republik.

1859 – 1941 Wilhelm II.
1865 – 1939 Philipp Scheidemann
1867 – 1929 Max von Baden
1871 – 1919 Karl Liebknecht
1871 – 1925 Friedrich Ebert
1889 – 1945 Adolf Hitler

1914 – 1918 Erster Weltkrieg

273

Lindbergh landet in Paris

1927

Amerikaner gelingt der erste Alleinflug über den Atlantik

Charles Lindbergh klemmt todmüde hinter dem Steuerruder. Nach 33,5 Stunden Flug kann er nur mit größter Anstrengung seine Augen offen halten. Da, endlich! Vor ihm taucht die Spitze des hell erleuchteten Eiffelturms auf. Lindbergh ist plötzlich wieder hellwach. Er ist am Ziel. Nach einem kurzen Rundflug findet er den Flugplatz Le Bourget und setzt die Maschine sicher auf. Als er aussteigt, stürmt eine Menschenmenge auf ihn zu, die er in seinen kühnsten Träumen nicht erwartet hat. »Lindbergh hat es geschafft! Lindbergh hat es geschafft!«, rufen sie ihm jubelnd zu und tragen ihn zum Flughafengebäude.

Dabei hat kaum jemand an seinen Erfolg geglaubt. Im Gegenteil. »Flying fool«, fliegender Narr, ist er in Amerika genannt worden. Doch nun ist er ein gefeierter Held. Als der erste Mensch, der den Atlantik im Alleinflug nonstop überquert hat, wird er in die Geschichte der Luftfahrt eingehen.

Wer hat das Flugzeug erfunden?

Wie ein Vogel fliegen zu können, ist ein uralter Menschheitstraum. Viele Erfinder entwerfen im Lauf der Geschichte Fluggeräte, unter ihnen auch Leonardo da Vinci, der Schwingenflugzeuge und Hubschrauber zeichnet. Doch erst im 18. Jahrhundert gelingt der erste Flug – mit einem Heißluftballon. Gebaut haben ihn die Brüder Joseph Michel und Jacques Étienne Montgolfier. Im Jahr 1783 steigt ihre bemannte »Montgolfiere« bis in 100 Meter Höhe. Statt heißer Luft können nach dem Prinzip »leichter als Luft« auch andere leichte Gase wie Wasserstoff in den Ballon geleitet werden, um abzuheben. Zu Beginn des 20. Jahrhunderts scheint diesem Prinzip die Zukunft zu gehören: Riesige gasgefüllte Luftschiffe, die Zeppeline, überbrücken große Entfernungen, fliegen über den Atlantik und bieten in den 1930er-Jahren einen regelmäßigen Luftschiff-Passagierverkehr.

Letztendlich setzt sich aber in der Luftfahrt das Prinzip »schwerer als Luft« durch. Der Auftrieb entsteht nicht durch ein leichtes Gas, sondern durch luftumströmte, gewölbte Tragflächen. Erforscht und entwickelt wird dieses Prinzip nach dem Vorbild des Vogelflugs von Luftfahrtpionieren wie Otto Lilienthal, der bereits im 19. Jahrhundert verschiedene Fluggeräte baut.

Das erste funktionsfähige Flugzeug mit Motorantrieb entwerfen und bauen die Brüder Wilbur und Orville Wright. Am 17. Dezember 1903 ist es so weit: Orville startet mit seinem Doppeldecker zum ersten Motorflug der Welt, der allerdings nur zwölf Sekunden dauert. Fünf Jahre später können sie mit ihrer neuen

Maschine bereits eine Stunde in der Luft bleiben.

Nicht nur in Amerika, auch in Europa sind die Menschen vom Fliegen begeistert. 1909 überquert der Franzose Louis Blériot als erster Mensch mit einem Motorflugzeug den Ärmelkanal. Und am 14. und 15. Juni 1919 gelingt es den beiden Engländern John Alcock und Arthur Whitten Brown erstmals, nonstop von Amerika nach Irland zu fliegen. Auch der Atlantik kann nun überflogen werden.

Warum wagt Charles Lindbergh den Atlantikflug?

1919 setzt ein amerikanischer Millionär 25 000 Dollar Preisgeld für den ersten Alleinflug von New York nach Paris aus. Viele Piloten versuchen sich an diesem riskanten Flug, sie scheitern jedoch. Dann geht der erfahrene Postflieger Charles Lindbergh an den Start. Er lässt sich von einer kleinen Firma ein ganz besonderes Flugzeug bauen, die »Spirit of St. Louis«, eigentlich nicht mehr als ein fliegender Benzintank. Ein Funkgerät hat er nicht an Bord, dafür aber vier Sandwiches, zwei Feldflaschen mit Wasser und verschiedene Land- und Seekarten. Er ist bereits der 67. Mensch, der den Atlantik nonstop überqueren will, jedoch der Erste, der dieses Abenteuer allein im Kampf gegen dichten Nebel, Schneeregen und seine

Müdigkeit riskiert. Über die Küste Irlands und den Eiffelturm erreicht er schließlich den Flugplatz Le Bourget. Zurück in New York, wird Lindbergh mit einer großen Parade gefeiert. In den kommenden Jahren wird Lindbergh die Welt bereisen und die Begeisterung fürs Fliegen weitertragen.

Bald wird klar, dass der Propellerantrieb bei höheren Geschwindigkeiten und Fluglasten an seine Grenzen stößt. Mehr Leistung lässt sich nur mit dem neuen Turbinenluftstrahl-Antrieb erzielen, der erstmals während des Zweiten Weltkriegs erprobt und seit den 1950er-Jahren auch im zivilen Linienverkehr eingesetzt wird. Flugzeuge mit solchen Düsentriebwerken machen sich das Rückstoßprinzip zunutze: Die eingezogene Luft wird als Abgasstrahl mit hoher Geschwindigkeit nach hinten gestoßen, um einen Vorwärtsschub zu erzeugen. Dank dieser modernen Düsenjets wird das Flugzeug bald zum Massenverkehrsmittel und die Atlantiküberquerung alltäglich.

Wirklich spektakulär sind nur noch die schnellsten und die größten Flieger. So etwa das Überschall-Verkehrsflugzeug »Concorde«, das nur dreieinhalb Stunden für eine Atlantiküberquerung benötigt. Nach einem Absturz im Jahr 2000 wird der Flugbetrieb aber eingestellt. Als zukunftsfähig erweisen sich dagegen die Großraumflugzeuge von Luftfahrtunternehmen wie Airbus oder Boeing, die mehreren hundert Passagieren Platz bieten. So befördert das Modell A 380 von Airbus ab 2006 in einer doppelstöckigen Kabine bis zu 800 Passagiere.

1452–1519 Leonardo da Vinci
1740–1810 Joseph Michel Montgolfier
1745–1799 Jacques Étienne Montgolfier
1848–1896 Otto Lilienthal
1867–1912 Wilbur Wright
1871–1948 Orville Wright
1872–1936 Louis Blériot
1886–1948 Arthur Whitten Brown
1892–1919 John Alcock
1902–1974 Charles Lindbergh

1939–1945 Zweiter Weltkrieg

Aktienkurse fallen ins Bodenlose

1929

Der Börsenkrach löst eine Weltwirtschaftskrise aus

Die *Goldenen Zwanziger* sind vorbei. Sie haben am 24. Oktober in der New Yorker Börse ihr Ende gefunden. Die Spekulanten und Anleger haben gepokert und die Aktienkurse in schwindelnde Höhen getrieben, und das oft genug mit geliehenem Geld. Doch nun zeigt sich, dass die Aktien dieses Geld gar nicht wert sind. Schnell wollen die Banken ihre Kredite zurück, bevor die Kurse noch weiter abstürzen. Doch viele Anleger haben schon ihr gesamtes Vermögen verloren, sie sind pleite. Können sie sich keinen weiteren Kredit mehr beschaffen, sehen manche nur noch einen Ausweg, wie ein entsetzter Bankdirektor berichtet: »Ich bekam einen Anruf vom Präsidenten der Gesellschaft, ob ich ihm 200 Millionen Dollar leihen könne. Ich lehnte ab. Daraufhin muss er aus dem Fenster seines Büros gesprungen sein.«

Wenn die Aktien weiter an Wert verlieren, droht eine weltweite Wirtschaftskrise. Denn den Menschen fehlt das Geld, um Waren zu kaufen, und den Firmen fehlt das Geld, um die Waren überhaupt herstellen zu können und ihre Angestellten und Arbeiter zu bezahlen. Besonders Deutschland, das noch immer unter den Folgen des Versailler Vertrags leidet, ist von dieser Entwicklung hart betroffen.

Was bedeutet »Goldene Zwanziger«?

Das Deutsche Reich ist der Verlierer des Ersten Weltkriegs und wird im Friedensvertrag von Versailles dazu verpflichtet, an die Siegermächte hohe Zahlungen für die Kriegsschäden zu leisten. Außerdem muss es mehr als ein Viertel seiner Steinkohleförderung abtreten. Um diesen umfangreichen Verpflichtungen nachkommen zu können, lässt die Regierung immer mehr Geld drucken. Dadurch aber steigen die Preise und das deutsche Geld verliert im Verhältnis zu ausländischen Währungen weiter an Wert – es entsteht eine Inflation.

Dennoch wird weitergedruckt, bis Deutschland Anfang 1923 schließlich zahlungsunfähig ist. Diese Entwicklung treibt große Teile der deutschen Bevölkerung in den Ruin und in die Armut. Die Mark verliert so schnell an Wert, dass Löhne sogar zweimal am Tag an diesen Wertverfall angepasst und ausgezahlt werden. Eine ganz normale Briefmarke kostet bald so viel wie 30 Jahre zuvor eine Villa, ein Bund Karotten bald 50 Millionen Mark. Am Ende kann das Problem nur durch die Ausgabe einer neuen Währung gelöst werden. 1924 wird die Deutsche Reichsmark eingeführt und die wirtschaftliche Situation in Deutschland bessert sich langsam.

Auch in anderen Ländern kommt das Wirtschaftsleben nach Kriegsende nicht gleich wieder in Schwung. Das Zurückschalten der Kriegswirtschaft auf Friedensverhältnisse funktioniert weder in Großbritannien noch in den Vereinigten Staaten von Amerika reibungslos. Auch hier kommt es zur Geldentwertung. Mit Beginn der Zwanzigerjahre wendet sich in den USA das Blatt. Der Automobilhersteller Henry Ford beispielsweise schafft durch die Verkürzung der Arbeitswoche auf fünf Tage und der täglichen Arbeitszeit von zehn auf acht Stunden wieder Arbeitsplätze. Mitte der 1920er-Jahre gibt es kaum noch Arbeitslose in den USA. Die Menschen geben nun mehr Geld für Freizeitvergnügungen wie Kino oder Konzertbesuche aus. Neue Produkte wie Kühlschränke, Waschmaschinen oder Staubsauger ziehen in die Haushalte ein. Diese Zeit des Wirtschaftsaufschwungs wird bald die »Goldenen Zwanziger« genannt. Auch die Wall Street, die New Yorker Börse, spürt das. Die Aktienkurse klettern und klettern, allein zwischen 1924 und 1929 um bis zu 300 Prozent.

Wie kommt es zum großen Börsenkrach?

Doch die hohen Aktienkurse sind eine Seifenblase. Geblendet von den jahrelang steigenden Kursen, haben viele Börsenspekulanten und Investoren ihre gesamten Ersparnisse in Aktien angelegt. Viele machen in der Hoffnung auf schnellen Reichtum sogar Schulden. Die Nachfrage nach Aktien steigt ständig und führt schließlich dazu, dass die Kurswerte den wirklichen Wert bei weitem übertreffen: Die Aktien sind ihr Geld nicht wert.

Am Donnerstag, den 24. Oktober 1929 kommt es zum Börsenkrach. Nachdem die Banken ihre Zinsen erhöht haben und einige Anleger das große Risiko erkennen, verkaufen viele ihre Aktien, um wieder an Bargeld zu kommen. Andere folgen ihnen und die Aktienkurse beginnen, rasant zu fallen. Die Verluste betragen zum Teil bis zu 90 Prozent des Ausgabewertes. Eine Zigarrenaktie, die eben noch 115 Dollar gekostet hat, sackt im Laufe des Tages auf zwei Dollar ab. Panik macht sich breit, Mitarbeiter der Börse und Anleger erleiden Nervenzusammenbrüche und Herzattacken. Manche, die ihr ganzes Geld verloren haben, nehmen sich sogar das Leben.

Die Auswirkungen dieses Börsenkrachs bleiben nicht auf die USA beschränkt. Am nächsten Tag greift die Katastrophe auf die europäischen Börsen über. Auch die Finanzmärkte in Asien sind vom Zusammenbruch betroffen. Unzählige Banken müssen schließen, der Welthandel kommt zum Erliegen, Firmen entlassen Mitarbeiter. Die Massenarbeitslosigkeit erreicht eine Größenordnung von bisher nicht gekanntem Ausmaß. In den USA betrifft sie 1932/33, zum Höhepunkt der Krise, etwa 15 Millionen Menschen, in Großbritannien sind es drei Millionen. In Deutschland werden sechs Millionen Menschen ohne Arbeit gezählt. Auch Frankreich bleibt nicht verschont, hier verliert jeder sechste Beschäftigte seine Stelle. Diese Phase materieller Not führt in Europa zu einer Reihe politischer Krisen und ist in Deutschland einer der Gründe für den Aufstieg Adolf Hitlers.

1863 – 1947 Henry Ford
1889 – 1945 Adolf Hitler

1914 – 1918 Erster Weltkrieg

277

Aktion gegen »undeutsches Schrifttum«

1933

Studenten verbrennen Bücher

Studenten aus Studentenverbindungen, Mitglieder des Nationalsozialistischen Deutschen Studentenbundes (NSDStB), selbst Professoren laufen durch die Universitätsbibliotheken. Sie reißen Bücher aus den Regalen, Bücher von Autoren, die als »undeutsch« aufgelistet sind: von Bert Brecht, Sigmund Freud, Heinrich Mann, Kurt Tucholsky, Robert Musil und zahlreichen anderen Schriftstellern. Die Studenten schleppen die Bücher auf Plätze vor den Universitäten, in Berlin auf den Opernplatz. Unter wüsten Beschimpfungen setzen sie die Bücher in Brand. Sie verlesen die Namen der Autoren. So heißt es zum Beispiel: »Gegen Dekadenz und moralischen Zerfall! Für Zucht und Sitte in Familie und Staat! Ich übergebe der Flamme die Schriften von Heinrich Heine, Ernst Glaeser und Erich Kästner.«

In der Nacht hat Joseph Goebbels, der Reichsminister für Volksaufklärung und Propaganda, die Studenten in Berlin und anderen Universitätsstädten zu der Aktion ermuntert, »undeutsches« Schrifttum zu verbrennen.

Warum werden die Bücher dieser Autoren verbrannt?

Am 30. Januar 1933 wird Adolf Hitler vom Reichspräsidenten Hindenburg zum Kanzler des Deutschen Reiches ernannt. Er nimmt sich die Macht nicht mit Gewalt, sondern sie wird ihm von Vertretern der Weimarer Republik übergeben. Sofort beginnt Hitler damit, seine Macht und die seiner Partei, der Nationalsozialistischen Deutschen Arbeiterpartei (NSDAP), zu festigen und seine Gegner auszuschalten. Dabei kommt ihm der Brand des Reichstags am 27. Februar 1933 sehr gelegen. Er beschuldigt Anhänger der Kommunistischen Partei Deutschlands (KPD), den Brand gelegt zu haben. Diese Anschuldigung bleibt zwar unbewiesen, dennoch setzt Hitler das Verbot der KPD durch. Einen Monat nach dem Reichstagsbrand und nur zwei Monate nach seiner Ernennung zum Reichskanzler erlässt Hitler am 24. März 1933 das Ermächtigungsgesetz. Dadurch erhält die Regierung – und damit er als Kanzler – das Recht, Gesetze auch ohne Zustimmung des Reichstags zu ändern. So gelingt es der NS-Regierung in nur wenigen Monaten, die wichtigsten Sicherungsmechanismen der Demokratie auszuschalten. Die Weimarer Republik existiert nun nicht mehr.

Das erste Ziel des NS-Regimes ist zunächst die so genannte Gleichschaltung. Verschiedene Maßnahmen sollen es der Regierung ermöglichen, die Gesellschaft, die Wirtschaft und den Staat vollständig zu kontrollieren. Als Erstes setzt Hitler die einzelnen Länderregierungen ab und lässt sie in seinem Sinne neu bilden. Auch vor dem Beamtentum macht die Gleichschaltung nicht Halt. Mit dem so genannten Arierparagraphen als gesetzlicher Grundlage lässt Hitler vor allem jüdische Beamte aus Schulen, Universitäten und der Verwaltung entfernen. An ihrer Stelle werden Nationalsozialisten eingestellt. Sehr hart trifft diese Säuberung die Universitäten. Einer der bekanntesten Wissenschaftler, der auf diese Weise seine Stelle verliert, ist Albert Einstein.

Um sich die Kontrolle über Presse und Medien zu sichern, ernennt Hitler am 13. März 1933 Joseph Goebbels zum »Minister für Volksaufklärung und Propaganda«. Er ist von nun an Kontrollinstanz und wacht darüber, was die Zeitungen drucken oder der Rundfunk sendet. Erwünscht sind nur Informationen im Sinne der NSDAP. Zeitungen, die sich kritisch gegenüber dem Dritten Reich* äußern, werden kurzerhand verboten. Besonders intensiv beobachtet Goebbels jüdische und »parteifeindliche« Wissenschaftler, Schriftsteller, Journalisten und Künstler, also solche, die sich kritisch über die nationalsozialistische Regierung äußern. Auf einer Liste verbotener Bücher werden seit April 1933 die Buchtitel »parteifeindlicher« Autoren veröffentlicht.

Wie reagieren die Schriftsteller auf die Bücherverbrennungen?

Im Frühjahr 1933 arbeiten Studentenschaft und Propagandaministerium zusammen an der Aktion »wider den undeutschen Geist«. Die erreicht am 10. Mai ihren Höhepunkt. Joseph Goebbels richtet das Wort an die deutschen Studenten und fordert dazu auf, alle »entartete«,

»undeutsche« Literatur zu verbrennen. In deutschlandweiten Aktionen plündern Studenten zahlreiche Büchereien und laufen mit brennenden Fackeln durch die Straßen. Sie werden begleitet von den paramilitärischen Truppen der NSDAP, SA (Sturmabteilung) und SS (Schutzstaffel), und von großen Teilen der Bevölkerung bejubelt. Auf dem Berliner Opernplatz und in vielen anderen deutschen Universitätsstädten kommen tausende Studenten, aber auch Professoren zusammen und übergeben die Bücher den Flammen. Einige Tage später wird eine Liste von rund 130 Autoren veröffentlicht, deren Werke umgehend aus den Bibliotheken entfernt werden müssen. Wenig später ist diese Liste auf mehr als 3000 Bücher und Schriften angewachsen.

Viele deutsche Autoren verstummen in dieser Zeit. Für diejenigen, die weiter schriftstellerisch tätig sein wollen, bleibt nur noch die Flucht ins Ausland, ins Exil. Was sie dort schreiben, erhält später die Bezeichnung Exilliteratur. Einige der berühmtesten deutschen Schriftsteller, wie Thomas Mann, verlassen das Land ihrer Muttersprache. Andere dagegen, wie Erich Kästner, bleiben. Er veröffentlicht seine Bücher allerdings bei einem Schweizer Verlag. Im Juni wird die NSDAP zur einzig zugelassenen Partei in Deutschland erklärt. Nach dem Tod Hindenburgs am 2. August 1934 übernimmt Hitler schließlich auch das Amt des Reichspräsidenten. Alles konzentriert sich nun auf ihn: Adolf Hitler, der Deutschland sechs Jahre nach seiner Machtergreifung in den Zweiten Weltkrieg führen wird.

1797–1856 Heinrich Heine
1847–1934 Paul von Hindenburg
1856–1939 Sigmund Freud
1871–1950 Heinrich Mann
1875–1955 Thomas Mann
1879–1955 Albert Einstein
1880–1942 Robert Musil
1889–1945 Adolf Hitler
1890–1935 Kurt Tucholsky
1897–1945 Joseph Goebbels
1898–1956 Bert Brecht
1899–1974 Erich Kästner
1902–1963 Ernst Glaeser

1939–1945 Zweiter Weltkrieg

279

Chaplin spricht

1936

Der erste Tonfilm des großen Komikers

Das Fließband läuft zu schnell, jedenfalls zu schnell für Charlie. Obwohl er sich große Mühe gibt, läuft ihm das Band schließlich davon. Doch Charlie stürzt sich hinterher und schraubt weiter, bis er in der Maschine verschwindet. So beginnt *Moderne Zeiten,* der neue Film von Charlie Chaplin, der heftige Kritik an der Industriegesellschaft und ihren Produktionsmethoden übt. Chaplins Anliegen kannte man schon, nicht jedoch seine Stimme. Denn *Moderne Zeiten* ist ein Tonfilm. »Seine Stimme habe ich mir ganz anders vorgestellt«, kommentiert einer der Zuschauer. »Da Chaplin sehr klein ist, hatte ich eine hohe Stimme erwartet. Doch seine Stimme hat einen tieferen, harten Klang.«

Während das Publikum den Film begeistert aufnimmt, sieht sich Chaplin wegen seiner kritischen Haltung den Vorwürfen einiger amerikanischer Filmkritiker und Regierungsbeamter ausgesetzt, ein Kommunist zu sein.

Wie lernten die Bilder das Laufen?

Nach vielen Experimenten werden Ende des 19. Jahrhunderts die ersten brauchbaren Aufnahme- und Wiedergabegeräte für Filme entwickelt. Gleich mehrere Erfinder arbeiten an der neuen Technik, unter ihnen Thomas Alva Edison in den USA und Max Skladanowsky in Deutschland. Die Nase vorn haben jedoch die Brüder Auguste und Louis Lumière in Paris, wo im Dezember 1895 die erste öffentliche Vorführung eines Films stattfindet. Das Publikum ist begeistert von den bewegten Bildern. Dass die meisten Filme in den ersten Jahrzehnten ohne Ton sind, ändert nichts daran. Im Gegenteil, Stummfilme werden von allen Nationen verstanden, was vor allem im Einwandererland USA von großer Bedeutung ist. Noch dazu können Filme ohne Sprache mit austauschbaren Zwischentiteln leicht exportiert werden. So gesehen fördert der Stummfilm die Verbreitung des Kinos erheblich. 1908 ist der Film in Europa und Amerika bereits ein Massenmedium und das Freizeitvergnügen eines Millionenpublikums. In den ersten Jahren gibt es allerdings noch keine richtigen Kinos im heutigen Sinne. Für Filmvorführungen werden beispielsweise Lokale abgedunkelt und mit Stuhlreihen versehen. Erst allmählich entstehen nach dem Vorbild des Theaters so genannte Lichtspiel-Theater, die vielen Zuschauern Platz bieten und mehrmals am Tag Filme zeigen.

Wann wird der Tonfilm erfunden?

Die ersten Filme mit Ton gibt es schon ab 1903. Gedreht werden sie vom erfolgreichsten deutschen Regisseur dieser Zeit, von Oskar Messter. Der Ton seiner mehr als 300 Filme kommt jedoch von der Schallplatte. Für seine so genannten Tonbilder müssen also Filmprojektor und Grammofon gleichzeitig und genau aufeinander abgestimmt gestartet werden. Mitte der 1920er-Jahre wird ein neues, einfacheres Verfahren entwickelt, bei dem der Ton als besondere Tonspur auf dem Film selbst aufgezeichnet wird.

Am 6. Oktober 1927 beginnt mit der Premiere von »Der Jazzsänger« das Zeitalter des echten Tonfilms. In die allgemeine Begeisterung, jetzt die Schauspielerstimmen hören zu können, mischt sich aber auch Enttäuschung. Denn viele der schnell engagierten Theaterschauspieler können zwar deutlich sprechen, spielen aber vor der Filmkamera hölzern. Insbesondere Charlie Chaplin findet keinen Gefallen am Tonfilm, denn er sieht die »Poesie« seiner Filme in Gefahr und klagt: »Die Tonfilme kommen und zerstören die älteste Kunst der Welt, die Kunst der Pantomime.« Chaplin will sich der Tonfilmmode nicht kampflos ergeben und leistet auf seine Weise Widerstand.

Während andere Regisseure ganz auf die Sensation »Ton« setzen und möglichst viele Geräusche und die Sprache einsetzen, wählt Chaplin einen anderen Weg. Er setzt den Ton nur ein, wenn er damit einen komischen Effekt erzielen kann. Durch diesen besonderen Einsatz des Tons, der Pantomime und seiner selbst komponierten Musik schafft Chaplin es viele Jahre lang, seine Figuren ansonsten stumm bleiben zu lassen.

Chaplin ist überhaupt der neuen Technik gegenüber skeptisch. In »Moderne Zeiten« zeigt er sogar, wie sie sich gegen die einzelnen Menschen richtet, wenn Fließbandarbeiter zum Teil der Maschine werden müssen, um ihre Arbeit zu verrichten. In einer berühmten Szene wird Charlie gar von der Maschine verschlungen. Mit diesem Film gelingt Chaplin noch einmal ein Triumph seiner pantomimischen Kunst, obwohl – das ist die große Überraschung von »Moderne Zeiten« – erstmals seine Stimme zu hören ist.

1847–1931	Thomas Alva Edison
1862–1954	Auguste Lumière
1863–1939	Max Skladanowsky
1864–1948	Louis Lumière
1866–1943	Oskar Messter, eigentlich Meßter
1889–1945	Adolf Hitler
1889–1977	Charlie Chaplin

Vier Jahre später wird Chaplin, zutiefst beunruhigt über die politische Entwicklung in Europa, als seinen ersten Dialogfilm die politische Satire »Der große Diktator« drehen, trotz der Bedenken der amerikanischen Filmindustrie und auch der amerikanischen Regierung. Denn Chaplin widerspricht mit seinem Film der offiziellen Politik der Nichteinmischung in europäische Angelegenheiten. Am Ende des Films hält Chaplin ein flammendes Plädoyer für Toleranz, Nächstenliebe und Frieden, in dem er offen Partei gegen Adolf Hitler ergreift.

Heute gilt der engagierte Regisseur und Schauspieler als größter Filmkomiker aller Zeiten. Für viele junge Komiker ist er ein bedeutendes Vorbild.

281

Das Militär putscht

1936

Bürgerkrieg in Spanien

Schon seit Wochen stehen sich in Spanien linke und rechte Gruppen unversöhnlich gegenüber. Die Lage spitzt sich weiter zu. Demonstrationen, Streiks und politische Morde überziehen das Land. Und jetzt erschießen sozialistische Extremisten in Madrid José Calvo Sotelo, einen der Führer der Rechten. Die Antwort lässt nicht lange auf sich warten.

Unter der Führung von Generälen der Armee putschen die Rechten. Von Nordafrika aus wollen sie das Land unter ihre Kontrolle bringen.

Das bedeutet Bürgerkrieg.

»Zu den Waffen, Brüder! Wir werden sie schlagen, die Feinde der Demokratie und des Sozialismus!«, rufen auf den Straßen der Hauptstadt linke Demonstranten und bewaffnen sich.

Die Fronten sind schnell geklärt.

Während einer der Anführer der Putschisten, General Franco, viele Offiziere für seine Ziele gewinnen kann, will die Mehrheit der Soldaten jedoch in einer Republik leben und ist bereit, gegen eine drohende Diktatur zu kämpfen.

Wie kommt es zum Bürgerkrieg in Spanien?

Durch viele innen- und außenpolitische Probleme ist Spanien schon in den 1920er-Jahren ein gespaltenes Land. Auf der einen Seite stehen die konservativen Kräfte, die an der Monarchie festhalten wollen. Ihnen stehen auf der anderen Seite Demokraten und Sozialisten gegenüber, die eine Republik errichten wollen. Als 1931 die republikanischen Parteien in Spanien den Wahlsieg erringen, scheint der Konflikt entschieden, das Königreich Spanien wird eine Republik. König Alfons XIII. verlässt das Land, ohne allerdings endgültig auf seine Thronrechte zu verzichten. Spanien erhält eine neue und sehr fortschrittliche Verfassung. Sie garantiert Privateigentum, Grundrechte und Gleichberechtigung für alle Spanier, außerdem werden Kirche und Staat getrennt. Diese Veränderungen stoßen jedoch bei vielen konservativen und traditionsbewussten Landbesitzern, Kirchen- und Armeeangehörigen auf große Ablehnung. Als im Februar 1936 ein Zusammenschluss aller Linksparteien die Parlamentswahlen gewinnt, jubeln viele Spanier. Aber genauso viele sind entsetzt über diesen »Linksruck« und rufen zu Demonstrationen und zum Widerstand auf. Bald gehören sogar politische Morde zur Tagesordnung.

In dieser angespannten Atmosphäre planen die radikalen Rechten einen Militärputsch. Sie nehmen den politischen Mord an dem konservativen Politiker José Calvo Sotelo am 13. Juli 1936 zum Anlass, um loszuschlagen. Generäle der Afrikaarmee in Spanisch-Marokko rufen am 17. Juli 1936 den Kriegszustand aus. Den Oberbefehl über die rechten Putschisten übernimmt schließlich General Francisco Franco y Bahamonde.

Doch die republikanische Regierung und die linken Gruppierungen wehren sich. Sie bewaffnen ihre Anhänger und verbünden sich mit republikanisch gesinnten Soldaten, die große Teile der Marine und der Luftwaffe für die Republik übernehmen. Das Land zerfällt in von Aufständischen des Generals Franco und von Republikanern kontrollierte Gebiete. General Franco erkennt, dass er mit der Afrikaarmee das spanische Festland erobern muss, um zu siegen. Doch die Meerenge zwischen Südspanien und Afrika kontrolliert die republikanische Marine.

Wer kann die Oberhand gewinnen?

Fast scheint es, als könne diese Kontrolle den Aufstand auf Afrika begrenzen. Doch General Franco nutzt seine Verbindungen zu den politisch gleichgesinnten Diktatoren Adolf Hitler in Deutschland und Benito Mussolini in Italien und bittet um Waffenhilfe und Transportflugzeuge. Daraufhin fliegen ab dem 28. Juli 1936 deutsche Flugzeuge die Truppen der Aufständischen nach Südspanien. Später greifen deutsche Kampfflugzeugverbände in alle größeren Gefechte ein und italienische Soldaten verstärken Francos Truppen. Außerdem stellen Deutschland und Italien beträchtliche finanzielle Mittel bereit.

Der gut organisierten Berufsarmee des Generals Franco und der ausländischen Unterstützung können die Republikaner außer dem Glauben an ihre Sache und einer verzweifelten Verteidigung der von ihnen kontrollierten Gebiete nur wenig entgegensetzen. England und Frankreich wollen sich in den Konflikt nicht einmischen und versuchen, Franco politisch zu beschwichtigen. Erst ab Herbst 1936 erhalten die Republikaner Unterstützung von Frankreich und der Sowjetunion in Form von Kriegsmaterial und Technikern. Außerdem stehen ihnen Freiwillige aus vielen Ländern zur Seite, die als »Internationale Brigaden« aus politischer Überzeugung an der Seite der Republikaner gegen die faschistische Bedrohung kämpfen wollen.

Doch sie haben keine Chance. Nach der Eroberung größerer Gebiete in Südspanien marschiert General Franco mit seinen Truppen auf Madrid zu. Zuvor jedoch legen deutsche Kampfflugzeuge am 26. April 1937 die Stadt Guernica ohne Rücksicht auf die Zivilbevölkerung in Schutt und Asche. Luftangriffe schaffen auch Einfallschneisen für Francos Truppen. Die Republikaner müssen zurückweichen und bald darauf wird Barcelona eingenommen. Im März 1939 schließlich fällt Madrid, das Ende der Republik ist besiegelt. General Franco hat sein Ziel erreicht: Als Staatsoberhaupt, Regierungschef und Oberbefehlshaber der Armee vereint er nun alle Macht in einer Person.

Bis zu seinem Tod im November 1975 wird Spanien eine auf das Militär gestützte Diktatur bleiben. Erst der von General Franco selbst bestimmte Nachfolger, König Juan Carlos I., ein Enkel Alfons' XIII., wird behutsam die Umwandlung in einen demokratischen Staat vollziehen.

Noch heute legt eines der berühmtesten Gemälde des 20. Jahrhunderts Zeugnis ab von den Schrecken des spanischen Bürgerkriegs: Pablo Picassos »Guernica«.

1881 – 1973 Pablo Picasso
1883 – 1945 Benito Mussolini
1886 – 1941 Alfons XIII.
1889 – 1945 Adolf Hitler
1892 – 1975 Francisco Franco y Bahamonde
1893 – 1936 José Calvo Sotelo
geb. 1938 Juan Carlos I.

1936 – 1939 Spanischer Bürgerkrieg

283

»Seit 5.45 Uhr wird zurückgeschossen!«

1939

Deutsche Wehrmacht überfällt Polen

Die Männer tragen Zivil. Sie schleppen einen Mann mit sich, der kurz zuvor in einem KZ erschossen wurde. Dann geht alles ganz schnell. Die Männer brechen die Tür des deutschen Reichssenders Gleiwitz in Schlesien auf, installieren ein Mikrofon und verlesen eine Botschaft, die angeblich von polnischen Agenten stammt. In Wahrheit gehören die Männer der SS an. Den Toten lassen sie als Beweis für die gewaltsamen Aktionen der Polen zurück. Darauf hat Adolf Hitler nur gewartet, denn der angebliche Überfall ist der Kriegsgrund, den er braucht. »Ich habe mich nun entschlossen, mit Polen in der gleichen Sprache zu reden, die Polen seit Monaten uns gegenüber anwenden! Seit 5.45 Uhr wird zurückgeschossen!«

Mit diesen Worten verkündet Hitler am 1. September 1939 vor dem Reichstag in Berlin den deutschen Überfall auf Polen. Daraufhin erklären zwei Tage später England und Frankreich dem Deutschen Reich den Krieg.

Warum hindert niemand Hitler daran?

Nach seiner Machtergreifung im Jahr 1933 errichtet Adolf Hitler in Deutschland einen totalitären Staat, in dem alle öffentlichen und privaten Bereiche des Lebens kontrolliert werden. Sämtliche Parteien, bis auf seine Nationalsozialistische Deutsche Arbeiterpartei (NSDAP), lässt er nach und nach verbieten. Sogar mögliche Widersacher in der eigenen Partei wie Ernst Röhm, den Führer der paramilitärischen Truppe SA (Sturmabteilung), lässt er beseitigen. Schließlich ist er der alleinige Machthaber, der von Millionen Deutschen als »Führer« verehrt wird.

Mit einer straffen Parteiorganisation sorgt Hitler dafür, dass die Gesellschaft nach seinen Vorstellungen funktioniert. Vom Gauleiter bis zum Blockwart in den Wohnvierteln verwurzelt er Kontrollinstanzen in der Gesellschaft. Der Blockleiter ist für etwa 40 bis 60 Haushalte verantwortlich. Da er alle seine Nachbarn kennt, kann er sie leicht kontrollieren und ihr Privatleben überwachen. Sobald er jemanden verdächtigt, gegen den Willen des Führers zu handeln, gibt er die Informationen an die berüchtigte Geheime Staatspolizei (Gestapo) weiter. Gemeinsam mit der Schutzstaffel (SS) kann diese jeden möglichen Gegner verhaften, foltern, töten oder ins Konzentrationslager (KZ) verschleppen, wo die Häftlinge wie Sklaven arbeiten müssen. Niemand ist vor der Willkür des Terrorapparates sicher. Doch Hitler will nicht nur die alleinige politische Macht, sondern auch das soziale Leben in seinem Sinne gestalten. Deshalb gründet er zahlreiche nationalsozialistische Organisationen, die das alltägliche Leben prägen. Besonderen Wert legt Hitler auf die Erziehung der Jugendlichen. Die Jungen sollen zu treuen Gefolgsleuten und künftigen Soldaten im nationalsozialistischen Geist erzogen werden. Sie sind verpflichtet, mit zehn Jahren zunächst Mitglied im »Deutschen Jungvolk« und später in der »Hitler-Jugend« zu werden, während die Mädchen im »Bund Deutscher Mädel« organisiert sind. Dort übernehmen sie häufig soziale Aufgaben, um sich auf ihre spätere Rolle als Hausfrau und Mutter vorzubereiten. Denn die Frauen sollen möglichst viele Kinder zur Stärkung des deutschen Volkes zur Welt bringen.

In den ersten Regierungsjahren akzeptieren die meisten Deutschen die Führung des »starken Mannes«, weil er nach den politischen Wirren am Ende der Weimarer Republik scheinbar für Ruhe und Ordnung sorgt. Zudem bekommen viele Menschen durch Arbeitsbeschaffungsmaßnahmen und die heimliche Aufrüstung der Nationalsozialisten wieder Arbeit. Die Zeitungen, das Radio und der Film werden streng überwacht und berichten nur positiv über ihren Führer. Nationalsozialistische Feiern mit gewaltigen Aufmärschen begeistern die Massen. Besonders stolz sind die Menschen auf die Olympischen Spiele von 1936 in Berlin, mit denen Hitler seine Herrschaft in der Weltöffentlichkeit zur Schau stellt.

Stehen alle Deutschen hinter ihrem »Führer«?

Doch nicht alle Deutschen teilen die Begeisterung für den Führer. Einige stehen der nationalsozialistischen Politik kritisch gegenüber und gründen sogar Widerstandsgruppen. Sie verteilen heimlich Flugblätter, die die Bevölkerung zum Widerstand aufrufen, und informieren in der Hoffnung auf Unterstützung das Ausland über die Geschehnisse im Führerstaat. Einige katholische Geistliche predigen furchtlos gegen die Terrorherrschaft der Nazis, wie der Berliner Dompropst Bernhard Lichtenberg, der für seinen Protest gegen die Verfolgung der Juden später verhaftet und ermordet wird. Auch einige evangelische Christen leisten Widerstand. So gründet Pastor Martin Niemöller den »Pfarrernotbund«, aus dem die »Bekennende Kirche« hervorgeht, die sich gegen den Einfluss der Nazis auf die Kirche wehrt. Die berühmteste studentische Widerstandsgruppe ist die »Weiße Rose« in München, die sich um die Geschwister Sophie und Hans Scholl bildet. Bis zu ihrer Entdeckung und der Hinrichtung der beiden Geschwister verteilt die Gruppe insgesamt sechs verschiedene Flugblätter gegen die NS-Diktatur. Der Schreiner Georg Elser verübt am 8. November 1939 im Münchner Bürgerbräukeller sogar ein Bombenattentat auf Hitler. Nur weil Hitler früher als geplant den Saal verlässt, entgeht er dem sicheren Tod.

Angesichts des aussichtslosen Krieges im Osten plant auch eine Offiziersgruppe, Hitler zu töten und das Regime zu stürzen. Am 20. Juli 1944 deponiert Claus Schenk Graf von Stauffenberg bei einer Besprechung im Führerhauptquartier Wolfsschanze eine Bombe mit Zeitzünder in Hitlers Büro. Durch Zufall wird Hitler jedoch nur leicht verletzt. Der Umsturzversuch scheitert, Stauffenberg und seine Mitverschwörer werden erschossen oder erhängt.

Was hat Hitler gegen die Juden?

Im Mittelpunkt der Weltanschauung Hitlers steht die so genannte Rassenlehre, die sich zu einem regelrechten Wahn entwickelt. Hitler teilt die Menschheit in höher- und minderwertige Rassen ein. Dabei sieht er die nordische Rasse der »Arier«, zu der er auch das deutsche Volk

285

zählt, an der Spitze. Groß, blond und blauäugig, tapfer, heldenmütig und opferbereit: So definiert er die Eigenschaften der Arier. Auf der untersten Stufe siedelt er die Juden als minderwertige Rasse an, die er für alles Unglück und das Böse in der Welt verantwortlich macht.

Deshalb beginnt Hitler gleich nach seiner Machtergreifung, die Juden Schritt für Schritt aus der Gesellschaft auszugrenzen. Zunächst wird die Bevölkerung zum Boykott jüdischer Geschäfte aufgerufen, später werden alle jüdischen Beamten entlassen. 1935 folgen die Nürnberger Gesetze, die den deutschen Juden die Staatsbürgerschaft aberkennen und die Eheschließung zwischen Juden und Nichtjuden verbieten. Bereits geschlossene Ehen werden für ungültig erklärt. Das Leben der deutschen Juden wird durch diese und andere Schikanen immer unerträglicher. Doch es kommt noch schlimmer. Auf Befehl Hitlers werden in der Nacht vom 9. November 1938 überall in Deutschland Synagogen in Brand gesteckt. In dieser so genannten »Reichskristallnacht« zerstören die Nationalsozialisten außerdem tausende jüdische Geschäfte und verhöhnen und misshandeln jüdische Bürger. Alleine in dieser Nacht werden etwa 100 Juden ermordet und fast 30 000 in Konzentrationslager verschleppt. Nach dieser Schreckensnacht flüchten etwa 80 000 Juden ins Ausland. Wer in Deutschland bleibt, verliert sein Eigentum und seine Arbeit. Außerdem wird ihnen der Besuch von Kinos, Schwimmbädern und Theatern untersagt und ihre Kinder dürfen keine staatlichen Schulen mehr besuchen. In ihre Reisepässe

wird ein rotes »J« gestempelt und ab 1941 müssen alle Juden einen gelben Stern auf der linken Seite ihrer Kleidung tragen.

Seit Kriegsbeginn verfolgt Hitler konsequent sein angekündigtes Ziel, die europäischen Juden zu vernichten. Zuerst lässt er in Polen und Russland Juden massenhaft erschießen. Doch das geht ihm nicht schnell genug. Deshalb beschließen SS-Führer und hohe Beamte auf der Wannseekonferenz 1942 in Berlin die »Endlösung der Judenfrage« mit anderen Mitteln. Daraufhin werden in Polen sechs große Vernichtungslager gebaut, in denen jüdische Menschen mit Giftgas ermordet und in Krematorien verbrannt werden. Allein im größten Lager Auschwitz sterben täglich 5000 bis 6000 Menschen. Etwa sechs Millionen Juden werden bis zum Kriegsende grausam ermordet, außerdem viele Sinti, Roma, Behinderte und Homosexuelle, die ebenfalls als »minderwertige« Menschen gelten.

Warum überfallen die Deutschen Polen?

Hitlers größtes Ziel ist es, aus Deutschland eine Weltmacht zu machen. Zunächst gelingt es ihm, verschiedene angrenzende Gebiete ohne militärische Gewalt hinzuzugewinnen, während er heimlich für einen künftigen Krieg aufrüstet. So stimmt 1935 das Saargebiet, das seit 1919 unter Verwaltung des Völkerbunds steht, mit überwältigender Mehrheit für den Anschluss an Deutschland. Dann besetzen deutsche Truppen das seit Ende des Ersten Weltkriegs entmilitarisierte Rheinland. Anschließend erfolgen der Anschluss Österreichs und die Besetzung des Sudetenlandes (heute Tschechische Republik), das damit angeblich »heim ins Reich« geholt wird. Danach folgen Böhmen und Mähren (beide heute Tschechische Republik). Die europäischen Mächte reagieren nur mit schwachen Protesten und lassen die Eroberungen zu, weil sie glauben, so einen Krieg vermeiden zu können.

Doch sie haben sich getäuscht. Hitler schließt 1939 mit dem sowjetischen Diktator Stalin einen Nichtangriffspakt. In einem geheimen Zusatzprotokoll vereinbaren beide, dass sie Polen im Fall eines Krieges unter sich aufteilen werden. Kaum eine Woche nach dem vorgetäuschten Angriff auf den Sender Gleiwitz marschieren deutsche Truppen in Polen ein. Darauf reagieren England und Frankreich mit einer Kriegserklärung an das Deutsche Reich, greifen aber zunächst nicht militärisch ein. Innerhalb weniger Wochen werden die polnischen Truppen von der deutschen Armee besiegt und Polen aufgeteilt. Im Frühjahr 1940 überfällt die deutsche Armee die neutralen Länder Dänemark und Norwegen. Kurze Zeit später beginnt der Angriff auf die Niederlande, Belgien und Frankreich. Die deutschen Truppen sind wieder erfolgreich und ziehen am 14. Juni in die französische Hauptstadt Paris ein. In Deutschland sind die meisten Menschen begeistert und bejubeln ihren Führer als größten Feldherrn aller Zeiten. Nach diesen großen Erfolgen im Westen will sich Hitler endlich seinem alten Ziel, der »Eroberung von Lebensraum im Osten«, zuwenden. Da aber der neue englische Premierminister Winston Churchill zu diesem Zeitpunkt ein deutsches Friedensangebot ablehnt, beginnt Hitler zunächst die »Luftschlacht um England«. Fast ununterbrochen bombardieren deutsche Flugzeuge Industrieanlagen, Flughäfen und Großstädte. Doch Hitler kann England nicht be-

zwingen. Er bricht die Angriffe ab und bereitet das »Unternehmen Barbarossa«, den Krieg gegen die Sowjetunion, vor. Obwohl er mit Stalin einen Nichtangriffspakt geschlossen hat, dringen am 22. Juni 1941 über drei Millionen deutsche Soldaten in die Sowjetunion ein. Sie rücken rasch vor und wieder scheint Deutschland einen Sieg zu erringen. Die deutsche Armee steht schon vor Moskau, als verfrüht der Winter einbricht. Die für die Kälte nur schlecht ausgerüsteten Soldaten erleiden hohe Verluste. Der hartnäckige Widerstand der russischen Truppen und der zweite Kriegswinter zwingen die Deutschen 1943 schließlich zum Rückzug und zur Kapitulation einer Armee in Stalingrad.

Inzwischen sind auch die USA als Verbündete Englands in den Krieg eingetreten. Die deutsche Niederlage scheint nur noch eine Frage der Zeit zu sein. Dennoch setzt Propagandaminister Joseph Goebbels alles daran, die Deutschen auf den angeblichen Endsieg einzuschwören. Als er bei einer Kundgebung im Berliner Sportpalast 1943 die Stimmung aufheizt und der Menge zuruft: »Wollt ihr den totalen Krieg?«, schallt ein begeistertes »Ja« zurück. Letztendlich führt der totale Krieg aber nur zur unvermeidlichen deutschen Niederlage und zum völligen Zusammenbruch des Dritten Reiches. Die auf Berlin vorrückenden sowjetischen Truppen im Osten und die 1944 im Westen angreifenden Alliierten setzen Hitlers Herrschaft schließlich ein Ende.

Der Zweite Weltkrieg kostet etwa 55 Millionen Menschen das Leben. 35 Millionen Menschen werden verwundet und über drei Millionen nach Kriegsende vermisst.

1874 – 1965 Winston Churchill
1875 – 1943 Bernhard Lichtenberg
1879 – 1953 Josef Stalin, eigentlich Josef Wissarjonowitsch Dschugaschwili
1887 – 1934 Ernst Röhm
1889 – 1945 Adolf Hitler
1892 – 1984 Martin Niemöller
1897 – 1945 Joseph Goebbels
1903 – 1945 Georg Elser
1907 – 1944 Claus Schenk Graf von Stauffenberg
1918 – 1943 Hans Scholl
1921 – 1943 Sophie Scholl

1914 – 1918 Erster Weltkrieg
1939 – 1945 Zweiter Weltkrieg

287

Die Invasion hat begonnen

1944

Die Alliierten landen in der Normandie

Tausende britischer und amerikanischer Flugzeuge verdunkeln den Horizont. Ein Bombenhagel geht auf die Bunker und Stellungen der Deutschen nieder. Dann eröffnen Schlachtschiffe und Kreuzer mit schwerer Artillerie das Feuer auf die Küste. Die deutschen Soldaten sehen etwas für unmöglich Gehaltenes: 5000 alliierte Schiffe. »Das ist die Invasion! Das ist die Invasion!«, schreien die Soldaten und melden die Landung sofort per Feldtelefon weiter. Doch zunächst glaubt ihnen niemand. »Das Wetter ist viel zu schlecht«, lautet die Antwort aus dem Oberkommando, »außerdem ist das bestimmt nur ein Ablenkungsmanöver. Wir erwarten die Invasion bei Calais!«

Doch bei Calais ist kein Schiff zu sehen. Als die deutsche Heeresleitung endlich reagiert, ist es schon zu spät. Die alliierten Truppen sind gelandet und haben einen breiten Küstenstreifen erobert. Von dort aus wollen sie Europa befreien.

Wie bereiten sich die Alliierten auf die Invasion in der Normandie vor?

Bereits im zweiten Kriegsjahr des Zweiten Weltkriegs besetzt die deutsche Wehrmacht Frankreich. Sofort beginnt sie damit, die Küste entlang dem Atlantik und dem Ärmelkanal zu einer fast uneinnehmbaren Festung ausbauen. Die Strände werden vermint und Bunker mit schweren Geschützen errichtet, um eine mögliche Landung feindlicher Truppen zu verhindern.

Doch genau dies planen die Alliierten und ziehen Anfang 1944 in Großbritannien vor allem britische, amerikanische und kanadische Streitkräfte zusammen. Allerdings lassen sie nicht einfach Soldaten einschiffen und irgendwo in Frankreich wieder absetzen. Eine Landeoperation dieser Größe erfordert ein umfassendes Training. Für die militärischen Übungen der alliierten Truppen werden in Südengland die Bewohner eines ungefähr 64 Quadratkilometer großen Küstenabschnitts am Ärmelkanal evakuiert und das Gebiet zum militärischen Sperrgebiet erklärt. Von dort aus startet am 27. April 1944 die Operation »Exercise Tiger«. Diese Übung findet unter realistischen Bedingungen zum Teil mit echter Munition statt. 25 000 Soldaten auf 300 amerikanischen Schiffen sind am Probelauf der Invasion beteiligt. Bei Nacht verlassen sie Plymouth in Südengland und fahren in einem großen Bogen durch den Ärmelkanal. Leider sind die Briten und Amerikaner noch kein eingespieltes Team. So übersehen sie einige deutsche Schnellboote, die ebenfalls im Ärmelkanal unterwegs sind. Als die deutschen Boote die amerikanischen Schiffe ausmachen, feuern sie Torpedos ab und versenken mehrere. Mindestens 750 Amerikaner sterben. Die General-probe für die Landung ist gescheitert.

Warum werden die Deutschen trotzdem so von der Invasion überrumpelt?

Knapp sechs Wochen später geht es dann tatsächlich los. In den frühen Morgenstunden des 6. Juni 1944 beginnt der Angriff auf die deutschen Truppen in Frankreich.

Die so genannte Operation »Neptune« steht unter der Leitung des amerikanischen Generals Dwight David Eisenhower. Sie ist Teil der Operation »Overlord«, der Eroberung der Normandie.

Die deutsche Heeresleitung erwartet die Landung zwar, glaubt jedoch, dass sie an der schmalsten Stelle des Kanals bei Calais stattfinden wird. Deshalb sind dort auch die meisten deutschen Soldaten stationiert.

Die alliierten Streitkräfte entscheiden sich aber dafür, etwas weiter westlich an Land zu gehen. Sie wissen, dass die deutschen Befestigungsanlagen dort lückenhaft sind.

Schon in der Nacht springen rund 17 000 amerikanische und britische Fallschirmjäger hinter den Küstenbefestigungen ab. Sie sollen die Nachschubwege der Deutschen in der Normandie abschneiden.

Mit den ersten Sonnenstrahlen tauchen dann die amerikanischen Schiffe vor der Küste der Normandie auf. An der ersten Angriffswelle sind rund 155 000 Mann, 1200 Kriegsschiffe und 4200 Landungsboote beteiligt.

Mit ihren schweren Geschützen feuern die Schiffe zunächst direkt auf den Strand und die deutschen Befestigungsanlagen. Kurze Zeit später gehen die ersten Soldaten an den Stränden der Landungsabschnitte »Utah«, »Omaha«, »Sword«, »Gold« und »Juno« an Land.

Unerwarteterweise haben jedoch viele deutsche Soldaten den Beschuss überlebt. Schutzlos sind die Briten, Kanadier und Amerikaner jetzt deren Kugeln ausgeliefert. Ein fürchterliches Gemetzel beginnt.

An diesem Tag sterben mindestens 10 000 alliierte Soldaten und ungefähr genauso viele Deutsche.

Doch trotz erbitterten Widerstands schaffen es die Alliierten, innerhalb von nur 24 Stunden den Abschnitt der Landungsküste unter ihre Kontrolle zu bringen. So schnell wie möglich bringen sie nun Panzer und weitere Soldaten an Land, um gegen die erwarteten Panzerverbände der Deutschen kämpfen zu können.

> 1889 – 1945 Adolf Hitler
> 1890 – 1969 Dwight David Eisenhower
>
> 1939 – 1945 Zweiter Weltkrieg

Doch die stehen unter dem direkten Befehl von Adolf Hitler, der nicht auf die Landung der Alliierten reagiert. Als er endlich die Panzerverbände auf den Weg schickt, ist es bereits zu spät. Die Alliierten können nicht mehr zurückgedrängt werden.

In den nächsten Monaten erobern sie die Normandie und kämpfen sich über Paris in Richtung deutsche Grenze vor.

Dort angekommen, besetzen und überqueren sie am 7. März 1945 die einzige noch intakte Rheinbrücke bei Remagen.

Zwei Wochen später fällt die gesamte Rheingrenze und die alliierten Westmächte dringen ins Deutsche Reich vor.

Am 8. Mai 1945 ist Hitler besiegt.

Gemeinsam für den Frieden

1945

51 Nationen gründen Weltorganisation

Präsident Roosevelt hat es geschafft, er hat mit seiner Idee die Regierungschefs der anderen alliierten Mächte überzeugt: Eine Weltorganisation muss her, die in Zukunft Kriege verhindert. Die Satzung ist heftig diskutiert worden, aber nun haben Vertreter von 50 Nationen sie in San Francisco unterschrieben: Die Vereinten Nationen sind gegründet.

Das Ziel der UNO ist eindeutig: »Wir, die Völker der Vereinten Nationen – fest entschlossen, künftige Geschlechter vor der Geißel des Krieges zu bewahren, die zweimal zu unseren Lebzeiten unsagbares Leid über die Menschheit gebracht hat –, haben beschlossen, in unserem Bemühen um die Erreichung dieser Ziele zusammenzuwirken.«

Die Hoffnungen, die sich auf die Vereinten Nationen richten, sind groß. Denn die halbe Welt liegt in Schutt und Asche, und allen Nationen ist nun klar, dass die Zukunft nur einer friedvollen Welt gehören wird.

Woher kommt die Idee zu solch einer Friedensorganisation?

Schon der deutsche Philosoph Immanuel Kant träumte von einem »ewigen Frieden« der Völker. Um ihn zu sichern, stellt er sich einen »Völkerbund« als Gemeinschaft gleichberechtigter Staaten vor. Diese von ihm in die Welt gesetzte Idee nimmt aber erst während des Ersten Weltkriegs konkrete Formen an. Durch die unvorstellbar vielen Toten und die neue Dimension dieses Krieges wird die Forderung nach einer internationalen Organisation, die den Frieden sichert, immer lauter. Insbesondere die USA und Großbritannien beginnen, an entsprechenden Plänen zu arbeiten. Nach dem Krieg präsentiert der amerikanische Präsident Woodrow Wilson seinen Plan von einer Weltorganisation in Form einer »14-Punkte-Erklärung«. Der letzte Punkt sieht die Bildung einer »allgemeinen Vereinigung der Nationen zum Zwecke gegenseitiger Garantieleistungen für die politische Unabhängigkeit und Unverletzlichkeit der großen sowie der kleinen Nationen« vor. Als daraufhin 1920 der »Völkerbund« gegründet wird und seine Arbeit am Stammsitz in Genf aufnimmt, sind allerdings ausgerechnet die USA nicht dabei. Deren Senat hat nach zweifacher Abstimmung einen Beitritt abgelehnt. Dafür wird das zunächst ausgeschlossene Deutschland in den Bund aufgenommen, ebenso die Sowjetunion. Am Ende umfasst er 63 Staaten. Doch immer wieder kommt es zu Unstimmigkeiten zwischen den Mitgliedern, die den Ausbruch des Zweiten Weltkriegs nicht verhindern können.

Wie kommt es zur Gründung der UNO?

Doch damit ist die Idee nicht vom Tisch. Während des Zweiten Weltkriegs treffen sich der amerikanische Präsident Franklin D. Roosevelt und der britische Premierminister Winston Churchill zu Geheimverhandlungen, um die Gründung einer neuen Weltorganisation vorzubereiten. Diese soll den Weltfrieden und die internationale Sicherheit wahren oder wiederherstellen. Das Ergebnis ihrer Unterredung halten sie in der so genannten Atlantik-Charta fest. Wenige Tage vor Ende des Zweiten Weltkriegs ist es dann so weit. Die vier Großmächte USA, Großbritannien, Frankreich und die Sowjetunion laden die Staaten der Welt zu einer Konferenz ins Opernhaus nach San Francisco ein, um ihren Satzungsentwurf vorzustellen. Zwei Monate lang debattieren und diskutieren über 3000 Vertreter aus 50 Nationen das Thema einer »Weltpolizei«. Am 25. Juni 1945 herrscht schließlich Einigkeit: Die Vereinten Nationen, auch UNO (United Nations Organization) genannt, sind geboren. Ihren Hauptsitz richten die Vereinten Nationen in New York ein. Die Anzahl ihrer Mitgliedsstaaten, darunter ab 1973 auch die Bundesrepublik Deutschland und die DDR, wird bis 2005 auf 191 an-

wachsen. Sie alle haben in der Generalversammlung eine Stimme und können dort dem Sicherheitsrat Vorschläge unterbreiten.

Der Sicherheitsrat besteht neben den fünf ständigen Mitgliedern USA, Großbritannien, Frankreich, der Russischen Föderation und China aus weiteren zehn Mitgliedsstaaten, die alle zwei Jahre von der Generalversammlung gewählt werden. Der Sicherheitsrat ist das Gremium, das Maßnahmen beschließen kann, die den Frieden erhalten, wiederherstellen oder Konflikte lösen sollen. Keine einfache Aufgabe. Denn häufig werden nationale Interessen über jene der UNO gestellt. Der seit 1997 amtierende Generalsekretär Kofi Annan bemängelte wiederholt die fehlende Bereitschaft, Vereinbarungen zur Überwindung von Armut, Umweltverschmutzung und Menschenrechtsverletzungen umzusetzen.

1724 – 1804 Immanuel Kant
1856 – 1924 Woodrow Wilson
1874 – 1965 Winston Churchill
1882 – 1945 Franklin D. Roosevelt
geb. 1938 Kofi Annan

1914 – 1918 Erster Weltkrieg
1939 – 1945 Zweiter Weltkrieg

Da es nicht immer gelingt, die internationalen, vor allem mit Waffengewalt ausgetragenen Streitigkeiten auf friedliche Weise zu lösen, entschließt sich die UNO in Sonderfällen zur Entsendung eigener Friedenstruppen. Die ihr angehörenden Soldaten werden von nicht in den jeweiligen Konflikt verstrickten Ländern bereitgestellt. Ihre Aufgaben bestehen darin, die Vorkommnisse in einem Krisengebiet neutral zu beobachten oder im Konfliktfall auch einzugreifen. Waffen dürfen die nach der Farbe ihrer Helme benannten »Blauhelme« nur zur Selbstverteidigung tragen. 1988 und 2001 erhalten die Vereinten Nationen den Friedensnobelpreis für ihre Bemühungen um den Weltfrieden.

291

Hiroshima nur noch Schutt und Asche

1945

Amerikaner zünden Atombombe über Hiroshima

Es ist ein schöner Hochsommermorgen, am Himmel zieht ein einzelnes Flugzeug seine Kreise.

Da zuckt ein gewaltiger Blitz, heller als tausend Sonnen, über den Himmel. Dem Blitz folgt eine unbeschreibliche Hitze- und Druckwelle. Ein verheerender Feuersturm fegt über die Stadt Hiroshima und ihre Bewohner dahin. Dann erhebt sich eine Explosionswolke in Form eines riesigen Pilzes über der Stadt. Unter ihm begraben liegen 90 000 Menschen – getötet in wenigen Sekunden. Das ist die derzeitige Bilanz des schrecklichen amerikanischen Angriffs auf das japanische Volk. Die Stadt Hiroshima liegt in Schutt und Asche.

Als sich das Flugzeug mit Namen *Enola Gay* Hiroshima näherte, waren deren Bewohner sorglos, gerade war Entwarnung gegeben worden. Das Flugzeug sei offensichtlich nur ein harmloser Aufklärer. Niemand ahnte, welch schreckliche Fracht es mit sich führte: eine einzige Bombe mit dem Namen *Little Boy*. Was für ein harmloser Name für solch eine gewaltige und furchtbare Waffe, denn *Little Boy* ist eine Atombombe.

Wie funktioniert eine Atombombe?

Die Anfänge der Entwicklung von Kernwaffen liegen in der Entdeckung der Radioaktivität durch den Franzosen Henri Becquerel im Jahr 1896. Er stellt fest, dass Uransalze Strahlen aussenden, die zur Schwärzung von Fotoplatten führen. Marie Curie erfindet den Begriff »Radioaktivität« und entdeckt zusammen mit ihrem Mann Pierre das radioaktive Element Radium. Der nächste entscheidende Schritt ist schließlich 1938 die Entdeckung der Kernspaltung in Berlin. Der deutsche Chemiker Otto Hahn und die Physikerin Lise Meitner führen Experimente durch, die beweisen, dass der Atomkern des Urans durch Neutronenbestrahlung in zwei Teile gespalten werden kann. Otto Hahn erhält für die Entdeckung 1944 den Nobelpreis, während Lise Meitner mit anderen Ehrungen und Preisen bedacht wird. Außerdem wird das 109. chemische Element »Meitnerium« nach ihr benannt. Sie lehnt während des Zweiten Weltkriegs alle Angebote ab, in den USA an der Entwicklung der Atombombe mitzuarbeiten.

Marie Curies Tochter Irène Joliot-Curie widmet sich ebenfalls der Forschung und entdeckt gemeinsam mit ihrem Mann Frédéric Joliot, dass sich die Reaktion bei der Kernspaltung selbstständig fortsetzt und eine Kettenreaktion möglich ist: Wenn ein Urankern sich spaltet, werden mehrere Neutronen freigesetzt, die ihrerseits weitere Kerne spalten, sodass noch mehr Neutronen entstehen, usw.

Wie wurde die Atombombe entwickelt?

Schon seit Beginn des Zweiten Weltkriegs arbeiten Wissenschaftler in mehreren Ländern daran, die gewaltigen Kräfte der Atomenergie für militärische Zwecke einzusetzen. Aus der physikalischen Forschung der letzten Jahrzehnte ist bekannt, dass eine selbstständig ablaufende Kettenreaktion der Kernspaltung einsetzt, wenn man Atome des Elements Uran 235 mit Neutronen bombardiert. Bei dieser Kettenreaktion wird eine ungeheure Energie freigesetzt. Zwei nach England emigrierte deutsche Wissenschaftler legen im Frühjahr 1940 den ersten Plan für den Bau einer solchen Atombombe vor.

Nach dem Kriegseintritt der USA im Jahr 1941 wird intensiv an den Plänen gearbeitet. Der in die USA ausgewanderte Physiker Albert Einstein hat bereits vor dem Ausbruch des Zweiten Weltkriegs in einem Brief an den amerikanischen Präsidenten Franklin D. Roosevelt die Entwicklung einer Atombombe angeregt. Er befürchtet, dass auch Adolf Hitler eine derartige Bombe bauen lassen könnte. Doch die Amerikaner wollen schneller sein. Unter der Leitung des Physikers J. Robert Oppenheimer wird in Los Alamos im US-Bundesstaat Neu-Mexiko ein Laboratorium eingerichtet. Das Unternehmen erhält den Namen »Manhattan-Projekt«, an dem unter strengster Geheimhaltung die Elite der Kern- bzw. Atomphysiker mitarbeitet. Viele Probleme müssen überwunden werden, bevor in einer abgelegenen Wüste die erste Versuchsbombe gezündet wird. Am frühen Morgen des 16. Juli 1945 erhebt sich ein riesiges, pilzförmiges Gebilde über der Wüste, das ein gleißendes Licht ausstrahlt. Im Anschluss an diesen erfolgreichen Test werden zwei Atombomben gebaut, die die Codenamen »Little Boy« und »Fat Man« erhalten. Eigentlich waren sie für den Abwurf über Deutschland gedacht, doch das ist inzwischen besiegt. Nicht aber Japan. Und so werden die beiden Bomben über Japan eingesetzt. Bei der Explosion einer Atombombe entsteht eine Temperatur von mehr als 2 Millionen Grad Celsius, die zusammen mit einer gigantischen Druckwelle sämtliches Leben im Umkreis von rund 50 km augenblicklich vernichtet. Die über Hiroshima abgeworfene Bombe hatte eine Sprengkraft von rund 13 000 Tonnen herkömmlichen Sprengstoffs.

In Hiroshima werden durch die Druckwelle Gebäude im Umkreis von über sieben Kilometern dem Erdboden gleichgemacht, 90 000 Menschen sofort getötet und weitere 50 000 so stark verwundet oder so schwer radioaktiv verstrahlt, dass sie an den Folgen sterben. Drei Tage später wird von einem amerikanischen Bomber über der Großstadt Nagasaki eine zweite Bombe ausgelöst. Auch sie löscht die Stadt praktisch aus. Japan, das 1941 als Verbündeter Deutschlands in den Krieg gegen die USA und Großbritannien eingetreten war, kapituliert daraufhin am 10. August 1945.

Nach dem Ende des Krieges arbeiten viele Wissenschaftler, die betroffen und schuldbewusst die verheerende Wirkung der Atombombe miterlebt haben, an Möglichkeiten, die Nuklearenergie friedlich zu nutzen.

1852 – 1908 Henri Becquerel
1859 – 1906 Pierre Curie
1867 – 1934 Marie Curie
1878 – 1968 Lise Meitner
1879 – 1955 Albert Einstein
1879 – 1968 Otto Hahn
1882 – 1945 Franklin D. Roosevelt
1889 – 1945 Adolf Hitler
1897 – 1956 Irène Joliot-Curie
1900 – 1958 Frédéric Joliot
1904 – 1967 J. Robert Oppenheimer

1939 – 1945 Zweiter Weltkrieg

293

Indien feiert die Unabhängigkeit

1947

Gandhi hat England gewaltlos besiegt

Der Mann ist dürr und fast nackt, sein Kopf kahl und seine Brille altmodisch. Er wirkt gebrechlich und kraftlos. Doch der Eindruck täuscht. Denn dieser schmächtige Inder hat das britische Empire in die Knie gezwungen, ohne auch nur einen einzigen Schuss abzugeben. Dieser Mann ist Mahatma Gandhi, der sein Leben lang für die Wahrheit gekämpft hat. »Es ist schwer zu entscheiden, was die Wahrheit ist. Ich habe diese Frage für mich selbst gelöst. Sie ist das, was die innere Stimme in jedem von uns sagt.«

Seine innere Stimme hat ihm geraten, die britische Kolonialmacht aus Indien zu vertreiben, um sein Heimatland in die Unabhängigkeit zu führen. Das ist ihm nun gelungen. Während ganz Indien feiert, herrscht bei vielen Briten noch immer Ratlosigkeit. Ihnen fällt es schwer, einen ganzen Subkontinent verloren zu geben. Bislang konnten sie sich immer auf ihre Armee verlassen, doch gegen diese Form des gewaltlosen Widerstandes sind sie machtlos.

Wer ist Mahatma Gandhi?

Mahatma Gandhi heißt eigentlich Mohandas Karamchand Gandhi und wird 1869 in Indien als Sohn eines Kaufmanns geboren. Schon mit 13 Jahren heiratet er die gleichaltrige Kasturba Nakanji. Gandhi studiert in London und wird Rechtsanwalt. Im Auftrag eines indischen Geschäftsmanns reist er nach Südafrika, wo er 21 Jahre lebt und arbeitet. Bald nach seiner Ankunft erfährt er am eigenen Leib, was Unterdrückung bedeutet. Denn wie Indien wird auch das von niederländischen Buren besiedelte Südafrika von den Briten regiert. Die dort herrschende strikte Rassentrennung bekommt Gandhi im April 1893 zu spüren: Obwohl er eine entsprechende Zugfahrkarte gelöst hat, verweigert ihm der Schaffner die Mitreise in der ersten Klasse. Weder Inder noch Schwarze sind in diesen Abteilen geduldet, sie müssen stattdessen im Gepäckwagen reisen.

Ein Jahr später ruft Gandhi seine in Südafrika lebenden Landsleute zum ersten Mal zu einer friedlichen Form des Protestes auf. Er sammelt 10 000 Unterschriften gegen ein Gesetz, das den Indern das Wahlrecht absprechen soll. Außerdem gründet Gandhi den »Natal Indian Congress« (NIC), eine Organisation zur Wahrung der Interessen der in Südafrika lebenden Inder. Dabei setzt er auf gewaltlosen und »passiven« Widerstand, den Gandhi »Satyagraha« nennt – was wörtlich »Stärke aus Wahrheit« oder »Stärke aus Liebe« bedeutet. In Satyagraha-Kampagnen brechen Gandhi und seine Anhänger immer wieder gewaltlos das Gesetz, um ihre Verhaftung zu erreichen. Damit soll die Öffentlichkeit auf die Situation der Inder aufmerksam gemacht und schließlich eine Änderung der Politik erreicht werden. So ruft er zum Beispiel seine Landsleute auf, ihre britischen Pässe zu verbrennen, da sie als Inder sowieso nicht die gleichen Bürgerrechte hätten wie die Briten. Im Juni 1914 kann Gandhi seinen ersten Erfolg verbuchen: General Jan Christiaan Smuts, der spätere Premierminister Südafrikas, stimmt dem »Indian's Relief Act« zu, einem Gesetz, das den Indern mehr Rechte zugesteht. Damit endet Gandhis Zeit in Südafrika. Sein Name und seine Idee vom passiven Widerstand sind schon jetzt weltbekannt. Er wird »Mahatma« – »große Seele« – genannt.

Wie führt Gandhi Indien in die Unabhängigkeit?

Bei seiner Rückkehr nach Indien findet Gandhi sein Volk unzufrieden und enttäuscht von der britischen Besatzungspolitik vor. Immer wieder organisiert Gandhi in den folgenden Jahren gewaltfreie Aktionen, in denen er seinen Unmut über die herrschenden Verhältnisse zum Ausdruck bringt, und wandert dafür ins Gefängnis. 1920 wird Gandhi zum Präsidenten der »Indian National Congress« (INC) gewählt, einer Partei, die für die Unabhängigkeit Indiens eintritt.

Gandhi ist einfallsreich, seine Aktionen werden immer spektakulärer. Sechs Jahre lang dauert allein seine so genannte Spinnrad-Kampagne, die symbolisch für die Befreiung Indiens stehen soll. Während Textilien aus britischen Fabriken öffentlich verbrannt werden, weben die Inder ihre eigenen Stoffe. Auch andere Waren aus Großbritannien werden boykottiert. Die größte Wirkung hat jedoch 1930 der »Salzmarsch«. Gandhi wandert mit einer immer größer werdenden Schar von Anhängern in gut 20 Tagen zur Küste, um dort selbst Salz zu gewinnen. Das aber ist gesetzlich verboten, denn die Inder dürfen Salz nur bei bestimmten Händlern kaufen, die eine besondere Salzsteuer an die britische Regierung zahlen müssen. Die britische Regierung muss schließlich nachgeben und die Salzsteuer abschaffen. Um die Engländer zu weiteren Änderungen ihrer Politik zu bewegen, tritt Gandhi Anfang der 1930er-Jahre erstmals in einen Hungerstreik. Eine Maßnahme, die er noch mehrmals wiederholt.

Doch erst nach dem Ende des Zweiten Weltkriegs ist das geschwächte England bereit, Indien in die Unabhängigkeit zu entlassen. Allerdings ist zu diesem Zeitpunkt die von Gandhi erstrebte Gemeinschaft aller Inder bereits zerbrochen. Bestehende Feindseligkeiten zwischen den Religionsgruppen der Hindus und Muslime verschärfen sich. Deshalb entsteht 1947 mit Pakistan ein zweiter freier Staat neben Indien, der zur Heimat der indischen Muslime werden soll. So erfüllt sich zwar Gandhis Wunsch nach einem freien Indien, aber nicht der nach einem friedlichen Indien. Blutige Auseinandersetzungen zwischen Hindus und Muslimen bleiben an der Tagesordnung. Und so ist auch das Ende dieses großen, friedliebenden Führers ein gewaltsames: Am 30. Januar 1948 wird er von einem fanatischen Hindu erschossen.

1869–1944 Kasturba Nakanji
1869–1948 Mohandas Karamchand »Mahatma« Gandhi
1870–1950 Jan Christiaan Smuts

1939–1945 Zweiter Weltkrieg

295

Gründungsfeier im Zeichen des Krieges

1948

Arabische Staaten greifen neuen jüdischen Staat an

Die UNO hat in einer Resolution zugestimmt, die letzten Briten haben Palästina verlassen. Endlich kann David Ben Gurion vor die Mikrofone treten und im Namen des jüdischen Nationalrats den unabhängigen Staat Israel ausrufen. An der Wand hängt das Bild Theodor Herzls, der als geistiger Ahne dieser Staatsgründung gelten darf. Der Jubel ist groß, doch die Freude nur von kurzer Dauer. Denn noch in der Nacht greifen Truppen aus Ägypten, dem Libanon, Saudi-Arabien, Jordanien, Syrien und dem Irak den jungen Staat an. Von der Gründungsfeier müssen die Bürger an die Front. Ob sie eine Chance haben, ihren Staat zu verteidigen? »Wer nicht an Wunder glaubt, ist kein Realist«, erklärt David Ben Gurion und ist davon überzeugt, dass sich sein Land behaupten wird. Außerdem haben viele Juden Kampferfahrung. Sie haben bereits vor der Staatsgründung Israels in der britischen Armee oder der Hagana* erfolgreich für Palästina gekämpft.

Wie kommt es zur »Diaspora«?

Laut der Bibel beginnt die Geschichte des jüdischen Volkes, einer der ältesten Völker- und Religionsgemeinschaften der Erde, mit Abraham. Dieser zieht auf Gottes Geheiß in ein Land, um es zu besiedeln. Es ist aber ein bereits von mehreren Völkern bewohntes Land, das der Region des heutigen Palästinas und Israels entspricht. Hier gründen Abrahams Enkel die zwölf alt-israelitischen Stämme. Als die Römer etwa 70 n. Chr. die jüdische Hauptstadt Jerusalem zerstören, fliehen die meisten Juden in andere Länder, in die so genannte Diaspora, wo sie verstreut und als Minderheit unterdrückt leben. Besonders große jüdische Gemeinden außerhalb Europas entstehen später auch in Äthiopien, China, Mexiko und Südafrika. Auch in der Diaspora halten die Juden an ihrem Glauben fest.

Als 381 n. Chr. das Christentum zur römischen Staatsreligion wird, verbessert sich die Lage der Juden keineswegs. Weil die Juden Christus nicht als den von ihnen erwarteten Erlöser ansehen, zerstören die Christen ihre Synagogen. Zwar stellt Kaiser Theodosius I. die Gotteshäuser der Juden unter staatlichen Schutz, doch schon seine Nachfolger verschärfen die antijüdischen Gesetze wieder. So dürfen Juden weder neue Synagogen bauen noch öffentliche Ämter bekleiden.

Aber auch die Juden in Palästina sind nicht sicher vor Verfolgung. Als Papst Urban II. im 11. Jahrhundert zur »Befreiung des Heiligen Grabes«, des Grabes Jesu, aufruft, ziehen die Kreuzfahrer sowohl gegen die Muslime als auch gegen die Juden in Palästina in den Krieg. Selbst dort, wo die Menschen unterschiedlicher Religionen bislang friedlich zusammengelebt haben, werden die Juden nun grausam verfolgt.

Für die Juden wird es immer schwieriger, Länder und Orte zu finden, an denen sie friedlich leben können. Viele von ihnen lassen sich schließlich in Osteuropa nieder. Doch auch hier sind sie immer wieder Verfolgungen ausgesetzt. Den Juden, die sich für Westeuropa entschieden haben, geht es nicht besser. In regelmäßigen Abständen werden sie wegen ihres Glaubens angepöbelt, entrechtet, verfolgt und ermordet.

Wie entsteht der jüdische Staat?

Die Idee, in Palästina einen eigenen Staat zu gründen, entsteht im 19. Jahrhundert. Als der russische Zar Alexander II. ermordet wird, setzt eine neue Welle der Gewalt gegen die etwa fünf Millionen Juden in Westrussland ein. Hunderttausende fliehen nach Westeuropa. Doch etwa 3 000 folgen dem Schriftsteller Leo Pinsker nach Palästina und gründen dort erste jüdische Siedlungen. In einer zweiten Auswanderungswelle folgen 1903 noch einmal rund 40 000 Menschen, darunter auch David Ben Gurion.

Eine weitere Triebfeder für den wieder auflebenden Wunsch der Juden nach einem eigenen Staat wird ein Buch des Wiener Journalisten Theodor Herzl. Er glaubt fest daran, dass nicht die Eingliederung in fremde Gesellschaften, sondern nur die Gründung eines eigenen Staates der ständigen Verfolgung ein Ende setzen kann. Sein Buch »Der Ju-

denstaat« wird zum Programm eines internationalen »Zionismus«, so benannt nach dem in Jerusalem stehenden heiligen Berg Zion. Dem »Weltkongress der Zionisten« folgen bald schon Taten: 1909 wird Tel Aviv als rein jüdische Stadt gegründet und um 1910 der erste Kibbuz, eine landwirtschaftliche Gemeinschaftssiedlung, eröffnet.

Bis 1914 steigt die Zahl der jüdischen Siedler auf etwa 85 000 an. In Palästina leben zu diesem Zeitpunkt auch etwa 600 000 Araber. Mit ihnen gibt es in der Folge immer wieder Konflikte. Diese verschärfen sich ab 1933, als die Nazis die Juden in Deutschland verfolgen und viele nach Palästina flüchten.

1947 beschließt die Vollversammlung der Vereinten Nationen (UNO) die Teilung Palästinas in einen jüdischen und einen arabischen Staat. Am 14. Mai 1948 ruft David Ben Gurion als erster Präsident Israels diesen neuen Staat aus. So historisch dieses Datum ist, so wenig kommt Freude auf in den Straßen Tel

347 – 395 Theodosius I.
um 1042 – 1099 Urban II.
1818 – 1881 Alexander II.
1821 – 1891 Leo Pinsker
1860 – 1904 Theodor Herzl
1886 – 1973 David Ben Gurion

Avivs. Noch in der Nacht der Staatsgründung greifen die arabischen Nachbarstaaten Israel an, erst nach 14 Monaten kommt es zum Waffenstillstand. In weiteren Nahostkonflikten in den Jahren 1956 (Sueskrieg), 1967 (Sechstagekrieg) und 1973 (Yom-Kippur-Krieg) vergrößert Israel sein Staatsgebiet. Im Gegenzug verübt ab 1968 die Untergrundorganisation PLO (Palästinensische Befreiungsorganisation) immer wieder Attentate. Nur langsam nähern sich die beiden Seiten im Lauf der Jahre einander an. Zu einer friedlichen Lösung des Konfliktes aber ist es trotz vielfältiger Bemühungen bislang noch nicht gekommen.

297

Literaturnobelpreis für Boris Pasternak

1958

Lehnt der russische Autor die Auszeichnung ab?

Die Königlich Schwedische Akademie der Wissenschaften hat sich in diesem Jahr für einen Literaturnobelpreisträger entschieden, dessen einziger Roman in seinem eigenen Land gar nicht erschienen ist: Boris Pasternak. Sein Roman *Doktor Schiwago* ist zwar ein Weltbestseller, doch in seiner russischen Heimat kennt niemand die in den Wirren der russischen Revolution spielende dramatische Liebesgeschichte zwischen dem Arzt Schiwago und der jungen Lara.

»Von 1946 bis 1955 habe ich an dem Roman gearbeitet«, erklärt Pasternak. »Es ist ein Entwicklungsroman, der nicht von einer, sondern von mehreren Figuren handelt.«

Der zunächst hocherfreute Autor deutet nun allerdings an, er wolle auf die Auszeichnung verzichten. Aus diplomatischen Kreisen ist zu hören, dass ihm die russische Regierung mit Verhaftung und Arbeitslager gedroht hat, falls er den international geachteten Preis annimmt.

Warum mischt sich die sowjetische Regierung bei der Vergabe des Nobelpreises ein?

Nach der russischen Revolution im Jahr 1917 entsteht die Sowjetunion. Sie entwickelt sich unter Josef Stalin zur Diktatur. In einem so genannten Fünfjahresplan werden 1928 erstmals die politischen und wirtschaftlichen Ziele des Landes und die dafür notwendigen Maßnahmen in den Bereichen Wirtschaft, Sozialwesen, Wissenschaft und Kultur festgelegt. Die Freiheiten der Bürger und damit auch der Künstler werden mehr und mehr eingeschränkt. Die Schriftsteller haben nun große Schwierigkeiten, ihre Werke zu veröffentlichen, denn sie werden streng kontrolliert. Bald wird nur noch das gedruckt, was der Regierung gefällt. Was vor den Beamten ihres Überwachungsapparates keine Gnade findet, verschwindet in der Versenkung. Autoren, die angeblich parteifeindliche Texte schreiben, kommen kurzerhand ins Gefängnis. Im schlimmsten Fall werden sie verbannt oder sogar ermordet. Während der so genannten »großen Säuberung« lässt Stalin alle diejenigen beseitigen, die der Parteiführung und damit ihm schaden könnten, tatsächliche ebenso wie vermeintliche Feinde. Zwischen 1936 und 1938 gibt es zahlreiche Schauprozesse, in denen nicht nur Regierungsgegner verurteilt werden, einige sogar zum Tod.

Was hat die Sowjetunion gegen »Doktor Schiwago«?

Nach dem Tod Stalins 1953 atmen die Schriftsteller in der Sowjetunion auf. Doch dann verschärft sich die Situation erneut. Offiziell gibt sich die Regierung zwar einen etwas liberaleren Anstrich. In Wirklichkeit aber bestimmt sie weiterhin die Themen und Maßstäbe der Literatur.

In jener Zeit entsteht auch Boris Leonidowitsch Pasternaks Roman »Doktor Schiwago«.

Pasternak ist ein russischer Dichter, der unter anderem auch in Deutschland studiert hat. Bislang hat er vor allem Gedichte geschrieben und die Werke ausländischer Schriftsteller ins Russische übersetzt.

Sein erster und einziger Roman handelt von der tragisch endenden Beziehung des Arztes Jurij Schiwago zu seiner Geliebten Lara. Der Arzt und die Krankenschwester begegnen sich mehrmals in den Wirren der Kriegs- und Revolutionsjahre in Russland vor und nach 1917. Sie verlieben sich ineinander, doch ihre Liebe hat in den Zeiten des gesellschaftlichen und politischen Umbruchs keine Chance.

Weil die sowjetische Regierung Literatur über die Revolutionsjahre grundsätzlich verboten hat, kann Pasternaks Roman in der UdSSR nicht erscheinen.

Was die Situation Pasternaks noch prekärer macht, ist die Tatsache, dass Schiwagos Liebesgeschichte eigentlich Pasternaks Geschichte ist.

Er erzählt die Geschichte der Liebe zwischen sich selbst, dem verheirateten Autor, und der Journalistin Olga Iwinskaja.

In den 1940er-Jahren hat Olga kurze Zeit bei Pasternak gelebt. 1949 wird sie plötzlich verhaftet, angeblich wegen der Nähe zu spionageverdächtigen Personen.

In Wahrheit geht es aber um Pasternaks Roman, dessen Fertigstellung und Veröffentlichung die Sowjetregierung durch die Verhaftung Olgas unbedingt verhindern will.

Aber Pasternak lässt sich nicht beirren. Wie viele seiner Kollegen versucht er, das Manuskript heimlich selbst zu verlegen, dann schmuggelt er es mithilfe deutscher Journalisten 1957 in den Westen. Dort wird »Doktor Schiwago« zuerst in Italien veröffentlicht und ein Jahr später in den USA. Das Ausland ist von der traurigen Liebesgeschichte begeistert. In der Heimat verhasst, im Westen gefeiert: Der Roman beschert Pasternak einen Welterfolg.

Auf dem Höhepunkt seines Ruhmes wird Pasternak 1958 der Literaturnobelpreis verliehen. In der UdSSR allerdings verbessert sich seine Lage dadurch keineswegs.

Stalins Nachfolger, Nikita Chruschtschow, führt die Politik seines Vorgängers in vielen Bereichen fort. Man droht Pasternak mit Arbeitslager, falls er den Literaturnobelpreis, eine Auszeichnung der westlichen Welt, annimmt.

Schweren Herzens lehnt der Schriftsteller den begehrten Preis ab und entgeht somit der Verhaftung.

Nur zwei Jahre später stirbt Boris Pasternak an Lungenkrebs. Die Veröffentlichung seines Romans in der Sowjetunion hat er nicht mehr erlebt.

Erst mit dem Ende der Sowjetunion Ende des 20. Jahrhunderts bessert sich die Situation der Autoren und anderer Künstler und Intellektuellen im Land allmählich.

> 1879 – 1953 Josef Stalin eigentlich Josif Wissarjonowitsch Dschugschwili
> 1890 – 1960 Boris Leonidowitsch Pasternak
> 1894 – 1971 Nikita Chruschtschow
> 1912 – 1995 Olga Iwinskaja

299

Die Antibabypille kommt!

1960

Neue Verhütungsmethode aus den USA

Sex ohne Angst davor, schwanger zu werden, kann das sicher funktionieren? Der amerikanische Biochemiker Carl Djerassi meint, ja: »Während der Schwangerschaft produziert jede Frau das Hormon Progesteron auf natürliche Weise, und Progesteron ist das natürliche Verhütungsmittel schlechthin, denn eine Frau wird niemals während einer Schwangerschaft schwanger. Wir haben also versucht, eine synthetische Variante dieses Hormons herzustellen.«

Und genau das ist gelungen. Am 1. Juni 1960 kommt *Enovid 10* als erste Antibabypille auf den US-amerikanischen Markt. Mit Einführung der Pille werden sich Sexualität und Familienplanung entscheidend verändern. Eine Revolution in der Medizin – und in der Gesellschaft.

Wer hat die ersten Verhütungsmittel entwickelt?

Bereits im alten Ägypten kennen die Menschen verschiedene Methoden der Empfängnisverhütung. So nutzt man die Wirkung von Granatapfelkernen, die ein Östrogenhormon* enthalten, um eine Schwangerschaft zu verhindern. Doch erst am Ende des 19. Jahrhunderts besitzen die Menschen genauere medizinische Kenntnisse über die Fortpflanzung und können verlässlichere Methoden entwickeln. Am sichersten ist die operative Sterilisierung, sie ist jedoch in der Regel nicht mehr rückgängig zu machen. Im Jahr 1927 entwickelt der österreichische Physiologe Ludwig Haberlandt nach Versuchen an hormonbehandelten Kaninchen die Vision einer »hormonalen Sterilisierung« der Frau und erntet damit zunächst spöttische Kritik statt Anerkennung.

Doch seine Idee ist richtig. Denn Hormone ermöglichen die Kommunikation der Organe und Zellen im Körper. Sie sind kompliziert aufgebaut und steuern die Stoffwechselprozesse, die Sexualität und die Fortpflanzung bei Menschen und bei Tieren. In der ersten Hälfte des 20. Jahrhunderts werden Struktur und Wirkungsweise der Sexualhormone genau erforscht. Man erkennt, dass die räumliche Form dieser Hormone ihre Wirkungsweise bestimmt. So wie ein Schlüssel in ein Schloss passt, docken die Hormone nur an bestimmten Stellen der Zellen und Organe an und setzen dadurch weitere biochemische Prozesse in Gang. Nun weiß man endlich, wie man viele Krankheiten gezielt behandeln und auch die Fruchtbarkeit beeinflussen kann.

Zunächst müssen Sexualhormone mühsam isoliert werden. Hunderte Kilogramm Keimdrüsen und tausende Liter Urin, mit denen die Hormone oder deren Abbauprodukte ausgeschieden werden, ergeben nämlich nur wenige Milligramm Hormone. Dem deutschen Biochemiker Adolf Butenandt gelingt es, verschiedene Sexualhormone zu isolieren und künstlich herzustellen, unter anderem auch das weibliche Hormon Progesteron. Dafür erhält er den Medizinnobelpreis.

Progesteron und Östrogen, ein weiteres Hormon, unterdrücken den Eisprung, sodass keine befruchtungsfähige Eizelle entstehen kann und eine Empfängnis nicht möglich ist. Diesen Nachweis erbringt in den 1950er-Jahren der amerikanische Forscher Gregory Pincus, der Kaninchen mit Progesteron behandelt und dabei herausfindet, dass man bei den Versuchstieren eine Schwangerschaft durch diese Hormone verhindern kann. Allerdings stellt er fest, dass seine Hormonmischung bei oraler Einnahme (zum Beispiel als Tablette über den Mund) nicht wirksam genug ist. Die Lösung findet schließlich der aus Österreich stammende Chemiker Carl Djerassi. Ihm gelingt es 1951, einen synthetischen Abkömmling des Progesterons zu erzeugen.

Wieso ist die Antibabypille eine »Revolution«?

1960 kommt mit »Enovid 10« die erste Pille auf den amerikanischen Markt, ein Jahr später folgt als kleine grüne Pille »Anovlar« auch in Deutschland. Gegenüber dem amerikanischen Medikament sind die Hormonmengen jetzt schon deutlich reduziert, aber immer noch hoch genug, um Nebenwirkungen wie Stimmungsschwankungen oder eine verstärkte Neigung zu fettiger Haut und Körperbehaarung hervorzurufen. In Deutschland darf die Pille zunächst nur an verheiratete Frauen abgegeben werden. Mitte der 1960er-Jahre nehmen in Westdeutschland eine halbe Million Frauen die Pille regelmäßig ein. Mit der Pille verschwindet die Angst vor ungewollter Schwangerschaft. Gleichzeitig wird die Sexualität zum öffentlichen Thema, die Pille zum Symbol der sexuellen Befreiung. Es gibt Befürchtungen, dass die Jugend durch die einfach gewordene Empfängnisverhütung zu Ausschweifungen verführt wird. Die katholische Kirche steht der Geburtenkontrolle im Grundsatz ablehnend gegenüber.

1885 – 1932 Ludwig Haberlandt
1903 – 1967 Gregory Pincus
1903 – 1995 Adolf Butenandt
geb. 1923 Carl Djerassi

In Ländern wie China mit einer rasant wachsenden Bevölkerung bauen staatliche Programme der Geburtenkontrolle unter anderem auf hormonelle Verhütungsmittel. Hoffnungen, mit der Pille das weltweite Bevölkerungswachstum in den Griff bekommen zu können, haben sich jedoch nicht erfüllt. Nicht überall gibt es ausreichend medizinisches Personal zur erforderlichen Aufklärung, die Pille muss beschafft und bezahlt werden und schließlich sprechen für viele Menschen moralische und religiöse Bedenken nach wie vor dagegen.

Ost-Berlin baut Mauer

1961

Deutschland ist endgültig geteilt

Tausende Militärfahrzeuge fahren durch die Nacht. Ihr Ziel ist die Grenze zu West-Berlin. Noch kann sie in beiden Richtungen passiert werden, wenn auch unter scharfen Kontrollen. Doch damit soll nun Schluss sein. Die Soldaten springen von den Wagen und sperren die Grenze ab, jede Straße und jeden Schienenweg. Panzersperren und Stacheldrahtzäune werden errichtet. Es folgen weitere, mit großen Betonblöcken beladene Wagen. Vor zwei Monaten hatte der Staatsratsvorsitzende der DDR, Walter Ulbricht, noch verkündet: »Niemand hat die Absicht, eine Mauer zu errichten!«

Nun wird sie doch gebaut, mitten durch Berlin. Sowjetische Truppen halten sich im Hintergrund bereit, um mögliche Proteste im Keim zu ersticken. Als die Berliner am Morgen des 13. August ihre Häuser verlassen, ist ihnen der Weg in den anderen Teil der Stadt versperrt. West-Berlin ist nun eine abgeschottete Insel.

Wie kommt es zur Teilung Deutschlands?

Nach der Kapitulation Deutschlands und dem Ende des Zweiten Weltkriegs teilen die Siegermächte USA, Großbritannien, Frankreich und die Sowjetunion (UdSSR) Deutschland in vier so genannte Besatzungszonen auf. Die Stadt Berlin, die in der sowjetischen Zone liegt, wird ebenfalls in vier Sektoren geteilt, denn in der ehemaligen Hauptstadt des Deutschen Reichs will jede der vier Mächte vertreten sein. Nach zwei Jahren beschließen die drei westlichen Siegermächte, ihre Besatzungszonen, die im Westen Deutschlands liegen, wieder zu vereinigen. Im Gebiet der ehemaligen Westzonen wird am 23. Mai 1949 die Bundesrepublik Deutschland (BRD) gegründet, ein demokratischer Bundesstaat. Den Willen des Volkes vertreten nach dem demokratischen Prinzip unterschiedliche Parteien und Interessenverbände. Die Grundlage des Staates sind die Menschenrechte, festgehalten im Grundgesetz der BRD, das ebenfalls am 23. Mai in Kraft tritt. Im Osten wird unter dem Einfluss der Sowjetunion am 7. Oktober 1949 die Deutsche Demokratische Republik (DDR) gegründet. Auch in der DDR gibt es unterschiedliche Parteien, die sich aber letztlich immer der Linie der stärksten Partei unterordnen müssen, nämlich der Sozialistischen Einheitspartei Deutschlands (SED). In den folgenden Jahren entfernen sich die beiden Machtblöcke in Ost und West immer weiter voneinander. Beide Lager gründen eigene militärische Bündnisse, die sich im Kalten Krieg gegenüberstehen. Die Westmächte gründen 1949 zusammen mit Belgien, Dänemark, Island, Italien, Kanada, Luxemburg, den Niederlanden, Norwegen und Portugal den Nordatlantikpakt (NATO). Auf der anderen Seite bildet sich der Warschauer Pakt, dem die DDR angehört. Deutschland liegt geografisch genau auf der Grenzlinie dieser beiden Machtblöcke.

Ins Zentrum der Auseinandersetzungen beider Blöcke gerät immer mehr Berlin, auf das jede Seite möglichst viel Einfluss nehmen will. Im Jahr 1958 macht die DDR den Vorschlag, beide deutsche Staaten sollten gleichberechtigt einen Bund bilden. Wenn diese Zusammenarbeit funktioniere, solle in einem zweiten Schritt die Wiedervereinigung der beiden Staaten folgen. Unterstützt wird diese Idee vom sowjetischen Ministerpräsidenten Nikita Chruschtschow. Die Westmächte und Konrad Adenauer, der Bundeskanzler der Bundesrepublik Deutschland, lehnen den Vorschlag jedoch ab. Sie unterstellen Chruschtschow sogar, dass er die Bundesrepublik dadurch aus dem westlichen Bündnis herauslösen will. Daraufhin verschärft sich die Situation. Nikita Chruschtschow überreicht den Westmächten ein Ultimatum, in dem er die Umwandlung Berlins in eine selbstständige politische Einheit und militärfreie Zone fordert.

Die Westmächte lassen das Ultimatum jedoch verstreichen. Anschließend treffen sich die Außenminister der USA, Großbritanniens, Frankreichs und der UdSSR allerdings zu einer Deutschlandkonferenz. Die Krise kann noch einmal entschärft werden. Dennoch macht sich in der DDR Unruhe breit. Die Menschen fliehen in Massen in die Bundesrepublik. 1960 überschreiten bis zu 2000 Menschen pro Tag die deutsch-deutsche Grenze. Vor allem gut ausgebildete Arbeiter und Ingenieure, die der DDR immer mehr fehlen, verlassen das Land. Anfang August 1961 kommen plötzlich Gerüchte auf, die DDR wolle die Grenze schließen.

Kann man ein Land überhaupt teilen?

Die Befürchtungen der Bevölkerung bewahrheiten sich. Am frühen Morgen des 13. August 1961 beginnen die Bauarbeiten. Mitten durch Berlin werden Barrikaden aufgebaut. Der Ostteil der Stadt wird »eingemauert«. Das Brandenburger Tor, das Wahrzeichen Berlins, wird geschlossen. Bei den sich am Grenzverlauf befindenden Häusern werden die Fenster zugemauert. Wer in letzter Sekunde zu fliehen versucht, muss damit rechnen, erschossen zu werden. Berlin ist nun durch eine Mauer geteilt. Auch quer durch Deutschland wird eine unüberwindliche Grenze gezogen, an der militärische Posten mit Schießbefehl stehen. Mehrere hundert Menschen kommen hier zu Tode. Die Bevölkerung der DDR ist für die nächsten 28 Jahre vom Westen abgeriegelt. Immer wieder üben DDR-Bürger Widerstand gegen ihre Regierung und werden dafür inhaftiert oder abgeschoben. Dazu gehört unter anderem der Liedermacher Wolf Biermann, der 1976 »ausgebürgert« wird, weil seine Lieder zu kritisch sind. Künstler und Intellektuelle der DDR, die dies öffentlich kritisieren, ereilt das gleiche Schicksal, sodass es Ende der 1970er-Jahre zu einer regelrechten Ausbürgerungswelle kommt.

1876 – 1967 Konrad Adenauer
1893 – 1973 Walter Ulbricht
1894 – 1971 Nikita Chruschtschow
geb. 1936 Wolf Biermann

1939 – 1945 Zweiter Weltkrieg

Droht der dritte Weltkrieg?

1962

Die Kubakrise spitzt sich zu

Amerikanische Spionageflugzeuge haben über Kuba eine für Präsident Kennedy und die US-Regierung schockierende Entdeckung gemacht: Abschussrampen für sowjetische SS-4-Mittelstreckenraketen mit atomaren Sprengköpfen. Von Kuba aus können sie in nur fünf Minuten Washington und andere amerikanische Großstädte erreichen und auslöschen. In einer sofortigen Reaktion hat Kennedy Chruschtschow aufgefordert, die Raketen unverzüglich abzubauen, und die UdSSR in einer Fernsehansprache vor den Folgen eines Angriffs gewarnt: »Es soll die Verfahrensweise dieser Nation sein, jegliche Atomrakete, die von Kuba aus auf irgendeine Nation der westlichen Hemisphäre abgeschossen wird, als einen Angriff der Sowjetunion auf die Vereinigten Staaten zu betrachten, der einen völligen Vergeltungsschlag auf die Sowjetunion erfordert.«

Doch wird Chruschtschow einlenken? Aus wohl unterrichteten Kreisen verlautet, beide Supermächte hätten mit Geheimverhandlungen begonnen, um angesichts der drohenden Gefahr eines Atomkriegs die Krise zu lösen. Und John F. Kennedy appelliert an die Vernunft: »Die Menschheit muss dem Krieg ein Ende setzen oder der Krieg setzt der Menschheit ein Ende.«

Wie kommt es zur Kubakrise?

In der Zeit nach dem Zweiten Weltkrieg verschärfen sich die politischen Gegensätze zwischen den westlichen Siegermächten und dem sowjetischen Bündnispartner. Die neuen Supermächte USA und UdSSR (Union der Sozialistischen Sowjetrepubliken) entfremden sich mehr und mehr. Jede versucht, ihren Einflussbereich in der Welt zu vergrößern. Weil dieser Kampf nicht mit militärischen Mitteln, sondern mit wirtschaftlichen Maßnahmen und politischer Propaganda geführt wird, nennt man ihn »Kalten Krieg«. Trotzdem werden in beiden Ländern Waffen produziert. Es kommt zu einem Rüstungswettlauf, in dem jede Supermacht versucht, die andere mit neuen Technologien und immer stärkeren Waffen zu übertrumpfen.

Nur weil beide Seiten Atomwaffen besitzen, scheuen sie das Risiko, sie auch einzusetzen. Denn ein möglicher Gegenschlag könnte dann das eigene Land vernichten. Diese gegenseitige Abschreckung bewahrt absurderweise den Frieden. Sie bewahrt die Supermächte aber nicht davor, immer mehr und immer stärkere Atomwaffen zu entwickeln. Besonders bedrohlich sind diese Waffen, wenn sie so nahe wie möglich an den Zielen stationiert sind, die sie treffen sollen, es also keine Vorwarnzeit mehr gibt. Aus diesem Grund stellen die USA Ende der 1950er-Jahre in Italien 30 und in der Türkei 15 Atomraketen auf, die die UdSSR in wenigen Minuten erreichen können. Der sowjetische Regierungschef Nikita Chruschtschow sucht nach einer passenden Antwort auf diese Provokation und hat eine Idee. Kurz zuvor hat es in Kuba eine Revolution gegeben und seitdem wird das Land von der Sowjetunion unterstützt. Also bietet Chruschtschow den überraschten Kubanern an, atomare Mittelstreckenraketen auf ihrer Insel zu stationieren, um das Land vor möglichen amerikanischen Angriffen zu schützen. Unter völliger Geheimhaltung werden die Raketen nach Kuba transportiert und die benötigten Abschussrampen gebaut.

Am Morgen des 14. Oktober 1962 werden diese Abschussrampen jedoch von einem amerikanischen Aufklärungsflugzeug fotografiert. Einen Tag später sind die Experten sicher, dass es sich um Stützpunkte für sowjetische Mittelstreckenraketen handelt. Die könnten im Ernstfall den amerikanischen Regierungssitz in Washington erreichen. Erst am 16. Oktober erfährt US-Präsident John F. Kennedy die schockierende Neuigkeit, dass direkt vor seiner »Haustür« sowjetische Atomraketen stationiert sind. Er beruft einen Krisenstab ein, der verschiedene Vorgehensweisen diskutiert. Soll man militärisch gegen Kuba vorgehen oder mit einer Seeblockade weitere Raketentransporte unterbinden? Die erste Möglichkeit birgt die große Gefahr eines sowjetischen Gegenangriffs und die Auslösung eines neuen, vielleicht sogar atomaren Kriegs. Kennedy, der einen Krieg vermeiden und Zeit gewinnen will, entscheidet sich zunächst für die Seeblockade. Gleichzeitig befiehlt er unter dem Vorwand eines lang geplanten Manövers die größte Mobilmachung

der amerikanischen Streitkräfte seit dem Zweiten Weltkrieg.

Wie wird der Frieden gerettet?

In einer Fernsehansprache am Abend des 22. Oktober informiert Präsident Kennedy die Welt über die sowjetischen Atomraketen auf Kuba. Er verkündet die Seeblockade und droht mit militärischen Maßnahmen, falls die Raketen nicht abgezogen werden. Der Konflikt spitzt sich immer mehr zu. Sowjetische Geheimdienstberichte über Amerikas Kriegsbereitschaft beunruhigen Chruschtschow sehr. Am 26. Oktober wendet er sich an den amerikanischen Präsidenten und bittet ihn, die Situation nicht weiter zu verschärfen. Er schlägt Kennedy vor, die Raketen abzuziehen, wenn die USA auf eine Invasion in Kuba verzichten und ihre Raketen aus der Türkei abziehen. Als in dieser angespannten Situation

1894–1971 Nikita Chruschtschow
1917–1963 John F. Kennedy
1939–1945 Zweiter Weltkrieg

über Kuba ein US-Aufklärungsflugzeug abgeschossen wird, rechnet jeder mit dem amerikanischen Vergeltungsschlag. Doch Kennedy gelingt es, in letzter Minute den Frieden zu retten. In geheimen Treffen schließt er einen Handel ab, der beide Gegner ihr Gesicht wahren lässt: Die UdSSR zieht ihre Raketen sofort ab; im Gegenzug verzichten die USA endgültig auf einen Militäreinsatz zur »Befreiung« Kubas. Außerdem verpflichten sich die USA, in einigen Monaten ihre Raketen aus der Türkei abzuziehen. Beide Seiten wollen zukünftig solche Konflikte vermeiden. Sie eröffnen erste Verhandlungen über die Kontrolle und Begrenzung der Rüstung. Mit der folgenden Entspannungspolitik beginnt eine neue Ära in den internationalen Beziehungen der beiden Supermächte.

305

Erste Herztransplantation geglückt!

1967

Südafrikanischer Chirurg wagt die spektakuläre Operation

Der Patient heißt Louis Washkansky. Er ist 54 Jahre alt und herzkrank. Seine Aussichten sind denkbar schlecht. Nun hat sein Herz versagt und der Chirurg Christiaan Barnard hat sich zu der schon lange geplanten riskanten Operation entschlossen. Rasch stellt er ein 31-köpfiges Transplantationsteam zusammen und wählt das Herz eines 25-jährigen Unfallopfers aus. »Washkansky hat nur noch diese Chance«, erklärt Barnard, »also hat er eingewilligt, sich ein neues Herz einpflanzen zu lassen. Wir werden unser Bestes geben, um sein Leben zu retten.«

Fünf Stunden dauert die Operation im Groote-Schuur-Krankenhaus in Kapstadt, dann schlägt in der Brust des Patienten ein neues Herz. Doch wie lange? Darüber entscheiden nicht nur die Ärzte, sondern auch der Körper des Patienten, der das fremde Organ wieder abstoßen kann. Sollte sich diese neue Methode aber bewähren, könnte das in Zukunft für tausende von herzkranken Menschen die Rettung bedeuten.

Wie funktioniert eine Herztransplantation?

Solange es Menschen gibt, versuchen sie, Krankheiten zu heilen. Die Versorgung von Knochenbrüchen nach Unfällen oder chirurgische Eingriffe kennt man bereits in der Steinzeit. Doch erst im 20. Jahrhundert ist es möglich, einzelne erkrankte oder funktionsuntüchtige Organe durch andere zu ersetzen. Diese Heilungsmethode wird zunächst an Tieren erprobt. Schnell stoßen die Mediziner auf ein großes Problem. Das Immunsystem, das eigentlich gegen Krankheitserreger, Bakterien und Viren wirkt, attackiert auch die fremden Zellen eines neuen Organs. Gut »angenommen« werden nur Organe von nahen Verwandten, am besten von eineiigen Zwillingen. Die Mediziner sehen nur einen Weg: Sie müssen die Reaktion des Immunsystems mit Medikamenten unterdrücken, um die Abstoßung des Organs von einem nicht verwandten Spender zu verhindern.

1954 wird in Boston mit Erfolg die erste menschliche Niere zwischen zwei eineiigen Zwillingen transplantiert. Nierentransplantationen werden schon bald Routine, weil das Organ von nur wenigen großen Gefäßen versorgt wird, die sich gut mit denen des neuen Körpers verbinden lassen. 1963 werden erstmals eine Lunge und eine Leber übertragen. Aber das Herz? Lässt es sich wirklich wie eine defekte Pumpe ersetzen, einem Toten entnehmen und in einem fremden Körper wieder zum Schlagen bringen? Diese Frage beschäftigt viele Chirurgen. Zunächst machen sie Versuche mit Hunden, die erfolgreich verlaufen.

Der südafrikanische Arzt Christiaan Barnard lässt sich in den USA zum Chirurgen ausbilden. Er kehrt zurück nach Kapstadt und eignet sich Routine in Herzoperationen an, arbeitet an neuartigen Herzklappen und erprobt Herztransplantationen zwischen Hunden. Als er ausreichend Erfahrung gewonnen hat, nimmt er das scheinbar Unmögliche in Angriff: die Herztransplantation an einem Menschen. Barnards erster Transplantationspatient hat ein schwer geschädigtes Herz und würde mit den bisherigen Behandlungsmethoden nicht überleben. Er soll das Herz eines Unfallopfers erhalten. Obwohl die Transplantation glückt, überlebt der Patient die Operation nur 18 Tage, denn sein Körper ist bereits zu sehr geschwächt, sodass er schließlich einer Lungenentzündung erliegt. Barnard aber hat bewiesen, dass Herztransplantationen zwischen Menschen grundsätzlich machbar sind. Über Nacht wird er zum populärsten Mediziner seiner Zeit.

Einen Monat nach der Premiere in Südafrika erfolgt durch Norman Shumway die erste Herztransplantation in den USA. Weltweit werden im folgenden Jahr 100 Herztransplantationen durchgeführt. Doch die Bilanz ist zunächst ernüchternd: Die meisten Patienten leben nur wenige Tage, sodass sich der enorme medizinische Aufwand kaum rechtfertigen lässt. Barnard und einige andere Mediziner forschen weiter, um insbesondere die Abstoßungsreaktionen in den Griff zu bekommen. Spätere Operationen verlaufen tatsächlich erfolgreicher, die Patienten können einige Jahre mit dem neuen Herzen leben. Dafür müssen die Organempfänger mehrere Monate lang so genannte Immunsuppressiva nehmen, die die Funktion des Immunsystems unterdrücken. In dieser Zeit sind die Patienten allerdings Infektionen wehrlos ausgeliefert. Seit den 1980er-Jahren unterbinden bessere Medikamente die Organabstoßung endlich wirkungsvoller. Nun überleben mehr als die Hälfte der Patienten fünf Jahre und länger.

Darf man einem Menschen das Herz eines anderen einpflanzen?

Transplantationen können immer nur die letzte Möglichkeit sein, einen Patienten zu retten. Die Kosten sind immens, aber das größte Problem ist, ein geeignetes Spenderorgan zu finden. Es muss die passende Größe haben, Blutgruppe und Gewebeverträglichkeit müssen stimmen. Spenderherzen kommen oft von Unfallopfern. Doch wann darf man ein Herz entnehmen? Natürlich erst nach dem Tod des Spenders.

1913 – 1967 Louis Washkansky
1922 – 2001 Christiaan Barnard
geb. 1923 Norman Shumway

Aber wie stellt man den Tod zweifelsfrei fest? Die Funktion des Gehirns muss unwiederbringlich zerstört sein. Doch das kann nur ein ausgebildeter Mediziner feststellen. Sind nicht doch noch Wiederbelebungsmaßnahmen möglich? Müssen die Verwandten des Spenders zustimmen? Oder reicht es, wenn sich die Person nicht ausdrücklich gegen eine Organentnahme nach dem Tod ausgesprochen hat? Wer bekommt das Herz, wenn mehrere Patienten warten? Bereichern sich skrupellose Verbrecher mit dem Handel von Organen? Medizinern, Patienten, Juristen und Politikern stellen sich nun eine Menge völlig neuer Fragen. Erst nach deren Klärung wird auch der ethische und juristische Weg für diese neue Behandlungsmethode frei werden.

307

Rudi Dutschke niedergeschossen

1968

Studentenführer wird von einem Hilfsarbeiter schwer verletzt

»Sind Sie Rudi Dutschke?«, fragt Josef Bachmann den Führer der Studentenbewegung, der aus dem Büro des Sozialistischen Deutschen Studentenbundes tritt, dann zieht er eine Pistole und drückt dreimal ab. Schwer verletzt bricht sein Opfer auf dem Berliner Kurfürstendamm zusammen. Noch zur Stunde ringen die Ärzte um sein Leben.

Josef Bachmann, arbeitsloser Hilfsarbeiter aus München, gibt nach seiner Verhaftung zu Protokoll, er habe aus der Presse von Dutschke, diesem kommunistischen Rädelsführer und gefährlichen Linken, erfahren. Solche Kommunisten wie er seien für die schwierige Lage Bachmanns verantwortlich. Aus Hass habe er sich deshalb zu dem Attentat entschlossen. Ihm steht eine Anklage wegen versuchten Mordes bevor – wenn nicht sogar Mordes, sollte Dutschke nicht überleben.

Was ist die Studentenbewegung?

In den 1950er- und 1960er-Jahren verschärft sich der Kalte Krieg zwischen den westlichen, demokratischen, und östlichen, kommunistischen Ländern. 1950 kommt es in Korea sogar zum Krieg zwischen dem kommunistischen und dem demokratischen Lager. Der nächste Krieg findet in Vietnam statt. 1964 greifen nordvietnamesische Rebellen, die Vietcong, erstmals US-amerikanische Streitkräfte an, die dort schon seit den 1950er-Jahren zum Schutz der südvietnamesischen Regierung stationiert sind. Nach weiteren Angriffen holt das amerikanische Militär zu massiven Gegenschlägen aus. Allerdings müssen die US-Truppen im dichten Dschungel extrem hohe Verluste hinnehmen, denn die Vietcong sehen die Amerikaner als Besatzungsmacht an und der ihnen vertraute Dschungel bietet ihnen immer wieder Schutz. Als die Amerikaner auch noch Zivilisten töten und chemische Waffen einsetzen, um die Bäume im Dschungel zu entlauben, schlägt die Stimmung in den USA um. Vor allem an den Universitäten wird nun Protest gegen den Vietnamkrieg laut.

Auch in der Bundesrepublik Deutschland kommt es zu Demonstrationen. Studenten, Wissenschaftler, Künstler sowie Vertreter der Kirchen und Gewerkschaften protestieren nicht nur gegen die bundesrepublikanische Politik, sondern auch gegen die Industrie. Die trägt mit ihren Lieferungen chemischer Stoffe und elektronischen Kriegsgeräts an die US-Armee indirekt eine Mitschuld am grausamen Tod unzähliger vietnamesischer Zivilisten.

Die Bundesrepublik erlebt um 1966 ohnehin eine Zeitenwende. Die von Bundeskanzler Ludwig Erhard viel beschworenen Jahre des »Wirtschaftswunders« neigen sich dem Ende zu. Die Exporte sinken ebenso wie die Nachfrage im Inland. Stattdessen steigt die Zahl der Arbeitslosen. Die jüngere Generation wiederum beginnt, an der sozialen Marktwirtschaft und an den Segnungen des Kapitalismus zu zweifeln. Sie wendet sich entschieden von den Wertvorstellungen ihrer Eltern ab und beginnt, ihnen unbequeme Fragen nach ihrer Schuld an den Verbrechen des Nationalsozialismus zu stellen. Auch äußerlich wollen sie sich abgrenzen und tragen zerschlissene Hosen und lange Haare. Sie hören die damals als »wild« empfundene Musik von Jimi Hendrix, Janis Joplin und den Rolling Stones. Ihre politischen Idole sind Revolutionsführer wie Che Guevara, Fidel Castro oder Mao Tsetung, aber auch Politiker und Bürgerrechtler wie John F. Kennedy und Martin Luther King.

Warum erzeugt diese friedliche Bewegung auf einmal Gewalt?

Immer wieder kommt es in vielen Städten zu großen Demonstrationen. Ausgerechnet in dieser aufgeheizten Stimmung besucht der persische Schah Mohammed Reza Pahlavi Berlin.

Vor allem politisch links orientierte Studenten und in die BRD geflohene Iraner sehen in dem aufwändig gefeierten Besuch des Diktators eine Provokation.

Während der Schah am Abend des 2. Juni 1967 in der Deutschen Oper sitzt, kommt es zu einer Straßenschlacht zwischen Polizisten und Demonstranten. Dabei wird der 26-jährige Student Benno Ohnesorg von einem Polizisten erschossen. Dieser Zwischenfall sorgt weltweit für Aufsehen und führt dazu, dass sich die Studenten noch mehr gegen den Staat wenden.

An der Spitze der Protestbewegung steht der Sozialistische Deutsche Studentenbund (SDS), dessen Führer der Soziologiestudent Rudi Dutschke ist. Er fordert gezielte politische Aktionen bis hin zum Widerstand gegen die bestehenden Herrschaftsverhältnisse. Die Meinungen der linken Studenten gehen allerdings mehr und mehr auseinander. Während sich die große Mehrheit für friedliche Aktionen entscheidet, setzte eine kleine Gruppe auf Gewalt. Am 3. April 1968 verüben radikale Mitglieder der Protestbewegung einen Brandanschlag auf ein Frankfurter Kaufhaus.

Aufgewiegelt durch die Berichterstattung der Boulevardpresse, verübt Josef Bachmann am 11. April 1968 auf dem Kurfürstendamm ein Attentat auf Rudi Dutschke, das dieser nur knapp überlebt. Die linke Protestbewegung spaltet sich nun endgültig: Die Täter des Kaufhausanschlags, unter anderen Andreas Baader und Gudrun Ensslin, gehen 1970 als terroristische Vereinigung RAF (Rote Armee Fraktion) in den Untergrund und halten die Bundesrepublik mit ihren organisierten Gewaltaktionen gegen Sachen und Menschen mehrere Jahre lang in Atem.

Rudi Dutschke stirbt 1979 an den Spätfolgen des Attentats. Bis dahin setzt er sich weiter für eine Gegenkultur in der nach Orientierung suchenden deutschen Gesellschaft ein. Der andere Zweig der Außerparlamentarischen Opposition (APO) bleibt seiner gewaltfreien politischen Linie treu. Sie wird später zur Keimzelle der Partei der Grünen, die mit Joschka Fischer im Jahr 1998 sogar den Außenminister stellt.

1893 – 1976 Mao Tse-tung
1897 – 1977 Ludwig Erhard
1917 – 1963 John F. Kennedy
1919 – 1980 Mohammed Reza Pahlavi
geb. 1927 Fidel Castro
1928 – 1967 Ernesto Che Guevara
1929 – 1968 Martin Luther King
1940 – 1967 Benno Ohnesorg
1940 – 1977 Gudrun Ensslin
1940 – 1979 Rudi Dutschke
1942 – 1970 Jimi Hendrix
1943 – 1970 Janis Joplin
1943 – 1977 Andreas Baader
1944 – 1970 Josef Bachmann
geb. 1948 Joschka Fischer

309

Kunst mit Suppendosen

1968

Zu Besuch bei Andy Warhol, dem König der Pop-Art

Von außen betrachtet könnte das Gebäude in der 33 Union Square West in New York auch ein unauffälliges Büro beherbergen. Doch die ersten Schritte in die Factory zeigen, dass das Atelier des Pop-Art-Künstlers Andy Warhol eine ganz eigene Welt beherbergt. Der Künstler selbst steht am Eingang und lässt seine berühmten Gäste an sich vorbeidefilieren: Mick Jagger, Jim Morrison und Bob Dylan, sie alle werden heute hier ein weiteres rauschendes Fest feiern.

Hier gibt es alles, was die Besucher noch aus der ersten *Factory* in Manhattan kennen: Das rote Sofa, die Freunde und Schüler Warhols, seine Muse. Und natürlich die Kunst: Porträts von Marilyn Monroe, Joseph Beuys oder Elvis Presley, und vor allem Bilder und Drucke von Alltagsgegenständen: Colaflaschen und sogar Suppendosen. Aber auch experimentelle Filme werden hier gedreht, zudem gibt es einen Übungsraum für die von Warhol geförderten Bands wie *Velvet Underground*. Ganz klar: Der Puls der Kunstbewegung New Yorks schlägt hier in der *Factory*.

Wer hat die Pop-Art erfunden?

Zwei Jahrzehnte wird die moderne Kunst des 20. Jahrhunderts von der abstrakten Malerei beherrscht. Doch Mitte der 1950er-Jahre beginnen junge Künstler in den USA und England, wieder gegenständliche Bilder zu malen. Die neue Kunstrichtung wird »Pop-Art« genannt, denn sie zeigt vor allem Dinge der Alltags- und Massenkultur, des Konsums, der Werbung und der Jugendkultur. Der britische Künstler Richard Hamilton malt eines der ersten Pop-Art-Bilder, das den Titel trägt: »Was ist es nur, was das moderne Zuhause so anders, so anziehend macht?« Auf dem Bild sieht man einen Bodybuilder in einem Wohnzimmer, der einen Lutscher in der Größe eines Tennisschlägers mit der Aufschrift »Pop« in der Hand hält. Man sieht eine Dose mit Frühstücksschinken auf dem Tisch, ein (damals hochmodernes) Tonbandgerät, einen laufenden Fernseher und auf dem Sofa räkelt sich eine halb nackte Frau. Überall in der Wohnung ist Werbung ausgebreitet, für Kinofilme, Comics und Automarken. Es ist nicht klar, ob Hamilton diese Zusammenstellung spöttisch meint oder ob er von der schönen, neuen Warenwelt fasziniert ist.

Als zu Beginn der 1960er-Jahre die ersten bedeutenden Pop-Art-Ausstellungen stattfinden, sind die Kritiker entsetzt: Museen wirken plötzlich wie Warenhäuser. Roy Lichtenstein malt einzelne Comicbilder in riesengroßem Format nach; Andy Warhol reproduziert farbig verfremdete Pressefotos von Stars wie James Dean oder Elvis Presley, von Suppendosen oder Dollarscheinen. Jasper Johns malt eine überdimensionale US-Flagge; James Rosenquist Reklametafeln oder Straßenschilder. Plötzlich scheint der Unterschied von Alltag und Kunst auf eine simple und leicht verständliche Weise aufgehoben. Die Pop-Art präsentiert sich als amüsierter, toleranter, aber auch bissig-ironischer Spiegel der Konsum- und Mediengesellschaft.

Ganz neu ist die Idee jedoch nicht. Denn der französische Künstler Marcel Duchamp erfindet bereits um 1913 den Begriff des »Readymade«, als er Alltagsgegenstände wie ein Fahrrad oder ein Pissoir in Museen ausstellt und dadurch herausfordernd klarstellt, dass ein Künstler entscheidet, wann ein Gegenstand zum Kunstwerk wird. Diese Provokation ist aber nur ein Aspekt des »Readymade«, denn der Alltagsgegenstand im Museum ist auch ein kritischer Kommentar zu der gewöhnlich vom Leben weit entfernten Museumskunst. Mit der »Kunstwürdigkeit« von Alltagsgegenständen ist auch eine Abwertung von Begriffen wie »Originalität« oder »Schönheit« verbunden. Die Originale der »Sonnenblumen«-Bilder Vincent van Goghs oder auch Leonardo da Vincis »Mona Lisa« locken Besucher aus aller Welt ins Museum, aber was ist mit der Abbildung einer Suppendose oder einer Colaflasche? Dabei ist das Bild einer Suppendose im Museum noch immer etwas anderes als eine Suppendose im Regal eines Supermarktes. All dies ist bei der Pop-Art von Bedeutung, wenn nun Werbung oder Comics für kunstwürdig erachtet werden.

Wie arbeitet Andy Warhol?

Andy Warhol wird in Pittsburgh geboren und absolviert später ein Grafikstudium. Anfang der 1960er-Jahre gründet er in New York sein berühmtes Atelier, das »Factory« genannt wird. Hat er zu Beginn seiner Karriere seine Bilder noch mit der Hand gemalt, so geht er in New York zum Siebdruckverfahren über, durch das er Bilder in Serie herstellen kann. Er findet es völlig unerheblich, ob er die Bilder überhaupt jemals direkt in Augenschein genommen hat, die ein Stab von Mitarbeitern in seiner »Factory« unter seinem Namen herstellt. So entstehen allein in zwei Jahren mindestens 2000 »Warhol«-Bilder. Warhol erzählt in Interviews, dass er alle Maler für »ganz gut« halte, weshalb man keinen Stil besser als andere finden könne.

Ab 1963 dreht Warhol auch experimentelle Filme, die ebenfalls in der »Factory« produziert werden. »Sleep« zeigt sechs Stunden lang einen schlafenden Mann; »Empire« ist ein achtstündiger Blick auf das »Empire State Building« – beides aufgenommen mit einer unbeweglichen Wachpostenkamera. Warhol eröffnet später auch Diskotheken und produziert Filme mit Rockbands wie The Velvet Underground. Er macht schließlich sogar sich selbst zum Markenzeichen, wenn er mit ausdruckslosem Gesicht und seiner silbernen Perücke das Leben der New Yorker Künstlerszene dokumentiert.

1452 – 1519 Leonardo da Vinci
1853 – 1890 Vincent van Gogh
1887 – 1968 Marcel Duchamp
1921 – 1986 Joseph Beuys
geb. 1922 Richard Hamilton
1923 – 1997 Roy Lichtenstein
1926 – 1962 Marilyn Monroe,
    eigentlich Norma Jean Baker
1928 – 1987 Andy Warhol
geb. 1930 Jasper Johns
1931 – 1955 James Dean
geb. 1933 James Rosenquist
1935 – 1977 Elvis Presley
geb. 1941 Bob Dylan
1943 – 1971 Jim Morrison
geb. 1943 Mick Jagger

Ein großer Sprung für die Menschheit

1969

Neil Armstrong betritt den Mond

Das Fernsehbild ist leicht verschwommen und schemenhaft. Trotzdem ist zu erkennen, wie der Astronaut die kleine Leiter auf der Landefähre hinuntersteigt. Millionen Zuschauer auf der ganzen Welt verfolgen jeden einzelnen Schritt. Der Letzte ist eher ein kleiner Sprung. Die Welt hält den Atem an. Dann spricht der amerikanische Astronaut Neil Armstrong: »Dies ist ein kleiner Schritt für einen Menschen, aber ein großer Sprung für die Menschheit.«

Neil Armstrong ist der erste Mensch, der den Mond betritt. Der zweite, Edwin Aldrin, wird ihm gleich folgen. Die beiden wollen so schnell wie möglich Mondgestein einsammeln, für den Fall, dass sie gleich den Rückflug antreten müssen.

Doch ihre Mission verläuft ohne Zwischenfälle. Der Flug von *Apollo 11* wird ein Triumph für die NASA und die USA. Die Sowjetunion, die ebenfalls an einem Mondlandeprogramm arbeitet, hat damit den Wettlauf zum Mond verloren.

Wie kommt der erste Mensch auf den Mond?

Zum Mond zu fliegen ist ein alter Menschheitstraum seit der Antike. So beschreibt der griechische Schriftsteller Lukian von Samosata im Jahr 170 in seiner Erzählung »Eine wahre Geschichte« die Reise einer Schiffsbesatzung zum Mond. Richtige Bestseller werden im 19. Jahrhundert die beiden Romane »Von der Erde zum Mond« und »Reise um den Mond« von Jules Verne. Diese Romane hat auch der deutsche Wernher von Braun gelesen und ist schon als junger Student davon überzeugt, dass dieser Flug mit einer Rakete möglich ist. Als Ingenieur entwickelt er in den 1930er-Jahren eine Langstreckenrakete, die zum Vorbild für alle späteren Raketenentwicklungen wird. Am 3. Oktober 1942 fliegt sie erstmals in den Weltraum. Diese Rakete, A4 oder V2 genannt, trägt jedoch keinen Astronauten, sondern eine Sprengstoffladung. Adolf Hitler setzt sie gegen Ende des Zweiten Weltkriegs als angebliche »Wunderwaffe« ein. Über 4000 V2-Raketen werden auf Großbritannien abgefeuert und töten tausende von Menschen.

Nach dem Krieg liefern sich die USA und die Sowjetunion ein regelrechtes Wettrennen um die Eroberung des Weltraums. Am 4. Oktober 1957 schießt die Sowjetunion den ersten Satelliten, »Sputnik 1«, in die Umlaufbahn um die Erde. Nur einen Monat später verlässt mit »Sputnik 2« die Hündin Laika als erstes Lebewesen die Erde. Der sowjetische Kosmonaut Jurij Gagarin ist am 12. April 1961 der erste Mensch im All. Die USA liegen nun deutlich zurück. Doch in dieser Situation macht Präsident John F. Kennedy in einer optimistischen Rede ein gewagtes Versprechen: Bis zum Ende des Jahrzehnts wird Amerika den ersten Menschen auf den Mond schicken. Wernher von Braun, inzwischen bei der NASA, der amerikanischen Weltraumbehörde, soll das Versprechen für ihn einlösen. Er und sein Team schaffen es tatsächlich: Am 20. Juli 1969 landet »Apollo 11« sicher auf dem Mond.

Wie geht es weiter mit der Weltraumforschung?

In den folgenden drei Jahren finden sechs weitere Apollo-Missionen statt, sogar ein Mondauto setzen die Amerikaner auf der Mondoberfläche ab. Die Forschungsarbeit der USA und der Sowjetunion nimmt im Lauf der Zeit fast brüderliche Züge an, ab 1984 werden Astronauten beider Nationen immer wieder gemeinsam im Weltall unterwegs sein. Weil sich die Abstände zwischen den Ausflügen in den Weltraum verkürzen, hat die NASA 1981 ein Raketensystem entwickelt, das sich wieder verwenden lässt. Die Raumfähre – englisch: Spaceshuttle – lässt sich für die Rückkehr zur Erde wie ein Flugzeug steuern.

Mit solchen Spaceshuttles reisen Astronauten zu ihren die Erde umkreisenden Raumstationen und Forschungslaboren. Die Raumstationen sind dabei so konstruiert, dass sie sich nach dem Baukastenprinzip erweitern lassen. Die im Februar 1986 in die Erdumlaufbahn geschickte sowjetische Raumstation »Mir« wird auf diese Weise um ein Vielfaches ihrer ursprünglichen Größe wachsen. Bei der Entwicklung einer weiteren Raumstation bringen die USA und die Sowjetunion 1991 ihre Pläne zusammen und rufen das Projekt ISS (International Space Station) ins Leben. Mit ihm beginnt ein neues Zeitalter der bemannten Weltraumforschung. 16 Länder, darunter elf europäische, beteiligen sich daran – so viele wie noch nie. Außerdem soll die ISS als Sprungbrett für die Erforschung von Mond und Mars dienen.

Zu den unbemannten Instrumenten der Weltraumforschung zählen Satelliten, Teleskope und Raumsonden. Sie übermitteln Daten aus dem Weltraum an die Bodenstationen, wo sie von Astronomen mit Computerhilfe ausgewertet werden. Gesteuert von Robotern, werden Sonden alle Planeten unseres Sonnensystems mit Ausnahme des zu weit entfernten Pluto näher unter die Lupe nehmen. Die Jupitersonde »Galileo« ist sechs Jahre unterwegs, bis sie im Dezember 1995 ihr Ziel erreicht. Auch auf den wegen seiner Farbe »roter Planet« genannten Mars schicken die Weltraumforscher wiederholt Sonden. So stellt man beispielsweise fest, dass die Atmosphäre des Mars zu 95 Prozent aus Kohlendioxid besteht und für Menschen damit tödlich wäre. Dennoch sollen in naher Zukunft Astronauten auf dem Mars landen und ihn erforschen.

120–180 Lukian von Samosata
1828–1905 Jules Verne
1889–1945 Adolf Hitler
1912–1977 Wernher von Braun
1917–1963 John F. Kennedy
geb. 1930 Neil Armstrong
geb. 1930 Edwin Aldrin
1934–1968 Jurij Gagarin

1939–1945 Zweiter Weltkrieg

313

»Krieg der Sterne«

1977

Die neue Dimension des Science-Fiction-Films

»Es war einmal, vor langer Zeit, in einer weit, weit entfernten Galaxis ...« Mit diesen Worten beginnt der Science-Fiction-Film mit dem Titel *Krieg der Sterne*. Kinoexperten räumen ihm trotz des namhaften britischen Schauspielers Alec Guinness keine großen Chancen ein. Die Geschichte ist zu einfach gestrickt, die Produktionskosten für solches Effektkino zu niedrig. Daher startete der Film auch nur in amerikanischen Provinzstädten.

Doch das Unglaubliche ist passiert. Vor allem Jugendliche haben die Kinos regelrecht gestürmt. Innerhalb weniger Wochen ist der Film zu einem der größten Erfolge der Filmgeschichte geworden. »Solche Spezialeffekte habe ich ja noch nie gesehen. Es ist so, als würden die Raumschiffe tatsächlich durchs All fliegen. Alles ist wie echt!«, schwärmt ein Fan.

Es heißt, Regisseur George Lucas arbeite bereits an der Fortsetzung des Weltraumabenteuers. Insgesamt neun Teile sind geplant, wobei der erste in die Kinos gekommene Teil in der geplanten Chronologie bizarrerweise der vierte Teil der Saga ist.

Wer hat die Idee für den Film »Krieg der Sterne«?

Als Regisseur George Lucas den Stoff für den Film ausarbeitet, hat er bewusst eine einfache Geschichte im Kopf, die von möglichst vielen Menschen verstanden wird. Obwohl die »Krieg der Sterne«-Saga im 22. Jahrhundert spielt, mischt Lucas Elemente des Comicstrips, des Märchens, des Western, des Abenteuerfilms und der Komödie. Zur Vorbereitung studiert er nicht nur alte Filme und klassische Mythen, sondern auch aktuelle Comicmagazine, um sich einen Eindruck von der Vorstellungswelt der Jugendlichen zu verschaffen. Daraus formuliert George Lucas die Idee von »Krieg der Sterne«: »Tue das, was du dir vorgenommen hast, und habe keine Angst vor der Zukunft und dem Unbekannten – das schien mir eine gute Botschaft zu sein. Es geht darum, keine Angst vor der Veränderung zu haben. Es gibt gute und böse Roboter, Aliens und Monster in allen Formen. ›Krieg der Sterne‹ zeigt, was es heißt, voranzugehen. Vielleicht hat man Angst – und es ist ja auch traurig, etwas hinter sich zu lassen –, aber man muss weitergehen. Das ist alles, worum es im Leben geht.«

Von Anfang an ist »Krieg der Sterne« als mehrteilige Saga angelegt und startet 1977 mit dem vierten Teil. Durch diesen Schachzug kann sich der Regisseur die langatmige Vorstellung der Geschichte und ihrer Figuren sparen und direkt in die Handlung hineinspringen. In den folgenden 25 Jahren fügt Lucas der Saga Teil um Teil hinzu, stets auf dem neuesten Stand der computergestützten Spezialeffekte: »Das Imperium schlägt zurück«, »Die Rückkehr der Jedi-Ritter«, »Episode 1 – Die dunkle Bedrohung«, »Episode 2 – Angriff der Klonkrieger« und schließlich »Episode 3 – Die Rache der Sith«. Für all diese Filme entwickeln Lucas und seine Mitarbeiter eine Vielzahl origineller Fantasiefiguren wie den Draufgänger Han Solo, den Affenmenschen Chewbacca, den Jedi-Ritter Obi-Wan Kenobi, den krötenartigen Gangsterboss Jabba the Hutt oder den Kopfgeldjäger Boba Fett. Auch die fanfarenartige Musik von John Williams, die sich an Richard Wagner orientiert, wird zu einem Markenzeichen der »Krieg der Sterne«-Saga.

Für »Krieg der Sterne« verzichtet George Lucas auf eine hohe Regiegage und sichert sich stattdessen die Rechte an den Fortsetzungen und an den die Filme begleitenden Produkten. Um die Filme herum entsteht erstmals eine gigantische Warenwelt aus Spielzeug, Kostümen, Romanen und Computerspielen, die weitaus mehr Gewinn abwirft als die Milliarden, die die Filme selbst an den Kinokassen einspielen. Diese Form der Vermarktung wird als »Merchandising« wegweisend für künftige Produktionen. So gelingt Lucas die Erneuerung des etwas aus der Mode gekommenen Science-Fiction-Genres. In den folgenden Jahren versuchen vergleichbare Serien wie »Star Trek« oder »Deep Space Nine«, am Erfolg von »Krieg der Sterne« teilzuhaben.

Warum wirken die Filmszenen so besonders echt?

Georg Lucas revolutioniert die technischen Möglichkeiten für Spezialeffekte in seinem in der Nähe San Franciscos gelegenen Studio »Industrial Light and Magic« (ILM). Mit neuester Computertechnologie, aber auch mit dem Wissen um die Möglichkeiten traditioneller Tricktechniken entwickelt sich ILM zur weltweit führenden Firma für Spezialeffekte und ist an vielen Produktionen beteiligt. In Filmen wie »E.T.« bis hin zu »Jurassic Park« werden täuschend echte Computeranimationen mit original gedrehten Szenen kombiniert. Mit »Toy Story«, der Geschichte der Rivalität zweier Spielzeugfiguren um die Gunst ihres Besitzers, entsteht das erste komplett am Computer erstellte Kinoabenteuer.

1813 – 1883 Richard Wagner
1914 – 2000 Alec Guinness
geb. 1932 John Williams
geb. 1944 George Lucas

Darüber hinaus herrscht zwischen der sich entwickelnden Computerspiel-Industrie und den »Krieg der Sterne«-Filmen von Anfang an ein reger Austausch. Die Weltraumszenarien der Filme prägen den Standard der ersten Spiele, dafür orientieren sich spätere Teile der Saga bei der Gestaltung an weiterentwickelten Spielen.

Mit »Krieg der Sterne« beginnt die Ära des so genannten Blockbuster-Kinos, das auf ein junges Publikum zielt, mit möglichst vielen Kopien gleichzeitig startet, Erfolge immer häufiger durch nachfolgende Teile wiederholen will und eine breite Palette an Merchandising-Produkten vermarktet.

315

Seine Musik lebt weiter

1977

Elvis, der »King of Rock 'n' Roll«, ist tot

Heartbreak Hotel. Hound Dog. Love Me Tender. In The Ghetto. Das sind nur einige seiner unvergessenen Songs. Doch singen wird Elvis sie nie wieder, denn der »King of Rock 'n' Roll« ist tot. Auf dem Bauch liegend, findet ihn seine Freundin am 16. August 1977 im Badezimmer seines Anwesens »Graceland«. Offizielle Todesursache: »Herzstillstand durch zentrales Versagen der Atemorgane.« Dabei ist Elvis Presley erst 42 Jahre alt. Allerdings hat er beträchtliches Übergewicht und ist seit langem medikamenten- und drogenabhängig. Und trotz der 500 Millionen Schallplatten, die Elvis zu Lebzeiten verkauft hat, ist er nicht reich. Er konnte mit Geld nie umgehen.

Musikalisch war er dafür umso erfolgreicher. »Vor Elvis, da war gar nichts«, erklärt John Lennon. »Er hat für unsere Generation die Musik neu erfunden. Wir alle spielen sie. Für uns wird er ewig leben.« Ein kleiner Trost für die vielen Fans, die auf aller Welt um ihn trauern.

Wer ist Elvis Presley?

Elvis Aaron Presley wird in Tupelo, Mississippi, geboren. Seine Eltern sind arm, sein Vater landet sogar wegen Scheckbetrugs im Gefängnis.

Nach der Schulzeit arbeitet Elvis als Elektriker und Lastwagenfahrer, doch sein Ziel ist es, Musiker zu werden. Er lernt Gitarre spielen und hört vor allem die Musik der farbigen Amerikaner, also Blues und Gospel, aber auch weiße Countrysänger wie Hank Williams.

Im Alter von 19 Jahren bekommt er die Chance, seine erste Schallplatte, die den Titel »My Happiness« trägt, aufzunehmen. Kurz darauf wird Sam Phillips, ein Liebhaber und Produzent schwarzer Musik, durch die spezielle Klangfärbung von Elvis' Stimme auf ihn aufmerksam. Der »besondere Sound« und sein ausgeprägtes Rhythmusgefühl beeindrucken Phillips besonders, der einmal prophezeit hat: »Wenn ich einen weißen Mann finden könnte, der die Stimme und das Einfühlungsvermögen eines Schwarzen hat, dann könnte ich eine Million Dollar machen.«

Und Sam Phillips behält Recht: Es ist der Beginn einer beispiellosen Karriere, denn von nun an reiht Elvis Hit an Hit und wird der erste große Popstar überhaupt. Bis zu seinem Tod verkauft er rund 500 Millionen Langspielplatten und Singles und dreht insgesamt 33 Filme. Bis heute sind daraus fast zwei Milliarden Platten geworden, womit Elvis der mit Abstand erfolgreichste Sänger aller Zeiten ist.

Mehr noch als seine neuartige Rock 'n' Roll-Musik machen ihn sein sexuell eindeutiger Tanzstil mit dem herausfordernden Hüftschwung und seine Bühnenpräsenz zum Idol der Jugend.

Udo Lindenberg beschreibt die Bedeutung Presleys so: »Er hat uns gegen unsere Eltern, denen ja sonst alles gehörte, etwas Eigenes gegeben. Bis dahin hatten wir immer nur zu hören bekommen: ›Dafür bist du noch zu jung.‹ Mit Elvis in den Ohren konnten wir zurückbrüllen: ›Dafür seid ihr schon zu alt.‹«

Doch seine beispiellose Karriere ist kurz, ab 1961 dreht er nur noch Filme. Zwar gelingt ihm Ende der 1960er-Jahre noch ein Bühnencomeback, doch es fällt ihm immer schwerer, seinem Leben einen Sinn zu geben. Übergewichtig und drogenabhängig stirbt er 1977.

Was kommt nach Elvis?

Gleichzeitig beginnen englische Bands wie die Beatles, die Rolling Stones oder The Who mit ihrer Musik ein neues Kapitel rebellischer Rockmusik zu schreiben. Zunächst spielen die britischen Beatbands klassische Blues- und Rock 'n' Roll-Stücke nach, aber während der nächsten Jahre wird die Rockmusik immer vielfältiger und anspruchsvoller.

Die Beatles und die Beach Boys entdecken die kreativen Möglichkeiten der Tonstudios; Bob Dylan und Leonard Cohen schreiben ehrgeizige literarische Texte, Bands wie The Grateful Dead oder The Soft Machine erkunden mit ihren Gruppenimprovisationen den Jazz und meisterhafte Solisten wie Jimi Hendrix oder Eric Clapton werden zu weltbekannten Stars. Um 1968 ist Rockmusik in allen ihren Ausformungen Teil einer Gegenkultur zur bürgerlichen Welt der Erwachsenen geworden.

Ihre Lebens- und Modevorstellungen präsentieren sich im Sommer 1969 während des dreitägigen »Woodstock«-Festivals in den USA.

Eine halbe Million Menschen hören sich weitgehend friedlich eine bunte Mischung aktueller Musikrichtungen von Folk über Rock bis zu Soul an.

Ab 1970 wird es dann schier unmöglich, von *der* Rockmusik zu sprechen. Sehr schnell entsteht eine ganze Palette unterschiedlichster, teilweise widerstrebender Stilrichtungen, zu denen Komplexes (Progressive Rock), bewusst Einfaches (Punk Rock), modische Neuauflagen alter Spielweisen und klassische Rockmusik gehören.

Abgesehen von Hip-Hop/Rap und Techno gibt es danach kaum mehr originär neue Popmusik, stattdessen wechseln sich Revival-Trends immer schneller ab.

Die Musikindustrie setzt eher auf eine Erneuerung der Präsentationsform der Musik: Neue Medien, Musikvideos, Musiksender im Fernsehen und das Internet helfen ihr, die Stars und ihre Produkte zu verkaufen.

Insbesondere das Musikvideo liefert in den 1980er-Jahren mit Stars wie Madonna oder Michael Jackson neue künstlerische Impulse.

Eigene Musikvideosender wie MTV sorgen für die rasch steigende Popularität dieser Präsentationform.

Das Radio verliert an Bedeutung, die Vinyl-Schallplatte wird von der CD abgelöst, der wiederum das Internet mit neuen Musikformaten wie MP3 Konkurrenz macht.

Was Elvis sich nicht hätte träumen lassen: Zu Beginn des 21. Jahrhunderts treten an die Stelle des überlebensgroßen Popstars oft gecastete Menschen »wie du und ich« oder Schauspieler aus Daily Soaps, die über Nacht zu Stars gemacht werden.

1923–1953 Hank Williams
geb. 1923 Sam Phillips
geb. 1934 Leonard Cohen
1935–1977 Elvis Presley
1940–1980 John Lennon
geb. 1941 Bob Dylan
1942–1970 Jimi Hendrix
geb. 1945 Eric Clapton
geb. 1946 Udo Lindenberg
geb. 1958 Madonna, eigentlich Madonna Louise Ciccone
geb. 1958 Michael Jackson

317

Tod statt himmlischem Frieden

1989

China geht gegen die Demokratiebewegung vor

Noch immer harren etwa 5000 Demonstranten auf dem Platz des Himmlischen Friedens in Peking aus. Von allen Seiten nähern sich bedrohlich Panzer und Mannschaftswagen der Volksbefreiungsarmee. Auf dem Weg durch die Stadt haben sie eine blutige Schneise hinterlassen. Mindestens 3600 Tote soll der Versuch gekostet haben, die Soldaten aufzuhalten.

»Und nun stehen diese Soldaten uns hier gegenüber«, sagt ein chinesischer Student, »doch wir werden versuchen, mit ihnen zu reden. Vielleicht haben wir ja doch noch eine Chance.« Bis um fünf Uhr früh des 4. Juni dauern die Verhandlungen. Dann lassen die Soldaten die Demonstranten tatsächlich ziehen. Ein weiteres Blutvergießen ist abgewendet. Doch drohen den Studenten Gefängnisstrafen. Trotz einiger kleiner Zwischenfälle hat damit die Armee die Demokratiebewegung landesweit wieder im Griff.

Warum ist China keine Demokratie?

In China entbrennt in den 1930er-Jahren ein Bürgerkrieg zwischen den Nationalisten unter der Führung von Chiang Kai-Shek und den Kommunisten, die von Mao Tse-tung angeführt werden. Mao Tse-tung kämpft für die Wandlung des bäuerlichen China in eine kommunistisch geführte Industrienation. Um dieses Ziel zu erreichen, gründet er die aus Bauern bestehende »Rote Armee«. Obwohl sie gegen Chiang Kai-Sheks Truppen in der Unterzahl ist, durchbrechen Mao und seine etwa 100 000 Soldaten die sie umzingelnden feindlichen Linien. Ein Jahr lang legen sie fast 10 000 Kilometer zurück, um sich in Sicherheit zu bringen. Ihre Flucht wird als »Langer Marsch« bekannt. Auch wenn es viele Verluste unter Maos Truppen gibt, so beginnt nun doch ein Siegeszug für die Kommunisten. Unter den Millionen armer Bauern können sie erfolgreich für ihre Idee eines Bauernstaates werben. Schließlich gelingt es ihnen, Chiang Kai-Sheks Truppen zu besiegen. Als Mao 1949 schließlich Peking erobert und die Volksrepublik China ausruft, flieht Chiang Kai-Shek mit zwei Millionen seiner Anhänger auf die weit vor Chinas Küste liegende Insel Taiwan, wo er 1950 einen von China nicht anerkannten eigenen Staat gründet.

Nun beginnt Mao mit der Verwirklichung seiner Ziele nach dem Vorbild der Sowjetunion. Handel, Industrie und Verkehrswesen werden verstaatlicht, das Agrarland zum Teil mit brutaler Gewalt umverteilt. Doch Mao geht das nicht schnell genug. So ruft er 1958 zum »Großen Sprung nach vorn« auf. Innerhalb kürzester Zeit will er China zu einem Industriestaat machen. Die Bauern werden von den Feldern geholt und müssen nicht nur Altmetalle, sondern auch landwirtschaftliche Geräte einschmelzen, um die Stahlproduktion Chinas zu erhöhen. Doch die überstürzt, ohne Sinn und Verstand ausgeführten Maßnahmen führen geradewegs in eine der schlimmsten Hungerkatastrophen des 20. Jahrhunderts, bei der Millionen von Menschen sterben.

Dennoch gibt der zunächst politisch geschwächte Mao nicht auf, sondern leitet mit der 1966 ausgerufenen Kulturrevolution* eine Rückbesinnung auf seine radikalen politischen Ziele ein und entledigt sich seiner Gegner. Trotzdem wandelt sich China nur sehr langsam vom Agrarstaat zu einer Industrienation.

Wie kommt es in Peking zum Massaker?

Nach Maos Tod übernimmt Deng Xiaoping Maos Amt und beginnt, China ein neues Gesicht zu geben. »Der Befreiung unseres Denkens gebührt Vorrang«, sagt der im Unterschied zu Mao als »der kleine Steuermann« bezeichnete Staatsmann. Bunte westliche Kleidung ersetzt in den 1980er-Jahren mehr und mehr die blauen Einheitsanzüge der chinesischen Arbeiter oder »blauen Ameisen«, wie sie bezeich-

net wurden. China erlebt einen wirtschaftlichen Aufschwung. Nur politisch dulden die Kommunisten keinen Fortschritt.

Im Frühjahr 1989 fordern tausende chinesischer Studenten in vielen Städten mehr Demokratie. Eine politische Bewegung entsteht und im April besetzen Studenten und Intellektuelle den Platz des Himmlischen Friedens in Peking. Sieben Wochen lang übernachten sie dort in Zelten und debattieren und diskutieren. Immer mehr Menschen aus allen Bevölkerungsschichten schließen sich mit Spruchbändern und der Forderung nach Meinungs- und Pressefreiheit den Kundgebungen an. Dann rollen am 4. Juni 1989 frühmorgens Panzer der Volksbefreiungsarmee vor und richten in der Stadt ein Blutbad an. Für viele Chinesen ist das ein herber Rückschlag auf dem Weg zur Demokratie, für ganz China ein großer Imageverlust. An ihrem Traum, in der Zukunft einmal die größte

1887 – 1975 Chiang Kai-Shek
1893 – 1976 Mao Tse-tung
1904 – 1997 Deng Xiaoping

Marktwirtschaft der Welt zu sein, hält die fest im Sattel sitzende Kommunistische Partei Chinas auch nach dem Massaker fest. Inzwischen ist es in China sogar möglich, gleichzeitig Kommunist und Milliardär zu sein. Zwar unterdrückt die Kommunistische Partei nach wie vor politischen Widerstand, doch die wirtschaftlichen Freiheiten sind sehr groß. Aber gerade die dadurch entstehenden Unterschiede zwischen Arm und Reich bieten auch künftig politischen Zündstoff.

Experten sind sich sicher, dass China in naher Zukunft zu einem der führenden Industrieländer aufsteigen wird.

319

Die Mauer ist gefallen

1989

Die DDR gewährt Reisefreiheit

Die Staatsmacht der DDR, gebeutelt von Massendemonstrationen, Flüchtlingsscharen in der Bundesdeutschen Botschaft in Prag und der ungarischen Grenzöffnung nach Westen, ist gezwungen zu reagieren. Der SED-Funktionär Günter Schabowski hat zu einer Pressekonferenz geladen. Sie hat scheinbar nichts Spektakuläres zu bieten, bis kurz vor Ende der Veranstaltung ein Journalist nach der künftigen Reiseregelung fragt. Da verliest Schabowski eine in gewohnt dürrer Amtsprosa gehaltene Verlautbarung: »Privatreisen nach dem Ausland können ohne Vorliegen von Voraussetzungen beantragt werden. Die Genehmigungen werden kurzfristig erteilt. Ständige Ausreisen können über alle Grenzübergangsstellen der DDR zur BRD erfolgen.«

»Ja, dies gilt ab sofort.«

Noch kann keiner so recht fassen, was er da gerade gehört hat, aber eine Stunde später in den Hauptnachrichtensendungen haben die verblüfften Journalisten es auf den Punkt gebracht: Die Grenzen sind offen – ab sofort! Und nun bricht in dieser Novembernacht ein Sturm los, mit dem keiner gerechnet hat: Tausende strömen zur Grenze nach West-Berlin und als die Schlagbäume hochgehen, gibt es kein Halten mehr.

Wildfremde Menschen umarmen sich im Freudentaumel, tausende Bürger aus Ost und West feiern am Kurfürstendamm. Ein Traum ist Wirklichkeit geworden. Altbundeskanzler Willy Brandt prophezeit mit Tränen in den Augen: »Jetzt wächst wieder zusammen, was zusammengehört.«

Warum protestieren die Bürger der DDR gegen ihren Staat?

Am 11. März 1985 wird Michail Gorbatschow zum Generalsekretär der Kommunistischen Partei der Sowjetunion und damit zum mächtigsten Mann der UdSSR ernannt. Der neue Staats- und Parteichef ist der Ansicht, dass Wirtschaft und Staat unbedingt erneuert und demokratisiert werden müssen, um die Weltmachtstellung der UdSSR zu sichern. Er leitet Reformen ein, die unter den Schlagworten »Glasnost« (Offenheit) und »Perestroika« (Umgestaltung) bald weltbekannt werden. Gorbatschow will sein Land durch eine »Revolution von oben« erneuern, ohne jedoch die Führungsrolle der Kommunistischen Partei (KPdSU) und die staatliche Wirtschaftskontrolle aufzugeben. Zudem verzichtet er auf die sowjetische Vorherrschaft über den Ostblock. Er verkündet, dass jedes sozialistische Land die Freiheit habe, seine eigenen Wege zu gehen. Daraufhin verlieren die Kommunisten ihre Machtstellung. Zuerst nutzen Polen und Ungarn die neue Freiheit und beginnen mit der demokratischen Umgestaltung. Bald darauf bricht auch das kommunistische Regime in der Tschechoslowakei zusammen.

Nur die Führung der DDR mit Erich Honecker an der Spitze weigert sich hartnäckig, dem Vorbild der Sowjetunion zu folgen. Sie will ihre Macht verteidigen und nimmt die Unzufriedenheit in der Bevölkerung nicht wahr. Längst ist die Wirtschaft der DDR im Zusammenbruch begriffen und die Versorgung mit Waren teilweise schwierig. Die Warteschlangen vor den Geschäften werden immer länger. Nach wie vor gibt es keine Reisefreiheit, Andersdenkende werden weiterhin von der Staatssicherheit (Stasi) bespitzelt und verfolgt.

Viele unzufriedene DDR-Bürger versuchen deshalb, ihre Heimat zu verlassen. Im ersten Halbjahr 1989 stellen allein 120 000 Menschen einen Antrag auf Ausreise in die Bundesrepublik Deutschland. Als im Mai Ungarn die Grenze zu Österreich öffnet, fliehen in ihrem Sommerurlaub tausende DDR-Bürger in die Bundesrepublik. Im Juli und August versuchen hunderte, durch die Besetzung westdeutscher Vertretungen in Warschau und Prag ihre Ausreise zu erzwingen.

Wie kommt es zur Öffnung der Grenzen?

Gleichzeitig wächst die Protestbewegung in der DDR selbst. Im Herbst 1989 demonstrieren in vielen Städten tausende Bürger für Reformen. Vor allem die Bilder von den Friedensgebeten in der Nikolai-Kirche und den »Montagsdemonstrationen« in Leipzig gehen um die Welt. Dennoch feiert die SED-Führung am 7. Oktober mit großem Pomp den »40. Jahrestag der Gründung der DDR«. Gleichzeitig kommt es in Ostberlin zu spontanen Demonstrationen gegen die Regierung.

Nach der Feier zwingt die SED-Führung Erich Honecker, der bislang alle Reformvor-

schläge abgelehnt hat, zum Rücktritt. Zu seinem Nachfolger wird Egon Krenz gewählt. Der neue Staatschef verspricht Reformen und Reiseerleichterungen, doch die Menschen demonstrieren weiter, am 4. November auf dem Ostberliner Alexanderplatz fast eine Million Menschen. Mit dem Ruf »Wir sind das Volk« fordern sie Freiheit und Demokratie.

Am 9. November erklärt Günter Schabowski vor laufenden Kameras, dass Privatreisen in den Westen ab sofort ohne besondere Genehmigung möglich sind. Schabowski irrt sich ein wenig, denn die neue Reisefreiheit sollte nicht ganz so aussehen. Doch nun ist es zu spät, die Nachricht verbreitet sich blitzschnell im Land und zahlreiche Menschen strömen an die Mauer. Infolge des Ansturms öffnen die überforderten Grenzsoldaten die Übergänge nach West-Berlin.

Allein in den nächsten zwei Wochen besuchen elf Millionen DDR-Bürger West-Berlin und die Bundesrepublik. Das SED-Regime tritt ab. Nun verhandeln Vertreter der Oppositionsbewegungen, der Volkskammerparteien und der Regierung am »runden Tisch« über die weitere Zukunft der DDR. Während der Verhandlungen bekunden die Bürger ihren Wunsch nach einer baldigen Vereinigung beider deutscher Staaten. Am 18. März 1990 finden die ersten freien Wahlen statt. Im Juli folgt die Wirtschafts-, Sozial- und Währungsunion beider Staaten.

Nachdem auch die Siegermächte des Zweiten Weltkriegs – USA, UdSSR, Großbritannien und Frankreich – in den »Zwei-Plus-Vier-Gesprächen« ihre Zustimmung geben, steht der Wiedervereinigung nichts mehr im Weg. Am 3. Oktober 1990 feiern die Deutschen vor dem Berliner Reichstagsgebäude die Wiedervereinigung der beiden so lange geteilten deutschen Staaten.

> 1912 – 1994 Erich Honecker
> 1913 – 1992 Willy Brandt,
>   eigentlich Herbert Frahm
> geb. 1929 Günter Schabowski
> geb. 1931 Michail Gorbatschow
> geb. 1937 Egon Krenz

321

Mandela ist frei!

1990

Der südafrikanische Freiheitskämpfer ist aus der Haft entlassen

27 Jahre lang in einer sechs Quadratmeter großen Zelle. Kann ein Mensch das überleben, ohne dabei den Verstand zu verlieren oder nur noch an Hass und Rache zu denken?

Nelson Mandela, dem Kämpfer gegen das Apartheidregime in Südafrika, scheint es gelungen zu sein.

Entspannt tritt er nach seiner Entlassung von der Gefängnisinsel Robben Island vor die Mikrofone. »Als ich endlich durch das Tor schritt, um auf der anderen Seite ein Auto zu besteigen, hatte ich trotz meiner 71 Jahre das Gefühl, ein neues Leben zu beginnen.«

Und dieses Leben will Nelson Mandela für ein neues Südafrika einsetzen, in dem Schwarze und Weiße gleichberechtigt zusammenleben. Sein Ziel ist kein Bürgerkrieg, sondern Versöhnung. Doch dieses Ziel ist nicht leicht zu erreichen. »Die Zerstörungen, die die Apartheid auf unserem Kontinent angerichtet hat, sind unermesslich«, erklärt Mandela. In den nächsten Monaten und Jahren erwartet ihn eine schwierige Aufgabe.

Wer ist Nelson Mandela?

Nelson Mandela ist der Sohn einer königlichen Familie des Xhosa-Volkes und wird 1918 in der Transkei, Südafrika, geboren.

Als er im Alter von 23 Jahren entsprechend der Stammesgesetze verheiratet werden soll, flieht er zusammen mit einem Freund in die 1000 Kilometer entfernte Industriemetropole Johannesburg. Dort lernt er die Auswirkungen der Apartheid kennen, der strikten Trennung der Rassen und der Benachteiligung der Schwarzen durch die weiße Bevölkerung.

Mandela studiert Rechtswissenschaften und beginnt, gegen die Apartheid zu kämpfen. Deshalb tritt er dem Afrikanischen Nationalkongress (ANC) bei.

Weil ihm das politische Vorgehen dieser Partei jedoch wenig Erfolg versprechend erscheint, gründet Mandela eine Jugendliga des ANC.

»Wir wollten auf die Straße gehen und innerhalb der afrikanischen Bevölkerung Massenkampagnen organisieren«, schildert er später vor Gericht.

Mandela schwebt ein gewaltfreies Vorgehen im Sinne des indischen Friedensführers Mahatma Gandhi vor. Doch dann kommt 1948 die radikale Nationalpartei (NP) an die Regierung und verschärft die Rassentrennung. Der schwarzen Bevölkerung wird nun jegliche politische Tätigkeit untersagt, gemischte Ehen werden verboten und der Zutritt zu öffentlichen Orten streng geregelt.

Man behandelt die schwarzen Südafrikaner wie Aussätzige im eigenen Land und schickt sie je nach Sprache und Tradition in räumlich abgegrenzte Gebiete, die so genannten Homelands.

Den gewaltlosen Widerstand des ANC verhindert die Regierung durch immer strengere Auflagen. Schließlich geht sie auch mit Gewalt gegen die Aktionen des ANC vor.

Am 21. März 1960 tötet die Polizei während einer friedlichen Demonstration in Sharpeville, einem Vorort von Johannesburg, 69 Schwarze. Die weiße Regierung ruft das Kriegsrecht aus und verbietet Organisationen wie den ANC.

Mandela und seine Mitstreiter tauchen unter und gründen die bewaffnete Befreiungsarmee »Speer der Nation«. Mandela wird deren erster Kommandant.

Als die Polizei das Hauptquartier der Organisation und belastendes Material entdeckt, wird Mandela, der schon 1962 zu einer Haftstrafe verurteilt worden war, im Juni 1964 wegen Hochverrats zu lebenslanger Haft verurteilt. Absitzen muss er seine Strafe auf der berüchtigten Gefängnisinsel Robben Island vor der Küste Kapstadts.

Als er 19 Jahre später das Angebot der südafrikanischen Regierung erhält, entlassen zu werden, falls er seinen Kampf aufgibt, lehnt er ab. Auch im Gefängnis bleibt die Beendigung der Rassentrennung in Südafrika sein Ziel.

Kann Mandela die Apartheidpolitik beenden?

Während Mandela im Gefängnis sitzt, tobt der gewaltsame Kampf in Südafrika unaufhaltsam weiter.

Außenpolitisch gerät das Land dabei mehr und mehr in die Isolation, denn zahlreiche Länder und Wirtschaftsunternehmen brechen ihre Beziehungen zu Südafrika ab.

Dadurch wird der Druck auf die weiße Regierung immer größer. Sie gibt schließlich nach. In den 1980er-Jahren werden erste Gesetze zur Lockerung der Apartheid verabschiedet und der ANC wird im Februar 1990 wieder als Partei zugelassen.

Wenige Tage später wird Nelson Mandela aus der Haft entlassen. Den 100 000 in Kapstadt auf ihn wartenden Anhängern reckt er seine zum Zeichen des Kampfes geballte Faust entgegen. Er wird wieder als Präsident des ANC eingesetzt und beginnt sofort die Verhandlungen mit der Regierung.

Im September 1991 unterzeichnet er einen nationalen Friedensvertrag, der der Gewalt in den schwarzen Gettos ein Ende setzen soll.

Mandela und der den Friedensprozess unterstützende südafrikanische Staatspräsident Frederik Willem de Klerk erhalten 1993 gemeinsam den Friedensnobelpreis für ihre Bemühungen zur Beendigung der Apartheid.

> 1869 – 1948 Mahatma Gandhi
> geb. 1918 Nelson Mandela
> geb. 1936 Frederik Willem
> de Klerk

Ein halbes Jahr später wird Mandela bei den ersten für alle offenen Wahlen mit über 60 Prozent der Stimmen zum neuen Staatspräsidenten gewählt und regiert Südafrika bis 1999.

Eine Wahrheits- und Aussöhnungskommission veröffentlicht einen Bericht der von der Apartheidregierung begangenen Menschenrechtsverletzungen.

Das Ziel der Wahrheitskommission ist es, einen Dialog zwischen Opfern und Tätern herbeizuführen und die Menschenrechtsverletzungen öffentlich zu machen. Dabei stehen die Findung der Wahrheit und die Versöhnung im Vordergrund, während Bestrafung oder gar Rache keine Rolle spielen.

Für seine herausragende Leistung im Kampf für die Menschenrechte wird Mandela von mehr als 50 Universitäten auf der ganzen Welt mit der Ehrendoktorwürde ausgezeichnet.

323

Unabhängigkeit führt in den Krieg

1991

Kriegsausbruch in Kroatien

Das Ende der jahrzehntelangen Diktatur unter Staatspräsident Tito birgt für Jugoslawien scheinbar keinen Segen: Teilrepublik um Teilrepublik löst sich aus dem Staatenbund und fordert ihre Eigenständigkeit ein. Nun sind es die beiden nördlichen Teilrepubliken Bosnien und Kroatien, die ihre Unabhängigkeit erklären.

Auslöser ist die am Widerstand Serbiens gescheiterte turnusmäßige Wahl des Kroaten Stipe Mesić zum Vorsitzenden des jugoslawischen Staatenbundes. Der serbische Präsident und Nationalistenführer Slobodan Milošević ist nicht bereit, die Abspaltung kampflos hinzunehmen. Zur Stunde weist er die in Kroatien stationierten serbischen Armeeverbände an, die Unabhängigkeitsbewegung im Keim zu ersticken. »Wo Serben leben, soll Serbien sein!«, sagt er und ruft die Serben in den von Kroatien beanspruchten Regionen zum bewaffneten Kampf auf.

Warum zerfällt der jugoslawische Staat?

Als am 4. Mai 1980 nach fast 30-jähriger Amtszeit der jugoslawische Regierungschef Josip Broz Tito stirbt, beginnen die von seiner Regierung unterbundenen sehr alten Rivalitäten und nationalen Widersprüche zwischen den Bürgern Jugoslawiens langsam wieder an die Oberfläche zu dringen. Begünstigt werden diese Konflikte zwischen den einzelnen Volksgruppen durch die sich verschlechternde wirtschaftliche Lage im Land.

Der erste Unruheherd entzündet sich in der serbischen Provinz Kosovo, in der zwei Drittel der Bevölkerung Albaner sind. Sie fühlen sich von den Serben ebenso bedroht wie die Serben von ihnen. Immer wieder kommt es daher zu gewalttätigen Auseinandersetzungen zwischen beiden Volksgruppen, die an Schärfe zunehmen, als die Albaner mehr Autonomie und die Loslösung von Serbien fordern.

Die Situation spitzt sich weiter zu, als 1989 der wirtschaftliche Bankrott des Landes droht und der Internationale Währungsfond einspringen muss, um eine Katastrophe zu verhindern. Wirtschaftlich hat das Land den Anschluss an die westlichen Industrieländer verloren und ist nicht mehr konkurrenzfähig.

Kurz darauf ist zudem die beginnende Auflösung eines anderen Vielvölkerstaates zu beobachten: der Zusammenbruch der Sowjetunion, aus der sich gleich mehrere Staaten lösen, um ihre Unabhängigkeit zu erklären. Gerade kleine Staaten wie Litauen, Estland und Lettland werden so zu Vorbildern für manche jugoslawische Bundesstaaten und

Provinzen. Von 1990 bis 1992 verkünden sechs dieser Teilrepubliken ihre Unabhängigkeit. Lediglich Serbien und Montenegro halten an der Politik eines gemeinsamen Staates Jugoslawien fest.

Wie kommt es zum »Balkankrieg«?

Im Gegensatz zur Sowjetunion verläuft die Auflösung Jugoslawiens jedoch nicht friedlich. Auf der einen Seite will der jugoslawische Reststaat (Serbien und Montenegro) die Auflösung auf keinen Fall dulden. Er sieht serbische Interessen gefährdet und fürchtet um die Rechte der serbischen Bevölkerung in den Bundesstaaten. Andererseits wollen Kroaten, Albaner, muslimische Bosnier und andere Volksgruppen ihre Interessen mit allen Mitteln durchsetzen.

1991 kommt es zu ersten militärischen Aktionen, die sich schließlich zu einem Krieg auf dem Balkan ausweiten. Dabei gehen die verschiedenen Seiten rücksichtslos gegeneinander vor und versuchen, die jeweils anderen Volksgruppen aus ihren Gebieten zu verdrängen. Dieses Vorgehen wird später »ethnische Säuberung« genannt, ein Begriff, der darüber hinwegzutäuschen versucht, dass es sich dabei um Vertreibung und Massenmord an Unschuldigen handelt. Städte wie Vukovar oder Sarajewo werden ganz oder teilweise zerstört. Und in der ostbosnischen Stadt Srebrenica kommt es zum schlimmsten Massaker seit dem Zweiten Weltkrieg. Serbische Soldaten töten fast 8000 Menschen.

Weil die Gräueltaten kein Ende nehmen, hat bereits ein Jahr zuvor die NATO in den Konflikt eingegriffen. Die jugoslawischen Kriegsparteien müssen sich schließlich der Übermacht der NATO beugen und in Friedensverhandlungen eintreten. Mit dem Friedensvertrag von Dayton endet 1995 der Krieg auf dem Balkan.

Aber immer wieder flammen die Konflikte zwischen den Volksgruppen auf und die NATO interveniert auch nach dem Friedensschluss zum Teil militärisch, so auch 1999, als sie in die Auseinandersetzung zwischen der nach Selbstbestimmung strebenden Region Kosovo und Jugoslawien eingreift und NATO-Bomber tausende von Einsätzen fliegen lässt.

Bis heute sorgen Soldaten aus verschiedenen europäischen Ländern, EUFOR genannt, für die Sicherheit in Bosnien-Herzegowina und Kroatien. Auch deutsche Soldaten sind an der EUFOR beteiligt. Andere Länder wie Slowenien haben sich wirtschaftlich soweit entwickelt, dass sie inzwischen Mitglied der EU werden konnten. Der Weg zu einem wahren Frieden zwischen den Volksgruppen ist jedoch noch weit.

Viele der Überlebenden in Kroatien, Bosnien und dem Kosovo leiden noch heute an den traumatischen Folgen des Krieges und der Vertreibung. Auch die Aburteilung etlicher für die Gräueltaten des Krieges Verantwortlichen durch das Kriegsverbrechertribunal in Den Haag kann daran nichts ändern.

Bis die seelischen Wunden dieser Kriege verheilt sind und nicht mehr der Hass regiert, werden noch viele Jahre ins Land gehen.

1892–1980 Josip Broz Tito
geb. 1934 Stjepan Mesić, genannt Stipe
geb. 1941 Slobodan Milošević

1991 Krieg in Slowenien
1991–1995 Krieg in Kroatien
1992–1995 Krieg in Bosnien-Herzegowina
1996–1999 Krieg im Kosovo
2001 Konflikt in der Republik Mazedonien
2004 Erneut aufflammender Konflikt im Kosovo

325

Ist das ein richtiges Schaf?

1996

Erstmals erfolgreich Säugetier geklont

Die beiden Wissenschaftler Keith Campbell und Ian Wilmut vom schottischen Roslin-Institut führen die erwartungsvollen Journalisten direkt in den Trakt mit den Tier-Boxen.

»Bitte schön, hier sind wir bei unserem Weltstar«, kündigt Keith Campbell an.

Die beiden sind vor einer Box mit einem Schaf stehengeblieben. Ein Schild verrät den Namen des Tieres: *Dolly*. Nichts deutet darauf hin, dass es sich bei diesem Schaf um ein besonders bemerkenswertes Lebewesen handelt.

Die Wissenschaftler bitten um Ruhe für ihre Mitteilung: »Vor ihnen steht das erste geklonte Lebewesen der Welt. Es hat drei Mütter und keinen Vater. Dieses Schaf ist der lebende Beweis: Wir können Säugetiere klonen. Damit stehen uns völlig neue Wege in der Forschung offen.«

Dolly und ihre beiden »geistigen Väter« Keith Campbell und Ian Wilmut sind die neuen Stars der Genetik – aber auch erste Kritik wird laut. Es bestehe die Befürchtung, dass in Zukunft nicht nur Tiere geklont werden, sondern auch Menschen. Ein realistisches Szenario?

Was ist Genetik?

Die Geschichte der modernen Genetik, also der Vererbungslehre, beginnt Mitte des 20. Jahrhunderts. Im Labor von Oswald T. Avery wird diejenige biologische Substanz identifiziert, welche die Erbinformationen von Lebewesen trägt: die sogenannte DNS.

Dabei handelt es sich um ein sehr großes Molekül, das sich im Kern jeder Zelle befindet. Je nach Lebewesen kann dieses Molekül mehrere Meter lang sein. Um im Zellkern Platz zu finden, ist es natürlich sehr eng zusammengeknäult. Dieses Molekül ist Träger der Erbinformationen, die festlegen, wie ein Lebewesen aussieht und welche Eigenschaften es hat.

Knapp zehn Jahre später entdecken der Amerikaner Francis Crick und der Engländer James Watson, wie diese Substanz aufgebaut ist. Auf Röntgenbildern erkennen sie, dass die DNS die Form einer Doppel-Helix hat. Das bedeutet, sie besteht aus zwei Strängen in Form von Spiralen, die ineinander verschlungen sind und ungefähr so aussehen wie eine verdrehte Strickleiter. Zwischen den beiden Strängen befindet sich der »genetische Code«. Man kann sich dieses Erbmaterial als eine Art Bibliothek vorstellen, deren Buchtexte aus einem Alphabet mit den vier Buchstaben A, C, G und T (für die vier Basen* Adenin, Cytosin, Guanim und Thymin) geschrieben sind. Zu unvorstellbar langen Ketten aneinandergereiht, sind sie für die Erbinformation verantwortlich. Dieser »Bauplan des Lebens« hat beim Menschen um die drei Milliarden

»Worte«, die genau beschreiben, wie jede Zelle des Menschen aufgebaut ist.

Nachdem die Wissenschaftler das einmal erkannt haben, machen sie sich sofort daran, diese ungeheure Menge an Information zu entziffern. Bis Mitte der 1960er-Jahre ist der »genetische Code« geknackt, man kann die »Worte« jetzt also lesen. Mitte der 1970er-Jahre können einzelne Gene isoliert werden, die den Aufbau von Zellbestandteilen bestimmen. Man kann nun sagen, welches »Wort« die Information über eine bestimmte Eigenschaft des Körpers »beschreibt«. Mit neuen und schnellen Methoden zur Bestimmung langer Buchstabenketten können die Erbinformationen verschiedener Lebewesen nun wie die Seiten aufgeschlagener Bücher gelesen werden. Noch einmal rund zehn Jahre später gelingt es auch, eine Art »Grammatik« dieser hochkomplexen Bücher zu erkennen und sie besser zu verstehen.

Schließlich kommt es Anfang der 90er-Jahre zu einem regelrechten Wettlauf zwischen privaten und staatlichen Forschungseinrichtungen um die vollständige Entschlüsselung des menschlichen Erbguts, das auch »Genom« genannt wird. 2003 meldet ein Team von Wissenschaftlern aus sechs Ländern nach Jahren intensiver Forschungstätigkeit den Abschluss des Projekts: Das Genom des Menschen ist zu 99% entziffert, das Ergebnis soll der Forschung weltweit kostenlos zur Verfügung gestellt werden.

Was fängt man mit diesem Wissen nun an?

Kennt man den genetischen Code eines Lebewesens, kann man ihn im Labor verändern. Dazu wird die Reihenfolge der vier Buchstaben A, C, G und T verändert. Vor allem die Landwirtschaft hat großes Interesse daran, auf diese Weise die Eigenschaften einer Pflanze auch ohne jahrzehntelange Zucht verändern zu können. Mit Hilfe dieses Verfahrens, das Gentechnologie genannt wird, können zum Beispiel Erdbeeren so verändert werden, dass sie Frost vertragen können. Gentechnisch veränderte Tomaten sind vor Schimmel geschützt und sehr lange haltbar, Reis enthält plötzlich viele Vitamine. Man kann Getreide resistent gegen Schädlinge machen oder die Qualität von Rapsöl verbessern. Diese neu geschaffenen Pflanzen bezeichnet man als transgene Organismen.

1877–1955 Oswald T. Avery
1916–2004 Francis Crick
geb. 1928 James Watson
geb. 1944 Ian Wilmut
geb. 1954 Keith Campbell

Was jedoch auf den ersten Blick wie die Lösung nahezu sämtlicher landwirtschaftlicher Probleme aussieht, birgt auf den zweiten Blick auch große Gefahren. Denn die moderne Genforschung zeigt, dass sich Lebewesen nicht nach dem Baukastenprinzip beliebig umgestalten lassen. Die Veränderung einzelner Gene sorgt nämlich nicht nur für die Änderung einzelner Eigenschaften, sondern für eine weitreichende Veränderung des gesamten Organismus. Darüber hi-

naus kann es zu Kreuzungen zwischen transgenen und natürlichen Pflanzen kommen, wenn sich etwa neben einem Feld mit Genmais ein Feld mit konventionellem Mais befindet. Welche Folgen derartige Kreuzungen haben, ist bis heute kaum erforscht. Auch gibt es noch keine Langzeitstudien, wie sich der Genuss von transgenen Pflanzen auf unseren Körper auswirkt.

Umstritten ist auch die Patentierung von transgenen Organismen, die zur Folge hat, dass sämtliche Rechte an einer Pflanze einer Firma gehören. Verkauft sie dann Saatgut an einen Landwirt, muss dieser eine Lizenz zahlen und darf sich aus der Ernte kein eigenes Saatgut für die nächste Saison zurückbehalten. Produkte aus gentechnisch veränderten Organismen sind seit 2004 in den Ländern der EU kennzeichnungspflichtig, sodass jeder Konsument selbst entscheiden kann, ob er diese Produkte kaufen möchte.

Was bedeutet »klonen«?

Das griechische Wort »Klon« bedeutet »Schössling« oder »Zweig«. Unter Klonen versteht man die künstliche Erzeugung von einer oder mehreren identischen Zellen aus einer ursprünglichen Zelle. Auch die Erschaffung identischer Organe oder ganzer Organismen wird Klonen genannt, wobei man zwischen therapeutischem und reproduktivem Klonen unterscheidet. Beim therapeutischen Klonen ist das Ziel der Forschung, eines Tages Krankheiten wie Krebs oder Parkinson heilen zu können. Auch soll die Möglichkeit geschaffen werden, aus so genannten Stammzellen* einzelne Organe wie Leber oder Haut wachsen zu lassen, um sie transplantieren zu können. Da diese künstlichen Organe ja aus Zellen des eigenen Körpers entstanden sind und nicht von einem anderen Menschen stammen, würde der Körper auch nicht mit

einer Abstoßungsreaktion reagieren, was bei herkömmlichen Transplantationen vorkommen kann. Außerdem wäre man so nicht auf Organspender angewiesen und hätte immer genug Organe zur Verfügung. Das würde viele Leben retten helfen.

Der Ausgangspunkt beim therapeutischen Klonen ist in der Regel eine Stammzelle, also eine Zelle, deren genaue Aufgabe im Körper eines Menschen noch nicht festgelegt ist. Da man die am besten geeigneten Stammzellen in jungen Embryonen* findet, werden sie auch embryonale Stammzellen genannt. Die Verwendung dieser Zellen, aus denen sich durch Teilung ein vollständiger Organismus entwickeln kann, ist sehr umstritten. Viele Kritiker sehen in der Züchtung und Veränderung von embryonalen Stammzellen einen ethisch nicht vertretbaren Umgang mit dem menschlichen Leben. Befürworter verweisen auf die zukünftigen Möglichkeiten, Querschnittslähmungen, Krebs und andere Krankheiten heilen zu können. In Deutschland sorgt das Embryonenschutzgesetz dafür, dass menschlichen Embryonen keine Stammzellen für Forschungszwecke entnommen werden dürfen. In anderen Ländern ist dies jedoch erlaubt.

Was passiert beim »reproduktiven Klonen«?

Das Ziel des reproduktiven Klonens ist es, einen ganzen Organismus zu kopieren. Dadurch könnten besonders »gute« Züchtungen von Pflanzen oder Tieren wie ein Industrieprodukt in Serie hergestellt werden. Auch will man eines Tages vom Aussterben bedrohte Tiere klonen oder sogar bereits ausgestorbene Arten, von denen noch Zellen vorhanden sind, wieder erschaffen. Etwa so, wie es in dem Film »Jurassic Park« am Beispiel der Dinosaurier gezeigt wird.

328

Für ihren ersten Klon haben sich die beiden Wissenschaftler Keith Campbell und Ian Wilmut ein Schaf ausgesucht. Will man ein Schaf klonen, so wird der Kern einer Zelle eines Schafs mit einer Eizelle eines anderen Schafs vereinigt, bei der die Erbsubstanz bis auf einen notwendigen Rest entfernt worden ist. Diese künstlich hergestellte Eizelle wird dann von einem dritten Schaf ausgetragen. Auf diese Weise ist Dolly entstanden, die am 5. Juli 1996 zur Welt gekommen ist.

Beim Klonen entsteht eine nahezu perfekte Kopie des Tieres, dessen Erbsubstanz in die Eizelle eingesetzt wird. Dieses Einsetzen ist sehr schwierig: 277-mal mussten die Forscher probieren, bis ihnen bei Dolly der Versuch endlich glückte. Inzwischen werden außer Schafen auch Pferde, Katzen, Mäuse, Kaninchen, Schweine und andere Tiere geklont. Allerdings ist auch das reproduktive Klonen sehr umstritten.

Zum einen sehen Kritiker die Gefahr, dass sich Firmen in Zukunft nicht nur gentechnisch veränderte Pflanzensorten sondern auch Tierarten patentieren lassen, die sie teuer an Landwirte verkaufen. Zum anderen befürchten sie, dass man in naher Zukunft auch Menschen klonen wird. Dies könnte für militärische Zwecke geschehen oder aber, um für bestimmte Menschen, die es sich leisten können, eine Art lebendes »Ersatzteillager« zu schaffen, dem im Krankheitsfall genau passende Organe entnommen werden können. Noch steht die weltweite Forschung bei dem Klonen von Menschen vor verschiedenen Problemen, doch scheint deren Lösung in absehbarer Zeit möglich zu sein. Dabei legen die verschiedenen Forschungseinrichtungen immer wieder neue Ergebnisse vor und kommen zu neuen Erkenntnissen, sodass die politische, rechtliche und ethische Diskussion der Entwicklung kaum noch folgen kann.

Im Jahr 2003 hat sich der deutsche Bundestag für ein weltweites Klonverbot ausgesprochen. In England aber dürfen seit Februar 2005 »zu medizinischen Forschungszwecken« nun auch menschliche Embryonen geklont werden, um Stammzellen zur Erforschung von Krankheiten zu gewinnen. Auch das reproduktive Klonen von Tieren wird in vielen Ländern mit zum Teil großem Aufwand betrieben. Wie die Zukunft der Genforschung tatsächlich aussieht, können nicht einmal Experten sagen. Ebenso schwer lässt sich abschätzen, wie wir mit der weiteren Entwicklung und möglichen Folgen umgehen werden.

329

Eine neue Dimension des Terrors

2001

Anschlag auf das World Trade Center in New York

Was für ein furchtbares Unglück!, denken viele Menschen zunächst, als am Dienstag, den 11. September 2001, um 8.45 Uhr Ortszeit eine mit 92 Passagieren besetzte Boing 767 in den Nordturm des New Yorker World Trade Center (WTC) stürzt. Doch als 18 Minuten später ein weiteres Flugzeug in den zweiten Turm rast, ahnt jeder, dass dies kein Zufall mehr sein kann. »Das gibt es nicht«, kommentiert ein Fernsehreporter vor Ort, »das kann nur ein Anschlag sein. Ich weiß nicht, wer dafür verantwortlich ist, aber das ist ein Anschlag!«

40 Minuten später stürzt ein drittes Flugzeug in Washington D.C. auf das Pentagon, den Sitz des US-Verteidigungsministeriums. Um 10.29 Uhr zerschellt eine vierte Maschine auf unbewohntem Gebiet. Beinahe gleichzeitig stürzen beide Türme des WTC in sich zusammen. Fast 3000 Menschen sterben. Der Terrorismus hat eine bis dahin unvorstellbare Dimension erreicht.

Was ist Terrorismus?

Terrorismus ist die Ausübung von Gewalttaten, die Angst, Schrecken und Unsicherheit in einer Bevölkerungsgruppe oder einem Land erzeugen sollen. Dafür haben die Attentäter meistens ideologische, politische oder religiöse Gründe. Oft – aber nicht immer – richten sich die terroristischen Gewalttaten gegen Unbeteiligte. Dabei ist es für die Terroristen wichtig, dass ihre Anschläge möglichst viel Aufmerksamkeit wecken. Es gibt aber auch andere Formen des Terrorismus. So werden Diktatoren oder Regime, die ihr Volk brutal unterdrücken, ebenfalls als Terroristen bezeichnet. Man spricht dann von einem Terrorregime oder einer Terrorherrschaft. Systematischer Terrorismus ist eine relativ junge Erscheinung. So bekämpfen russische Revolutionäre im 19. Jahrhundert die Herrschaft der Zaren durch gezielte Terroranschläge. Radikale irische (IRA), baskische (ETA), serbische und armenische Nationalisten oder Separatisten bedienen sich terroristischer Mittel, um auf ihren Kampf um Unabhängigkeit aufmerksam zu machen.

Im 20. Jahrhundert gründen extrem rechte wie linke Fanatiker Terrororganisationen, um gegen die Repräsentanten des herrschenden Systems wie Politiker, Richter oder Industrielle zu kämpfen oder einfach nur, um für Unruhe zu sorgen. Gerade in der Folge der Studentenrevolte von 1968 treibt die Enttäuschung über das Ausbleiben grundsätzlicher Veränderungen viele politische Kämpfer in den Untergrund. Zu den wichtigsten Terrororganisationen, die während der 1970er- und 1980er-Jahre in Europa aktiv sind, zählen die Baader-Meinhof-Gruppe in Westdeutschland, die Roten Brigaden in Italien und die Action Directe in Frankreich. Diese Organisationen verfügen über internationale Verbindungen, insbesondere in den Nahen Osten zu palästinensischen Terrorgruppen. Sie profitieren von der politischen Blockbildung zu Zeiten des Kalten Krieges und können zum Beispiel sozialistische Länder als Durchreise- und Fluchtländer nutzen.

Spätestens nach dem Ende des Kalten Krieges verlieren viele dieser Gruppen an Bedeutung, sofern sie sich nicht vorher schon aufgelöst haben. Dafür entsteht eine neue Form des Terrorismus. Nun sind es vor allem religiös-fundamentalistisch motivierte Gruppen, die ihre Gegner mit Terroranschlägen bekämpfen. Die Ziele islamischer Terroristen, die besonders von sich reden machen, sind nicht länger nur einzelne Personen, sondern ganze Länder und deren kulturelle Werte. Daher ist diesen Gruppen auch weitgehend egal, wen sie töten. Im Gegenteil, oft genug kommt es ihnen darauf an, möglichst viele Menschen wahllos zu ermorden. Wie bei den Anschlägen vom 11. September.

Wer hat die Anschläge auf das World Trade Center verübt?

Die Bilder des zweiten Flugzeuges, das sich am 11. September in den Südturm bohrt, gehen um die Welt. Nicht Tage später als Zeitungsfotos, sondern live. Es wird sogar vermutet, dass die 18 Minuten zwischen den beiden Einschlägen bewusst eingerichtet sind, damit Fernsehteams genug Zeit haben, vor Ort den zweiten Anschlag live zu übertragen. Der moderne Terrorismus nutzt also die Medien für seine Ziele. Nicht nur die möglichst große Zahl von Opfern ist ihm wichtig, sondern auch die weltweite Verbreitung von Fotos und Fernsehbildern der Anschläge. Sie sollen Angst und Schrecken verbreiten und sind Teil der Ak-

tionen. Damit hat der Terrorismus eine ganz neue Qualität erreicht, die es bislang nicht gegeben hat.

Auch in den 1970er-Jahren machten Terrorgruppen auf ein politisches Problem aufmerksam oder wollten die Erfüllung bestimmter politischer Forderungen erzwingen. Die Terroristen des 11. September jedoch wollen ohne Rücksicht auf ihr eigenes Leben ein Zeichen setzen, das die ganze Welt erschüttert. Mit den Anschlägen erklären sie den USA und der westlichen Welt

1934–1976 Ulrike Meinhof
1943–1977 Andreas Baader
geb. 1957 Osama Bin Laden

im Namen Allahs den Krieg. Die USA haben auf die Anschläge dann auch wie auf eine Kriegserklärung reagiert, was zu den international umstrittenen militärischen Interventionen in Afghanistan und im Irak geführt hat. Diese beiden Kriege haben aber die Terroristen des verantwortlichen Netzwerkes »al-Qaida« (arabisch für Basis) nicht davon abgehalten, weitere blutige Anschläge zu begehen, etwa 2004 in Madrid und 2005 in London. Osama Bin Laden ist als Chef der »al-Qaida« der meistgesuchte Terrorist der Welt.

331

Der Euro kommt

2002

Eine Währung im geeinten Europa

Vor den Banken stehen die Menschen Schlange, als würde Geld verschenkt. Dabei müssen sie die Scheine und Münzen, die sie am Schalter erhalten, sogar bezahlen. Aber alle sind eben neugierig auf den neuen Euro. Wie sehen die Münzen aus? Wie fühlen sie sich an? Die Meinungen gehen weit auseinander. »Kein Vergleich zur D-Mark«, sagt eine Rentnerin, »da wusste man wenigstens, was sein Geld wert ist.« Doch ein junger Mann entgegnet: »Der Euro hat genauso viel Wert. Und die Münzen sind entschieden schöner.«

Nicht nur in Deutschland, sondern auch in elf anderen europäischen Ländern werden die Euro-Münzen nun ausgegeben. Viele sind skeptisch, aber einige Vorzüge einer europäischen Gemeinschaftswährung liegen klar auf der Hand: »Dann brauche ich ja nie mehr Geld umzutauschen, wenn ich Urlaub in Österreich, Italien oder Frankreich mache.«

Wie kommt es zur Einigung Europas?

Nach dem Ende des Zweiten Weltkriegs suchen verschiedene Politiker nach Möglichkeiten, um die Spannungen zwischen den europäischen Staaten ein für alle Mal zu beenden. Einer von ihnen ist der englische Premierminister Winston Churchill. 1946 spricht er sich in einer Rede dafür aus, eines Tages die »Vereinigten Staaten von Europa« zu gründen. Besonders am Herzen liegt ihm die Versöhnung der in den vergangenen Weltkriegen zu Erzfeinden gewordenen Nationen Frankreich und Deutschland. Ein erster Schritt in diese Richtung wird getan, als 1951 die »Europäische Gemeinschaft für Kohle und Stahl« (EGKS) gegründet wird. Kohle ist nach dem Krieg die wichtigste Energiequelle Europas. Die größten Vorräte befinden sich im Ruhrgebiet, die vor allem von der französischen Stahlindustrie dringend benötigt werden. Allerdings will Frankreich den Rohstoff von den Deutschen nicht zu teuer einkaufen. Der damalige deutsche Bundeskanzler Konrad Adenauer entschließt sich, auf den Vorschlag des französischen Außenministers Robert Schuman einzugehen und mit Frankreich, Belgien, Italien, den Niederlanden und Luxemburg der übergeordneten Behörde EGKS beizutreten. Diese Behörde stimmt die Preise mit allen Ländern ab. Aus ihr entsteht 1957 in Rom die »Europäische Wirtschaftsgemeinschaft« (EWG), in der die sechs Staaten ihre Zusammenarbeit auf weitere Wirtschaftsbereiche wie Landwirtschaft, Fischerei oder Verkehrswesen ausdehnen.

Trotzdem bleiben kleinere Spannungen nicht aus. Obwohl Konrad Adenauer mit Staatspräsident Charles de Gaulle einen deutsch-französischen Freundschaftsvertrag abschließt, bleibt Frankreich einmal sogar sieben Monate lang allen Sitzungen des EWG-Ministerrates fern, um gegen eine anstehende Entscheidung zu protestieren.

Warum einigen sich die europäischen Staaten auf eine Währung?

Die Einigung Europas kommt dennoch voran. Alle Beteiligten sehen die klaren Vorteile einer solchen Gemeinschaft. 1992 unterzeichnen zwölf Staaten in Belgien den »Maastrichter Vertrag«. Damit wird die »Europäische Union« (EU) gegründet, die drei Jahre später schon 15 Mitgliedsstaaten umfasst. Innerhalb der EU gilt nun ein freier Waren- und Geldverkehr, was die wirtschaftlichen Beziehungen zwischen den Ländern vereinfacht und den Unternehmen viel Bürokratie erspart. Auch die EU-Bürger spüren Vorteile. Ohne Einschränkungen dürfen sie jetzt in allen Mitgliedsstaaten arbeiten, ein Geschäft eröffnen oder Dienstleistungen anbieten.

Sogar auf ein gemeinsames, einheitliches Zahlungsmittel einigt man sich: den Euro. Diese gemeinsame Währung sorgt dafür, dass Preise von Waren und auch Arbeit nun besser verglichen werden können und Geschäfte europaweit schneller und einfacher getätigt werden können. Das führt aller-

dings auch dazu, dass Firmen ihre Produkte nun in einem europäischen Nachbarstaat anfertigen lassen, weil dort die Löhne niedriger sind. Dadurch gehen zum Beispiel in Deutschland Arbeitsplätze verloren. Aber der Euro sorgt auch dafür, dass Produkte in Europa zu stabilen Preisen verkauft werden können, sodass die Unternehmen ihre Kosten besser kalkulieren können. Das ist auch ein großer Vorteil für Wirtschaftsunternehmen, die grenzübergreifenden Handel betreiben.

Die größte Währungsumstellung der Geschichte für 300 Millionen Europäer wird generalstabsmäßig vorbereitet. In Deutschland dauert die Herstellung der 15,5 Milliarden deutschen Euro-Münzen und der 2,5 Milliarden Banknoten etwa drei Jahre. Unter hohen Sicherheitsauflagen und vom Militär bewacht, wird die neue Währung in die Bankfilialen transportiert. Die kurz vor Weihnachten verfügbaren Starterpakete mit einem Wert von zehn Euro sind im Nu ausverkauft. Bisher hat der Euro in zwölf europäischen Ländern zwischen Sizilien und Lappland die jeweilige Landeswährung ersetzt.

1874–1965 Winston Churchill
1876–1967 Konrad Adenauer
1886–1963 Robert Schuman
1890–1970 Charles de Gaulle

1939–1945 Zweiter Weltkrieg

Im Zuge der Ost-Erweiterung wächst das Staatenbündnis 2004 auf 25 Länder, die Zahl der EU-Bürger erhöht sich um 75 Millionen. Weitere Bewerbungen, zum Beispiel der Türkei und Kroatiens, liegen vor. Sofern sie den umfangreichen Anforderungskatalog erfüllen, stoßen auch sie in den nächsten Jahren zusammen mit weiteren Staaten zur EU.

333

Die Todesflut

2004

Tsunami tötet in Südasien hunderttausende Menschen

Zunächst sieht sie aus wie eine etwas größere Welle. Nur wenige Menschen stehen von ihrer Liege auf und verlassen den Strand. Einige rufen sogar: »Keine Gefahr. Die hat wahrscheinlich ein Tanker ausgelöst, der zu nahe an der Küste vorbeigefahren ist.« Besonders Mutige gehen der Welle sogar entgegen und erwarten einen besonderen Badespaß. Doch diese Welle wird zu einer tödlichen Gefahr. Denn als sie die Strände und Ufer erreicht, entlädt sich ihre ungeheure Energie. Wie ein Schnellzug rast sie weit ins Land hinein, reißt Bäume, Autos, ganze Häuser mit sich. Wer sich nicht blitzschnell in Sicherheit bringen kann, hat kaum eine Chance. Als sich das Wasser zurückzieht, wird das gesamte Ausmaß der Katastrophe sichtbar. Ganze Regionen sind total verwüstet und nach Schätzungen der UNO sind mindestens 225 000 Menschen in den Fluten umgekommen. »Ein Seebeben hat diese Riesenwelle ausgelöst«, erklärt später ein Geologe.

Wie kommt es zu der Riesenwelle?

Die Riesenflutwelle entsteht bei einem Seebeben im Indischen Ozean und breitet sich mit einer Geschwindigkeit von mehreren hundert Stundenkilometern aus. Sie wird in Küstennähe bis zu 30 Meter hoch, zerstört Häuser, verwüstet ganze Dörfer und reißt abertausende in den Tod.

Küstenbewohner und Touristen werden von der Flut völlig überrascht. Einige filmen das Geschehen und ihre Bilder sendet das Fernsehen später rund um die Welt. Die Menschen vor dem Fernseher sind beinahe live dabei und völlig fassungslos.

Umweltschützer vermuten, dass die Auswirkungen der Katastrophe durch Raubbau an der Natur gesteigert wurden. Natürliche Pufferzonen an den Küsten, wie Mangrovensümpfe, seien zugunsten von Krabbenzuchtanlagen oder Tourismusprojekten vernichtet worden.

Zwar kennt man die besonders durch Erdbeben gefährdeten Gebiete auf der Erde, aber verlässliche Methoden zur Vorhersage von Ort, Zeitpunkt und Schwere eines Erdbebens gibt es nicht.

Bei starken Erdbeben am Meeresgrund im pazifischen Raum ergeht automatisch eine Tsunami-Warnung an die Anwohner der Küste, damit sie sich in Sicherheit bringen können. Dafür unternimmt man regelmäßig Messungen.

Auch im Indischen Ozean soll nun nach der Katastrophe ein solches System installiert werden. Aber selbst bei genauer Vorwarnung kann eine Katastrophe nicht ausgeschlossen werden. So bleibt bei Riesenwellen, die nahe der Küste entstehen, kaum Zeit zur Evakuierung. In Japan schützen sich daher einige Orte zusätzlich mit hohen Deichen.

Ist der Mensch machtlos gegen Naturkatastrophen?

Naturgewalten können verheerende Auswirkungen haben. Erdbeben verursachen Gebäudeeinstürze und Brände, an den Küsten oder im Meer auch Flutwellen. Unwetter und Stürme bringen Überschwemmungen, Dürren, Seuchen und Ungezieferplagen.

Früher sahen sich die Menschen diesen Katastrophen schutzlos ausgeliefert und betrachteten sie als Strafe der Götter.

Erst im Lauf der Zeit erkennt man die wahren Ursachen. Nach und nach lernen Wissenschaftler, die verschiedenen Naturereignisse besser zu verstehen, sodass der Mensch ihnen nicht mehr völlig unvorbereitet ausgeliefert ist.

Deiche und Dämme gegen Hochwasser und Fluten werden gebaut, während erdbebensichere Hochhäuser im Ernstfall Schutz bieten sollen.

Allerdings verhalten sich die Menschen in manchen Regionen nicht immer vernünftig und steigern sogar das Risiko, von Naturkatastrophen heimgesucht zu werden. So werden noch immer Siedlungen in Überschwemmungsgebieten oder an gefährdeten Hängen errichtet. Und in Erdbebengebieten werden immer wieder Häuser aus schlechtem Beton gebaut.

Während Erdbeben und auch Vulkane in der Erdkruste entstehen, gehen Naturkatastrophen wie heftige Stürme und Niederschläge von der Atmosphäre aus.

Wetterphänomene, die für die jeweilige Klimazone eigentlich typisch sind, können zu Katastrophen führen, wenn sie außergewöhnlich stark sind.

Regenfälle werden zu sintflutartigen Niederschlägen mit Überschwemmungen, die Trockenzeit wird zu einer Dürre, Stürme verwandeln sich in heftige Orkane. Eine der Regionen, die regelmäßig von Naturkatastrophen dieser Art heimgesucht wird, ist die Karibik. Dort bilden sich im Herbst tropische Wirbelstürme, die zu gigantischen Hurrikanen werden und von Süden nach Norden ziehen. Dabei verursachen sie oft große Schäden an den Küsten Mexikos und der USA.

So zum Beispiel im August 2005, als der Hurrikan »Katrina« New Orleans und andere amerikanische und mexikanische Städte zerstört. Da die tropischen Wirbelstürme in der Karibik schon seit Jahren deutlich an Kraft zunehmen, gehen viele Klimaforscher davon aus, dass der von uns verursachte Klimawandel für die großen Schäden mitverantwortlich ist.

Das Klima wandelt sich im Lauf der Jahrhunderte. So hat sich die globale Mitteltemperatur der Erde im 20. Jahrhundert um 0,6 Grad erhöht. Klimaforscher versuchen seit einiger Zeit, die Ursache für diese Erwärmung zu finden. Veränderte Sonneneinstrahlung kann der Grund sein, Vulkanausbrüche, aber auch menschlicher Einfluss wie veränderte Landnutzung und die Verbrennung von Kohle und Öl, wodurch das Treibhausgas Kohlendioxid entsteht.

Mit komplizierten Computermodellen versuchen die Klimaforscher, die Rolle der verschiedenen Einflüsse abzuschätzen und zukünftige Entwicklungen vorherzusehen. Die Ergebnisse solcher Einschätzungen sind zwar nicht eindeutig, aber viele Wissenschaftler gehen davon aus, dass die beobachtete Erwärmung der letzten Jahrzehnte vom Menschen verursacht ist. Der ständige Kohlendioxidausstoß könnte in wenigen Jahrzehnten zu weiteren deutlichen Temperaturerhöhungen in der Atmosphäre und zu extremen Wetterereignissen führen.

Noch ist nicht erforscht, wie wir uns vor diesen wahrscheinlich hausgemachten Naturkatastrophen schützen können.

335

60 Jahre nach Kriegsende

2005

»Denkmal für die ermordeten Juden Europas« eingeweiht

Auf dem riesigen Platz in der Nähe des Brandenburger Tores ragen 2711 Betonquader in den Himmel. Sie sind innen hohl, leicht geneigt und unterschiedlich hoch, manche keinen Meter, andere mehr als vier Meter. Es ist das Denkmal für die ermordeten Juden Europas. Am 10. Mai 2005 wird es von der Bundesregierung feierlich eingeweiht. Entworfen hat es der amerikanische Architekt Peter Eisenman. Die Journalistin Lea Rosh, eine der Initiatorinnen des Denkmals, macht noch einmal deutlich: »Der Mord an den Juden Europas ragt aus den übrigen Naziverbrechen hervor, und deswegen verdient er ein besonderes Denkmal.«

Dieser Besonderheit sind sich alle Anwesenden bewusst. Das Denkmal erinnert aber auch daran, wie sehr die Taten der Nationalsozialisten Teil der Geschichte der Deutschen und damit auch Teil der Gegenwart sind.

Wie soll man mit den Verbrechen der Nazis umgehen?

Erst nach dem Ende des Zweiten Weltkriegs wird das ganze Ausmaß der Verbrechen Adolf Hitlers und der Nationalsozialisten deutlich. Neben dem Krieg selbst ist das vor allem die Ermordung von mehr als sechs Millionen europäischen Juden.

Beide deutsche Staaten, die Bundesrepublik Deutschland und die DDR, suchen nach ihrer Gründung im Jahr 1949 auf sehr unterschiedliche Weise nach Wegen, um mit den Verbrechen der Nationalsozialisten umzugehen. Diese Suche prägt die Nachkriegsgeschichte bis heute. Die NS-Diktatur und ihre Schrecken bleiben ein ganz wichtiges Thema und beeinflussen das Leben und Denken der Menschen. Das gesamte deutsche Volk trägt die Verantwortung für den Umgang mit seiner Vergangenheit.

Die DDR wählt einen einfachen Weg und versucht, sich von dieser Vergangenheit loszulösen. Es wird schlicht behauptet, der neue sozialistische Staat sei antifaschistisch und hätte mit dem alten Deutschland nichts zu tun.

In Westdeutschland steht die Führungselite der NSDAP während der »Nürnberger Prozesse« (1945/46) zwar vor Gericht, doch viele Menschen verdrängen danach die Jahre des Nationalsozialismus und konzentrieren sich voll und ganz auf den wirtschaftlichen Aufbau des Landes. Auch von der so genannten »Stunde null« ist die Rede, mit der die Geschichte 1945 gewissermaßen neu begonnen habe. Dass dies nicht der Fall war, wird deutlich, als eine ganze Reihe ehemaliger NS-Funktionäre in Wirtschaft und Politik Karriere macht. Auch viele Beamte, Ärzte oder Juristen, die die Nazis unterstützt hatten, bleiben im Amt. Erst in den 1960er-Jahren setzen sich die jungen Menschen intensiv mit der Vergangenheit der Generation ihrer Eltern auseinander. Die Nachkriegsgeneration will wissen, wer die Schuld für die Verbrechen trägt, wer geschwiegen und wer mitgemacht hat. Oft genug wird ihnen die Antwort verweigert. Der Weg zur Wahrheit ist sehr schmerzhaft.

Dafür bemühen sich die einstigen Gegner des Zweiten Weltkriegs allmählich um Versöhnung untereinander. Exemplarisch stehen dafür Willy Brandts Kniefall im Warschauer Getto 1971 oder Helmut Kohls Händedruck mit dem französischen Staatspräsidenten François Mitterrand auf den Gräbern des Schlachtfeldes von Verdun 1985.

In den letzten Jahren rücken verstärkt die Täter ins Interesse der Öffentlichkeit. Im Fernsehen laufen Dokumentationen über »Hitlers Helfer« oder auch »Hitlers Frauen«. Im Kino erweist sich »Der Untergang«, ein Film über die letzten Tage im Führerbunker, als Kassenschlager. Relativ jung ist dagegen die verstärkte Auseinandersetzung mit dem Leiden der deutschen Zivilbevölkerung, den Opfern unter den Tätern. Hier geht es um Bombenterror, Flucht und Vertreibung. Dieser Trend hat sicher auch damit zu tun, dass die Zeitzeugen nach und nach aussterben. Was einmal Erinnerung war, wird nun zu Geschichte.

Wie hält man die Erinnerung an die Opfer wach?

Soll man im Land der Täter eher an die Opfer des Holocaust erinnern oder doch besser die Erinnerung an die Täter wach halten? 17 Jahre dauert der Streit um das »Holocaust-Mahnmal« des amerikanischen Architekten Peter Eisenman, seit im August 1988 erstmals die Forderung danach laut wird. Jedes Detail des Mahnmals wird heftig diskutiert: seine Widmung (»Den ermordeten Juden Europas«), sein Standort, seine Größe, sein Aussehen und das Material, aus dem es gefertigt wird. Die Debatte kreist immer wieder um dieselben Fragen: Kann man die NS-Verbrechen mit anderen Verbrechen des 20. Jahrhunderts vergleichen? War der 8. Mai 1945 – der Tag der bedingungslosen Kapitulation Deutschlands – nicht vielmehr ein Tag der Befreiung, wie es Bundespräsident Richard von Weizsäcker in seiner berühmten Rede vom 8. Mai 1985 festgestellt hat? Mit dem Mauerfall 1989 prallen auch die unterschiedlichen Geschichtsbilder und das unterschiedliche Selbstverständnis beider deutscher Staaten aufeinander. Die Diskussion über den richtigen Umgang mit der Geschichte, über die Würde der Opfer und die Art, die Erinnerung wach zu halten, hält bis heute an. Sie wird auch in Zukunft fortgesetzt werden. In der Zwischenzeit haben die Berliner das neue »Holocaust-Mahnmal« gut angenommen. Allein im ersten Monat nach der Eröffnung haben mehr als 60000 Menschen die Gedenkstätte besucht.

1889–1945 Adolf Hitler
1913–1992 Willy Brandt
1916–1996 François Mitterrand
geb. 1920 Richard von
   Weizsäcker
geb. 1930 Helmut Kohl
geb. 1932 Peter Eisenman
geb. 1936 Lea Rosh, eigentlich
   Edith Rosh

1939–1945 Zweiter Weltkrieg
1945/46 Nürnberger Prozesse

Glossar

ABSOLUTISMUS: besondere Ausprägung der Monarchie, bei der alle Gewalt in den Händen eines unumschränkt herrschenden Monarchen (Kaiser, König, Fürst) liegt. Allerdings fühlt sich der absolutistische Monarch, anders als ein gewaltsam herrschender Tyrann oder der Führer eines totalitären Staates, an die Gebote der Religion und ein übergeordnetes »Naturrecht« gebunden. Als Zeitalter des Absolutismus bezeichnet man das 17. und das beginnende 18. Jahrhundert.

AGRARSTAAT: Staat, dessen Wirtschaft überwiegend durch die Landwirtschaft bestimmt wird.

ALBIGENSER: Anhänger einer christlichen Sekte, die im 12. und 13. Jahrhundert vor allem in Südfrankreich und Oberitalien vertreten war.

ALLGEMEINES WAHLRECHT: besteht, wenn alle Staatsbürger ab einem bestimmten Mindestalter wählen dürfen; beschränktes Wahlrecht gilt, wenn nur Angehörige bestimmter Stände bzw. Klassen wählen dürfen. Bereits das Wahlrecht im deutschen Kaiserreich wird »allgemein« genannt, obwohl Frauen erst mit der Weimarer Verfassung von 1919 in Deutschland erstmals Stimmrecht erhalten.

AMPHITHEATER: ein – meist dachloses – Theatergebäude der Antike. Es hat die Form einer Ellipse mit stufenweise aufsteigenden Sitzen.

ANTHROPOLOGIE: Wissenschaft vom Menschen und seiner Entwicklung.

AQUITANIEN: mittelalterliches Herzogtum, später Königreich im heutigen Südwestfrankreich.

ARTERIE: Schlagader, Blutgefäß, das Blut vom Herzen zu einem anderen Organ hin führt. Das Gegenteil ist die Vene (siehe dort).

AUFKLÄRUNG: Ende des 17. Jahrhunderts von England und Frankreich ausgehende geistesgeschichtliche Epoche. Die Menschen sollen sich den Aufklärern zufolge von abergläubischen Vorstellungen lösen und nach eigener Erkenntnis streben.

AUGUSTUS: bedeutet der »Erhabene«. Dieser Titel wird erstmals 27 v. Chr. vom römischen Senat Oktavian verliehen, der als Kaiser Augustus in die Geschichte eingeht. In der Folgezeit führen alle römischen Kaiser den Beinamen »Augustus«.

AWAREN: zu den Hunnen gehörendes Steppenvolk, das durch die Unterwerfung verschiedener Slawenstämme im 6. Jahrhundert ein eigenes Reich errichtete.

BASEN: sind chemische Verbindungen. Zusammen mit Phosphorsäure und Zucker bilden sie das Grundskelett der DNA.

BELCANTO: seit dem 17. Jahrhundert von der italienischen Schule gepflegter Gesangsstil von höchster Klangschönheit und Harmonie.

BIBEL: Heilige Schrift des Christentums, bestehend aus Altem und Neuem Testament. Das Alte Testament ist zugleich die Grundlage der jüdischen Religion, aus der das Christentum hervorgegangen ist.

BUDDHISMUS: von Buddha begründete indisch-ostasiatische Heilslehre, neben Judentum, Christentum, Islam und Hinduismus eine der großen Weltreligionen.

BYZANTINISCHES REICH: oströmisches Kaiserreich, das von 330 bis 1453, dem Jahr der Eroberung durch die Türken, existiert. Seine Hauptstadt ist Byzanz, das später in Konstantinopel umbenannt wird und heute Istanbul heißt.

CÄSAR: ehrender Beiname der römischen Herrscher. Die Bezeichnung geht auf den römischen Feldherrn und Politiker Gaius Julius Cäsar zurück. Aus ihr entwickeln sich die Herrschertitel Kaiser und Zar.

DEUTSCHER BUND: von 1815 bis 1866 existierender Staatenbund, dem über dreißig deutsche Fürstentümer und freie Städte angehören. Im Gegensatz zum Bundesstaat behalten die Mitglieder eines solchen Staatenbundes ihre Souveränität und Entscheidungsfreiheit.

DIESELMOTOR: von Rudolf Diesel erfundener Verbrennungsmotor, der einen besonders hohen Wirkungsgrad hat und sich darum nicht nur für Autos, sondern auch für Lokomotiven, Traktoren, Schiffe und Ähnliches eignet.

DIADOCHEN: ist ein griechisches Wort und bedeutet wörtlich »Nachfolger«. So wurden die Feldherren Alexanders des Großen genannt, die nach dessen Tod sein Weltreich unter sich aufteilten. Da jeder der vier »Nachfolger« versuchte, ein möglichst großes Reich zu erhalten, entbrannten bald erbitterte Kämpfe.

DIONYSOS: altgriechischer Wein- und Fruchtbarkeitsgott, bei den Römern Bacchus genannt, dem zu Ehren rauschhaft-ausgelassene Feste gefeiert werden.

DRITTES REICH: als Drittes Reich bezeichneten die Nationalsozialisten ihre Diktatur (1933–1945), weil sie ihren Staat als Nachfolger des 1806 untergegangenen Heiligen Römischen Reiches Deutscher Nation und des Deutschen Kaiserreiches, das von 1871 bis 1918 existiert hatte, sahen.

EDIKT VON NANTES: wurde am 13. April 1598 von Heinrich IV. erlassen und beendete die französischen Hugenottenkriege. Es bestätigte den Katholizismus als Staatsreligion, gewährte aber den Hugenotten genannten Protestanten eine regional beschränkte Religionsfreiheit.

ELEKTROMOTOR: Motor, der elektrische Energie in mechanische Energie umwandelt.

ELISABETHANISCHES THEATER: benannt nach Elisabeth I. von England. In dieser Zeit herrschte am englischen Königshof und im Adel eine sinnenfrohe Renaissancekultur. Das Theater jener Epoche wurde von William Shakespeare, Christopher Marlowe und Ben Johnson geprägt.

EMBRYO: der Keim menschlichen Lebens. Er entwickelt sich aus der befruchteten Eizelle. Schon ab der sechsten Woche nach der Befruchtung kann man die menschliche Gestalt ahnen, bis zum Ende des dritten Monats nach der Befruchtung haben sich die Organe und Gliedmaßen entwickelt.

EPOCHE: größerer geschichtlicher Zeitabschnitt, in dem eine bedeutende Entwicklung stattfindet, die diesen Zeitabschnitt von früheren »Epochen« unterscheidet.

FASCHISMUS: rechtsradikale Bewegung, die nach dem Ersten Weltkrieg in verschiedenen Ländern, vor allem in Europa, aufkam und sich gegen die Demokratie, gegen Ausländer und besonders gegen Juden richtete. Faschisten fordern, dass der Staat von einer starken, von niemandem kontrollierten Führerpersönlichkeit regiert wird. Die deutsche Ausprägung des Faschismus war der Nationalsozialismus.

FOSSIL: als Abdruck oder Versteinerung erhaltener Überrest von Tieren oder Pflanzen aus früheren Epochen der Erdgeschichte.

FRANZÖSISCHE REVOLUTION: 1789–1799, Aufstand der französischen Bürger gegen die ausbeuterische absolutistische Monarchie, setzte den Anfang für eine Vielzahl von Freiheitskämpfen und Revolutionen im 19. Jahrhunderts. Ohne die französische Revolution wären Demokratien, wie wir sie heute kennen, unmöglich.

FRONDE: ursprünglich das französische Wort für »Schleuder«. Aufstand des Hochadels gegen das absolutistische Königtum im Frankreich des 17. Jahrhunderts. Als »Frondeure« werden bis heute besonders scharfe politische Gegner einer bestimmten Partei oder Regierung bezeichnet. Oft sind damit vor allem die Gegner im eigenen Lager gemeint.

FRONDIENST: Arbeit, die die leibeigenen Bauern im Mittelalter ihrem Fürsten, dem Lehensherrn, leisten mussten.

GASENTLADUNGSRÖHREN: elektrische Lichtquellen, die die Leitfähigkeit von bestimmten Gasen, z. B. von Neon, nutzen.

GESCHICHTSSCHREIBUNG: Darstellung geschichtlicher Vorgänge, Zustände und Gestalten. Wenn wir heute etwas über ein historisches Ereignis schreiben, beziehen wir unser Wissen darüber hauptsächlich aus Texten (auch »Quellen« genannt), die in dieser Zeit geschrieben wurden. Diese verraten uns aber manchmal nur einen kleinen Teil der Dinge, die wirklich passiert sind. Gerade bei Ereignissen, die weit zurückliegen, ist deshalb nicht immer sicher, ob das, was wir meinen zu wissen, auch wirklich »wahr« ist.

GERMANEN: Sammelname für mehrere Stämme, die in Nord- und Mitteleuropa siedelten. Während der Völkerwanderung entstanden im 5. und 6. Jahrhundert n. Chr. verschiedene germanische Staaten, die die Vorherrschaft des antiken Rom beendeten.

GILDEN: genossenschaftlich organisierte Zusammenschlüsse von Händlern im Mittelalter.

GLADIATORENKÄMPFE: Kämpfe auf Leben und Tod, die zur Belustigung des römischen Volkes in großen Zirkusarenen ausgetragen wurden. Die Gladiatoren waren häufig Sklaven oder verurteilte Verbrecher, manchmal aber auch freie Männer, die in eigenen Gladiatorenschulen ausgebildet wurden.

GORDISCHER KNOTEN: wer den nach Gordios, dem sagenhaften Gründer des Phrygerreiches, benannten hochkomplizierten Knoten lösen konnte, dem war die Herrschaft über Asien prophezeit. Der Legende nach zerschlug Alexander der Große den Knoten mit seinem Schwert.

GOTEN: Stammesgruppe der Ostgermanen, die sich gegen Ende des dritten Jahrhunderts n. Chr. in Ost- und Westgoten teilen. Die Ostgoten gründeten im 5. Jahrhundert unter ihrem König Theoderich ein großes Reich in Italien, unterlagen aber später dem byzantinischen Kaiserreich. Das westgotische Reich herrschte über große Teile des heutigen Spaniens sowie über die Gebiete um Loire und Rhône, unterlag aber 507 den Franken unter ihrem König Chlodwig I.

GUILLOTINE: nach dem französischen Arzt Guillotin benanntes, mit einem Fallbeil arbeitendes Hinrichtungsgerät.

HAGANA: ist ein hebräisches Wort und bedeutet eigentlich »Selbstschutz«. Während der Zeit des britischen Mandats über Palästina hieß so die stärkste militärische Organisation der dort lebenden Juden. Ihre Aufgabe war es, die jüdischen Siedlungen zu schützen. Als 1948 der Staat Israel gegründet wurde, ging die seit 1920 bestehende Hagana im israelischen Heer auf.

HEILIGE LIGA: Name mehrerer militärischer Allianzen, die im Zeitalter der Glaubenskriege auf katholischer Seite, meist unter Beteiligung des Papstes, geschlossen wurden.

HUSSITEN: nach dem 1415 auf dem Konzil zu Konstanz zum Tod auf dem Scheiterhaufen verurteilten tschechischen Reformator Johannes Hus benannt. Die Hussiten sind eine protestantische Gruppierung, die im Böhmen des 15. und 16. Jahrhunderts einen gewaltsamen Aufstand versucht.

INDUSTRIESTAAT: Staat, dessen Wirtschaft überwiegend durch die fabrikmäßige Produktion von Gütern bestimmt wird.

INFINITESIMALKALKÜL: zusammenfassender Begriff für die Differenzial- und die Integralrechnung, wurde gegen Ende des 17. Jahrhunderts von Leibniz und Newton unabhängig voneinander entwickelt. Sie dient der Untersuchung von Gesetzen zwischen stetig veränderlichen Größen (z. B. ungleichförmig bewegte Körper) und bildet so eine der Grundlagen der modernen Physik.

INQUISITION: bis ins 19. Jahrhundert hinein offizielle Institution der katholischen Kirche, die Untersuchungen gegen Menschen, die ihrer Ansicht nach vom »reinen Glauben« abwichen, durchführte. Die Inquisition war gefürchtet, weil sie Folter ausübte und Verurteilte auf dem Scheiterhaufen hinrichten ließ.

IRMINSUL: sächsisches Heiligtum, von Karl dem Großen 772 zerstört. Es handelte sich um eine Holzsäule, die für die Sachsen die »Weltsäule« symbolisierte, die ihrem Glauben nach den Himmel stützte.

JULIANISCHER KALENDER: von Cäsar eingeführter Kalender, der sich, wie unser heutiger Kalender, nach dem Sonnenjahr richtet. Allerdings war das Kalenderjahr gegenüber dem Sonnenjahr um wenige Minuten zu lange, sodass sich im Lauf der Jahrhunderte eine Abweichung von mehreren Tagen ergab, die erst mit dem gregorianischen Kalender korrigiert wurde.

KAABA: würfelförmiger Steinbau in der großen Moschee von Mekka, Hauptheiligtum des Islam und Ziel eines jeden Mekkapilgers.

KATHARER: christliche Sekte im Mittelalter, die unter anderem radikale Armut forderte. Sie wurde von der katholischen Kirche in regelrechten Kreuzzügen verfolgt.

KLASSIK: allgemein eine Epoche kultureller Höchstleistungen. In Deutschland bezeichnet man die Musik und Literatur um 1800, in der Beethoven und Mozart, Goethe und Schiller und viele andere Künstler wirkten, als Klassik.

KOMMUNISMUS: Ideologie und politische Bewegung, die auf Karl Marx und Friedrich Engels zurückgeht. Ihr Ziel ist die Errichtung einer klassenlosen Gesellschaft, in der allen Menschen Land und »Produktionsmittel«, d. h. Fabriken, Maschinen, Gebäude usw. gemeinsam gehören.

KONQUISTADOR: spanischer Eroberer in Südamerika. Die Konquistadoren gingen auf der Suche nach Gold außerordentlich brutal und rücksichtslos vor und zerstörten alte indianische Hochkulturen wie die der Azteken und der Mayas.

KONSUL: oberster Beamter der römischen Republik; einer der drei höchsten französischen Staatsbeamten während der Zeit des Konsulats (1799–1804).

KORAN: heiliges Buch des Islam, Sammlung der Offenbarungen des Propheten Mohammed.

KREOLEN: Als Kreolen bezeichnete man ursprünglich nur die in den einstigen spanischen Kolonien Mittel- und Südamerikas geborenen Nachkommen spanischer Einwanderer. Später wurde die Bezeichnung auch auf die Nachkommen anderer Einwanderungsgruppen angewandt.

KULTURREVOLUTION: unter der Führung Mao Tse-tungs 1965 in China durchgeführte Revolution, deren Ziel es war, kommunistische Strukturen im ganzen Land gewaltsam durchzusetzen, und die zu bürgerkriegsähnlichen Zuständen und großem Elend unter der Bevölkerung führte.

MAMELUCKEN: ägyptisches Herrschergeschlecht im 13. bis 16. Jahrhundert. Nicht zu verwechseln mit den, ebenfalls Mamelucken genannten, Sklaven und Leibwächtern orientalischer Herrscher.

MANUFAKTUR: größerer vorindustrieller Gewerbebetrieb, in dem es schon eine innerbetriebliche Arbeitsteilung gab.

MEMORANDUM: ausführliche politische Denkschrift oder Stellungnahme.

MERKANTILISMUS: wirtschaftspolitische Lehre des 17. und 18. Jahrhunderts. Aus dem Merkantilismus stammt die Außenhandelstheorie, der zur Folge die Ausfuhren eines Staates die Einfuhren übersteigen sollten. Gelingt das, spricht man von einer aktiven Handelsbilanz.

MESOPOTAMIEN: besonders fruchtbares »Zweistromland« in Vorderasien zwischen den Flüssen Euphrat und Tigris, in dem die ersten Hochkulturen (Babylonier, Assyrer, Perser) entstanden.

MINARETT: schlanker Turm auf einer Moschee, von dem aus zum Gebet gerufen wird.

MOGUL: mohammedanische Herrscherdynastie mongolischer Herkunft in Indien, die das Land von 1526 bis 1857 regierte.

MORSEZEICHEN: von Samuel Morse erfundene Kombination aus Punkten (= kurz) und Strichen (= lang), mit deren Hilfe das gesamte Alphabet dargestellt und in Form von Stromimpulsen über den Telegrafen oder durch Lichtsignale übermittelt werden kann.

NATIONALSTAAT: ein Staat, der genau das Gebiet umfasst, das ein Volk bewohnt, das über eine gemeinsame Sprache und Kultur verfügt. Der Nationalstaat wird seit dem frühen 19. Jahrhundert überall in Europa gefordert. Seine Anhänger wollen die Kleinstaaterei, wie sie in Deutschland mit seinen vielen Fürstentümern herrscht, ebenso überwinden wie die Vielvölkerstaaten, in denen ein starker Herrscher unterschiedliche Völker unter seine Macht zwingt.

NEUZEIT: die auf das Mittelalter folgende Epoche, die durch neue Entdeckungen, neue Erfindungen und ein neues Denken auch in Philosophie und Staatstheorie gekennzeichnet ist. Wirtschaftspolitisch ist die beginnende Neuzeit vor allem vom Erstarken des Bürgertums geprägt.

ÖDIPUSKOMPLEX: psychoanalytische Bezeichnung für die sich im frühkindlichen Stadium entwickelnde enge Beziehung von Mädchen zu ihrem Vater und von Jungen zu ihrer Mutter. Der Begriff bezieht sich auf die griechische Sage von dem thebanischen Königssohn Ödipus, der, ohne es zu wissen, seine eigene Mutter heiratet.

ORAKEL VON DELPHI: Der Tempel von Delphi war dem griechischen Gott Apoll geweiht. Wurde das Orakel befragt, so verkündete eine Prophetin die Antwort des Gottes. Da die Sprache der Orakelsprüche sehr kunstvoll war, bedurfte es kundiger Priester, um das Orakel auszulegen – und selbst dann blieb die Antwort häufig zweideutig. Zur Zeit des Kleisthenes hatten die Orakelsprüche noch entscheidende politische Bedeutung, sodass das Orakel gelegentlich auch finanzielle Zuwendungen von den Bittstellern erhielt.

OSTKIRCHE: der Teil der Kirche, der nach der Teilung des Römischen Reiches 395 zum oströmischen Reich gehörte und sich wegen theologischer Streitigkeiten von der römisch-katholischen Kirche gelöst hat.

ÖSTROGEN: weibliches Sexualhormon, das in Zusammenwirkung mit dem Progesteron die Reifung der Eizelle bewirkt.

OTTOMOTOR: von Nikolaus August Otto 1876 erfundener Motor, der aufgrund seiner hohen Leistungsfähigkeit und seiner geringen Abmessungen noch heute für Autos und Kleinflugzeuge sowie als Außenbordmotor für Boote eingesetzt wird.

OUVERTÜRE: einleitendes Musikstück am Anfang einer Oper, einer Operette oder eines Musicals, in dem bereits einige der später wiederkehrenden Motive enthalten sind.

PAMPHLET: politische Streitschrift, die häufig den Gegner schmäht oder verunglimpft.

PATRON: Beschützer, ursprünglich einflussreicher Schutzherr im alten Rom, dem sich andere Bürger anvertrauen. Im katholischen Glauben kann ein Heiliger Patron, also Schutzherr, über eine Kirche, eine Stadt, ein Land oder eine bestimmte Berufsgruppe sein.

PAX ROMANA: durch Rechtsnormen und eine entsprechende ethische Grundhaltung abgesicherter Friede im alten Rom, der dem einzelnen Bürger Sicherheit vor der Willkür anderer garantiert.

PHARAONEN: Könige im alten Ägypten, die, obwohl ihre menschliche Natur nie geleugnet wurde, als Götter verehrt wurden.

PHILISTER: Volk an der Küste Palästinas, das in der Bibel als der ärgste Feind der Israeliten dargestellt wird.

PHYLE: Verwaltungsbezirke im antiken Griechenland, die in den Reformen des Kleisthenes zur Grundlage der politischen Ordnung in Athen gemacht wurden: Jede Phyle musste Soldaten stellen und durfte eine bestimmte Zahl von Mitgliedern in die höheren politischen Gremien (z. B. den Rat der 500) entsenden.

PRÄTOR: höchster Justizbeamter im alten Rom.

PROPAGANDA: systematische Verbreitung weltanschaulicher oder politischer Ideen mit dem Ziel, das allgemeine Bewusstsein im eigenen Sinne zu beeinflussen.

PRUZZEN: zu den baltischen Völkern gehörende Stämme, aus denen später das Volk der Preußen entsteht.

RESTAURATION: Wiederaufrichtung der alten Ordnung nach einem politischen Umsturz. Insbesondere der Wiener Kongress und die folgenden Jahre, in denen die konservativen Vertreter der alten Ordnung nach ihrem Sieg über Napoléon die durch die französische Revolution und ihre Folgen zerstörten politischen Strukturen wiederherzustellen versuchen, werden als Zeit der Restauration bezeichnet.

RJURIKIDEN: erste nachweisbare russische Herrscherfamilie (9. bis 16. Jahrhundert).

RÜCKVERSICHERUNGSVERTRAG: am 18. Juni 1887 zwischen dem Deutschen Reich und Russland abgeschlossener Geheimvertrag, demzufolge die Vertragspartner neutral zu bleiben haben, falls der Vertragspartner angegriffen wird. Das sollte auch dann gelten, wenn der zur Neutralität Verpflichtete mit dem Angreifer bereits ein Bündnis geschlossen hat.

SCHERBENGERICHT: antike Form der Volksabstimmung mittels Tonscherben, in die jeder Stimmberechtigte seine Entscheidung ritzen konnte, über die Verbannung eines Bürgers aus der Stadt.

SCHMALKALDISCHER BUND: Bündnis der evangelischen Reichsstände (= Fürsten und freie Städte) gegen die katholischen Gegner.

SINGSPIEL: Theaterstück mit einfachen, volkstümlichen Gesangs- und Musikeinlagen, bildete in der zweiten Hälfte des 18. Jahrhunderts ein Gegenstück zur italienischen Oper und bereitete einer eigenen deutschen Oper den Weg.

SONNENKÖNIG: seit 1662 Beiname des französischen Königs Ludwigs XIV. Der Name soll ausdrücken, dass im absolutistischen Staat alles von der »Sonne« des Herrschers abhängt.

STAMMZELLEN: können sich teilen und vermehren und sorgen so für den Ersatz lebenswichtiger anderer Zellen, wenn diese ausfallen.

TRIBUTZAHLUNGEN: regelmäßige Abgaben, die Untergebene an ihren Fürsten oder Besiegte an die Sieger entrichten müssen.

TRIUMVIRAT: aus drei Männern bestehendes Kollegium. Im alten Rom gab es für bestimmte politische Aufgaben, z. B. zur Gründung neuer Kolonien, Triumvirate. Wichtiger waren jedoch die politischen Triumvirate, die keine gesetzliche Grundlage hatten, sondern nur eine Koalition der mächtigsten Politiker darstellten. Das 2. Triumvirat – nach Cäsar – wurde zwischen Octavian, Marcus Antonius und Marcus Aemilius Lepidus geschlossen.

TURNVATER JAHN: heißt eigentlich Friedrich Ludwig Jahn und ist der Begründer der Turnbewegung in Deutschland. 1811 richtet er den ersten Turnplatz ein. Jahn war gleichzeitig einer der wichtigsten Vorkämpfer des Nationalstaatsgedankens (siehe dort).

VANDALEN: ostgermanischer Volksstamm.

VENE: Ader, in der das Blut auf das Herz zufließt, Gegenteil der Arterie (siehe dort).

WENDEN: ursprüngliche deutsche Bezeichnung für die slawischen Völker.

WIKINGER: skandinavische Krieger, die vom 6. bis zum 11. Jahrhundert auf Raub- und Plünderungsfahrten ganz Europa und Russland heimsuchten. Je nach Gegend nannte man sie auch Normannen, Waräger oder Rus.

ZÜNFTE: genossenschaftlich organisierte Zusammenschlüsse von Handwerkern im Mittelalter.

ZWÖLFTONMUSIK: von Arnold Schönberg im 20. Jahrhundert entwickelte Kompositionsmethode, die von zwölf nur aufeinander bezogenen Tönen ausgeht. Für das an die »klassischen« Dur – und Molltonarten gewöhnte Ohr klingt die Zwölftonmusik zunächst misstönend.

Register

345

Guido Knopp
Die Geschichte der Deutschen
Von Karl dem Großen bis zum Mauerfall

192 Seiten   ISBN 978-3-570-13060-5

Nichts ist so spannend wie Geschichte! Manchmal ereignet sie
sich mit Pauken und Trompeten, oft aber geschieht sie auch leise
und zunächst beinahe unbemerkt. Erst wenn ihre Wirkung eingetreten ist, merken wir, dass Geschichte »geschrieben« wurde.
Guido Knopp stellt die wichtigsten Stationen der deutschen
Geschichte dar – spannend erzählt und übersichtlich aufbereitet!

7306

www.cbj-verlag.de